De Cristo aos Judeus da Corte

Coleção Estudos
Dirigida por J. Guinsburg

Equipe de realização – Tradução: Jair Korn e J. Guinsburg; Revisão de provas: Plinio Martins Filho; Produção: Ricardo W. Neves e Raquel Fernandes Abranches.

Léon Poliakov

DE CRISTO AOS JUDEUS DA CORTE
HISTÓRIA DO ANTI-SEMITISMO I

PERSPECTIVA

Título do original em francês
Du Christ aux Juifs de Cour

Copyright © Calmann-Lévy, 1955

Dados Internacionais de Catalogação na Publicação (CIP)
(Câmara Brasileira do Livro, SP, Brasil)

Poliakov, Léon, 1910-1997.
De Cristo aos judeus da corte : história do
anti-semitismo, I / Léon Poliakov ; [tradução
Jair Korn e J. Guinsburg]. -- 2. ed. --
São Paulo : Perspectiva, 2007. -- (Estudos ; 63 /
dirigida por J. Guinsburg)

Título original: Du Christ aux juifs de cour
Bibliografia.
ISBN 978-85-273-0515-0

1. Anti-semitismo - História 2. Cristianismo e
anti-semitismo 3. Cristianismo e outras religiões -
Judaísmo 4. Judeus - História I. Guinsburg, J.
II. Título. III. Série.

07-4548   CDD-305.8924

Índices para catálogo sistemático:
1. Anti-semitismo : História : Sociologia
305.8924

2ª edição

Direitos reservados em língua portuguesa à
EDITORA PERSPECTIVA S.A.

Av. Brigadeiro Luís Antônio, 3025
01401-000 – São Paulo – SP – Brasil
Telefax: (0--11) 3885-8388
www.editoraperspectiva.com.br

2007

Sumário

Prefácio XI

Primeira Parte: DO GÓLGOTA ÀS CRUZADAS

1. O Anti-Semitismo na Antiguidade Pagã 3
2. O Anti-Semitismo nos Primeiros Séculos Cristãos 15
3. Os Judeus no Ocidente na Alta Idade Média ... 23

Segunda Parte: A ERA DAS CRUZADAS

4. O Fatídico Verão de 1096 35

    As primeiras grandes perseguições e a opinião pública 43
    Assassinato ritual 47
    A rodela e o processo do Talmud 54

5. As Reações Judaicas 61

    Do comércio à usura 61

Nascimento de uma mentalidade judaica 70
Conclusão 77

Terceira Parte: O SÉCULO DO DIABO

6. O Pano de Fundo: O século XIV 85

   A Peste Negra 91
   A situação dos judeus na Europa após a Peste Negra 96

7. A Imagem do Judeu 105

   Diabos, feiticeiras e judeus 116
   O emperdenimento definitivo dos judeus: o gueto 131

Quarta Parte: A IDADE DO GUETO

8. O Anti-Semitismo em Estado Puro: França ... 149
9. O Anti-Semitismo em Estado Puro: Inglaterra 175
10. O Anti-Semitismo Ativado: Alemanha 181

    Lutero 186
    A Alemanha após Lutero 194

11. O Centro Autônomo da Polônia 209
12. O Caso da Rússia 233

ANEXOS

A. A Origem dos Judeus Vista à Luz da Serologia Grupal 243

   Nota à Edição de 1972 247

B. A Formação e a Transmissão dos Traços "Diferenciais" Judaicos do Ponto de Vista da Biologia Contemporânea 249

*Quem é este que sem o saber
encobre o conselho?*

(Jó XLII 3.)

Prefácio

Uma constatação muito simples serve de ponto de partida à presente obra (a primeira de uma série de três consagrada ao problema do anti-semitismo). Debrucemo-nos sobre um globo terrestre. Perceber-se-á que a Palestina, foco primitivo da dispersão judaica, se encontra a uma distância aproximadamente igual da Grécia e da Mesopotâmia, da Europa Ocidental e da Índia, de Nova Iorque e de Tóquio. Outrossim, esta dispersão, que se estendeu aos quatro pontos do horizonte, levou à criação de colônias judaicas na Mesopotâmia, na Índia e na China nas mesmas remotas épocas em que os primeiros judeus se instalavam na África do Norte, na Gália e na Germânia. Estas colônias se mantiveram até nossos dias, e os contatos entre elas e os estabelecimentos judaicos do Mediterrâneo e da Europa do Norte não se interromperam ao longo dos séculos. Mas contrariamente ao que se passou a oeste da Palestina, a leste, os judeus em questão não foram nunca, segundo a imagem de Iehudá Halevi, "o coração dolente das nações", ou seja, não foram o inquieto e inquietante fermento, não espantaram o mundo com a história de seus tormentos e de seus massacres, nem expiaram suas imperfeições, não desempenharam nunca um papel desproporcional a seu número, nem se ilustraram nas atividades intelectuais ou econômicas, nem assumiram algum outro papel particular que fosse. Em suma, não tendo derramado rios de tinta e nem de sangue, viveram como gente feliz, e não tiveram história; os da China desapareceram há uma geração ou duas; os da Índia, seita perdida entre milhares de outras, levam humildes existências de agricultores ou de artesãos.

O contraste aparecerá melhor na leitura do presente volume e do que vai segui-lo. Para explicar esta constante disparidade, pode-se optar entre duas categorias de hipóteses explicativas:

1.ª) Explicação sobrenaural. Em virtude do desígnio misterioso da Providência, os judeus, tendo um papel particular a assumir no seio das nações, o assumem em primeiro lugar no seio dos povos ditos "noáchidas", isto é, daqueles que observam uma religião oriunda do Velho Testamento. Cabe reparar, com efeito, que a área de difusão do judaísmo em sua forma "intensa" coincide exatamente com a área de difusão de suas religiões-filhas, o islamismo e o cristianismo. Não vejo nenhuma razão particular de se recusar *a priori* uma tal hipótese, mas com a condição de se ter antes esgotado, assim como me parece constituir o dever da razão investigadora e comparativa, todas as explicações naturais, ou seja, as fundamentadas sobre o que se sabe, por outro lado, dos comportamentos das sociedades e grupos humanos.

2.ª) Explicações naturais. Elas poderiam ser de dois tipos:

a) Explicação extraída da geografia humana, não levando em conta o parentesco entre o judaísmo e suas religiões-filhas.

b) Explicações extraídas da psicologia coletiva e, mais especialmente, da psicologia religiosa, essencialmente baseadas neste parentesco.

A presente obra é uma tentativa de interpretar ao mesmo tempo o fato judeu e o fato anti-semita à luz desta última explicação, sem deixar de levar em conta a diferença entre o cristianismo, para o qual os judeus foram a raça deicida, e o islamismo, para o qual esta consideração não intervém. Destarte ficou determinado o plano geral da obra:

1.º) Uma primeira parte, constituída pelo presente volume, trata dos judeus cuja história no curso dos séculos se desenrolou unicamente em território cristão, ou seja, dos judeus ditos "asquenazitas", até sua emancipação.

2.º) Uma segunda parte tratará dos judeus que viveram alternadamente em território cristão e em território muçulmano (judeus "sefarditas"), ou unicamente em território muçulmano.

3.º) Uma terceira parte será consagrada ao fenômeno da "assimilação" judaica, característica sobretudo do último século, assim como ao recrudescimento do fenômeno anti-semita, característico sobretudo de nossa época.

4.º) Finalmente, anexos inseridos nos sucessivos volumes considerarão as luzes suplementares que disciplinas humanas auxiliares, como a antropologia, a genética e a psicologia coletiva projetam sobre nosso objeto. Tais anexos são curtos, mas na elaboração de nossa hipótese de trabalho, seu papel foi essencial.

Acrescento que a explicação proposta não é inteiramente nova. Pode-se encontrar seu esquema, mais ou menos claramente formulado, em diversos autores das gerações passadas; o primeiro quanto à data foi, creio, Emmanuel Kant, que, em uma passagem pouco conhecida da *Religião nos Limites da Razão,* examinava o caso dos judeus da Índia e da China e chegava às seguintes conclusões:

> Por isso não se encontram judeus fora das regiões às quais foi feita alusão [isto é, regiões cristianizadas ou islamizadas] se se excetua o pequeno número que reside na costa do Malabar, e ainda uma comunidade na China (e desses judeus, os primeiros podiam estar em constantes relações comerciais com seus correligionários da Arábia), embora não se possa pôr em dúvida que tenham se espalhado por estas opulentas regiões, mas não sendo sua crença aparentada com as crenças destes lugares, esqueceram completamente a sua.

E ele acrescentava a advertência de que não se devia "basear considerações edificantes sobre a conservação do povo judeu", tal como procedia a maior parte de seus contemporâneos, "porque cada um dos dois partidos interessados [isto é, cristãos e judeus] pensa tirar vantagem daí".

Conta-se por exemplo que Frederico II da Prússia, tendo pedido a seu médico que lhe fornecesse uma prova da existência de Deus, recebeu esta resposta: "Die Juden, Majestät!" Se o argumento não foi sempre tão simplista, o destino dos judeus, no que tem de particular, foi tenazmente considerado ao longo dos séculos como a expressão direta e clara da vontade divina, e isto tanto pelo mundo circundante como pelos próprios judeus. Numerosos são os crentes que, ainda em nossos dias, não abandonaram este ponto de vista. A fé no destino providencial dos judeus contribuiu muito para seu destino efetivamente estranho: convencer-nos-emos disto, queremos crer, se nos dermos ao trabalho de ler esta obra.

Com o advento do espírito racionalista, outras concepções naturalmente começaram vir à luz. E sua paternidade foi muito mesclada: entre outros, é preciso destacar o nome de Baruch Spinoza. Os violentos ataques que este efetuou contra o judaísmo não contribuíram pouco para difundir entre os pensadores do Século das Luzes a noção de que a religião judaica não passava de uma superstição grosseira, e que o velho Jeová era apenas um Deus de ódio [a]: de onde se seguia naturalmente que o povo judeu era grosseiramente ignorante e fundamentalmente perverso não só desde a Crucificação mas em todos os tempos. (Sabe-se que Voltaire foi um propagandista prestigioso do "anti-semitismo" sob esta forma.) Em uma época em que a biologia e a antropologia nascentes classificavam os seres vivos em gêneros e em espécies, considerando cada uma delas como fixa e imutável, tais concepções continham em germe racismo no sentido literal. Assim se achava atacado o grandioso edifício universalista da Igreja, e o historiador das idéias poderá reconstituir facilmente o filão que, de Spinoza, conduziu a Herder, Fichte e Hegel, bem como a Schleiermacher e a Harnack; é neste quadro que a interpretação divina foi substituída pela interpretação "racial", apanágio de uma elite no século XVIII, propriedade das grandes massas no século XIX, e que fornece, no século XX, a justificação ideológica dos fornos crematórios. Tais podem ser as conseqüências fatais de uma opinião insuficientemente informada, e as imensas responsabilidades dos filósofos... Mas Spinoza e seus descendentes espirituais não tinham à sua disposição os inumeráveis elementos de informação, tomados às diferentes ciências humanas, de que dispomos hoje, e que nos permitem constatar a singularidade do destino judeu, não por meio de uma hipótese do tipo "fixista", mas recorrendo a uma hipótese "evolucionista", como as que se impuseram desde há muito nestas disciplinas. Como já o disse, o presente trabalho é uma tentativa de coordenar alguns destes dados inumeráveis.

Esta obra foi realizada sob a égide e graças ao apoio da secção de história do Centre National de la Recherche Scientifique. Tal caução aumenta minha responsabilidade e me obriga a levar tanto mais em conta a censura que poderiam me fazer de não haver investigado suficientemente meu objeto, e de ter, em adiantando idéias pessoais, ten-

---

[a]. No *Tratado teológico-político* de Spinoza, ao lado de passagens marcadas da maior serenidade, encontra-se por exemplo a seguinte passagem:

"O amor dos Hebreus pela pátria não era pois um simples amor, era uma devoção, e esta devoção como este ódio das outras nações, o culto quotidiano os aquecia e alimentava de tal maneira que deveriam tornar-se a própria natureza dos Hebreus. Seu culto quotidiano não era apenas inteiramente diferente dos outros, o que os separava do resto dos homens, mas lhes era absolutamente contrário. A respeito do estrangeiro, todos os dias coberto de opróbrio, deve ter nascido em suas almas um ódio sobrepujando em fixidez qualquer outro sentimento, um ódio nascido da devoção, da piedade, acreditando-se ela mesma piedosa; o que há de mais forte, de mais irredutível." (*Tratado teológico-político*, cap. XVII).

tado abranger a história de dois milênios em trezentas páginas, sem prover um número suficiente de textos e fatos de apoio. A isso apenas posso responder que a capacidade de trabalho de um autor tem limites, assim como a dedicação de um editor, e que certamente não se tratava para mim de fazer uma obra definitiva, mas sim uma obra útil, passível de suscitar contradições, mas também reflexões. Ser-me-á permitido esperar que meus erros, se os há, serão erros fecundos? Algumas de minhas interpretações poderão ser discutidas, e alguns pontos de pormenor, revistos e corrigidos: mas no que concerne aos aspectos essenciais, isto é, à relação entre o anti-semitismo e os judeus, encarados ora em sua interação recíproca, ora isoladamente um do outro, creio haver seguido o método correto, e haver exumado numerosos fatos ignorados ou esquecidos.

Resta-me agradecer aos mestres, colegas e amigos cujo parecer solicitei, no curso destes anos, tanto sobre questões de detalhe como sobre a arquitetura conjunta da obra, tanto sobre aspectos de história como sobre numerosos problemas sociológicos, psicológicos ou literários que se apresentaram no curso desta pesquisa. A lista é longa, e me seria penoso arrolá-la por inteiro, tão numerosos foram os seus participantes; que estejam porém todos seguros de minha sincera gratidão. Mas agradeço muito especialmente a R. Kherumian, da École de Anthropologie, e Jean Rostand, que aceitaram reler respectivamente os anexos A e B, para os quais me forneceram indicações preciosas.

**Primeira Parte:
Do Gólgota às Cruzadas**

1. O Anti-Semitismo na Antiguidade Pagã

As rivalidades entre clãs, tribos e povos sempre existiram em todas as épocas e em todos os lugares e, quanto ao Israel antigo, seria completamente vão procurar estabelecer, por meio dos documentos tradicionais do nosso dispor, se a inimizade que lhe dedicavam os povos vizinhos revestia-se desde os tempos bíblicos de algum selo especial, se aí entrava alguma virulência particular. Quaisquer que sejam os méritos do Antigo Testamento enquanto fonte histórica, a própria idéia de uma aliança, de um papel único providencialmente adquirido pelo povo de Israel, a inspiração grandiosa do *lech leha,* do "vai-te de tua terra, de tua pátria e da casa de teu pai", confunde toda a visão a respeito deste ponto preciso, impede ver em que medida e em quais pontos este destino, escatologicamente posto como particular, teria efetivamente sido tal desde o início... A epigrafia egípcia ou babilônica não é no caso de nenhuma ajuda; e quanto aos gregos, que foram os primeiros a fazer história no sentido em que nós a entendemos, seus autores não fazem nenhuma menção aos judeus até o século de Alexandre o Grande, embora, como as descobertas arqueológicas o provam, suas influências se exercessem poderosamene na Palestina desde uma época bem anterior. Deste silêncio só se pode concluir que os viajantes gregos, de espírito tão curioso, nada encontraram de particular a dizer sobre o pequeno povo da Judéia, que não lhes tocou em nada a imaginação.

Certamente a resistência encarniçada dos Macabeus à helenização retém a atenção dos contemporâneos e, já no século II, o estóico Possidônio de Apaméia, relatando o cerco de Jerusalém por Antíoco VII, lhe atribui a intenção de aniquilar completamente a raça judaica, "pois, única entre todas as nações, ela se recusava a ter qualquer relação de sociedade com os outros povos, e os considerava todos como inimigos"[1]. Mas palavras desse gênero sempre serviram de ilustração a conflitos longos e cruéis, e o *Carthaga delenda est,* que data da mesma época, pode nos servir aqui de par e paralelo.

Na verdade, os contornos só se tornam mais precisos quando a maior parte dos judeus, tendo deixado de bom grado ou pela força, o território da Judéia, após as guerras que desolavam periodicamente a região, passa a viver na dispersão no âmbito de outros povos, época a partir da qual dispomos a respeito deles de uma documentação de algum valor. Para enxergar mais claro, nisso tudo, transportemo-nos pois imediatamente a tempos mais próximos de nós e melhor conhecidos, quando, sob César e sob Augusto, Roma impunha sua dominação ao mundo mediterrâneo. Nesta época os judeus, que mantêm ainda seu centro territorial e espiritual na Palestina, já estão espalhados por quase todos os lugares do Império Romano e mesmo fora de suas fronteiras, e são o único a professar a crença em um Deus único, o que os distingue singularmente de todos os demais súditos do Império. Pode-se, desde já, concluir pela existência de um "anti-semitismo" generalizado, isto é, de uma atitude efetiva *sui generis* dos gentios em face dos judeus, ódio endêmico pejado de erupções explosivas, reduzindo os filhos de Israel a uma condição de párias e os expondo, bodes expiatórios tradicionais, a morticínios sem número e sem fim?

A questão foi muito debatida, mas se ela foi objeto de muitas pesquisas, sobretudo no curso destes últimos anos, os textos antigos sobre os quais se apóiam todos estes trabalhos não são tão numerosos. A "questão judaica" parece não ter apresentado para os homens daquele tempo senão uma importância bastante secundária; de resto não é menos difícil formar uma idéia justa desta, com base nos poucos escritos que chegaram até nós, quanto o será também para um historiador do futuro julgar o anti-semitismo con-

---

1. Esta citação, assim como as que seguem mais adiante, foi extraída dos *Textes d'auteurs grecs e latins relatifs au judaisme* de Th. REINACH, Paris, 1895.

temporâneo, tendo como bagagem toda apenas os livros de Eduard Drumont, o *Mein Kampf*, e alguns tratados de história geral. Retornaremos mais adiante aos referidos escritos dos autores gregos e latinos; para começar, esforcemo-nos pois por assentar nossa investigação sobre bases mais positivas.

O que representavam os judeus no Império Romano? Do ponto de vista numérico, as estimativas mais sérias falam de 1 milhão de judeus a habitar a Palestina propriamente dita, e de 3 a 4 milhões na "Diáspora", da Ásia Menor até a Espanha: 7 a 8% da população total do Império [a]. Sob o ângulo de sua raça, a questão não preocupava muito os Antigos, e as hipóteses retrospectivas dos antropólogos contemporâneos não lançam sobre o assunto nenhum esclarecimento satisfatório, tanto mais quanto o problema se torna mais complexo ainda por causa de um proselitismo muito ativo, que trazia para o judaísmo conversos de raiz egípcia, grega e até romana; voltaremos ainda ao tópico. Passemos agora à questão de seus ofícios e ocupações. Eram diversificados ao máximo possível, mas quanto ao essencial, na dispersão, assim como na Palestina, ganhavam vida com o suor do rosto: como assinala Marcel Simon,

considerando o conjunto do Império, a população judaica comporta uma grande maioria de gente de pequena renda... O que se reprova o mais das vezes nos judeus não é o fato de serem muito ricos, mas antes de serem andrajosos e sórdidos... [2]

No Egito e na Ásia Menor são sobretudo colonos agrícolas; alhures, estavam representados em grande número em todas os misteres da época, em particular na tecelagem e na tinturaria, profissões que praticamente monopolizavam em algumas regiões; mas aparecem também na ourivesaria, na vidraria e no trabalho do bronze e do ferro. Tanto assim que mais tarde (no século VI) o monge Cosmas o Indicopleusta escreverá:

Deus... lhes deu conhecimento e os encheu do espírito divino, e os instruiu para que pudessem conceber e executar toda espécie de obras, trabalhar o ouro, a prata e o bronze, e a cor do do jacinto, e a púrpura, e a aplicação do escarlate sobre os tecidos, os panos finos, as pedras e a madeira... e verifica-se que até hoje tais ofícios são exercidos na maior parte pelos judeus [3].

---

[a]. É a cifra adotada por Arthur Ruppin (cf. seu estudo "The Jewish population of the world", em *The Jewish people, past and present*, Nova Iorque, 1946, vol. I, p. 348). É também a média entre as estimativas, às vezes muito divergentes, de especialistas como R. Beloch, A. Harnack, J. Juster, J. Klausner, Ch. Guignebert, etc. Ver a este respeito a nota muito detalhada de Salo W. Baron em *A social and religious history of the Jews*, 2.ª ed., Nova Iorque, 1952, p. 370-372.

[2]. MARCEL SIMON, *Verus Israël*, Paris, 1948, p. 241.

[3]. COSMAS O INDICOPLEUSTA, "Topographia Christiana", *Patrologie grecque* de MIGNE, 81, 172.

Outros são simples trabalhadores, outros se dedicam ao comércio e às profissões liberais, mas, tal como o historiador J. Juster o sublinha com muita justiça,

> nunca um autor pagão os caracterizou como comerciantes, em nenhum lugar nos deparamos com esta identificação entre judaísmo e negócio, que, alguns séculos mais tarde, começará a aparecer como evidente por si [4].

Outros ainda são soldados profissionais muito apreciados, guerreando ou montando guarda em todas as fronteiras do Império [b]. Existem também funcionários judeus, por vezes muito graduados; na hierarquia imperial, encontramos cavaleiros e senadores judeus, legados judeus e mesmo pretores judeus [c]. Se se acrescenta que os judeus da dispersão adotavam regularmente tanto a língua como o traje da província em que habitavam, que se haviam "assimilado" rapidamente sob todos os aspectos, chegando mesmo a helenizar ou latinizar os nomes, acreditamo-nos no direito de tirar daí a conclusão inicial de que eles não pareciam ser alvo de uma animosidade particular, e que nada, exceto o culto, os singularizava no mosaico de povos que constituíam a população do Império.

Nada, senão o culto. Mas precisamente este culto, por ser diferente de todos os outros, prescrevia imperiosamente um certo número de deveres, em oposição formal com as práticas universalmente válidas para todos os outros súditos de Roma. "Não terás outros deuses diante de mim", o primeiro mandamento interditava aos judeus todo ato cultual para com os deuses do Império e da cidade, e para com os deuses vivos que eram os monarcas divinizados. O quarto mandamento podia também, conforme a ocasião, ter pesadas conseqüências:

> O sétimo dia é o dia do descanso do Senhor, teu Deus: nele não farás nenhum trabalho, nem tu, nem teu filho, nem tua filha...

Diante da irredutibilidade judaica neste aspecto, os romanos, administradores hábeis, chegaram rapidamente a um certo número de compromissos, dispensando em particular os judeus de oferendar sacrifícios aos imperadores. Estes privilégios constituíam de fato outras tantas fontes de inveja e possíveis conflitos, sobretudo nas grandes cidades

---

4. JEAN JUSTER, *Les Juifs dans l'Empire romain*, Paris, 1914, t. II, p. 313.

b. Ver a este respeito a abundante documentação reunida por J. Juster (*Les Juifs dans l'Empire romain*, Paris, 1914, t. II, p. 265-278). As dispensas do serviço militar concedidas aos judeus da Ásia por Júlio César e por Dolabela, que Flávio Josefo menciona, devem ter apenas um caráter local.

c. Agripa I tinha obtido de Calígula os ornamentos pretorianos, e Cláudio os concedeu a Herodes de Cálcis e a Agripa II. Flávio Josefo menciona a existência, na própria Palestina, de muitos judeus cavaleiros romanos. Ver também a esse respeito o abundante material epigráfico reunido por J. JUSTER, *op. cit.*, t. II, p. 246-250.

do Oriente, de população extremamente mesclada. É fácil compreendê-lo; e disso possuímos uma descrição preciosa, a saber, o *Livro de Ester* (redigido no século II ou I a.C.) [5].

O escrito põe em cena a inveja do ministro Haman, face ao espírito de independência de Mardoqueu, que "não se ajoelhava e não se prosternava diante dele". E o cortesão despeitado confidencia ao rei Assuero:

> Há em todas as províncias de teu reino um povo dispersado e separado dos outros povos, tendo leis diferentes das de todos os povos e não observando as leis do rei... (Ester, III, 8.)

Mas não havia apenas os cortesãos invejosos. Um outro texto permite evocar a atitude desdenhosa e exasperada de um romano de alta linhagem diante da irredutibilidade judaica. Trata-se de um discurso atribuído a Flaco, prefeito do Egito, quando tentou, em 38, proibir que os judeus de Alexandria celebrassem o *Schabat*, apesar das ordens explícitas vindas da capital.

> Se uma invasão repentina do inimigo, um transbordamento do Nilo, um incêndio, um raio, a fome, a peste, um tremor de terra ou qualquer outra desgraça ocorresse no sábado, ainda continuaríeis tranqüilamente em vossas casas? Ou segundo o vosso costume passearíeis nas ruas com as mãos ocultas em vossas vestes para não serdes tentados a ajudar aqueles que fizessem o trabalho de salvamento? Ou permaneceríeis em vossas sinagogas em reunião solene lendo vossos livros sagrados, explicando as passagens obscuras e fazendo sermões prolixos sobre vossa filosofia? Não, mas sem perder um momento procuraríeis abrigar vossos pais, vossos filhos, a riqueza e o que vos é caro. Ora, eis que sou tudo aquilo reunido: tempestade, guerra, inundação, raio, fome, tremor e fatalidade, e isto não abstratamente mas em força presente e atuante [6]!

De outro lado, o símbolo da eleição, isto é, a prática da circuncisão, deveria suscitar, sem dúvida, nos espíritos, ressonâncias perturbadoras (*curtis judaeis,* escreveu Horácio; *recutitus,* ironizava Marcial, e Catulo fala de *verpus priapus ille*). Acrescentavam-se a isso estas outras prescrições que exprimem o particularismo judaico, a força isolante da Lei:

> Não contrairás matrimônio com estes povos; não darás tuas filhas a seus filhos, nem tomarás suas filhas para teus filhos (Deut. 7:3).

Destarte o monoteísmo judaico acarreta conseqüências de ordem puramente sociológica — variáveis segundo as épocas e os lugares; no tocante à Antiguidade e, pondo-se de lado o caso da cidade de Alexandria, quase não há exemplos de explosões de cólera popular contra os judeus. As massas não se preocupavam com eles, não nutriam por

---

5. A respeito da data da redação do *Livro de Ester*, ver em particular ADOLPHE LODS, *Histoire de la littérature hébraïque et juive*, Paris, 1950, p. 797-799.
6. Este discurso é citado por Filo de Alexandria. (Cf. ed. Cohn-Wendland das *Œuvres complétes*, Leipzig, 1908, t. III, § 123.)

eles qualquer prevenção especial. Quanto àqueles cuja profissão era escrever, já constatavam a estreita solidariedade dos judeus (o que lhes valeu como contragolpe a acusação de misantropia: são considerados solidários entre si e hostis aos pagãos), assim como ditados de um espírito combativo de que encontramos inúmeras descrições entre os autores pagãos. Vejamos agora os textos que estes autores nos deixaram.

Há que observar que os escritos antijudaicos mais violentos não nos chegaram diretamente: conhecemo-los apenas graças ao historiador judeu Flávio Josefo, que os reuniu em sua obra polêmica *Contra Ápio*. Trata-se principalmente, assinalemo-lo de passagem, de autores naturais de Alexandria, cidade onde se estabelecera importante colônia judaica, e onde os conflitos entre os judeus e a população grega eram freqüentes e agudos. Quais são pois as censuras que o gramático Ápio e os outros autores que Josefo cita dirigem aos judeus?

Em primeiro lugar, retomam um certo número de fábulas que circulavam sobre sua origem, descrevendo-os como seres tarados, leprosos, que numa época indeterminada os egípcios expulsaram de seu país. Maneton, sábio e sacerdote egípcio do século III a.C., foi o primeiro a propagar esta versão, que não passa de uma paródia rancorosa do *Êxodo*.

> O rei reuniu todos os enfermos, afirma-se que oitenta mil, e encerrou-os nas pedreiras situadas na margem oriental do Nilo para que lá trabalhassem na companhia de outros condenados egípcios: havia entre eles sacerdotes ilustres também atingidos pela lepra.

E mais adiante, depois de relatar a libertação dos prisioneiros e sua fuga para a terra de Canaã:

> Seu legislador, um sacerdote de Heliópolis chamado Osarsiph, segundo o deus Osíris adorado naquela cidade, tendo mudado também de nação, tomou o nome de Moisés.

Com variações de detalhe, Lisímaco de Alexandria, Possidônio de Apaméia e outros ainda retomaram esta fábula, que é interessante na medida em que a acusação de propagar a lepra, isto é, de serem intocáveis, tem parentesco com uma outra acusação, a de serem insociáveis. Neste sentido, os textos são muito numerosos: entre aqueles que Josefo cita, há uma passagem característica de Lisímaco:

> Moisés... exortou-os (os judeus) a não se mostrarem benevolentes com ninguém, a seguir apenas os piores conselhos e a derrubar todos os santuários e altares dos deuses que encontrassem.

Mesmo em um autor que fala dos judeus e de suas instituições com muita benevolência, Hecateu de Abdera, nos deparamos com esta observação:

Ele (Moisés) instituiu um gênero de vida contrário à humanidade e à hospitalidade.

Outros autores gregos (Diodoro da Sicília, Filostrato), bem como certos autores latinos (Trogus-Pompeu, Juvenal) retomam a mesma acusação, que encontramos, lapidarmente resumida, na célebre passagem de Tácito:

> ...os judeus... têm entre si um apego obstinado, uma comiseração ativa, que contrasta com o ódio implacável que têm do resto dos homens. Nunca comem, nunca dormem com estranhos, e esta raça, ainda que muito dada à devassidão, se abstém de todo comércio com as mulheres estrangeiras...

Uma conclusão muito lógica a que chegaram alguns autores antigos — ainda que surpreendente para o nosso entendimento — foi a de que os judeus eram um povo ateu. Seu franco horror pelas outras divindades, seu eterno *contemnere deos,* sua recusa em oferecer sacrifícios aos imperadores, já bastavam para caracterizá-los como uma raça ímpia; além disso, qual era então seu Deus? Pompeu, quando penetrara audaciosamente em seu Templo em 63 antes de Cristo, não constatara

que não existia dentro dele nenhuma imagem dos deuses, que o lugar era vazio e que não havia segredos no santuário? [d]

As outras acusações dirigidas aos judeus, acusações às vezes contraditórias — povo obstinado, rebelde, audacioso, ou povo covarde e desprezível, nação feita para a escravidão — procedem todas mais ou menos daquelas que citamos. Entretanto, convém considerar separadamente a indignação manifestada por certos autores antigos a propósito do proselitismo muito ativo dos judeus. Horácio e Juvenal ridicularizam os neófitos judeus em suas sátiras: Valério Máximo acusa os judeus "de corromper os costumes romanos pelo culto de Júpiter Sabazios", e Sêneca afirma que as "práticas desta nação celerada prevaleceram tanto que são acolhidas em todo o universo; os vencidos deram leis aos vencedores". É importante precisar a esse respeito que tal proselitismo já vinha de longa data no mundo antigo, e encontramos indícios precursores desde os tempos proféticos: Jonas não fora encarregado pelo Eterno de ir pregar o arrependimento à cidade de Nínive? Os prosélitos perfeitos, isto é, aqueles que se submetiam aos banhos de purificação e à circuncisão, eram aceitos pelas congregações judaicas em perfeito pé de igualdade, sendo considerados como "filhos de Abraão". Não eram sequer os "semiprosélitos", os *metuentes* ou "tementes a Deus", chamados ainda de "prosélitos

---

d. "Nulla intus deum effigie, vacuam sedem et inania arcana." (Tácito, *Hist.*, V, 9).

da porta", que, sem ousar dar o passo decisivo, observavam uma ou outra prática judaica, o descanso do sábado, por exemplo — mas cujos filhos se tornavam freqüentemente prosélitos integrais. Uma das sátiras de Juvenal, ridicularizando "os pais cujos exemplos corrompem os filhos", dá a entender que o caso não devia ser raro [e]. Antecipando-se de certo modo ao êxito triunfante da propaganda cristã, a propaganda judaica nesta época conquistava muitos adeptos, o que pode dar muito a pensar sobre as origens e as ascendências precisas daquilo que vão chamar de "raça judaica".

Em suma, vemos que, deixando de lado as fábulas, os autores antigos reprovavam nos judeus certas particularidades de costumes e de comportamento expressamente impostos pelo Velho Testamento — tal como já o constatava o autor desconhecido dos *Oráculos da Sibila* ("E vós ocupareis todas as terras e todos os oceanos; e todos irritar-se-ão com vossos costumes", III, 271). Em contrapartida, estes autores não deixavam de ressaltar suas virtudes guerreiras e seu espírito familial: "Esta nação é terrível em suas cóleras", escreve Dion Cássio, e mesmo Tácito, que lhes é tão hostil, constata: "consideram um crime matar uma única das crianças que nascem, acreditam que são imortais as almas daqueles que morrem nos combates ou nos suplícios; daí, seu amor pela procriação e seu desprezo pela morte".

Assim, após esse rápido exame, podemos concluir o seguinte:

De um lado, na antiguidade pagã, quase não se manifestam as reações passionais coletivas que, em seguida, tornarão o destino dos judeus tão duro e tão precário. Acrescentemos que, via de regra o Império Romano da época pagã não conheceu "o anti-semitismo de Estado", apesar da freqüência e da violência das insurreições judaicas (com a única exceção dos editos antijudaicos promulgados por Adriano em 135, após a rebelião de Bar-Kochba, editos revogados por seu sucessor Antonino, três anos mais tarde). De outro lado, a atenção dos contemporâneos, em particular dos "intelectuais" daquela época, foi despertada por aquilo que o judaísmo oferecia de singular, e esta atenção interrogativa oscila entre dois pólos: repulsa diante do particularismo judaico, e atração da religião monoteísta, este "encanto estranho", segundo Renan, do qual o êxito do proselitismo judaico nos fornece a prova.

---

[e]. Sátira XIV. Juvenal continua assim: "Este teve, por acaso, como pai um observador do *Schabat*: só adorará as nuvens e a divindade do céu; não fará nenhuma diferença entre a carne humana e a do porco, de que se absteve seu pai; logo se faz mesmo circuncidar. Educado no desprezo às leis romanas, aprende, observa, respeita apenas a lei judaica, tudo o que Moisés transmitiu a seus adeptos em um volume misterioso: não mostrar o caminho ao viajante que não pratica as mesmas cerimônias; indicar uma fonte tão-somente aos circuncisos. E tudo isso porque seu pai passou na inatividade cada sétimo dia, sem tomar parte alguma nos deveres da vida!"

O ANTI-SEMITISMO NA ANTIGUIDADE PAGÃ

Do mesmo modo, Josefo afirmava orgulhosamente:

> há muito tempo as massas manifestam um desejo ardente de adotar nossas práticas religiosas: não há cidade grega, nem povo bárbaro, nem nação, aos quais nosso costume de abstermo-nos de trabalhar no sétimo dia não tenha se estendido, e onde os jejuns, o acender das lâmpadas e muitas de nossas proibições alimentares não sejam observados (*Guerra Judaica*, 2, 16, 4).

Acrescentemos que, se é de uso corrente em nossos dias opor o exclusivismo ciumento de Jeová à tolerância dos deuses pagãos, se observarmos atentamente as coisas não eram tão simples. Os deuses tutelares da cidade antiga resguardavam apenas seus próprios fiéis, e um estrangeiro não poderia contar com sua proteção. Ele permanecia ligado aos deuses de seus antepassados. De modo que, mesmo reconhecendo os deuses estrangeiros, o culto local ou regional continuava exclusivo e intolerante dentro de seus próprios limites. Se, em compensação, o Deus universal dos judeus não tolerava rivais, a adesão à congregação do povo eleito permanecia aberta a todos e sua proteção se estendia a todos os homens. Tal como o expressou o profeta:

> Tu chamarás nações que não conheces, e as nações que não te conhecem acorrerão a ti, por causa do Eterno, teu Deus (Isaías 4, 5).

Assinalemos a esse respeito que, sob a influência irresistível da cultura helênica, o judaísmo evoluiu à sua maneira, outorgando ao ritualismo um lugar mais reduzido e impregnando-se insensivelmente de idéias tomadas do pensamento e da filosofia gregos. Segundo a tradição talmúdica, na casa de Rabi Gamaliel, quinhentos jovens estudavam a Torá, e outros quinhentos a sabedoria grega... Ao cabo de tal evolução, encontramos pensadores judeus helenizados, como Filo de Alexandria, procurando harmonizar a doutrina dos estóicos com os preceitos da Torá. Semelhantes concepções facilitaram evidentemente muito a influência do proselitismo judaico.

Prepararam ao mesmo tempo o terreno sobre o qual começará a ser exercida a propaganda cristã. Esta, por sua vez, não deixará de repercutir na condição dos judeus. Mas antes de empreender o exame da situação assim criada, convém observar o destino de certas comunidades judaicas espalhadas entre os povos que permaneceram fora da órbita das religiões-filhas do judaísmo. Este exame, veremos, será singularmente instrutivo para o nosso tema. A oeste da Judéia, o Deus de Abraão acabou impondo-se e triunfando; mas qual é então o curso que tomam as coisas visto que Ele continua sendo uma divindade minoritária ou local?

Desde os primeiros séculos da dispersão judaica, esta havia ultrapassado muito o âmbito geográfico mediterrâneo. Em conseqüência, a partir do advento das grandes religiões monoteístas herdeiras do judaísmo, se a trama principal da história dos judeus se tece sobre o fundo da cristandade e do Islã, certas comunidades persistiram em meio a povos politeístas, na Índia, na China, e talvez mesmo no Japão. Vejamos se as condições que lhes foram criadas podem ser comparadas àquelas que conheceram no Império Romano.

É apenas a título de lembrança que mencionaremos as discussões relativas à existência de judeus no Japão, pois, em última análise, não há nenhuma certeza a este respeito, ainda que algumas suposições de ordem etimológica sejam de interesse [f]. O caso dos judeus da China, ao contrário, merece ser examinado mais de perto.

Há alguns anos ainda existia na província de Honan, em Kai-fong-fu, um punhado de chineses que se abstinham de comer carne de porco, e que se lembravam que seus pais haviam sido circuncisados: encontrou-se também aí as ruínas de uma sinagoga. Eram os últimos vestígios subsistentes de várias comunidades outrora importantes e prósperas. As melhores informações sobre sua história, temo-las dos missionários jesuítas que os visitaram nos séculos XVII e XVIII, curiosos de conhecer seus livros sagrados e os detalhes de seu culto. Evidencia-se em suas narrativas que, por volta de meados do século XVIII, a comunidade de Kai-fong-fu, já em declínio, contava ainda com mil membros. Os judeus da China conheceram tempos melhores, como no-lo diz o Padre Domenge:

...durante muito tempo, estiveram na China bem firmados. Vários foram governadores de província, ministros de Estado, bacharéis, doutores. Houve alguns que possuíam grandes extensões de terra. Mas hoje nada resta deste antigo brilho. Seus estabelecimentos de Ham-Tcheu, de Nimpo, de Pequim, de Ning-hio até desapareceram [7]...

---

[f]. Existe, pois, no distrito de Yamako, duas vilas, Goshen e Manassah, cujos nomes nada têm em comum com a etimologia japonesa corrente; um templo abandonado situado nas cercanias leva o nome de "David"; na cidade vizinha de Usumasa, a palavra "Israel" está gravada em um poço com vários séculos de existência. Pretendeu-se igualmente aproximar o termo "Samurai" (segundo suas tradições, os Samurais descendiam de uma tribo vinda do extremo do continente asiático vários séculos antes de Cristo) de "Samaria", e fez-se disto o ponto de partida de especulações que queriam ver nos japoneses os descendentes das Dez Tribos perdidas. (Cf. *The universal Jewish Encyclopedia*, Londres, 1904, art. "Japan" (vol. VI), assim como Dr. S. OYABE, *Origin of Japan and of the Japanese*, Yale University Press, 1926. No curso do último século, estas especulações seduziam suficientemente os espíritos para que um Ranke pudesse escrever: "O tipo judeu se acha freqüentemente entre a nobreza japonesa, inclusive a família imperial. O príncipe herdeiro do Japão tem uma fisionomia judaica", etc. Ainda no início deste século, Werner Sombart, falando da "Extraordinária semelhança entre a natureza japonesa e a natureza judaica", retomava por sua conta esta hipótese ingênua.

[7]. *Lettres édifiantes et curieuses écrites des Missions étrangères*, t. XXIV, Paris, 1773, p. 62.

Algumas inscrições encontradas em estelas comemorativas [g] confirmam as informações, que se ajustam, por outro lado, a uma frase de Marco Pólo, que menciona a prosperidade e a influência dos estabelecimentos judeus na China (1286), assim como aos relatos de viajantes árabes, datados do século IX. Esta última fonte assegura que "os judeus estão instalados na China desde tempos imemoriais" [8]; nestas condições, e sem remontar ao rei Salomão, como alguns tentaram fazer, parece razoável admitir, com o historiador judeu Graetz, que os primeiros estabelecimentos judeus na China datam dos primeiros séculos da era cristã.

O que importa reter do conjunto destas informações é que, durante pelo menos uma dezena de séculos, os judeus da China, de costumes e de etnia puramente chineses, levaram uma existência pacífica e sem história, conjugando de modo harmonioso as práticas do culto judaico e as homenagens devidas a Confúcio, "persuadidos de que são cerimônias puramente civis e políticas", nos diz o Padre Domenge [9]; que não foram objeto de perseguições particulares e não chamaram a atenção do povo ou dos governos: que, entretanto, o período extraordinariamente longo durante o qual, em total isolamento de seus correligionários, permaneceram fiéis à sua fé, parece ter de ser, na verdade, atribuído, na ausência de qualquer outra explicação étnica, social ou econômica, à particular força isolante do monoteísmo judeu. Não se trata, contudo de um cimento indestrutível, e acabou cedendo ao desgaste do tempo: outras condições são necessárias, parece, para assegurar a persistência e a multiplicação do povo judeu no seio das nações.

Mais próximos dos centros tradicionais do judaísmo, os judeus da Índia, cuja imigração se efetuou em vagas sucessivas, mantiveram-se numerosos até os nossos dias. São ainda algumas dezenas de milhares: "Beni Israel", de pele azeitonada, nas regiões de Bombaim e, mais ao sul, judeus de Cochin ou de Malabar, chamados "judeus negros"; etnicamente, uns e outros não se distinguem hoje em nada do resto da população circundante. A data de seu primeiro estabelecimento se situa por volta dos primeiros séculos da era cristã. No curso da Idade Média, outros judeus estabeleceram-se na Índia, vindos quer da Mesopotâmia por terra, quer da Europa por mar: estes mantêm-se rigidamente à parte dos judeus indígenas. Se o comércio é a ocupação dominante desta última leva, os "Beni Israel" e os de Cochin

---

g. Estas estelas foram desenterradas em 1824 perto da cidade de Lo-Yang. Uma das inscrições, redigida em 1512 por um mandarim chinês, assegura que "os judeus se sobressaem na agricultura, no comércio, na magistratura e na arte militar; são altamente estimados por sua integridade, sua fidelidade e sua piedade".
8. Relato do viajante árabe IBN KHORDABDEH, "Le Livre des routes e des provinces", *Journal asiatique*, 1865, t. V.
9. *Lettres édifiantes e curieuses* (*op. cit.*), t. XVIII, p. 53.

são na maior parte agricultores e artesãos (os "Beni Israel" são também chamados "Shauvar Telis", "prensadores de óleo de sábado"). Sua história é muito mal conhecida, e poder-se-ia concluir que foram felizes, pois os povos felizes, diz-se, não têm história; em todo caso, na época moderna, estes humildes quase não suscitaram ódios, e não conheceram perseguições. Fato curioso: há na Índia um grupo religioso que assume desde séculos o papel econômico atribuído aos judeus na Europa. São os Parsis, últimos representantes modernos do antigo zoroastrismo persa. Em número de cem mil aproximadamente, vivem na cidade e na região de Bombaim, e o comércio é sua ocupação dominante senão exclusiva. Vivendo comodamente, são reputados pela pureza de seus costumes familiais, bem como pela notável solidariedade que mostram ter entre si. Quando acrescentamos que o zoroastrismo é, segundo os historiadores das religiões, o único culto monoteísta que surgiu independentemente do judaísmo, podemos avaliar todo o interesse desta comparação, sem que, bem entendido, possamos aventurar a menor hipótese a respeito das razões históricas que conduziram os Parsis (e não os judeus) a assumir o papel de "judeus da Índia"...

2. O Anti-Semitismo nos Primeiros Séculos Cristãos

Eis que saído do judaísmo e reivindicando o Deus de Abraão, um novo ensinamento faz sua aparição, para se impor triunfalmente, após três séculos de lutas, à totalidade do mundo romano. Que tal acontecimento não exercesse influência na situação dos judeus que permaneceram fiéis à antiga Lei é propriamente impensável; suas repercussões serão tão rápidas quanto importantes, e convém estudar com algum pormenor, uma evolução desde o início excessivamente complexa e às vezes contraditória.

Não nos deteremos, no decurso deste estudo, na questão do grau exato de "historicidade" dos Evangelhos, e nos absteremos de exprimir qualquer opinião a respeito do conjunto de questões tão controvertidas que se lhe vinculam: a biografia de Jesus, a autenticidade das palavras a ele atribuídas, o conteúdo exato de seu ensinamento, e assim por diante. É que, parece, o termo objetividade perde algo de sua significação quando elas são abordadas, pois, cada autor as trata com alguma idéia preconcebida, não podendo o agnóstico deixar de duvidar lá onde o crente não pode deixar de crer. Assinalemos todavia, pois o ponto é importante, que o relato evangélico do processo de Jesus apresenta um número suficiente de inverossimilhanças e contradições para que a própria crítica bíblica cristã ponha diversos pontos em dúvida. É assim que o historiador protestante Hans Lietzmann escreve:

...é muito pouco verossímil que o relato que Marcos nos faz da deliberação do Sanedrim durante a noite se baseie no testemunho de Pedro; ao que tudo indica, é uma conjetura cristã ulterior... Pode-se perguntar se nesta exposição se conservaram algumas recordações longínquas de um passado real... 1

Quanto aos historiadores livres-pensadores, eles têm antes a tendência (quando não concluem pela inexistência de Jesus) a escrever cruamente, como por exemplo Charles Guignebert:

...este processo parece... não ser mais que um artifício, conhestramente introduzido, para transferir aos judeus a principal responsabilidade pela morte de Jesus (...) o que permanece verossímil, é que o Nazareno foi preso pela polícia romana, julgado e condenado pelo procurador romano Pilatos ou um outro 2.

E, de fato, nada no ensinamento do Nazareno (mesmo que pudesse chocar muitos doutores da Lei) constituía do ponto de vista judaico uma heresia formal: ainda no fim do século I, um doutor da Lei como Rabi Eliezer considera que Jesus terá também um lugar no mundo vindouro [3] e a primeira comunidade cristã, a de Jerusalém, cujos membros eram judeus de estrita observância, e queriam assim permanecer, não parece ter conhecido dissabores ou perseguições sistemática [a]; só foi exilada de Jerusalém após a destruição do Templo, em 70, e encontrar-se-ão ainda no século seguinte vestígios destes "judeus-cristãos", como serão chamados mais tarde. Outrossim estes primeiros cristãos respeitavam os mandamentos da Lei em toda sua minúcia, e pretendiam recrutar adeptos apenas entre os judeus. Somente quando a irradiação da propaganda cristã franqueou os limites da Palestina, começou a estender-se à Diáspora, e a exercer-se no seio das colônias judaicas da Síria, da Ásia Menor e da Grécia, é que nasceu, sabe-se, o verdadeiro cristianismo. Vimos que estas colônias, extremamente helenizadas, estavam cercadas como que por uma franja de "semiprosélitos", simpatizantes diríamos hoje, considerados, porque não queriam dobrar-se a todas as observâncias, como judeus de classe muito inferior. Quando a pregação cristã começou a exercer-se nesses meios, nessa ambiência

---

1. H. LIETZMANN, *Histoire de l'Église ancienne*, Paris, 1950, vol. I, p. 58.
2. Ch. GUIGNEBERT, *Jésus*, Paris, 1947, p. 567 e 573.
3. J. KLAUSNER, *Jésus de Nazareth*, Paris, 1933, p. 41.

a. Assim, o célebre episódio da lapidação de Estevão, tal como é relatado nos *Atos dos Apóstolos*, parece ter sido apenas a conseqüência de um conflito de ordem interior entre os "Hebreus" e os "Helenistas" da jovem comunidade. Cf. *Atos dos Apóstolos*, 6, 1-6, assim como a interpretação que dá H. LIETZMANN, *Histoire de l'Église ancienne*, vol. I, p. 70-71.

tão diferente da da Palestina, São Paulo, nos explica o Novo Testamento, tomou a decisão capital de dispensar os prosélitos cristãos dos mandamentos da Lei e da circuncisão — e num golpe, mudou o curso da história mundial.

Decisão que esteve longe de impor-se sem lutas mesmo entre as primeiras comunidades cristãs, provocando conflitos entre os adeptos ortodoxos da Igreja cristã de Jerusalém e os inovadores da Diáspora, de que os *Atos dos Apóstolos* e as epístolas paulinas nos fazem ouvir muitos ecos [b]. Decisão que transformou num golpe os cristãos, de inofensivos sectários do judaísmo em graves hereges, e diante do qual cabe distinguir, acredita-se, como contragolpe a solene maldição dos apóstatas, inseridas na prece Schmone-Esreh por volta do ano 80, parece [c]. Decisão enfim que, dispensando os novos conversos das penosas sujeições impostas pela Lei, abolindo toda distinção entre os prosélitos "filhos de Abraão" e os semiprosélitos, aumentou prodigiosamente as perspectivas abertas à propaganda cristã. O próprio São Paulo explica:

> Com os judeus, procedi como judeu, a fim de ganhar os judeus; com aqueles que estão sob o regime da lei, como se eu mesmo estivesse, a fim de ganhar os que estão sob a lei...; com aqueles que estão sem a lei... a fim de ganhar aqueles que estão sem a lei. Eu era fraco para com os fracos, a fim de ganhar os fracos... [d].

A partir daí, os êxitos da nova pregação progridem a passo de gigante.

As colônias judaicas da Diáspora permanecem os focos de origem, mas o recrutamento se dirige cada vez mais para os gentios. Ora, judeu e cristão reivindicam ambos o Deus de Abraão, pretendendo ambos ser os intérpretes fiéis de suas vontades, venerando ambos o mesmo livro sagrado, mas cada um o interpretando à sua maneira. Acrescentemos que as autoridades romanas parecem não ter feito no início muita distinção entre uns e outros (os textos romanos mais antigos que conhecemos os confundem pura e simplesmente) [e]. Poucas vezes viu-se, ao que parece, um estado de coisas tão propício para suscitar animosidades irredutíveis.

---

b. *Atos dos Apóstolos*, 13, 44-47; 15, 1-29; *Epístola aos Gálatas*, 2, 1-14, etc.

c. 12.ª bênção: "Que os apóstatas não tenham nenhuma esperança e que o império do orgulho seja extirpado prontamente, em nossos dias. Que os Nazarenos e os Minim pereçam em um instante, que sejam apagados do livro da vida e não sejam contados entre os justos. Bendito sejas, Eterno, que humilhas os orgulhosos. Cf. MARCEL SIMON, *Verus Israel*, Paris, 1948, capítulo "les Chrétiens dans le 'Talmud'", p. 214-238.

Assinalemos a este respeito que desde a Alta Idade Média, a palavra "apóstatas" ("minim" foi substituída pela palavra "denunciadores" (malchim).

d. *Primeira Epístola de Paulo aos Coríntios*, 9, 19-22.

e. Assim Suetônio, em os *Doze Césares*: "Ele [Cláudio] expulsou de Roma os judeus que haviam feito grande alvoroço por causa de Chrestus." (Cláudio, 25).

Não é muito inverossímil que os judeus da Diáspora, ciosos de seus antigos privilégios, tenham procurado distanciar-se de seus rivais, que hajam mesmo na ocasião denunciado às autoridades aqueles que consideravam perigosos hereges. Os cristãos, estes dissidentes do judaísmo, por seu lado, percebiam com despeito que sua propaganda entre o povo eleito não produzia grandes frutos: em conseqüência, importava-lhes demonstrar ao mundo que Deus retirara deste povo o benefício de sua eleição, para transferi-lo a um novo Israel. A guerra da Judéia e a destruição do Templo lhes forneceram neste aspecto um argumento de peso: uma catástrofe tão espantosa, que só pode ser um castigo divino, não prova que Deus se afastou definitivamente de seu povo? (Alguns textos judeus da época exprimem o mesmo pensamento, mas interpretam bem diferentemente os motivos do castigo: segundo o Rabi Ben Azzai, Israel foi dispersado precisamente por ter renegado o Deus único, a circuncisão, os mandamentos e a Torá [f]). De outro lado, ao mesmo tempo em que ela se dirige mais e mais aos gentios e se impregna progressivamente de influências pagãs, a nova Igreja não tarda a atribuir a Jesus uma natureza divina. A partir deste momento, sua morte tornava-se necessariamente um deicídio, o crime dos crimes, e este pecado abominável, não menos necessariamente, recaía sobre a cabeça dos judeus que o haviam renegado; por isso a demonstração de sua prescrição tornava-se completa. (Talvez fosse ao mesmo tempo de boa política eximir os romanos, detentores do poder, de qualquer responsabilidade). Assim tudo se encadeia e se aclara, culpa e castigo, rejeição e nova eleição. Para a economia do cristianismo, era preciso doravante que os judeus fossem um povo criminalmente culpado.

Assim, desde os primeiros séculos, entrecruzam-se os diversos motivos do antagonismo original entre judeus e cristãos, quer se tratasse de rivalidades no proselitismo, do esforço para captar em causa própria as graças dos poderes públicos, ou das exigências do pensamento teológico; tudo isto traz em germe o anti-semitismo propriamente cristão. Iremos passá-los rapidamente em revista.

No que concerne à atitude das autoridades romanas a respeito dos judeus, de um lado e dos cristãos de outro, ela variou muitas vezes, no curso dos três primeiros séculos. Cartas de Tácito e de Plínio o Moço [4] nos mostram que Roma já sabia diferenciar entre uns e outros, no início do século II. Na época em que o imperador Adriano proibiu

---
f. *Ekah Rabati* (*Midrash das Lamentações*), I, 1.
4. Tácito, *Annales*, XV, 44. Plínio o Moço, *Epstolæ*, X, 96, 97.

a circuncisão, e que estourou na Palestina a sangrenta revolta de Bar-Kochba (em 135), os esforços dos primeiros apologistas cristãos tendiam a demonstrar que os cristãos, não tendo nenhum laço com Israel e a terra da Judéia, eram súditos irrepreensíveis do Império [5]. Mas Antonino, sucessor de Adriano, restabeleceu a liberdade do culto judaico e, no século III, face ao crescente sucesso da pregação cristã (comunidades numerosas e ativas já existiam em todas as províncias do Império), começa a era das grandes perseguições, reforçadas pelo ódio popular que o exclusivismo cristão irrita. Aos olhos dos pagãos, os adoradores de Jesus nem mesmo tem a excusa de pertencer a uma religião absurda por certo, e exasperante, mas que ao menos possui os títulos de nobreza constituídos por uma tradição nacional que se perde na noite dos tempos. Eles são inquietantes recém-vindos, o *genus tertium;* "Usque quo genus tertium!", grita a multidão no circo. Também são vítimas de uma verdadeira "transferência de animosidade"; as fábulas de um Maneton ou de um Ápio sobre a ignomínia do culto judaico serão aplicadas doravante ao culto cristão. Assim como escreve Lietzmann,

cada vez que acontece uma desgraça pública, uma peste ou uma fome, a multidão furiosa clama a grandes brados a morte dos cristãos: "Que sejam jogados aos leões"! [6]

(Estas linhas têm para um autor judeu um som estranhamente familiar.) Não é nada surpreendente que, nestas condições, os judeus procurassem tirar sua lasca no jogo, e se enfileirassem no campo pagão — ainda que se registre certo número de casos de sepultamento de mártires cristãos em cemitérios judaicos e como nos diz Tertuliano, os judeus ofereciam às vezes aos cristãos ameaçados o asilo de suas sinagogas... [7] Uma nova reviravolta se produziu evidentemente quando o cristianismo se torna uma religião oficialmente reconhecida; retornaremos à questão mais adiante.

A rivalidade no proselitismo contribuía, por seu turno, para dispor judeus e cristãos uns contra os outros. Se a pregação cristã se revelou rapidamente mais eficaz que a pregação judaica, não se segue que o judaísmo tenha perdido seu próprio atrativo, e que seus propagandistas tenham baixado tão rapidamente a bandeira. Ao contrário, certos textos dão a entender que durante os séculos II e III, eles foram tão ou mais ativos que anteriormente. É por volta de 130 que Juvenal ridiculariza "os pais cujos exemplos corrompem os filhos". Quando, alguns anos mais tarde, o imperador An-

---

5. Cf. MARCEL SIMON, *Verus Israël*, p. 128.
6. H. LIETZMANN, *op. cit.*, vol. II, p. 156.
7. Cf. MARCEL SIMON, *op. cit.*, p. 153.

tonino restabelece a liberdade do culto judaico, toma o cuidado, a fim de se opor à propaganda do judaísmo, de manter a interdição de circuncidar não-judeus, sob pena de morte ou banimento. Fontes judaicas nos informam que a tradição rabínica considerava como prosélitos vários doutores de Israel, e não dos menores, daquele tempo [g]. Elas nos falam também de cerimônias solenes de recepção aos prosélitos, no século III, e de conferências públicas onde a Torá era enaltecida [8]. A quem se dirigia este proselitismo? É cabível admitir que se exercia tanto às expensas dos conversos do cristianismo como às expensas dos pagãos. E, com efeito, os judeus não permanecem como o povo do Antigo Testamento e seus doutores não são o seu intérprete mais qualificado? Não se vê os primeiros exegetas do cristianismo, e até mesmo um São Jerônimo, indo se instruir com os rabinos? Durante mais de dois séculos, os cristãos não seguiam o calendário judeu? Assim se estabelecem contatos por vezes bem perigosos para a ortodoxia da nova fé. Não esqueçamos que, durante os dois ou três primeiros séculos, a Igreja cristã ainda não estava hierarquizada, e não conhecia nenhuma instituição suprema universalmente reconhecida; cada comunidade podia interpretar os textos sagrados à sua maneira, inumeráveis seitas e heresias faziam sua aparição, amiúde mais ou menos "judaizantes", e, destarte, o prestígio do povo do Livro pôde encontrar muitas oportunidades de exercer-se e influenciar os espíritos. A condição social dos judeus estava longe ainda de ser de tal ordem que eles pudessem servir de elemento contrastante. E o dilema continuava sempre aquele: para interpretar corretamente o Velho Testamento quem mais qualificado, senão o povo ao qual foi dado e que conservou através dos séculos? Se, em conseqüência, cristãos e judeus continuavam a competir junto aos gentios, o judaísmo podia perfeitamente atrapalhar e atrair muitos adeptos do cristianismo nascente. Tal fato nos reconduz à rivalidade propriamente doutrinária, cuja expressão última se encontra no que se denominou "anti-semitismo teológico".

No início do século III, a tese da punição divina dos judeus é muito explicitamente formulada por Orígenes:

> Podemos portanto afirmar com toda a confiança que os judeus não recuperarão sua situação d'antanho, pois cometeram a mais abominável das perversidades, tramando este conluio contra o Salvador do gênero humano... Era preciso, por conseguinte, que a cidade onde Jesus sofreu assim fosse destruída de alto abaixo, que o povo judeu fosse expulso de lá, e que outros fossem chamados por Deus à bem-aventurada eleição [9].

---

g. Em particular R. Schemaia, R. Abtalion, R. Meir, assim como o próprio célebre R. Akiva.
8. Cf. MARCEL SIMON, op. cit., p. 325.
9. Contra Celso, 4, 23. Patrologie Grecque de MIGNE, 11, 1060.

Por ocasião das perseguições anticristãs, os judeus voltaram-se ironicamente para este argumento:

Não há pois, entre vós, um único homem cujas preces sejam acolhidas por Deus e façam cessar vossas desgraças? [10]

Se se quer examinar mais de perto o aumento progressivo de um "anti-semitismo teológico", a lenta evolução da liturgia pascal oferece um exemplo surpreendente. Segundo a Didascália, um dos documentos eclesiásticos mais antigos que chegaram até nós, o motivo principal da solenização da Páscoa parece ser, tanto quanto a comemoração da paixão de Cristo, a obtenção do perdão pelos judeus culpados e pelos infiéis:

... Saibam pois, meus irmãos, a respeito do jejum que jejuamos na Páscoa, vós jejuareis por nossos irmãos que não obedeceram, mesmo que eles vos odeiem... Precisamos jejuar e nos afligir por eles, pelo julgamento e pela destruição do país... porque quando nosso Senhor veio ao povo judeu, não lhe deram crédito quando Ele os instruía... (V, 14, 23).

Mas, rapidamente, a maior parte da cristandade rejeita tal ponto de vista. Ao mesmo tempo em que se determinam os novos motivos da festa (Paixão e Ressurreição do Senhor), numerosas comunidades, e a de Roma em particular, preconizam a mudança de data, um cálculo independente, a fim de não se verem em face dos judeus numa dependência humilhante. Na Sexta-feira Santa reza-se pelos gentios assim como pelos judeus; e finalmente, a partir do século IX, alguns sacramentos da liturgia romana indicam expressamente: "Pro Judaeis non flectante" (Pelos judeus não há genuflexão) [h].

Nos Evangelhos já se discerne o começo de tal evolução. O Evangelho Segundo João, o mais recente de todos, não é ao mesmo tempo o mais hostil aos judeus? Quer-se um outro exemplo tirado dos Evangelhos? Que o nome do apóstolo que há de trair seu Senhor pareça ser filologicamente derivado de Judéia, pátria dos judeus, poderia evidentemente não passar de uma coincidência: coincidência demasiado notável para que se possa deixar de constatar que uma vontade deliberada de simbolizar o opróbrio a pesar doravante sobre o povo eleito, constitui uma explicação mais satisfatória para o espírito...

Não é de espantar nestas condições que desde o século IV, e sobretudo no Oriente, onde os judeus eram mais numerosos, se ouçam pregadores lançar contra eles diatribes de uma violência inimaginável:

10. APHRAATE, *Homelies*, 21, 1. (Cf. MARCEL SIMON, *op. cit.* p. 119).
h. Cf. p. 49.

Homicidas do Senhor, assassinos dos profetas, rebeldes e odientos para com Deus, ultrajam a Lei, resistem à graça, repudiam a fé de seus pais. Comparsas do diabo, raça de víboras, delatores, caluniadores, toldados de cérebro, fermento farisaico, sinédrio dos demônios, malditos, execráveis, lapidadores, inimigos de tudo aquilo que é belo... (Gregório de Nisse) [11].

...Lupanar e teatro, a sinagoga é também antro de salteadores e covil de bestas... Vivendo para o ventre, a boca sempre escancarada, os judeus não se conduzem melhor que os porcos e os bodes, na sua lúbrica grosseria e no excesso de sua glutoneria. Só sabem fazer uma coisa: empanturrar-se e embriagar-se... (São João Crisóstomo) [12].

Desta maneira se constitui uma tradição bizantina de anti-semitismo, de onde procederá em particular o temor supersticioso aos judeus, tão característico no império moscovita um milênio mais tarde. Na Europa Ocidental, por outro lado, a evolução será mais complexa e mais original. E é para o Ocidente cristão que iremos voltar agora nosso olhar.

---

11. *Patrologie grecque* de MIGNE, 46, 685.
12. *Patrologie latine* de MIGNE, 25, 830.

3. Os Judeus no Ocidente na Alta Idade Média

Excetuando-se alguns episódios mais ou menos lendários, não se sabe muito sobre a maneira como o cristianismo começou a difundir-se na Gália romana; do mesmo modo, ignoram-se completamente as condições em que aí apareceram os primeiros focos do judaísmo. Intuitivamente, porém, tende-se a tomar a respeito diferentes pontos de vista: isto é, que a palavra inflamada de alguns apóstolos teria provocado conversões ao cristianismo, as quais se alastraram progressivamente como uma mancha de óleo, enquanto que o judaísmo por sua vez teria se manifestado apenas graças à imigração de judeus, que teriam gerado uma descendência judaica, perpetuando assim o judaísmo unicamente de pai para filho. Mas o historiador deve por vezes desconfiar destes modos de ver intuitivos, amiúde ligados ao erro tão comum que consiste em focalizar as épocas passadas com uma óptica do presente. Pode-se outrossim admitir uma hipótese contrária, isto é, supor que cristianismo e judaísmo teriam se implantado no Ocidente de maneira semelhante, essencialmente por conversões, com o judaísmo, aliás, precedendo o cristianismo e lhe servindo, como no Oriente, de veículo indispensável. Veremos mais tarde as sérias razões que nos conduzem a optar, na falta de documentos precisos, em favor desta segunda suposição: de início, vejamos o que se sabe sobre os primeiros estabelecimentos judaicos na Gália.

Não há nada de certo, em verdade, no que concerne ao período romano, exceto algumas menções relativas a mercadores judeus, em Marselha, em Arles ou em Narbona. Desde o período franco, entretanto, quando o clero principia a escrever a história, começam a precisar-se os contornos. Numerosas decisões conciliares dos séculos V e VI mencionam judeus e sua influência: proíbem aos cristãos, clérigos ou leigos, de comer com os judeus, insurgem-se contra os casamentos mistos, advertem sobre a observância, nos domingos, de inumeráveis interdições sabáticas, proibindo enfim aos judeus de se misturarem às multidões cristãs, durante a festa da Páscoa [a]. Tais disposições, por sua própria natureza, são destinadas em primeiro lugar a proteger os crentes das seduções da fé e dos ritos judeus, a lutar contra os perigos de heresias judaizantes, heresias que vemos aparecer com muita freqüência entre populações recém-evangelizadas e ainda inseguras em sua fé. Do mesmo modo, o único escrito de polêmica antijudaica da época, que chegou até nós, o do gaulês Evagrio [1], constitui muito mais uma advertência aos cristãos do que uma tentativa de evangelização dos judeus. Tudo isto nos permite concluir que naquela época os judeus da Gália, numerosos, influentes, e vivendo em bons termos com os cristãos e se misturando livremente entre eles, causavam inquietação aos chefes da Igreja por força mesmo deste bom entendimento com suas ovelhas. Maiores informações nos são fornecidas por Gregório de Tours, no fim do século VI. Seus diferentes escritos nos permitem formar uma idéia muito precisa dos judeus de seu tempo. Sabemos assim que eram comerciantes, proprietários de terras, funcionários, médicos ou artesãos, e que, mesclados aos "sírios" (que nosso autor menciona no mesmo contexto), eram numerosos nas cidades, onde estes cosmopolitas deviam ocupar posição de relevo, sobre um fundo de bárbaros mal civilizados. Os sírios entretanto eram cristãos; os judeus representavam para a Igreja os inimigos por excelência, e isto ressalta com nitidez em certos giros de estilo que o bom bispo emprega a respeito dos judeus ("mentirosos para com Deus"; espírito duro, raça sempre incrédula; "nação perversa e pérfida").

Isto não impede que os mais altos dignitários eclesiásticos recorram quando necessário a seus serviços e entre-

---

[a]. Concílios de Vannes (465), de Agda (506), de Epona (517), de Orleans (535), de Clermont (535), de Mâcon (583), etc. Cf. sobre esta questão R. ANCHEL, *Les Juifs de France*, p. 27-29.
[1]. Cf. B. BLUMENKRANZ, Les Auteurs latins chrétiens du Moyen Age sur les Juifs et le judaïsme, *Revue des Études Juives* (citada mais adiante sob *R. E. J.*), t. 109, 1948.

tenham mesmo, com eles relações de amizade. Gregório de Tours relata longamente a franca discussão teológica [b] que ele próprio teve ocasião de manter com o judeu Priscus, um favorito do Rei Chilperico. Na continuação da narrativa, salienta que um ano mais tarde este Priscus foi morto por Phatir, um judeu convertido, quando num sábado ia sem armas à sinagoga [c]. Pouco tempo depois Phatir era assassinado pela família de Priscus. Isto significa que os judeus daquele tempo portavam armas e, sendo necessário, sabiam utilizá-las: outros episódios evocados por Gregório nos confirmam que eles constituíam na sociedade aberta da época uma fração da população segura de si mesma, próspera, e não eram quase objeto de um preconceito desfavorável particular. Os nomes que tinham — Armentário, Gaudiocus, Priscus, Julius — são na maioria nomes galo-romanos, e parece que celebravam parcialmente seu culto em língua vulgar [2]. Sem dúvida, a Igreja, que não cessa de advertir contra sua influência perniciosa, tenta às vezes convertê-los à força, faz com que os reis lhe dêem mão forte, enquanto as multidões excitadas os submetem a alguns ataques: é significativo que a mais conhecida dessas conversões forçadas foi suscitada pela agressão cometida por um judeu de Clermont, na Páscoa contra um recém-converso [3]. Em suma, os episódios relatados por Gregório de Tours, como outros similares (conversões forçadas em Arles e em Marselha) se inserem no quadro de lutas interconfessionais nas quais o judaísmo enfrentava ainda de igual para igual os cristãos.

Posteriormente às valiosas informações fornecidas por Gregório de Tours, não se conhece, concretamente nada de novo sobre a condição dos judeus na Gália: silêncio que, em tal caso, se quer dizer algo, parece indicar antes que esta situação quase não se modificou. Algumas raras inscrições hebraicas gravadas em pedras [4] apenas podem reforçar esta suposição, levando a admitir que a expulsão dos judeus sob o Rei Dagoberto, mencionada por um cronista [5], ou é do domínio da lenda ou ficou sem efeito. Em seguida, no início do século IX, o campo de nosso estudo é de súbito iluminado por numerosos documentos, precisos e infinitamente reveladores.

b. No livro VI (5, 10) da *Historia Francorum*.
c. Nesta passagem, o texto de Gregório de Tours traz: "...nullum in manu ferens ferramentum...", o que é preciso, parece, traduzir por "armas".
2. Cf. R. ANCHEL, *Les Juifs de France*, p. 24, assim como todo o Cap. 1.
3. GREGÓRIO DE TOURS, *Historia Francorum*, V, 6.
4. Em Narbona e no antigo priorado de Saint Orens em Auch. (Cf. E. SALIN, *La civilization mérovingienne...*, Paris, 1950, p. 282).
5. A maneira como a crônica do Pseudo-Fregedário relata este episódio, parece ser mais simbólica que real: foi sob as instâncias de Heráclio, o imperador de Bizâncio — desta Bizâncio onde, assim como vimos, o anti-semitismo de Estado cristão se constituiu em corpo de doutrina — que Dagoberto teria decidido a medida.

Desde o reinado de Pepino o Breve, mandamentos eclesiásticos, disposições legislativas e mesmo relatos de viajantes árabes dão conta da presença, no Império Carolíngio, de inúmeros judeus prósperos, grandes comerciantes (os capitulários carolíngios falam de *negotiatores judæi et alii*, isto é, de "comerciantes judeus e outros"), grandes viajantes ("falam persa, árabe, grego, assim como as línguas dos francos, dos espanhóis e dos eslavos. Viajam de oeste a leste e de leste a oeste, tanto por mar como por terra...") [6] — também proprietários de terra e cultivadores [7]. No tempo de Luís o Piedoso, recebem "cartas de proteção", autorizando-os a viver segundo suas próprias leis e proibindo-os em particular de batizar seus escravos. Bem vistos na corte, não deixam de aproveitar-se para recrutar ocasionalmente prosélitos entre os cristãos, o que mais do que nunca suscita inquietação no clero, que trava contra eles polêmicas violentas. Os arcebispos de Lyon, Agobardo e Amolon, se colocam na vanguarda do combate: se é exagerado pretender, com o historiador protestante Wiegand, que "todo o anti-semitismo da Idade Média tem sua fonte em Agobardo", ao menos suas campanhas podem ser consideradas como um ponto de partida, numa época em que a evangelização, que prossegue em profundidade, provoca o "recrudescimento dos sentimentos religiosos nas almas". Os numerosos escritos antijudaicos de Agobardo e Amolon, quase integralmente conservados, nos permitem determinar com precisão tanto a situação dos judeus no Império Carolíngio e a atitude dos cristãos a seu respeito, quanto as razões exatas do renascimento da hostilidade eclesiástica. Por isso iremos examiná-los com algum pormenor. Mas vejamos inicialmente as circunstâncias do conflito de que Lyon é centro.

O Arcebispo Agobardo (778-840), "o homem mais esclarecido de seu século" segundo Henri Martin, pertence à falange dos reformadores instruídos e ativos saídos do que se chamou "a Renascença carolíngia". Muito inquieto com a influência adquirida sobre suas ovelhas pela colônia judaica de Lyon, apelou para o Imperador Luís o Piedoso, lembrando-lhe as decisões conciliares tradicionais, e suplicando-lhe que o autorizasse a batizar os escravos dos judeus. Longe de dar atendimento a este pedido, o imperador confirmou expressamente os privilégios dos judeus e enviou a

---

6. Relato do viajante contemporâneo árabe IBN KHORDADBEH, *Le Livre des routes e des provinces, Journal asiatique*, 1865, t. V, 512-515. Ibn Khordadbeh designa os comerciantes judeus sob o nome de Radanitas. (Cf. também L. RABINOWITZ, *Jewish Mercants... A study of the Radanites*, Londres, 1948, assim como SIMONSEN, *Les Marchands juifs appelés Radanites, R. E. J.*, LIV, p. 141).

7. Isto sobressai em particular de uma passagem do cânon 50 do Concílio de Paris de 829 ("Si ergo Judei... sabbatum carnaliter custodientes eo die, nulla potentate terrena compellente, ab operibus ruralibus se abstinent"). (*Mon. Germ. Hist.*, I, IIa, p. 643).

Lyon o *magister judæorum* [d] Everardo, a fim de assegurar a aplicação do que decidira. Rapidamente, a querela se envenenou: asperamente admoestado, exilado para Nantua, o fogoso prelado (que, no conflito que opusera Luís o Piedoso a seus filhos, havia tomado o partido destes últimos) não se dá por vencido e, ano após ano, continua a voltar à carga. É nestas condições que foram redigidas as cinco epístolas antijudaicas de Agobardo chegadas até nós [8], e é assim que nos é possível saber que os judeus viviam em Lyon livremente misturados à população, tinham sua mesa franca, possuíam servos cristãos e, longe de se deixar ganhar pela pregação do arcebispo ou de deixar batizar seus escravos, ainda conseguiam conquistar adeptos entre os cristãos. Mas deixemos a palavra com o próprio Agobardo:

> Com qualquer benevolência que os tratemos, não conseguimos atraí-los à pureza de nossa fé espiritual. Ao contrário, muitos dentre nós, partilhando habitualmente com eles o alimento do corpo, se deixam seduzir também por seu alimento de espírito.

De fato,

"as coisas chegaram a um ponto que os cristãos ignorantes acham que os judeus pregam melhor que nossos padres", "alguns cristãos chegam a festejar o Schabat com os judeus e a violar o santo descanso do domingo. Muitas mulheres vivem como domésticas ou como trabalhadoras a soldo dos judeus; há algumas que eles desviam de seu dever. Homens do povo, camponeses deixam-se arrastar a um tal oceano de erros que vêem nos judeus o único povo de Deus, que somente nele se encontre a observância de uma religião pura e de uma fé bem mais verdadeira que a nossa..."

E Agobardo se queixa amargamente dos falsos sacrilégios que os judeus divulgam sobre Jesus, sobre a Virgem Maria e sobre os apóstolos. Chama o imperador às suas responsabilidades:

os judeus, abusando da credulidade dos cristãos, se vangloriam enganosamente de serem caros a vossos olhos por causa dos patriarcas de que descendem... Exibem ordenações assinadas com vosso nome e vosso selo de ouro e que encerram palavras que não posso acreditar que sejam verdadeiras. Mostram as roupas que suas esposas, afirmam eles, teriam recebido de presente de vossa família e das matronas do palácio; gabam-se de ter recebido de vós, contrariamente à lei, o direito de erigir novas sinagogas...

d. *Magister judærum*: parece que se trata do funcionário encarregado das relações com as comunidades judaicas e da observação de seus direitos.

8. Em ordem cronológica:
1.º) *Ad proceres palati consultatio et supplicatio de baptismo judaicorum mancipiorum* (escrito por volta de 824).
2.º) *Ad proceres palati contra praeceptum impium de baptismo judaicorum mancipiorum* (por volta de 826).
3.º) *Ad eumdem imperatorum de insolentia judæorum* (por volta de 827).
4.º) *Ad eumdem imperatorum de judaicis superstitionibus* (memorial coletivo dos bispos Agobardo, Faova e Bernardo, anexo ao precedente).
5.º) *Exhortatoria ad Nibridium episcopum narbonensem de cavendo convictu et societatæ judaica* (por volta de 828). (MIGNE, *Patrologie latine*, t. CIV).

A este domínio sobre as almas corresponde a influência judaica sobre os usos e costumes.

Os "missi", para que os judeus pudessem celebrar livremente seu Schabat, mandaram transferir para um outro dia a feira que se fazia no sábado, deixando aos judeus mesmo a escolha do dia da semana...

Seja qual for, entretanto, a indignação apaixonada que extravasa da alma de Agobardo, em nenhuma parte ele acusa ainda os judeus dessas práticas diabólicas — profanação das hóstias, assassinato ritual, envenenamento dos poços — que constituirão depois o *leitmotiv* das campanhas antijudaicas. A discussão se coloca inteiramente no plano de uma polêmica religiosa; são as "superstições judaicas" que irritam Agobardo; os remédios que preconiza, visando a proteger as almas de suas ovelhas do contágio do judaísmo, se limitam a assegurar uma melhor separação entre cristãos e judeus, por meio da estrita observância das antigas decisões conciliares. Trata-se de pôr fim às refeições feitas em comum, de proibir aos judeus a posse de escravos ou servos cristãos, e assim por diante. Vinte anos mais tarde, seu sucessor Amolon reiterará e reforçará tais exortações:

...amaldiçoando a infidelidade dos judeus e procurando proteger o povo cristão de seu contágio, pedi publicamente em três oportunidades que nossos fiéis se afastem deles, que nenhum cristão os sirva nem nas cidades e nem nas aldeias, deixando-os assegurar seus trabalhos com a ajuda de seus escravos pagãos; proibi em seguida provar a sua comida e suas bebidas. E publiquei várias outras ordens severas, a fim de arrancar o mal com a raiz e imitar o exemplo de nosso piedoso pastor, mestre e predecessor Agobardo... 9

Os bispos Hincmar de Reims, Vanilo de Sens e Rodolfo de Bourges dão apoio a Amolon, e o Concílio de Meaux exige em 848 a aplicação das antigas decisões canônicas e dos editos de Teodoro II.

Observar-se-á que tais decisões, uma vez aplicadas, acarretarão necessariamente uma deterioração da situação econômica dos judeus. Esta ainda não é a situação, e as intervenções de Agobardo, de Amolon ou de Hincmar junto ao poder temporal não parecem ter surtido efeito. De resto, os tempos não eram muito próprios para isso: estamos na época do tratado de Verdum e da caótica fragmentação feudal que se lhe seguiu. Mas não se pode deixar de relacionar com estas exortações uma inovação que terá pesadas conseqüências. Com efeito, é no curso do século IX (sem que seja possível precisar a data) que se constata pela primeira vez uma modificação significativa da liturgia católica romana, em sua parte relativa aos judeus. Se até então, nas preces da Sexta-feiras Santa, o uso era rezar

---

9. "Amolonis Epistola contra judæos", *Patrologie* de MIGNE, t. VXVI, p. 141.

sucessivamente pelos catecúmenos, os judeus e os pagãos, e nos mesmos termos, ajoelhando-se após cada prece, doravante os missais trazem: *pro judæis non flectant* (não se ajoelhem pelos judeus). Assim fica sublinhado que o judeu pertence a uma categoria à parte, que ele é outra coisa e pouco mais que um simples infiel, e se anuncia uma concepção cujos plenos efeitos se farão sentir vários séculos mais tarde [e].

De resto, esta mesma concepção começa a ter um encaminhamento bem diferente. Estamos na época em que a arte dramática da Idade Média, saída, como se sabe, da liturgia, faz ouvir seus primeiros e tímidos balbucios. Durante séculos, as autoridades eclesiásticas haviam proibido os fiéis de transformar em espetáculos as grandes festas religiosas, de cantar e dançar diante das igrejas. Doravante, tais proibições desaparecem: o ofício encontra seu prolongamento nos átrios das catedrais, os elementos de uma encenação se esboçam, e é assim que nasce o teatro religioso, no qual, na Páscoa, a crucificação e a ressurreição, assim como a vitória da Igreja sobre a Sinagoga, serão os temas favoritos. Na licença assim concedida à sêde das massas, deve-se perceber a impotência do clero em extirpar as sobrevivências pagãs? Trata-se da celebração do mito eterno do triunfo da primavera sobre o inverno, com o qual a Igreja precisou acomodar-se e teve de transpor? Pouco importa. O fato é que doravante o tema se populariza: encontra-lo-emos também, em sua expressão plástica, em muitos sacramentos, em muitos objetos de culto, onde a Igreja e a Sinagoga estão personificadas, uma sob as feições de uma jovem mulher resplandecente e a outra como uma viúva de olhos vendados. Tema conhecido desde Santo Agostinho pelos doutores da Igreja, mas que permanecia inacessível às grandes massas. Eis que agora se lhes inculca de uma maneira que não pode ser das mais sugestivas a noção de uma situação particular e excepcional dos judeus. De resto, note-se bem que nada além da incredulidade e da soberba judaicas são assim evocados: nenhum texto desse tempo fala ainda da maldade e da perfídia da raça deicida.

De tudo o que precede, importa concluir o seguinte:

O próprio teor da propaganda antijudaica no século IX mostra que não existe na época nenhum traço de um anti-semitismo popular específico. Ao contrário, parece que

---

e. Segundo M. Louis Canet (L. Prière Pro Judæis de la liturgie catholique romaine, *R. E. J.* LXI, 1906, p. 213), a modificação aparece pela primeira vez no sacramentário de Rethel (ou de Saint-Vaast-en-Corbie), onde uma nota à margem traz: "His nostrum nullus debet modo flectere corpus ob populi noxam ac pariter rabiem." É pois o povo que teria exigido a abolição da genuflexão; assim como escreve M. Canet: "Na medida em que se pode julgar, a prática estabelecera-se por si mesma, é preciso ver nela uma manifestação de anti-semitismo popular". Mesmo se for assim, é interessante observar que os efeitos desse anti-semitismo se fazem sentir pela primeira vez no século de Agobardo e de Amolon.

o judaísmo exerce ainda sobre as populações cristãs incontestável atração. De uma maneira geral, pode-se dizer que, enquanto um cristianismo solidamente dogmatizado não estabeleceu seu império definitivo sobre as almas, estas permanecem facilmente receptivas à propaganda judaica. Encontra-se, com efeito, o mesmo estado de coisas no Oriente dos séculos III e IV, no Ocidente da Alta Idade Média e, veremos, na Rússia do século XV [f]: uma vez inculcados em populações recém-convertidas os primeiros rudimentos da História Sagrada, muitos espíritos "vêem nos judeus o único povo de Deus", "queridos por causa dos patriarcas de que descendem" (Agobardo), e este ponto de vista, que, se convirá, não é desprovido de lógica ingênua, os leva a prestar ouvido atento aos argumentos dos judeus. Na França carolíngia, as conversões ao judaísmo deviam ser tanto mais freqüentes quanto a situação econômica privilegiada permitia aos judeus fazer pressão sobre seus escravos e servidores. Não existem estatísticas evidentemente: mas, inclusive os altos dignitários da Igreja eram atraídos pela sedução judaica, tal como o demonstra o célebre exemplo do Diácono Bodo, confessor de Luís o Piedoso, que se fez judeu e se refugiou na Espanha, onde, adotando o nome de Eleazar, esposou uma judia (829). É a esta luz que é preciso encarar as campanhas de seus contemporâneos Agobardo e Amolon.

Ademais, a estreita coabitação entre judeus e cristãos acarreta os constantes cruzamentos e misturas que já pudemos constatar em Roma imperial. Trata-se na realidade de um verdadeiro caldeamento que se estendendo por uma dezena de séculos, conduziu já no século passado um Renan ou um Leroy-Beaulieu a supor que os judeus eram, ao menos parcialmente, de ascendência européia. Em nossos dias, esta hipótese se vê corroborada pelos resultados das pesquisas dos geneticistas e dos serologistas, com resultados que, sem lançar luzes definitivas sobre a questão da origem racial dos judeus (ver Anexo A), não excluem a possibilidade de um miscigenação equivalente a uma "panmixia" total (o que equivale dizer, para nos exprimir de um modo mais chocarreiro, que o Sr. Israel Levy tem tanta probabilidade quanto seu porteiro de descender em linha direta de Vercingetórix). Constatação que não é desprovida de um certo sabor picante, se se pensa na obstinada persistência de interpretações "raciais" da questão judaica por autores que, às vezes, estão longe de ser anti-semitas!

A situação favorável dos judeus na Europa carolíngia conduz à rápida multiplicação de suas colônias. Comuni-

f. Cf. capítulo 12.

dades prósperas surgem na Champanha, na Lorena, nas cidades renanas, e até em Praga: a colonização se faz do oeste para leste, e até o século XII, o francês é a língua usual das comunidades da Alemanha, assim como o era na França ᵍ. Reis, nobres e bispos concedem aos judeus larga autonomia: estes se administram pois a si próprios, vivendo segundo suas próprias leis. A erudição talmúdica refloresce às margens do Reno e do Sena na mesma época em que entra em decadência na Babilônia; em Troyes, o célebre Raschi redige seus comentários da Bíblia e do Talmud que, ainda hoje, fazem parte integrante da educação tradicional judaica. Assim como nos séculos precedentes, os judeus constituem por excelência uma guilda comercial com vastas conexões internacionais, mas ainda que se instalando de preferência em bairros à parte, continuam a misturar-se livremente com a população cristã e a viver em excelente entendimento com ela. Por certo, cada vez mais, os cronistas da época tendem a ligar a palavra "judeu" a algum epíteto malsoante, e a acusação de feitiçaria torna-se, sob suas penas, um lugar-comum; mas estes modeladores da opinião pública são todos homens da igreja, que partem de idéias preconceituadas: é significativo, com tanto mais razão, que, até o século XI, nenhuma crônica mencione explosões de cólera popular no tocante aos judeus [10].

Mas eis que, pouco após o ano 1000, rumores confusos agitam a cristandade. Sob a instigação dos judeus, o "príncipe da Babilônia" teria mandado destruir o sepulcro do Senhor; teria também desencadeado incontáveis perseguições contra os cristãos na Terra Santa e mandado decapitar o patriarca de Jerusalém. Seja como for a legenda oriental ʰ (na realidade, o intolerante Emir Hakim se encarniçou contra os judeus assim como contra os cristãos), no Ocidente, príncipes, bispos ou camponeses começaram

---

g. Isto ressalta em particular nos comentários bíblicos e talmúdicos redigidos no Leste da França nos séculos XI e XII, nos quais se encontram numerosas palavras francesas transcritas em caracteres hebraicos (*glosses*); tais escritos constituem uma fonte preciosa de informações sobre a pronúncia do francês vulgar da época. Algumas destas locuções francesas persistiram mesmo até nossos dias, no *idiche* dos judeus poloneses. Pode-se citar, a título de exemplo, *tcholend* (prato quente), que provém do verbo "chaloir", assim como o prenome "*Yente*" (Jeannette). Da mesma forma, a expressão tão característica de *Bobe-maisses* (estória do arco da velha, embuste) tem sua origem nas aventuras do Sire de Beauvais, muito populares, sob o nome de *Bova-Buch*, entre os judeus alemães da Idade Média.

10. Nem mais em geral perseguições, excetuando-se a sua expulsão de Sens em 876 pelo Arcebispo Ansegise ("Crônica Odoranni", MIGNE. P. L., CXLII, 77) e de vexames que se lhes inflige anualmente no Midi da França (Béziers, Toulouse) por ocasião da festa da Páscoa. É verdade que na época em que nos encontramos, as menções aos judeus nas crônicas são ainda muito raras; mas esta própria penúria de informações, em um período para o qual as fontes se tornaram numerosas, nos confirma o que sabemos, por outro lado, a respeito de uma convivência pacífica.

h. Talvez a legenda tenha sua fonte em um fato histórico mencionado por várias crônicas árabes, que se passou quatro séculos antes: em 614, os judeus de Jerusalém, perseguidos pelos cristãos, entregaram a cidade aos persas. (Cf. JUSTER, *op. cit*., vol. II, p. 213).

logo a vingar-se dos judeus: em Rouen [11], em Orleans [12], em Limoges (1010) [13], em Mogúncia (1012) e, sem dúvida, nas outras cidades renanas [14], bem como, parece, em Roma [15], são convertidos à força, chacinados ou expulsos, e o imaginativo monge Raul Glaber nos assegura mesmo que, "no mundo inteiro, todos os cristãos foram unânimes em decidir que expulsariam todos os judeus de suas terras e de suas casas". Exagero manifesto e a onda se aplaca tão depressa quanto elevou; era apenas o signo precursor da maré montante de entusiasmos religiosos que, se hão de servir de cimento indispensável ao edifício da cristandade medieval, darão também o sinal para as grandes perseguições. A condição dos judeus permanece suficientemente invejável para que retumbantes conversões ao judaísmo continuem a se produzir [i], e quando em 1084, Rüdiger, bispo de Espira, lhes outorga uma carta, ele especifica que sua presença "aumenta grandemente o renome da cidade", e os autoriza, em menoscabo de interdições tradicionais, a ter servidores e servos cristãos, a possuir campos e vinhedos e a portar armas [16].

A carta de Rüdiger está datada do ano de 1084. Sem dúvida ela seria inconcebível algumas dezenas de anos mais tarde. Com efeito, eis-nos às vésperas daquela crise de puberdade da cristandade que foram as Cruzadas.

---

11. Manuscrito hebreu de Parma (n.º 563 do catálogo de Rossi). Tal como ocorre freqüentemente com as fontes judaicas, a data da expulsão não é indicada, mas a menção, no manuscrito, de Roberto o Piedoso e do Duque Ricardo permite concluir pela historicidade do acontecimento e situá-lo por volta de 1010.

12. RAOUL GLABER, Les Histoires, livro III, Paris, Ed. E. Pognon, 1947.

13. ADÉMAR DE CHABANNES, Chronique, livro III, cap. 47, Ed. Pognon.

14. PERTZ, Monumenta, II, 81, assim como fontes hebraicas, que permitem supor que a expulsão decretada pelo Imperador Henrique II ocorreu igualmente em outras cidades alemãs. (Cf. GRAETZ, Geschichte der Juden, t. V, p. 495, nota 22.)

15. ADÉMAR CHABANNES, Chronique, livro III, cap. 52, Ed. Pognon. O cronista menciona um tremor de terra em Roma, causado pelas práticas sacrílegas dos judeus; mas a coincidência do evento com as expulsões nas outras cidades é evidente.

1. Assim a de Vécelin, capelão do Duque Konrad, um parente do Imperador Henrique II (1005) (PERTZ, Monumenta, II, 93) ou a de Renant, Duque de Sens (1015) (GLABER, III, 6).

16. Würdtwein, nova subsida diplom., I, 127.

Segunda Parte:
A Era das Cruzadas

4. O Fatídico Verão de 1096

Poucas datas, certamente, são tão importantes na história do Ocidente como esta de 27 de novembro de 1095 quando, no Concílio de Clermont-Ferrand, o Papa Urbano II decidiu pregar a Primeira Cruzada, sem suspeitar, pode-se crer, da prodigiosa ressonância que alcançaria seu apelo através da cristandade. O papel capital que as Cruzadas desempenharam para o desabrochar da civilização medieval é bem conhecido: despertar geral das atividades comerciais e intelectuais, seguidos do ascenso da burguesia das cidades e, sobretudo, esta tomada de consciência da Europa cristã que já se reflete nas crônicas dos primeiros cruzados [1]. Mas as pessoas se dão geralmente bem menos conta das conseqüências que o grande empreendimento gerou para o destino dos judeus, no que este terá doravante de singular e único na Europa.

---

1. Como Foucher de Shartres: "Quem jamais ouviu dizer que tantas nações, de línguas diferentes, tenham sido reunidas em um só exército: francos, flamengos, frísios, gauleses, bretões, alobrogenses, lorenos, alemães, bávaros, normandos, escoceses, ingleses, aquitânios, italianos... Ainda que divididos em tantas línguas, nos parecemos todos tão irmãos e parentes próximos unidos em um mesmo espírito pelo amor do Senhor!..."

Outros cronistas (Guibert de Nogent, Raimond d'Agile, Robert le Noir) comparam os cruzados às doze tribos de Israel; são pois uma coletividade cuja comunidade acaba de se lhe revelar.

No entanto, o historiador encontra-se aqui em um momento privilegiado, tão numerosos e eloqüentes são os textos. Tentemos pois nos transportar em espírito para aquela época heróica e desordenada, onde, ao grito de "Deus o quer", cavaleiros, monges e gente comum, tendo abandonado suas casas e suas famílias, trilham o caminho de um destino fabuloso. Nas vestes, costuram o sinal da cruz; façam o que fizerem, uma felicidade eterna lhes está prometida; são os vingadores de Deus, encarregados de todos os infiéis, quaisquer que sejam, e os cronistas no-lo dizem expressamente:

> Omnes siquidem illi viatores, judæos, hæretios, sarracenos acqualiter habeant exosos, quos omnes Dei appelant inimicos [2].

Conseqüentemente, o que pode haver de mais natural do que tirar vingança daqueles poucos infiéis que vivem num lugar cristão? Agir de outro modo, não seria "tomar a questão toda ao revés"? (assim dirão os cruzados em Rouen [a]. Raciocínio ao qual não falta uma cruel lógica e que voltamos a encontrar em outras épocas e outros lugares [b], mas que, sobretudo para a turba, que sempre surge à superfície nos grandes surtos revolucionários, servirá de pretexto a pilhagens fáceis e lucrativas. Outrossim, os autores dos principais massacres de judeus não serão os exércitos organizados dos barões, mas as informes coortes populares que os precedem.

Por certo, todos os detalhes não chegaram até nós. No que se refere à França, notadamente, só um morticínio perpetrado em Rouen nos é conhecido com certeza. Mas certas crônicas aludem a outras hecatombes — Ricardo de Poitiers

> ... antes de retornar a seus lugares, eles (os cruzados) exterminaram em numerosos massacres os judeus em quase toda a Gália, à exceção daqueles que aceitaram a conversão. Diziam, com efeito, que era injusto deixar viver em sua pátria os inimigos de Cristo, já que haviam pegado em armas para expulsar os infiéis [3] —

e isso é confirmado pelas fontes judaicas: por uma carta urgente, as comunidades da França advertiam seus correligionários da Alemanha do perigo que os ameaçava. Conhecemos também a resposta destes últimos: embora rezando por seus irmãos aflitos, asseguravam, cheios de confiança,

---

2. ORDERIC VITAL, III, p. 495.
a. Tal como o relata o cronista Guibert de Nogent, os cruzados de Rouen diziam: "Nós desejamos ir combater os inimigos de Deus no Oriente; mas temos judeus sob os olhos, raça mais inimiga de Deus do que nenhuma outra: é tomar a coisa toda pelo avesso" (GUIBERT DE NOGENT, Patrologie latine de MIGNE, CLVI).
b. Assim entre os assassinos de setembro de 1792, forçados a correr para as fronteiras: "Cada qual grita: Voemos até o inimigo! Mas nossos inimigos estão aqui; estão em Paris como em Verdun; estão nas prisões. Deixaremos nossas esposas, nossos filhos, nossos velhos à mercê desses celerados? Corramos às prisões, exterminemos todos os monstros...". (Segundo um jornal da época: citado no artigo "Septembre 1792", Dictionnaire universel Larrousse, t. VIII).
3. BOUQUET, t. XII, p. 411.

que de sua parte não tinham nada a temer [4]. Foi um otimismo despropositado: é justamente na Alemanha, neste vale renano cujas comunidades eram provavelmente na época as mais numerosas da Europa, que foram perpetradas as mortandades mais sistemáticas e mais sangrentas.

No que concerne ao fogoso pregador da cruzada popular, Pedro o Eremita, parece que procedeu de maneira realista, abstendo-se de excessos inúteis, e contentando-se em exigir uma contribuição dos judeus para assegurar víveres e dinheiro a suas tropas [5]. Foi muito diferente o modo de agir de outros bandos dirigidos por fidalgos franceses e alemães como Guilherme o Carpinteiro, Thomas de Feria, e sobretudo Emicho de Leisingen ("homem muito nobre e muito poderoso", assegura Alberto de Aix) [6] que, descendo o vale renano, agiam de maneira sistemática e regular [c].

O espírito de pilhagem que presidia a empresa fica bem salientado nos procedimentos de Emicho, que às vezes, antes de matar os judeus, os espoliava a fim de supostamente protegê-los; o aspecto ideológico é posto em relevo pela alternativa diante da qual aqueles eram inevitavelmente colocados: o batismo — ou a morte. Uma primeira tentativa de chacina teve lugar em Espira, a 9 de maio de 1096, mas graças à rápida intervenção de João, bispo da cidade, que mandou dispersar os bandos de Emicho, somente onze judeus foram mortos. Foi muito diferente em Worms, duas semanas mais tarde.

Quando as notícias dos acontecimentos de Espira chegaram a Worms, uma parte da comunidade procurou refúgio no palácio do Bispo Adalberto; outros permaneceram em suas casas, os burgueses da cidade lhes haviam prometido auxílio. Todos tiveram o mesmo destino: os que permaneceram em casa foram massacrados em 18 de maio e, em seguida, os protegidos de Adalberto, em 25 de maio, postos pelo próprio bispo diante da inevitável escolha. Mas deixemos a palavra ao cronista judeu Salomão bar Simeão:

> Em 25 de iar, o terror desceu sobre aqueles que se abrigaram no palácio do bispo. Os inimigos os mataram como fizeram com os primeiros e os passaram a fio de espada. Fortaleceram-se a exemplo de seus irmãos, deixando-se assassinar e santificando o Nome... cumpriram a palavra do profeta: "As mães estão estendidas sobre

---

4. ARONIUS, *Regesten*, n.º 177. O cronista Guilherme de Tyr relata também que os judeus renanos não esperavam perseguições.
5. É assim que as coisas teriam se passado em Trèves, segundo o relato de Salomão bar Simeão. (ARONIUS, *Regesten*, n.º 180).
6. ALBERT D'AIX, livro I (trad. Guizot).
c. Diversos historiadores (em particular H. Graetz, em sua monumental *História dos Judeus*, assim como F. Chalandon (*Histoire de la Première Croisade*, Paris, 1925) tentaram reconstituir o itinerário de Emicho e de seus principais lugares-tenentes. Considerada a cronologia das matanças, parece que as tropas de Emicho desciam o vale do Reno, de Espira a Mogúncia, onde ao menos uma parte do bando, em lugar de seguir pelo vale do Meno (em direção à Hungria) continuou o caminho, e subiu em seguida o curso do Moselle (massacres de Trèves e de Metz). Mas se ignora tudo sobre os autores dos morticínios de Colônia, por exemplo.

suas crianças, o pai tombou sobre seus flihos". Um matava seu irmão, outro seus pais, sua mulher e seus filhos; os noivos — suas noivas, as mães — suas crianças. Todos aceitavam de todo coração o veredicto divino; encomendando suas almas ao Eterno, gritavam: "Ouve, ó Israel, o Eterno é nosso Deus, o Eterno é único". Os inimigos os desnudavam e os arrastavam, não dando quartel a ninguém, exceto a alguns poucos que aceitavam o batismo. Nestas duas jornadas o número de mortos foi de oitocentos...

Dois dias mais tarde chegou a vez dos judeus de Mogúncia, que tentaram por um momento defender-se de armas na mão, tal como nos relata Alberto de Aix (notar-se-á o paralelo impressionante entre as duas narrativas: a indignação do cronista cristão mal excede em violência à do narrador judeu):

... Emicho e todos os de seu bando, após um conselho, foram, ao nascer do sol, atacar os judeus a golpes de enxadão e lanças... Tendo quebrado as fechaduras e arrombado as portas, atingiram e mataram setecentos que procuravam em vão se defender contra forças muito superiores; as mulheres foram igualmente massacradas, e as crianças, qualquer que fosse seu sexo, também foram passadas no fio da espada. Os judeus, vendo os cristãos levantando-se contra eles e suas crianças, sem nenhum respeito pela fraqueza dos velhos, se armaram por sua vez contra si mesmos, contra seus correligionários, contra suas mulheres, suas crianças, suas mães e suas irmãs, e se massacraram entre si. Coisa horrível de dizer! As mães agarrando o punhal, cortavam a garganta das crianças que elas aleitavam, preferindo destruir-se com suas próprias mãos do que sucumbir sob os golpes dos incircuncisos. Apenas um pequeno número de judeus escapou a este cruel morticínio, e alguns receberam o batismo, mais por temor à morte que por amor à fé cristã.

Os judeus de Colônia tiveram um mês de mora, tendo obtido abrigo por alguns dias entre seus vizinhos e amigos cristãos. Com a ajuda do arcebispo, refugiaram-se em seguida em localidades vizinhas [d] onde foram surpreendidos pelos cruzados no fim do mês de junho. Uma vez colocados diante da escolha irremissível, a maior parte recorreu ao supremo desafio do suicídio. Os de Trèves, em sua maioria, buscaram a salvação no batismo, seguindo nisto o exemplo dado pelo Rabi Miquéias, o qual declarou "que valia mais ser cristão que temer pela vida dia e noite"[7]. Os de Ratisbona, mergulhados no Danúbio e batizados à força, abjuraram logo após a partida dos cruzados. Outros massacres ocorreram em Metz, em Bamberg, assim como em outras cidades alemãs que não é possível identificar [e].

Convém notar que, em quase todos os lugares, condes e bispos (Adalberto em Worms, o Arcebispo Rutardo

---

d. Neuss, Altenahr, Wevelinghofen, Kerpen, Hanten, Mörs. (ARONIUS, *Regesten*, n.ºs 190-196).
7. ARONIUS, *Regesten*, n.º 189.
e. Para reconstituir o mapa dos massacres da Primeira Cruzada, os historiadores fazem paralelos entre fontes cristãs e fontes judaicas. As crônicas judaicas eram redigidas em hebraico, e os nomes de certas localidades, transcritos em caracteres hebraicos, permaneceram indecifráveis.

em Mogúncia, o Arcebispo Herman III em Colônia, o Conde de Mörs, etc.) se esforçaram, por vezes mesmo com risco de suas vidas, em proteger os judeus, entregando-os aos cruzados somente quando coagidos e forçados. Quanto ao povo, parece que seu primeiro impulso era de compaixão e espanto, e vê-se pelo exemplo de Colônia que prestava aos judeus em certas ocasiões, uma colaboração ativa. Apenas a escória da população se unia em toda parte aos assassinos.

Um último morticínio ocorreu em Praga, apesar dos esforços do Bispo Cosmas. O número total das vítimas, avaliado diferentemente segundo as fontes, se elevou de qualquer modo a vários milhares.

Mas esta cifra não altera a questão.

Eis-nos com efeito colocados diante de um momento capital de nossa história. Obstinados, heróicos (alguns dirão: fanáticos), os judeus do vale renano, contrariamente aos da Espanha ou de regiões do Oriente, preferiam morrer a se prestar mesmo ao simulacro de uma conversão. Como explicar esta diferença de atitude? Seria isto por que desprezavam do fundo de seu coração os rústicos e os bandidos que tentavam pregar-lhes um evangelho abominado, ou mais simplesmente por que, postos diante de uma alternativa brutal, não tiveram simplesmente tempo para estas concessões progressivas, essas secretas acomodações que ocorreram com os *anussim* da África do Norte ou com os *marranos* da Espanha? Como quer que seja, qual uma lâmina de aço incandescente, que mergulhada subitamente em água gelada, adquire uma flexibilidade e uma solidez a toda prova, também a brusca prova do verão de 1096, um relâmpago no céu azul, teve por efeito forjar a força de resistência que doravante testemunharão os judeus europeus. Pouco importa mesmo que em certos pontos nossas fontes continuem confusas, que se possa discutir *ad infinitum* sobre a cifra exata de vítimas, a qual, de qualquer maneira, se comparada aos holocaustos dos séculos seguintes, parece insignificante. O que importa é que no curso desses meses surgiu uma tradição, a de uma recusa heróica e total que uma ínfima minoria opõe à maioria, a da dádiva da vida "para santificar o Nome" — tradição que servirá de exemplo e de inspiração às gerações futuras.

Uma vez passada a borrasca, e esbatendo-se no horizonte as silhuetas dos cruzados, nossas informações se tornam de novo mais raras. Sabe-se somente que, de retorno à Itália, o Imperador Henrique IV autorizou expressamente aos judeus batizados à força que retornassem à sua antiga fé (e é assim que começa uma relação particular entre o imperador germânico, protetor designado, e os judeus, seus obrigados, que conduzirá em seguida à teoria da "servidão" dos judeus alemães). Sabe-se também que, em uma carta ao bispo de Bamberg, o Papa Clemente III levantou-se energicamente contra tal prática (e assim se expressa uma teoria fundamental da Igreja Católica, que permaneceu imutável até nossos dias [f]. Sabe-se enfim que, dois anos após os massacres, os judeus de Praga tentaram refugiar-se na Polônia e Hungria — iniciativa que fracassou, e serviu de pretexto para que o Duque Bretislau autorizasse novas pilhagens. Ignora-se se houve aliás em outras partes tentativas da mesma ordem. Em Mogúncia, nos informam vários cronistas, ocorreram grandes litígios a respeito dos bens roubados dos judeus chacinados. Assim Henrique IV acusava o Arcebispo Rutardo de ter se apropriado do que considerava pertencer-lhe por direito de legítimo sucessor. Aliás, parece que a situação dos judeus torna-se de novo, ao menos em aparência, tal qual era antes. Protegidos pelos imperadores, retomam suas habituais ocupações, de que o comércio é ainda a principal: durante várias dezenas de anos, não são quase objeto de perseguições dirigidas contra eles, nem na Alemanha, nem na França, nem na Inglaterra, onde haviam constituído entrementes uma comunidade compacta e próspera. Parecem ter freqüentado os clérigos em pé de igualdade: vê-se mesmo um bispo de Praga recriminar-se em seu leito de morte, por ter-se dado a um contato dema-

---

[f]. A teoria canônica sobre o "batismo forçado", que foi objeto de tantas discussões quando do caso Finaly, é de uma grande sutileza. Já no século XII, era comumente aceito que para ser despido de validade, não era suficiente que o batismo fosse levado a efeito pela força ou ameaça, mas era preciso uma declaração expressa de protesto ou de má vontade pronunciada no instante preciso desse batismo.

É o que especifica uma bula de Inocêncio III de setembro de 1201:

"Seguramente, é contrário à fé cristã que alguém que está de má vontade e se lhe opõe totalmente seja obrigado a adotar e a observar o cristianismo. Por esta razão, alguns fazem uma distinção, que é válida, entre aqueles que têm má vontade e aqueles que são obrigados. É assim que aquele que é levado ao cristianismo pela violência, pelo medo e pela tortura, e que recebe o sacramento do batismo a fim de evitar um dano, este (assim como aquele que vem falsamente ao batismo) recebe efetivamente a marca do cristianismo, e pode ser forçado a observar a fé cristã, assim como aquele que exprime uma vontade condicional, embora, falando-se, absolutamente, ele esteja de má vontade. É desta maneira que é preciso compreender o decreto do Concílio de Toledo. Aí foi dito que aqueles anteriormente haviam sido forçados a tornarem-se cristãos, tal como se fazia no tempo do mui piedoso Príncipe Sisebuto, e tendo sido estabelecida sua associação com os divinos sacramentos, pela graça do batismo recebida, pois tendo eles mesmos sido ungidos do óleo sagrado, e participado do corpo do Senhor, devem ser devidamente compelidos a ater-se à fé que aceitaram à força. Aquele, contudo, que jamais consentiu, mas a isso se opôs inteiramente, aquele não recebeu nem a marca e nem o fim do sacramento, pois é melhor objetar expressamente do que manifestar o menor consentimento..." (A. POTTHAST, Regesta Pontificum Romanorum, Berlim, 1875, n.º 1479).

Como aqueles que "objetavam expressamente" a um batismo forçado eram na maioria das vezes mortos no local; todos os casos de batismo tornavam-se, desta forma, praticamente válidos.

siado íntimo com eles ᵍ. Vê-se também um abade de Colônia receber judeus e judias em visita amistosa [8], e a mesma impressão de excelente entendimento se depreende de num curioso opúsculo no qual o Monge Herman, um judeu convertido, faz sua autobriografia e seu exame de consciência [9].

Assim foi até que o enfraquecimento progressivo dos Estados francos do Levante, a queda de Edessa, levaram o Papa Eugênio III e São Bernardo de Clairvaux a pregar uma nova Cruzada (1146). Sabemos que esta segunda expedição, melhor preparada e mais disciplinada que a primeira, dirigida pelo rei da França e pelo imperador da Alemanha em pessoa, não provocou, por outro lado, grande movimento popular, comparável ao de 1096. Entretanto, a pregação também foi acompanhada de excessos contra os judeus, perpetrados em diversos lugares e em grande escala. E aquilo que cinqüenta anos antes fora apenas um surto popular e espontâneo é desta vez explorado doutrinalmente por veementes monges pregadores. Assim o Abade Pedro de Cluny na França diz:

> A que serve ir ao fim do mundo, com grande perda de homens e dinheiro, para combater os sarracenos, quando deixamos permanecer entre nós outros infiéis que são mil vezes mais culpados em relação a Cristo que os maometanos? [10]

Do mesmo modo o Monge Rodolfo na Alemanha conclama: "... Vingai primeiro o Crucificado sobre seus inimigos que vivem aqui entre nós, e ide em seguida combater contra os turcos!" [11] De imediato, a propaganda de Pedro de Cluny e de Rodolfo trouxeram conseqüências menos graves que os excessos populares de 1096; a época já era mais policiada, de maneira que príncipes e bispos conseguiram no mais das vezes subtrair os judeus do furor das multidões, enquanto que Bernardo de Clairvaux pessoalmente chamava à razão os agitadores populares, mostrando-lhes o perigo teológico da empresa (não estariam arriscando, ao provocar o extermínio dos judeus, a anulação da grande esperança da Igreja em sua conversão?) [12]. A crônica assinala apenas incidentes e massacres em Colônia, Espira, Mogúncia e em Würzburg na Alemanha, em Caretan, Ramerupt e Sully na França; o número de vítimas não foi desta vez além de algumas centenas no máximo. Mas a crônica nos relata

---

g. "Vae mihi quia silu, quia apostatricem genetem non revocavi, nec in gladio anathematis pro Christo dimicavi; sed me ipsum et populum christianum passus sum per tactum manus cum gente non sancta polui..." (Cosm. chron. Boem. IV, cap. 49, *M. G. H.*, SS, IX, 125).
8. "Gest. abbat. Trudon", XI, 16, *M. G. H.*, SS, X, 304.
9. "Hermann opusculum de sua conversione", MIGNE, *P. L.*, CLXX, 805 *sq*.
10. BOUQUET, XIV, p. 642.
11. Relato do Rabi Efraim bar Jacob de Bonn. (*Neubauer-Stern*, Hebräische Berichte über die Judenverfolgungen während der Kreuzzüge, Berlim, 1892, p. 188).
12. *St. Bernhardi epistolæ*, n.º 365.

também outra coisa: é precisamente nesta época que surge pela primeira vez, em dois lugares diferentes, sob uma forma mal definida na Alemanha, sob uma forma mais precisa na Inglaterra, a acusação de assassinato ritual, seguida da acusação de profanação de hóstias (ambas as imputações não constituem na realidade senão uma única, pois o assassinato de uma criança cristã e o atentado contra Cristo substancializado são dominados pela mesma idéia sacrílega). Deste ponto de vista, igualmente, 1146 é uma data capital, retornaremos à questão mais tarde.

Assim, cada vez que a Europa medieval é arrebatada por um grande movimento de fé, cada vez que cristãos partem para enfrentar o desconhecido em nome do amor divino, os ódios contra os judeus se atiçam um pouco por toda parte. E sua sorte se agrava na mesma medida em que os impulsos piedosos do coração procuram saciar-se na ação.

Cada pregação de Cruzada doravante conhecerá (quase sempre) as mesmas seqüelas. São em 1188 (Terceira Cruzada) os grandes morticínios da Inglaterra, em Londres, em York, em Norwich, em Stanford, em Lynn, e vinte anos mais tarde, as perseguições no Midi da França, quando da Cruzada dos Albigenses; são também os massacres no Oeste da França, na Inglaterra, na Espanha, que o suave beneditino Dom Lobineau evoca nos seguintes termos:

> Havia poucos senhores que, no primeiro fervor das pregações, não achassem a Cruz leve; mas via-se em seguida que ela logo ficava pesada. Para remediar tal desgosto, permitia-se-lhes resgatar o voto que haviam feito de servir contra os Infiéis... A maior e a primeira expedição destes cruzados foi massacrar os judeus, que não eram a causa do mal que os sarracenos faziam padecer aos cristãos do Oriente. Os bretões, os angevinos, os poitevinos, os espanhóis e os ingleses se distinguiram nesta cruel expedição do ano de 1236... [13]

São sobretudo a era das Cruzadas organizadas dos senhores, as hecatombes perpetradas nos últimos sobressaltos do misticismo popular sobre o fundo da crise social do início do século XIV: rebelião em massa do povo na Alemanha, quando da Cruzada abordada em 1309, matanças em Colônia, nos Países Baixos, no Brabante; a Cruzada dos *Pastoureaux* (Pastorzinhos), no Sul da França, em 1320, e os massacres em Bordéus, em Toulouse, em Albi, e até na Espanha (cuja impressionante descrição ler-se-á na p. 87). As grandes linhas do drama permanecem sempre as mesmas: pilhagens, fugas desvairadas, impotência dos príncipes em proteger os judeus, na hora em que "multidões inconsoláveis com a afronta ao Deus vivo se precipitavam para suas

---

[13]. DOM GUI ALEXIS LOBINEAU, *Histoire de Bretagne*, Paris, 1707, t. I, p. 235.

matanças"[14], tomadas de assalto dos refúgios e fortalezas, suicídios coletivos. Calvário permanente, pouco propício a suscitar, no coração desses judeus que, do ponto de vista teológico importava tanto converter, o amor a Nosso Senhor Jesus Cristo; mas antes de virmos ao empedernimento progressivo de suas reações, tratemos de divisar as conseqüências que estes acontecimentos tiveram na atitude dos cristãos a seu respeito.

AS PRIMEIRAS GRANDES PERSEGUIÇÕES E A OPINIÃO PÚBLICA

Como já o dissemos, as menções relativas aos judeus, tão raras nos séculos anteriores, tornam-se mais numerosas desde a Primeira Cruzada: apenas no que concerne aos massacres de 1096, dispomos de cerca de uma dúzia de relatos de diferentes cronistas. É verdade que se trata de testemunhos de clérigos, os intelectuais da época; o que eventualmente pensavam os barões ou o povo, podemos apenas supor, mas lembremo-nos que nossos informadores são justamente os homens que contribuíam para formar a opinião pública de seu tempo. Tratemos pois de discernir a impressão que estes eventos lhes causaram.

Eis um cronista anônimo que, em seu convento de Praga, redige uma espécie de efemérides, condensando em algumas palavras o acontecimento que lhe parecesse o fato mais saliente do ano. Este foi, em 1094, uma mudança dinástica: seu Rei Vratislau morreu, e Bretislau o sucedeu. Em 1095, foi a ordenação de seu Bispo Cosmas. E, em 1096, a matança dos judeus: "Houve um massacre e judeus foram batizados", anota laconicamente[15] (quanto à Cruzada como tal, ela não é sequer mencionada). Quer dizer que se tratou de um acontecimento que impressionou vivamente a imaginação de certos contemporâneos.

Quanto a saber o que pensavam a respeito, uns falam do caso num tom plácido e desinteressado, expondo os fatos "objetivamente", diremos em nossa linguagem de hoje, tal como o cronista de Praga, ou aquele analista de Würzburg na Baviera, que dá a notícia da seguinte maneira:

> Uma turba incontável vinda de todas as regiões, e de todas as nações, ia em armas para Jerusalém e obrigava os judeus a se batizarem, matando em massa aqueles que se recusavam. Perto de Mogúncia, 1014 judeus, homens, mulheres e crianças, foram chacinados e a maior parte da cidade incendiada..., etc.[16]

Outros não escondem sua satisfação. Como o Monge Bernhold, falando dos judeus de Worms:

---

14. LÉON BLOY, *Le Salut par les Juifs*, cap. VII.
15. "Annales Pragenses", *M. G. H.*, SS. II, 120.
16. "Annales Würzburgenses", *M. G. H.*, II, 246.

Enquanto os cruzados esperavam fora sua resposta, os judeus, tentados pelo diabo e sob o domínio de sua própria insensibilidade, suicidaram-se nos aposentos do bispos [17].

Ou o cronista Fruitolf:

Nas cidades que atravessavam, estes (os cruzados) matavam ou coagiam ao batismo o que restava desses judeus ímpios que são verdadeiramente inimigos que a Igreja tolera em seu seio. Houve um certo número deles que retornou ao judaísmo como os cães a seus vômitos [18]...

Outros ainda reprovam os morticínios com maior ou menor ardor. "Pode certamente parecer surpreendente que num mesmo dia um mesmo massacre animado pelo mesmo fervor místico pudesse ocorrer em numerosos locais diferentes", comenta o Monge Hugon.

Isto se produziu malgrado a oposição do clero e apesar das sentenças de excomunhão de numerosos eclesiásticos e as ameaças de numerosos príncipes [19].

Aqui, a crítica apresenta-se matizada. Ela é muito mais violenta em um anônimo cronista saxão:

... o inimigo do gênero humano não tarda em semear o joio ao lado do grão, a suscitar pseudoprofetas, e a misturar falsos irmãos e mulheres desavergonhadas às hostes do Cristo. Com sua hipocrisia, com suas mentiras, com suas corrupções ímpias perturbaram o exército do Senhor (...) Acreditavam realmente vingar o Cristo nos pagãos e nos judeus. Daí por que mataram 900 judeus na cidade de Mogúncia, sem poupar as mulheres e as crianças (...); dava dó ver os grandes e inúmeros amontoados de cadáveres que eram tirados da cidade de Mogúncia em carroças [20]...

Mais forte ainda, vimo-lo [h], foi a indignação de Alberto de Aix que atribuiu a derrota da "Cruzada Popular" à punição divina, considerando-a uma justa retribuição aos excessos cometidos em meio ao caminho. Em geral, pode-se dizer que os cruzados estavam longe de ser sempre bem vistos pelos autores de nossas crônicas: sua turbulência e suas rapinas inquietavam em geral esses pacíficos religiosos. Emicho de Leisingen sobretudo, este barão alemão que foi o artífice dos principais massacres, tinha uma péssima "imprensa". (De resto, duas de nossas fontes [i] nos dão a saber que o "infame" era um judeu convertido, o que não é muito probante quanto à comprovada materialidade do fato, pois tais rumores surgiam regularmente a propósito dos grandes perseguidores de judeus [j], mas o que constitui uma

---

17. "Bernoldi chronicon", *M. G. H.*, SS. V, 464.
18. "Ekkehardi chronicon universale", *M. G. H.*, SS, VI, 208.
19. "Hugonis chronicon", *M. G. H.*, SS, VIII, 474.
20. "Annales sax." *M. G. H.*, SS, VI, 729.
h. Cf. p. 38.
1. Ekkehardt e o anônimo saxão.
j. Aconteceu o mesmo, entre outros, a respeito de Adolf Hitler. Pretendeu-se que o Führer era o filho natural de um judeu austríaco e que seu ministro da Justiça, Hans Frank, teve por missão, antes mesmo da ascensão dos nazistas ao poder, tratar com os mestres-cantores que detinham as provas desta filiação, etc.

indicação interessante: não havia pois nada de inverossímil, em 1096, que um judeu converso se tornasse um nobre saqueador, um cabo de guerra!)

Pode-se portanto dizer que de início a opinião pública parece confusa e dividida. Mas, acima de tudo, pode-se admitir que os acontecimentos que acabamos de descrever tiveram precisamente por efeito a recrudescência da hostilidade contra os judeus. É um fenômeno que iremos deparar repetidas vezes no decorrer de nosso estudo, e que se explica facilmente. Os assassinos, via de regra, querem mal cada vez mais a suas vítimas: as simples testemunhas julgam que deve haver de fato uma razão pela qual se mata; aproveitadores, enfim, os saqueadores, pequenos ou grandes, temem a volta dos sobreviventes. Deste ponto de vista, os massacres de 1096 marcam o ponto de partida da deterioração progressiva da condição dos judeus. De resto, um outro encadeamento causal, também ligado às Cruzadas, atua no mesmo sentido: uma vez aberta aos europeus a rota do Oriente, os mercadores italianos mais e mais suplantam os judeus em sua posição de comerciantes por excelência, e a ascensão da burguesia das cidades, que estão em pleno progresso, terá o mesmo efeito.

Retornaremos mais adiante a esse aspecto fundamental da questão; contentemo-nos por ora em ver como tal evolução começa a refletir-se na opinião pública da época.

Esta encontra-se justamente em vias de tomar feição: literaturas nacionais aparecem na França e na Alemanha, no curso do século XII, as quais, escritas em língua vulgar, se dirigem a um auditório muito maior do que o público restrito dos clérigos. Quando se trata de obras de inspiração religiosa, os judeus aí surgem com muita freqüência: mas a maneira de representá-los é ainda assaz matizada. Assim, muitos "milagres" referem-se à conversão de judeus: os inflexíveis, aqueles que não se deixam converter, são evocados com muito ódio. Por exemplo, em Gautier de Coincy:

> Plus bestial que bestes nues
> Sont tuit Juif, ce n'est pas doute.
> ...
> Moult les hair, et je les haiz,
> Et Dieu les het, et je si faiz
> Et touz li mons les doit hair [21] *.

Por outro lado, a criança judia que será tocada pela graça nos é apresentada pelo mesmo autor como:

---

21. *Miracle de saint Hildefonse*, Helsinque, Ed. Longfors, 1937.

* "Mais bestiais que as próprias bestas
 São todos os judeus, não há dúvida.
 ....
 Odiamo-os muito, e eu os odeio,
 E Deus os odeia
 E todo mundo deve odiá-los". (N. do T.)

Mieus antendant et moult plus bel
De tous les autres Juitiaus.
....

Aus enfans chrestiens faisoit moult bele chiere
Avec eulz se jouoit et avant et arriere
Sans le Juitel ne savoient riens fere [22] *.

O garoto judeu brinca pois com as crianças cristãs, a despeito do descontentamento do pai. Este pai é vidraceiro, estabelecido em Bourges — são outras tantas pequenas indicações que projetam alguma luz sobre a condição social dos judeus no fim do século XII e suas relações com os cristãos.

Do mesmo modo, a mulher de um rico judeu, que em seguida se converterá, nos é descrita como "muito valente e caridosa mulher em sua lei"[23].

Tornamos a encontrar os mesmos elementos em um *Diálogo miraculoso* redigido pelo autor alemão Cesário de Heisterbach em 1219. Uma menina, judia de Louvain, se submete ao batismo e entra no convento; à força de intrigas e de corrupção, o pai extorque do bispo de Liége uma ordem intimando a madre superiora a restituí-la ao pai, pois ela era menor. O duque se envolve também, e se faz mister uma intervenção do Papa para impor o triunfo dos bons princípios. Certos dados da história são talvez autênticos. Quem a lê não deixa de ficar surpreendido com uma curiosa reflexão que o autor coloca na boca da menina, quando ela tem apenas cinco anos de idade. A criança, com efeito, se espanta: como se dá que judeus e cristãos portem nomes diferentes, pois que falam a mesma língua e estão vestidos da mesma maneira? Temos aí mais um indício no tocante ao estado de "assimilação" que persiste ainda no caso dos judeus dos séculos XII-XIV.

E enquanto é assim, o judeu parece facilmente "recuperável", o que explica talvez a voga nesta época das Disputas dialogadas, ao fim das quais o judeu se deixa convencer e se converte. Algumas são em língua vulgar, e ouve-se o judeu proclamar:

Nos somes decéu par trop fole atendance
Fole atente nos a empechiez, decéuz,
Celui atendions qui pieca est venuz

---

22. *Les Miracles de Notre Dame*, Paris, Ed. Paquet, 1857.
* "Mais inteligente e bem mais bela
Que todos os outros judeus.
....
Com as crianças cristãs, é amável
Brinca com elas 'e à frente e atrás'
Sem o judeu, não sabem o que se faz." (N. do T.)
23. *Les Miracles de Notre Dame*, Paris, Ed. Miélet, 1929.

Messias est venu; je me vos baptizier
Et ma mauvaise secte guerpir et renvier [24] *.

Outros, em latim, conhecem o mesmo desfecho:

Nos erroris pænitet, ad finem convertimur:
Quidquid nobis inferet persecutor, patimur [25].

O mesmo acontece num drama latino do século XII; é a um santo cristão que um judeu recorre para proteger seus tesouros. Ele institui a imagem de São Nicolau como sua guardiã; os tesouros são roubados, mas São Nicolau vem devolvê-los, e o judeu se converte [26]. Em outro drama latino da mesma época, de origem austríaca, supõe-se, o advento do Anticristo é encenado [27]. Quando este submeteu o mundo inteiro, a Sinagoga ficou só para afrontá-lo! Mas tal homenagem é única em seu gênero.

Toda esta literatura somente é acessível a uma parte da cristandade, parte ainda bastante restrita. Entretanto, eis que se erigem as grandes catedrais, estas obras de fé e de amor que são ao mesmo tempo verdadeiras enciclopédias religiosas e sociais, inteligíveis ao conjunto dos fiéis. Sobre seus frontões, representa-se a história da crucificação evocada de uma maneira cada vez mais realista; mostra-se também a oposição entre a Sinagoga, viúva recurvada com os olhos vendados, e a Igreja, virgem guerreira e resplandecente...

Tal é o terreno sobre o qual nascerão, meio século após a Primeira Cruzada, os primeiros agravos precisos e concretos a respeito dos judeus. Vimos, no capítulo precedente, como eram chacinados: vejamos agora como são acusados de assassinato.

ASSASSINATO RITUAL

Encontra-se a acusação de assassinato cometido com fins mágicos ou maléficos em todas as regiões e sob todas as latitudes. Sem dúvida ela é oriunda da prática outrora universal dos sacrifícios humanos: abandonado e caído no horror, o sangrento costume é imputado ao herético, ao inimigo. Talvez seja mesmo possível admitir que as lendas das crianças de mãos cortadas ou de doces envenenados, que surgiram periodicamente por ocasião de nossos conflitos contemporâneos, constituam apenas a apresentação moderna desse mito

---

24. "Disputoison de la Sinagogue et de Sainte Église", A. JUBINAL, *Mystères inédits*, Paris, 1837, vol. II, p. 404.

* "Nós decepcionamos por muito esperarmos tolamente
Tola espera nos enganou e decepcionou
Aquele que esperávamos há muito tempo já veio
Messias já veio; vou me batizar
E minha má seita abandonar e deixar" (N. do T.)

25. MIGNE, *P. L.*, CCXIV, 957.
26. *Miracle de saint Nicolas e du Juif*, Londres, Ed. Wrigth, Early Mysteries, 1939, p. 11 e ss.
27. LUDUS DE ANTECHRISTO DE TEGERNSEE, W. MEYER, *Gesammelte Abhandlungen zur mitellateinischen Rhytmik*, Berlim, 1905, I, p. 150 e s.

milenar. É assim que na China os missionários cristãos foram acusados, desde o século XIX, de roubar crianças e de lhes arrancar o coração ou os olhos para confeccionar encantos e remédios [28]. Na Indochina, é à seita dos Chetis que a população atribuía esta malvadez [29]. Em Madagáscar, no tempo de Gallieni, a mesma acusação foi levantada contra os agentes do governo francês [1]. Em tempos antigos, tal agravo foi dirigido pelos gregos aos judeus, pelos romanos aos primeiros cristãos, pelos cristãos aos gnósticos, aos montanistas ou a outros sectários. Trata-se pois de um tema quase universal, de um verdadeiro arquétipo que reaparece à superfície quando uma sociedade se confronta com estrangeiros perturbadores e detestados.

É preciso na verdade crer que a princípio a sociedade cristã não alimentava contra os judeus uma animosidade desse tipo, pois não se encontra nenhum traço de uma tal imputação a seu respeito, antes do século XII. É preciso antes crer que a animosidade em questão nasceu graças às paixões desencadeadas pelas Cruzadas. Pois, espontaneamente, entre 1141 e 1150, a acusação surgiu em três lugares diferentes, e sob três formas diversas, as quais, combinando-se entre si e dando lugar a variações infinitas, balizarão daqui em diante, até nossos dias, a história das perseguições antijudaicas.

O tema, com efeito, só chegou a sua última versão ao termo de uma longa evolução — o assassinato de uma criança cristã com o fito de incorporar seu sangue ao pão ázimo. A princípio, ele se refere a uma solenidade cristã — a Paixão — e não à Páscoa judaica, sendo o sangue assim obtido (ou o coração ou o fígado) destinado a fins mágicos tão atrozes quanto variados. Aqui temos, presidindo isso, uma idéia de vingança, entremeada das visões de uma farmacopéia satânica. Trata-se essencialmente da repetição do assassinato de Cristo (em carne ou efígie), e o Cônego Tomás de Cantimpré se espanta mesmo com a ignorância dos judeus: para pôr fim a seus tormentos, só o sangue do verdadeiro Cristo poderia ser-lhes de alguma valia, e é em vão, por conseguinte, que atacam anualmente os infelizes

---

28. Cf. HUBNER, *Promenade autour du monde,* Paris, 1873, t. II, p. 385-400, assim como STRACK, *Das Blut im Glaubem und Aberglauben der Menscheit,* Munique, 1900, p. 54.
29. Cf. *Revue des Deux Mondes,* abril 1932, p. 519-556.
k. "Cur distinctio nominum fleret Judæorum pariter et christianorum cum unius vultus atque loquelæ homines essent utriusque gentis." (Cæsar, Heiserbac. *Dial. mirac.,* 2, 25; Aronius, *Reg.* n.º 414).
1. O que levou o governo malgache a publicar em 1891 o seguinte edito:
"1.º) Nenhum estrangeiro, nem francês, nem inglês, nem de nenhuma outra nação, não procura comprar corações humanos. Se pessoas mal intencionadas difundem este boato e dizem que os estrangeiros compram corações humanos, agarrem-nos, prendam-nos e façam-nos chegar a Tananarive para serem aí julgados.
2.º) Se se espalha boatos, quaisquer que sejam, é vosso dever, governadores, reunir o povo, adverti-lo e provar-lhe a falsidade destes boatos, que são formalmente proibidos em nosso reinado; é um crime propagá-los." (Cf. *Le Temps* de 25 de fevereiro e 1 de março de 1892).

cristãos [30]. Por outro lado, esse tema combina-se rapidamente com a crença em uma sociedade judaica secreta e misteriosa, conclave de sábios que realiza suas sessões algures numa região longínqua, designando por sorteio o local onde o sacrifício deve ser consumado, assim como seu autor. É deste modo que se anuncia, desde o século XII, o mito dos Sábios de Sião.

Como vimos, o primeiro caso de assassinato ritual surgiu em 1144 na Inglaterra. Tendo sido descoberto o corpo de um jovem aprendiz na véspera da Sexta-feira Santa num bosque perto de Norwich, correu o boato que o menino fora assassinado pelos judeus, em derrisão à Paixão do Salvador. Os acusadores especificaram que o crime fora premeditado de longa data; uma conferência de rabinos, reunidos em Narbona, teria designado Norwich como o lugar do sacrifício anual. As autoridades não deram fé à acusação, e o xerife da cidade procurou proteger os judeus: houve entretanto tumultos, e um dos judeus notáveis da localidade foi morto por um cavaleiro falto de pecúnia, que por acaso era seu devedor... O caso deu origem a um culto local; durante vários séculos as relíquias de São William foram objeto de peregrinação [31].

Desde o início, encontramos assim certos elementos essenciais que, através dos séculos, serão característicos desse tipo de ocorrência. É preciso acrescentar-lhe este outro que reaparece também em diferentes ocasiões: um dos principais acusadores, o Monge Teobaldo de Cambridge, era um judeu renegado, recém-batizado. Foi ele quem forneceu, parece, todos os dados rocambolescos relativos aos motivos do crime e a seu modo de execução.

O caso seguinte parece ter sido bem mais simplista. Em 1147, em Würzburg, na Alemanha, quando da pregação da Segunda Cruzada, aparece no Meno o cadáver de um cristão: imediatamente os judeus da cidade são acusados de assassinato, sendo perseguidos e alguns são mortos [32]. Em troca, a imputação que surgiu três anos mais tarde é de inspiração infinitamente mais sutil. Trata-se do tema da profanação de hóstias, tema a bem dizer já antigo — encontramo-lo em Gregório de Tours — mas que era tratado como uma lenda ocorrida em algum Oriente longínquo, Beirute ou Antióquia. Eis que, pela primeira vez, os fatos são relatados como se estivesse ocorrendo bem perto, sob os olhos do narrador, como que um de certa maneira *fait divers* um desses casos cotidianos que são noticiados: eis sobretudo

---
30. "...nullo modo sanori vos posse ab illo quo punimini verencundissimo cruciatu, nisi solo sanguine Christiano; sanguinem intelligentes christiani cuiuslibet..." THOMAS CANTIPRATANUS, *Bonnum univ.*, Ed. Colvenerius, cap. 29, § 23, p. 304, e s.
31. A. JESSOP & M. R. JAMES, *St. William of Norwich*, Cambridge, 1896.
32. ARONIUS, *Regesten*, n.º 245.

que a hóstia assassinada se transforma no cadáver de uma criancinha... Mas deixemos a palavra ao cronista de Liége, Jean d'Outremeuse, o qual nos assegura que em 1150 ocorreu o seguinte milagre:

> Neste ano, aconteceu em Colônia que o filho de um judeu que havia se convertido foi à igreja no dia de Páscoa para receber como os outros o corpo de Deus; colocou-o na sua boca e o levou à sua morada; mas quando voltou à igreja, teve medo e se perturbou; abriu uma cova na terra e o sepultou dentro. Mas um padre apareceu, abriu a cova e encontrou aí a figura de uma criança, que ele quis levar para a igreja; mas veio do céu uma grande luz, a criança foi arrebatada das mãos do padre e levada ao céu [33].

O cronista não nos diz se o caso deu ensejo a um processo, e qual foi o destino do profanador [m]. Aí também, os elementos essenciais já se acham dispostos desde a metade do século XII: o ato sacrílego do judeu (que é um duplo renegado!), a transformação da hóstia em carne viva e um desses milagres que atendiam aos interesses do clero. Assim sendo, poder-se-ia perguntar, por que a acusação, sob as duas variantes principais, aparece exatamente nesta época? A antiga fábula teria sido trazida à Europa pelos cruzados de volta do Oriente? Teria vindo à tona sob o efeito de um furor religioso que, à vindita que um devedor alimentava contra seu credor, fornecia um cômodo exutório? Teria nascido espontaneamente entre o baixo clero ou monges pregadores, cuja pregação apaixonada, evocando com uma cruel e refinada precisão os sofrimentos do Cristo e o martirológio dos santos, semeava uma emoção e um remorso que as consciências atormentadas, aflitas por se livrar deste, "projetavam" sobre os judeus? Haveria um indizível parentesco entre o cordeiro pascal e o bode expiatório? Sem dúvida não se trata de um obscuro complexo de culpa

---

33. Crônicas belgas, Ed. A. Borgnet: JEAN DES PREIS, dito de OUTREMEUSE, *Ly Myeur des Histors*, Bruxelas, 1864, vol. IV, p. 403. A crônica, que é do século XIV, segundo toda probabilidade resultado de uma compilação de crônicas mais antigas que não chegaram até nós.

m. Assinalemos que um caso análogo, descrito pelo historiador judeu Joseph Ha-Cohen em sua célebre crônica *Vale das Lágrimas* (século XVI), parece se reportar à Primeira Cruzada. Eis como este analista relata o episódio, após ter descrito longamente os morticínios de 1096:

"No tempo do Imperador Henrique (Henrique IV da Alemanha, 1056-1106, L. P.), dez homens perversos acusaram um judeu da França, dizendo: Ele mandou cozinhar uma hóstia com óleo e água em um caldeirão, e eis que vimos um menino que boiava. Como queriam matá-lo, ele (o judeu) escapou de suas mãos, mas eles se levantaram como que para devorá-lo vivo, e os juízes mandaram agarrá-lo e o torturaram, sem que ele fizesse nenhuma confissão. Mas quando torturaram sua mulher e seus filhos, estes reconheceram o que ele não havia feito nem em pensamento e o queimaram com o Talmud na mão. E seus filhos e sua mulher foram apartados do Senhor o Deus de Israel. Tendo o eco deste acontecimento se espalhado, todos os habitantes do país se levantaram contra os judeus nas cidades distantes da corte do rei, passaram um grande número no fio da espada e apoderaram-se do botim." (*Vallée des Pleurs*, ed. Julian Sée, Paris, 1881, p. 28).

Vê-se que este relato é infelizmente muito impreciso. Sobretudo, nenhuma outra fonte não menciona a grande perseguição dos judeus franceses que ele considera, a menos que se trate precisamente dos morticínios de 1096.

ou de redenção: mas nada é mais obscuro do que a maneira como nascem os mitos.

Ao menos, a propagação destes, assim como seus efeitos, são bem conhecidos. Os casos de assassinato ritual de início parecem ter sido raros: sem dúvida uma lenda desta espécie só se espalha após um certo período de incubação [n]. A crônica assinala alguns episódios na Inglaterra no fim do século [34] e, ao mesmo tempo, a fábula passa para o continente: em 1171, em Blois, após um processo em boa e devida forma, trinta e oito judeus encontraram a morte na fogueira; em 1191 em Bray-sur-Seine, o número de vítimas foi de uma centena [35]. Mas é principalmente no século seguinte que a calúnia se alastra como uma mancha de óleo e desta vez sobretudo na Alemanha, onde somente o ano de 1236 é ilustrado por vários episódios cruéis desta espécie [36]. A desordem tornou-se tal que o Imperador Frederico II se inquietou e encarregou uma comissão de altos dignitários para estabelecer de uma vez por todas se a terrível acusação do uso de sangue humano se baseava em algum grão de verdade. Príncipes e prelados não conseguiram chegar a um acordo tão árdua lhes pareceu a questão. Homem prudente, o imperador recorreu então aos melhores especialistas, ou seja, aos judeus convertidos, os quais "tendo sido judeus e tendo se batizado na fé cristã, nada poderiam ocultar, enquanto inimigos dos outros judeus, daquilo que tivessem aprendido contra eles nos livros mosaicos..." [37]. Chamou-os de todas as cidades do Império, e mesmo pediu "a todos os reis do Ocidente" que lhos enviassem; reteve estes entendidos em sua corte por "um tempo considerável", a fim de permitir-lhes "pesquisar diligentemente a verdade" [38].

O parecer da douta comissão foi formal: não se encontrava nada, nem no Velho Testamento nem nas "ordenações judaicas chamadas Talmud", de onde se pudesse concluir que os judeus eram "ávidos de sangue humano" [39]. Ao contrário, suas leis proibiam expressamente utilizá-lo. E na sua *Bula de Ouro,* promulgada em julho de 1236, o imperador procurou de uma vez por todas, limpar os judeus da atroz acusação.

n. É assim que a fábula dos *Sábios de Sião* lançada por volta de 1900, começou a ter uma grande difusão a partir de 1920.

34. A. GLOUCESTER (1168), em Bury St Edmunds (1181) e em Bristol (1803). (Cf. CECIL ROTH, *A History of the Jews in England*, Oxford, 1941, p. 13.

35. NEUBAUER-STERN, *Hebräische Berichte über die Judenverfolgungen*, Berlim, 1892.

36. A. Lauda em Bischofsheim, em Wolfshagen, em Haguenau, em Fulda (*M. G. H.,* "Ann. Ephord.", XVI, 31; "Gesta Senon Eccl.", XVII, 178; XXV, 324, assim como fonte hebraica pré-citada).

37. "Bula de Ouro" de Frederico II (texto publicado no *Zeitschrift für die Gerschichte der Juden in Deutschland*, I, 1887, p. 137-144).

38. Id.

39. Ibid.

Trabalho perdido: a fábula deitara raízes demasiado profundas. Dez anos mais tarde, a própria Santa Sé se ocupou do assunto: em 1247, Inocêncio III promulgou uma primeira bula relativa à questão, à qual se sucederão inúmeras outras através dos séculos. Eis uma eloqüente passagem da bula de 1247:

> Ainda que as Santas Escrituras ensinem aos judeus: "Não matarás", e os proíbam de tocar em qualquer cadáver na Páscoa, as pessoas acusam-nos injustamente de partilhar entre si na Páscoa, o coração de uma criança assassinada pretendendo-se que isto lhes seja prescrito por suas leis, ao passo que o é decididamente oposto. Se se encontra um cadáver em algum lugar, é a eles que se imputa maldosamente o assassínio. Perseguem-nos tomando como pretexto estas fábulas, ou outras todas semelhantes, e contrariamente aos privilégios que lhe são concedidos pela Santa Sé apostólica, sem processo e sem instrução regular, em derrisão de toda justiça, despojam-nos de todos os seus bens, esfomeiam-nos, encarceram-nos e os torturam, de modo que seu destino é talvez pior que o de seus pais no Egito... [40]

Todos estes esforços não deram resultados, e daí por diante, os casos de morte ritual ou de hóstia profanadas vão substituir gradualmente as Cruzadas enquanto pretexto para exterminações em massa — como o caso da hóstia ensangüentada de Röttingen, que será abordado na p. 83. Ressalta de outra bula pontifical, datada de 1273, que uma abominável indústria surgira nesta época: mestres cantores escondiam seus filhos e acusavam os judeus de os terem raptado, o que lhes permitia, conforme o caso, quer irromper nas casas judias e pilhá-las à viva força, quer se entregar a chantagens não menos lucrativas º. Face às conseqüências imediatas deste tipo de episódios, pode-se colocar suas repercussões distantes. Com efeito, algumas dentre elas, gravando-se profundamente na imaginação popular, deram origem a verdadeiros cultos e propagavam assim o sangrento tema através dos tempos. No sítio do pretenso crime, são assinalados milagres: dão-se canonizações, peregrinações prosseguem durante séculos, dando ampla oportunidade para que se exerça a ingênua e pura fé das multidões. Assim, surgiu em Bruxelas em 1370, um caso de profanação de hóstias, e uma vintena de judeus pereceram nas fogueiras, sendo outros banidos; duas capelas comemorativas foram edificadas no século seguinte, e a celebração acabou por dar

---

40. ÉLIE BERGER, *Les Registres d'Innocent IV*, Paris, 1884, p. 403.

o. "...Acontece às vezes que cristãos perdem seus filhos e que os inimigos dos judeus os acusam de terem raptado e matado estas crianças a fim de oferecer sacrifícios com seu coração e seu sangue, e acontece também que os próprios pais ou outros cristãos inimigos dos judeus escondem as crianças e acusam os judeus, exigindo deles, a título de resgate, uma certa soma de dinheiro, sob o pretexto inteiramente falso de que estas crianças haviam sido raptadas e assassinadas pelos judeus... enquanto que sua lei lhes proíbe clara e expressamente de sacrificar, comer ou beber sangue..." (Bula de Gregório X, 7 de outubro de 1272, cf. STERN, *Urkundliche Beiträge über die Stellung der Päpste zu den Juden*, p. 5, Kiel, 1893).

origem à principal festa religiosa da capital, celebrada em nossos dias ainda com grande pompa no terceiro domingo de julho, bem como a uma literatura abundante e piedosa [p]. Assim, um caso de assassinato ritual surge em Trento, no Tirol, em 1473, e nove judeus são presos, submetidos a interrogatório, e após longas torturas terminam por confessar tudo o que se lhes exige em especial o assassínio de um menininho chamado Simão; as intervenções do papa não surtiram efeito: e eles são executados. Escorada nas "confissões espontâneas" das vítimas, a calúnia se espalha como um rastilho de pólvora, pois vários casos semelhantes surgiram na Áustria e na Itália no curso do mesmo período, todos seguidos de autos-de-fé e de expulsões [41]. Quanto ao foco de origem do episódio, torna-se centro de peregrinação, é erigida uma capela comemorativa, e os milagres e curas que se produzem no túmulo do pequeno Simão levam em 1582 à sua beatificação, ainda que a Santa Fé nunca tenha consentido em imputar o assassinato aos judeus. Por vezes os casos de assassinato ritual dão origem a monumentos de outra espécie. É assim que o episódio de Endingen, na Baviera — onde, note-se bem, o assassínio é de 1462, e a acusação é lançada apenas em 1470 — serve de base ao *Endinger Judenspiel,* uma das mais célebres peças do teatro popular alemão da Renascença [42]. Mais tangível ainda é a comemoração do caso de Berna, de onde, a pretexto do desaparecimento de um menino, os judeus foram expulsos em 1294 e o incidente deu origem a uma lenda suficientemente tenaz para que duzentos e cincoenta anos mais tarde um monumento, o *Kinderfressenbrunnen* (poço do comedor de crianças), fosse erigido no centro da cidade, curiosidade local que o turista pode ainda hoje contemplar [43]. Tais exemplos poderiam ser repetidos em grande número: diligentes cronistas puderam enumerar mais de cem casos de profanação de hóstias [44] e mais de cincoenta processos de "assassinato ritual" [45], e o número de casos que não são conhecidos deve ser enormemente mais elevado.

Desta maneira, os crimes atribuídos aos judeus são evocados periodicamente numa atmosfera de grande fervor religioso, e esta repetição mesma enraíza mais profundamente

[p]. Cf. J. STENGERS, *Les Juifs dans les Pays-Bas au Moyen Age,* Bruxelas, 1950, p. 24-27. A bibliografia enumerada pelo autor (p. 134-137) relaciona mais de uma vintena de obras consagradas ao caso de 1370.

41. Em Ratisbona (1476), em Milão (1476), em Veneza (1480); mais tarde (1496) expulsão da Estíria e da Caríntia, sob o mesmo pretexto. (SCHERER, *Die Rechtsverhältnisse der Juden in den deutsch-œsterreichischen Ländern,* Leipzig, 1901, p. 614-615).

42. Cf. *Endinger Judenspiel,* editado por Karl von Amira, Halle, 1883.

43. Cf. *The Universal Jewish Encyclopedia,* Nova Iorque, 1948, vol. 2, artigo "Berna".

44. P. BROWE, "Die Hostienschändungen der Juden im Mittelalter", *Römische Quartalschrift,* 1926, t. XXXIV, p. 169-171.

45. G. TRACHTENBERG, *The Devil and the Jews,* New Haven, Yale University Press, 1943, p. 125.

a lenda, alimentando-a com suas patéticas lembranças. Só isto basta para explicar o fato de que muitos casos de assassinato ritual surgirão no século XIX, encontrando ainda hoje sérios investigadores cristãos para lhes prestar fé q.

A RODELA E O PROCESSO DO TALMUD

Examinadas as sombrias lendas jorradas do âmago da imaginação popular, as quais, como vimos, foram combatidas pelas autoridades eclesiásticas, passemos a duas iniciativas tomadas no século XIII por essas autoridades, e que, por sua vez, deram origem a novas lendas, também tenazes. Trata-se da imposição do uso de um signo distintivo aos judeus e a condenação expressa de seus livros sagrados.

A primeira medida foi decidida pelo Quarto Concílio de Latrão que, em 1215, marca o apogeu do poderio pontifical. Durante três semanas, cerca de mil e quinhentos prelados, vindos de todos os pontos do horizonte cristão, avalizam as decisões soberanas tomadas por Inocêncio III. Algumas, adotadas na última reunião do concílio, concernem aos judeus. Eis uma passagem:

> Nas regiões onde os cristãos não se distinguem dos judeus e dos sarracenos por suas vestimentas, houve relações entre cristãos e judeus ou sarracenos, e vice-versa. A fim de que tais enormidades não possam futuramente ser excusadas pelo erro, fica decidido que doravante os judeus dos dois sexos se distinguirão das outras pessoas por suas vestimentas, assim como aliás já lhes fora prescrito por Moisés. Não se mostrarão em público durante a Semana Santa, pois alguns envergam nestes dias seus melhores adornos e zombam dos cristãos enlutados. Os contraventores serão devidamente punidos pelos poderes seculares, a fim de que não ousem mais escarnecer do Cristo na presença dos cristãos [46].

Constata-se pois que a decisão tornou-se necessária pelo pé de igualdade em que viviam ainda no século XIII judeus e cristãos, "falando a mesma língua e usando os mesmos trajes", tal como já nos informou Cesário de Heisterbach r. Vemos também que o Concílio de Latrão se contentou em estabelecer o princípio geral da discriminação vestuária, deixando o resto ao cuidado das autoridades seculares, às quais cabia decidir no que devia consistir a diferença. E a decisão não visa apenas aos judeus; já nosso texto menciona os sarracenos e virão acrescentar-se em seqüência os heréticos, seguidos dos leprosos, das mulheres da vida e outros personagens infames.

q. Cf. p. 234, nota c.
46. Concílio de Latrão, IV, can. 67-70. MANSI, 22, 1054 ff. As outras disposições relativas aos judeus tratavam dos juros abusivos percebidos por alguns usurários judeus, da exclusão dos judeus das funções públicas, do caso dos judeus convertidos que continuavam a observar ritos judaicos e da entrega aos cruzados dos juros das dívidas contraídas com os judeus.
r. Cf. p. 46.

Desde então, as maneiras de aplicação da medida variarão consideravelmente conforme as regiões. Filha primogênita da Igreja, a França é que se lhe conforma mais rapidamente, tanto mais quanto a Cruzada dos Albigenses reforça nesta época a vigilância a respeito dos descrentes de toda espécie. É na França, em particular, que parece ter surgido a idéia de se retomar uma antiga disposição muçulmanas de traduzir as diferenças pelo uso de uma insígnia especial. Desde o início, a forma desta será circular (de onde o termo rodela) e amarela será a cor imposta. No que concerne à forma, que é a de uma moeda, só se pode fazer vagas conjeturas: símbolo da aspereza dos judeus no ganho ou dos trinta denários de Judas? No que concerne à cor, o amarelo, que é ainda hoje a cor por excelência dos malvados e invejosos, o era ainda mais na Idade Média; sem dúvida se misturou a isso alguma preocupação de aliteração entre judeus, Judas, Jônotas [t] e a cor escolhida [*]. De qualquer maneira, percebe-se assim desde o começo a intenção de tornar a discriminação aflitiva e humilhante. Nestas condições, compreender-se-á que os judeus tenham desenvolvido consideráveis esforços a fim se furtar a uma medida que os designava ao riso e a vindita de multidões. Tanto assim que, de 1215 a 1370, somente na França, doze concílios e nove decretos reais [u] prescreviam-lhes estrita observância disto, sob pena de grandes multas ou de castigos corporais. O engenhoso Filipe o Belo converteu mesmo o fato numa fonte de recursos. As rodelas eram vendidas, e sua venda arrecadada: rendeu, em 1297, cincoenta libras tornesas pelos judeus de Paris, e cem, pelos da Champanha. Quando em 1361 o Rei João o Bom chamou os judeus de volta à França, dispôs que a cor da insígnia seria doravante metade vermelha e metade branca: sem dúvida os judeus reclamaram desta mudança de cores quando debateram as condições de seu retorno. De resto, foram dispensados do uso da rodela quando estavam em viagem [v]; de onde se vê

s. Em 850, o califa de Bagdá Muttawakkil ordenara a todos os descrentes, cristãos, judeus e outros, usar uma insígnia distintiva sobre a manga e um chapéu amarelo; mas assaz rapidamente, esta disposição caiu no esquecimento.

t. Tal como o assinala M. Bulard, uma certa espécie de maçã de casca amarela chamava-se na Idade Média "maçã de Jonatã"; no mais, Jonatã é o nome que comumente se repete nas histórias de hóstias profanadas pelos judeus. (M. BULARD, *Le Scorpion, symbole du peuple juif dan l'art religieux des XIVe, XVe e XVIe siècles*, Paris, 1935, p. 37, nota 1).

* A cor escolhida, o amarelo, designada em francês por *jeune*. (N. do T.)

n. Concílios de Narbona (1227), de Arles (1234), de Béziers (1246), de Albi (1254), de Arles (1260), de Nîmes (1284), de Viena (1289), de Avinhão (1326 e 1337), de Vabres (1368), e estatutos sinodais de Rodez (1336) e de Nimes (1365); decretos de São Luís (1269), de Filipe o Ousado (1271, 1272, 1283), de Filipe o Belo (1288), de Luís X (1315), de Filipe V (1317), de João o Bom (1363), de Carlos V (1372). (Cf. V. ROBERT, *Les Signes d'infamie au moyen Age*, Paris, 1889, p. 7 sq.) É igualmente desta obra que são extraídos os detalhes que seguem sobre a "rodela".

v. Pelo Concílio de Arles (1234), de Avinhão (1326) e pelo decreto de Carlos V (1372). (*Ibid.*, p. 22).

que as autoridades tinham plena consciência do risco a que estavam expostos os portadores da insígnia.

Na Alemanha, onde a princípio tratar-se-á de um barrete de um gênero específico, mais do que uma insígnia, a medida impor-se-á de maneira mais lenta, tal como ressaltam as disposições do Concílio de Viena em 1267 [47], que deploram que o uso de um chapéu cônico, tal como lhes foi prescrito, não seja quase respeitado pelos judeus. E é ainda um chapéu, amarelo e vermelho, que é mencionado em numerosos textos dos séculos XIV e XV; apenas nos séculos seguintes é que uma rodela virá substituí-lo.

Chapéu pontudo também, verde desta vez, para os judeus da Polônia; duas tiras de pano, costuradas sobre o peito e imitando por vezes o aspecto das tábuas da Lei (*Tabula*) [48] para a Inglaterra; rodela para os judeus da Itália e da Espanha, onde de resto, na maioria das vezes, a medida permanecerá puramente teórica. Em compensação, é curioso assinalar que, por um edito de 1435, o Rei Afonso ordenava aos judeus da Sicília que apusessem uma rodela não apenas no peito, mas igualmente no alto de suas lojas.

A gravidade de que se revestia, aos olhos dos cristãos, esta infamante marcação sobressai com clareza no exemplo dos heréticos. Em lugar da rodela, estes deviam trazer duas cruzes costuradas sobre o peito, e esta pena era considerada pelos inquisidores, assim como pelo povo, como o castigo mais humilhante que podia ser infligido. Com a flagelação, ocupava o terceiro grau na escala canônica das penas, vindo após as obras piedosas e as multas, e acima havia somente as "penas maiores", a prisão ou a fogueira. Mas uma vez reconciliado com a Igreja, o delinqüente podia abandonar a insígnia, enquanto que o judeu não podia escapar dela a não ser pela conversão. As conseqüências desse estado de coisas não se fizeram esperar muito. Rapidamente, o estigma, rodela ou chapéu, tornou-se atributo necessário do judeu não convertido. A partir do século XIV, os artistas, os iluminadores, quase não os representavam de outro modo, mesmo se se tratasse de judeus bíblicos, dos Patriarcas do Antigo Testamento e por uma impressionante osmose, esta visão se implanta entre os judeus dos quais alguns manuscritos dos séculos XIV e XV representam Abraão, Jacó e Moisés sob o mesmo atavio [49]. Esta marca vistosa que doravante caracteriza os circuncisos grava nos espíritos que o judeu é um homem de outro aspecto físico, radicalmente

---

47. ARONIUS, *Regesten*, n.º 725.

48. Cf. CECIL ROTH, *A History of the Jews in England*, Oxford, 1941, p. 95.

49. Cf. C. MARGOLIOUTH, *Catalogue of Hebrew and Samaritan Manuscripts in the British Museum*, vol. IV, p. 402 sq.; Z. AMEIZENOWA, *Biblja Hebraiska XIV — go Wieku w Krakowie i jej Dekoracja Malarska*, Cracóvia, 1929; B. ITALIENER, *Die Darmstädter Pessach-Haggadah*, Leipzig, 1927.

diferente dos demais, e uma tal concepção certamente contribuiu para o nascimento de diversas lendas e diabolismos que serão abordadas mais adiante e das quais decorrerá que o judeu é um ser *corporalmente* diferente dos outros homens, que pertence a algum outro reino que não é o do gênero humano.

Tal como sabemos, as discussões entre judeus e cristãos a respeito das virtudes comparadas de suas religiões estiveram em grande voga desde os primeiros séculos do cristianismo. Abundante literatura patrística lhes foi consagrada, e estas controvérsias reacenderam-se na Europa medieval, prosseguindo amiúde num clima de admirável franqueza e cordialidade [50], até que a propagação de um mito de um novo gênero, o de uma doutrina odiosa e celebrada, ensinada secretamente nos livros judaicos, veio desfechar um golpe fatal nestes debates.

A luta contra os Albigenses e Valdenses levara à criação de instituições especiais — a Inquisição, a Ordem dos Dominicanos — expressamente encarregadas da extirpação de todas as heresias. Mas se a função cria o órgão, o órgão por sua vez cria e perpetua a função: um inquisidor tem o dever de farejar o sacrilégio por toda parte, e tais corporações não podiam deixar de manifestar algum interesse com respeito aos infiéis em geral, e aos judeus e suas doutrinas em primeiro lugar. Do resto, a oportunidade direta lhes parece ter sido fornecida pelos próprios judeus.

Entre outras coisas, os guardiões da ortodoxia cristã estavam muito preocupados, nesse início do século XIII, com a influência das idéias aristotélicas que, por intermédio dos tradutores árabes e judeus, começava a penetrar na Europa. Em 1210 e em 1215, a Santa Sé proibiu o ensino da *Física* e da *Metafísica* de Aristóteles; em 1228, Gregório IX proíbe expressamente "macular o Verbo divino ao contato das ficções dos filósofos". O temor de alguns teólogos judeus diante da nova tendência racionalista (cujo principal representante judeu era Maimônides) era maior ainda, e eles condenavam os "maimonistas" a todas as gemônias. Não dispondo de nenhuma autoridade coercitiva central, mas mantendo excelentes relações com os doutores da Inquisição, é a eles que se dirigem alguns rabinos franceses, pedindo-lhes que se constituam nos guardiões da pureza da fé judaica. Dois desses rabinos, Salomão ben Abraham e Jonas Gerondi, endereçaram, assegura-se, as seguintes palavras aos Dominicanos de Montpellier:

---

50. Ver a este respeito a obra de BERNARD BLUMENKRANZ, *Disputations*, Paris, Ed. de Minuit, 1955 (obra consultada em manuscrito).

Por que não atentais para nossos heréticos e nossos ateus, corrompidos pela doutrina de Moisés do Egito (isto é Maimônides), autor de obras ímpias? Já que extirpais vossas heresias, extirpai também as nossas e mandai queimar os livros malfazejos.

Os inquisitores não se fizeram rogar: foram feitas investigações, autos-de-fé solenes das obras de Maimônides tiveram lugar em 1234, tanto em Montpellier como em Paris.

Foi assim, parece, que o interesse da Inquisição pelo conteúdo do Talmud foi despertado. Este imenso e pouco acessível tratado, redigido entre os séculos IV e VI na Babilônia, contém um pouco de tudo, e é paradoxal constatar que eram os discípulos de Maimônides que recomendavam fazer uma distinção entre suas duas partes, Halakha ou a Lei propriamente dita, de valor dogmático, e Agadá, mescla rica de contos e parábolas, de preceitos morais, de superstições e de receitas médicas, ao passo que os ortodoxos se debruçavam sobre cada palavra e sobre cada vírgula do texto sagrado com igual reverência. Alguns anos mais tarde, na mesma época em que os entendidos anteriormente judeus, convocados por Frederico II lavavam o judaísmo da acusação de assassinato ritual, um outro judeu converso empreendia uma ação em sentido contrário. Frade dominicano de La Rochelle, o apóstata Nicolas Donin [x] foi para Roma e expôs a Gregório IX que o Talmud era um livro imoral e ofensivo aos cristãos. O Papa se dirigiu aos reis da França, da Inglaterra, de Castela e de Aragão, como também a diversos bispos, ordenando-lhes abrissem um inquérito a fim de verificar o bom direito da acusação. São Luís foi o único a levá-la adiante: em toda a França, foram apreendidos exemplares do Talmud, e, em 1240, se inaugurava em Paris uma grande discussão pública, na qual tomaram parte principalmente Eudes de Châteauroux, chanceler da Sorbonne, e Nicolas Donin, do lado cristão; Iehiel de Paris e Moisés de Coucy, do lado judeu. Possuímos a este respeito relatos circunstanciados, tanto latinos quanto hebraicos [51]. Os temas tratados foram agrupados em trinta e cinco artigos, como os seguintes:

---

x. Não se sabe muita coisa sobre Nicolas Donin. Sabe-se que no fim de seus dias foi censurado pelo Papa Nicolau III por ter atacado os Franciscanos. Uma carta de seu contemporâneo Jacob ben Elias dá a entender que morreu assassinado. ("...o infortúnio o assaltou porque ele tinha levantado sua língua contra homens sábios. Foi golpeado e morreu sem ninguém para vingá-lo..."; citado *in* S. GRAYZEL (*The Church and the Jews in the XIIIth century*, Filadélfia, 1933, p. 339).

A mesma carta afirma também que Donin teria tomado parte ativa na propagação da lenda do assassinato ritual, assim como a da nocividade do Talmud — o que não é nada surpreendente. O papel dos renegados judeus, homens desarraigados e freqüentemente desequilibrados, homens "com complexos", diríamos em nossa língua, hoje, foi sempre primordial quando da perseguição dos judeus. Teremos ainda de retornar mais de uma vez a esta questão.

51. Extratos do Talmud, obra composta segunda as ordens de Eudes de Châteauroux, e manuscrito hebraico *Vikkuah Rabenu Yehiel mi-Paris*. Cf. I. LOEB, La Controverse de 1240 sur le Talmud, *R. E. J.*, vol. I, 1880.

É verdade que no século I, após a tomada de Jerusalém, o Rabi Simão bar Iohai proclamou: "O melhor dos *goim* *, matem-no!"? E o que é preciso ao certo entender por *goi*? É exato que um *goi* que descansa no sábado, ou que se dedica ao estudo da Lei, merece segundo o Talmud a morte? Que Jesus era filho ilegítimo; que seria condenado no Inferno ao suplício da lama fervente? Que, desde a destruição do Templo, Deus apenas dispõe no mundo de um espaço de quatro côvados quadrados; que no paraíso, Leviatã será servido à mesa dos justos? Tais foram algumas das questões sobre as quais versou o debate. Estóicos e honestos, os rabinos enfrentaram-no com grande coragem: às citações de seus adversários, replicavam com outras citações (pois, do mesmo modo que em toda coletânea destinada a consignar a sabedoria das nações, pode-se opor a cada máxima da Agadá uma máxima exatamente contrária) y; avançaram numerosos mandamentos que prescreviam ao fiel a necessidade de dar provas de igual caridade para com judeus e não-judeus, de ser escrupulosamente honestos com os estranhos, mandamentos bem mais característicos do espírito do Talmud. Mas o resultado da justa, na qual os acusadores assim como os juízes eram campeões do Cristo vencedor, estava evidentemente de antemão definido. O Talmud foi condenado e todos seus exemplares solenemente queimados, como acontecera oito anos antes com as obras de Maimônides, em relação às quais um dos detratores, este Jonas Gerondi, de quem já falamos mais acima, impondo-se cruéis penitências, errava de comunidade em comunidade, e proclamava nas sinagogas: "Maimônides tem razão e seu ensinamento é justo: fomos mentirosos!"

Foi em vão que os judeus se esforçaram para conseguir reabilitar seus textos sagrados. Alguns anos mais tarde, Inocêncio IV consentiu em mandar reexaminar o veredicto: mas uma segunda comissão, presidida por Alberto o Grande, nada mais fez que ratificá-lo (1248). No ano seguinte, o célebre dominicano iria ensinar em Colônia, onde parece ter provocado novas e retumbantes condenações, e esta agitação, franqueando o estreito âmbito dos teólogos especializados, amotinou a opinião pública contra os judeus. Encontram-se os ecos disso em diversos trovadores alemães da época, como Conrado de Würzburg (1268):

* *Goi* (pl. *goim*) Termo que designa aquele que não é judeu. (N. do T.).

y. Ademais, cumpre sempre considerar a parte do estilo particularíssimo próprio à Agadá. Quase na mesma época em que Simão ben Yohai exclamava: "O melhor dos *goim*, matem-no!" R. Eleazar, um outro doutor da Lei, vituperava contra os judeus incultos (*am-haaretz*) em termos que a Agadá relata assim:

"'R. Eleazar disse: 'Tem-se o direito de abater um *am-haaretz* mesmo no dia do Grande Perdão, mesmo se este dia cai num sábado'; seus alunos lhe disseram: 'Mestre, diga 'matar' em lugar de 'abater'.' Mas ele respondeu: 'É preciso uma bênção para matar, mas para abater não é preciso." (*Pesahim, 94 b*).

Infelizes dos judeus lassos, surdos e perversos, que não cuidam de se preservar dos sofrimentos do Inferno. O Talmud os apatetou e lhes fez perder a honra	We der veizen, touben argen Jüden kint, die nicht ruechen walten des, das sie behalten möchte wol vor arger helle pine Talamut hat si vil gar beroubet [52].

Em Seifried Helbling:

seria excelente proibir seu herético Talmud um livro falso e ignóbil.	es war wol der in verbut ir ketzerlîchez talamut ein buch valsch une ungenaem[53].

Em um anônimo da mesma época:

Eles caíram muito baixo Pois Gamaliel lhes ensinou O herético Talmud Cujas falsidades Lhes velam a verdadeira fé.	Der da ist in abgründe Gamaliel in künde An Talamut de vünde Die valschen vünde rouben in sinne rehtes gelouben [54].

Na França, a popular *Desputaison de la Sainte Église et de la Synagogue* do jogral Clopin, que data da mesma época, parece também constituir um eco direto da grande controvérsia de 1240. Dirigindo-se a um largo auditório, constituiu-se, assim, um mito particularmente vivo, do qual no século XIX, como no XX, os agitadores anti-semitas farão uso abundante, e onde os judeus não serão representados mais como envenenadores do corpo, mas como envenenadores do espírito.

De resto, não há, entre estas duas versões, separação bem nítida, assim como não há, no espírito daquele tempo, distinção clara entre salvação dos corpos e salvação das almas. Do mesmo modo os dois temas se confundem no estranho e considerável papel desempenhado no curso da Idade Média pelos médicos judeus, reverenciados e temidos como poderosos mágicos aos quais se imputam os crimes mais atrozes e de quem se solicitam os serviços com singular insistência. Retornaremos ao assunto mais adiante. Vamos agora ao caso das novas formas de que se revestem na era das Cruzadas a estrutura e a vida interna das comunidades judaicas. Elas não deixarão de se ressentir do duplo impacto das perseguições que os judeus foram objeto e das idéias bizarras que começam a circular a seu respeito; elas se lhe acomodarão por uma espécie de evolução adaptativa, a qual, por um inevitável choque de retorno, dará origem a conceitos ainda mais fantásticos, que se imporão no seio da cristandade nos séculos seguintes.

---

52. VON DER HAGEN, *Minnesinger*, vol. III, p. 342.
53. HAUPT, *Zeitschrift für deutsches Altertum*, vol. IV, 2, p. 1185.
54. VON DER HAGEN, *op. cit.*, p. 431.

5. As Reações Judaicas

A impressão produzida nas testemunhas pelos morticínios de 1096 foi considerável. Pode-se imaginar sem dificuldade qual foi eventualmente o choque sentido pelos próprios judeus. É regra que em semelhantes circunstâncias as vítimas tenham melhor memória. De fato, a incisão deixada pelas perseguições singularizará doravante o destino judeu, imprimindo em sua mentalidade uma marca indelével; destarte, sua segregação se acentua, confinando-os em seu papel econômico particular. Evolução que, por sua vez, se inscreve no quadro das grandes transformações sociais que caracterizam a era das Cruzadas, e são estes embasamentos que começaremos por evocar.

DO COMÉRCIO À USURA

Vimos que os judeus eram os comerciantes por excelência da Europa carolíngia, e que foram particularmente os únicos mercadores a manter contato com o Oriente. Mas não eram apenas isto: se nos raros textos da época que chegaram até nós, mencionam-se sobretudo comerciantes judeus, é porque a plebe, os artesãos e os clérigos não tiveram oportunidade de deixar muitos traços nos documentos. Mas, por outro lado, os judeus não guardaram por muito tempo o monopólio do comércio internacional, e desde o século X venezianos, bizantinos, fazem sua aparição nas feiras de Champanha ou de Flandres. De resto, na economia rudimentar da época, economia quase exclusivamente na pro-produção de uso, as trocas comerciais — e a moeda — desempenham apenas um papel insignificante (em contrapartida, o papel do usurário é muito maior que em nossos dias, precisamente porque o dinheiro é raro e que, em caso de necessidade, é somente com o profissional que se pode obtê-lo).

Mas quando no século XII, uma vez aberta aos europeus a rota da Ásia, as especiarias, os gêneros preciosos, os produtos de luxo, começam a chegar nos navios italianos e não mais pela temerária rota terrestre, tornam-se mais acessíveis aos pequenos e grandes senhores, o comércio recebe uma impulsão ativa. Eis que, ao mesmo tempo, após uma estagnação de vários séculos, as cidades desenvolvem-se rapidamente, e uma economia de trocas substitui a economia de uso. Aparece uma classe de mercadores cristãos, patriciado urbano que, pouco a pouco, arrebata o lugar aos comerciantes judeus. Notemos bem que se trata menos de uma rivalidade interconfessional, da evicção intencional de um clã por outro clã, que de um processo orgânico de longo fôlego, ligado às transformações gerais da sociedade medieval, ao qual inúmeros fatores diferentes virão contribuir, levando a seu termo, de forma quase inevitável, que os judeus sejam relegados à usura.

Lembremos de início as características dos primeiros mercadores medievais. São eternos viajantes: compelidos a se bastarem a si mesmos, são seus próprios banqueiros e, ocasionalmente, prestamistas de dinheiro. Por conseguinte, está em germe desde a Primeira Cruzada, a evolução que ia obrigar os judeus a transformar seus bens em haveres facilmente dissimuláveis em caso de perigo, isto é, em ouro ou prata. Ora, o numerário é extraordinariamente raro na época, e quem o detém se transforma mui naturalmente em prestamista: foi o caso dos judeus, assim como o dos mosteiros, ou de outros estabelecimentos eclesiásticos e dos primeiros mercadores cristãos. Ao mesmo tempo, a agitação religiosa tornava mais e mais difícil aos judeus o exercício de seu temerário ofício. Numerosos textos datados dos anos 1146-1148 nos informam como, em tempos de Cruzada, arriscavam-se a cada instante ser assaltados na estrada [1]. Sobretudo, seus novos concorrentes, os mercadores italianos e hanseáticos, podiam contar com a proteção de suas cidades de origem, e obter a promulgação de uma verdadeira legislação protetora

1. ARONIUS, *Regesten*, n. 232 a 250.

em seu favor: o acesso aos barcos que faziam rota para o Oriente era proibido aos mercadores judeus, e a primeira disposição desta espécie, adotada em Veneza, é de 945 [2]. Isto não impede que, no concernente ao tráfico interior, por via terrestre, subsistam muitas provas de uma atividade comercial judia até o início do século XIII. Mas a tendência para o confinamento ao empréstimo de dinheiro, isto é, à usura, onde o financiador atende o cliente em casa e não precisa aventurar-se ao longe, é tanto mais imperiosa quanto o judeu, doravante desfavorecido em todos os outros domínios, dispõe em compensação de uma espécie de vantagem que lhe é peculiar: ele não está quase exposto às fulminações da censura eclesiástica que, se nunca conseguiu eliminar a usura cristã, lhe trazia não obstante muitos entraves; a usura era considerada um pecado grave; um usurário cristão podia ser excomungado e, a partir do século XIV, tornava-se passível de ser submetido à Inquisição [a]. É verdade que, ao contrário do que geralmente se acredita, a tradição talmúdica também se opunha em princípio à usura, e ainda na véspera da Primeira Cruzada o grande Raschi proclamava: "Aquele que empresta a juros a um estrangeiro será destruído" [3]. Mas um século mais tarde, os rabinos já concordam que é preciso de fato adaptar-se às circunstâncias: certamente, "não se deve emprestar a juros aos gentios, se se pode ganhar a vida de outra maneira", mas "na hora que corre, quando um judeu não pode possuir nem campos nem vinhas que lhe permitam sobreviver, o empréstimo a juros aos não-judeus torna-se necessário e em conseqüência autorizado".

Em desvantagem em todos os outros domínios, o judeu dispõe pois, neste preciso terreno, uma vantagem certa. Vantagem que as autoridades não tardarão a explorar em seu próprio benefício. Justamente a situação cada vez mais precária dos judeus os impele a procurar a proteção dos príncipes, a obter a outorga de "cartas" que, se lhes trazem uma segurança provisória, criam um laço de dependência entre eles e seus protetores. Homens livres originalmente, os judeus tornam-se, no seio de uma sociedade que se hierarquiza progressivamente, servos de seus senhores — *servi cameræ nostræ*, dirão os imperadores germânicos (na França, dir-se-á que "pertencem aos barões" [4] — homens, ou sobretudo, coi-

---

2. W. ROSCHER, *System der Volkwirtschaft*, II, p. 335.
a. Desde o século XIII, autores como Mathieu Paris comparavam a usura a uma heresia. Esta identificação tornou-se oficial a partir do Concílio de Viena de 1311, que autorizou os tribuais da Inquisição a perseguir os cristãos que se dedicassem à usura. (Cf. PARKES, *The Jew in the Medieval Community*, Londres, 1938, p. 288-299).
3. Para esta citação, assim como para aquelas que seguem, ver J. BERNFELD, "Das Zinsverbot bei den Juden nasch talmudisch-rabbinischen Recht", *Das Licht*, n.º VIII, Berlim, 1928, assim como J. PARKES, *The Jew in the Medieval Community*, Londres, 1938, p. 340.
4. "Judæi, ut & eorum bona, olim Baronum fuere in quorum dominiis habitabant", *Status de saint Louis*, 1270, cap. 129, livro I; cf. *Le Nouvel*

sas que lhes pertencem, possessões tanto mais preciosas quanto se pode a cada momento, espremendo-os, extrair deles algum dinheiro, mas que não apresentam interesse senão sob esta expressa condição. É o que o célebre jurista inglês Bracton exprimirá nos seguintes termos:

> O judeu nada pode ter de próprio; tudo o que ele adquire se torna propriedade do rei, e não sua; os judeus não vivem para si, mas para os outros: assim, é para os outros que eles adquirem, e não para si [b].

Ao termo da evolução, o judeu só pode viver graças ao dinheiro — não como no caso de nossa sociedade capitalista moderna, mas num sentido muito mais temível ainda, pois este direito à vida que a sociedade cristã concede ao último dos camponeses, o judeu deve *comprá-lo* a intervalos regulares, senão, tornando-se inútil, será expulso, ou implicado em algum sombrio caso de envenenamento ou de assassinato ritual. O dinheiro é mais importante para ele que o pão cotidiano, é-lhe tão necessário quanto o ar que respira... E veremos como, nessas condições, o dinheiro acaba por adquirir para o judeu uma significação quase sagrada.

Especifiquemos ainda que os judeus estavam longe de constituir a principal fonte de rendimentos dos príncipes e que, mesmo em seu novo campo de atividade, tiveram sempre de suportar forte concorrência cristã. Apesar de todos os esforços da Igreja, usurários cristãos fizeram excelentes negócios em todas as épocas da Idade Média: em particular, as confrarias italianas dos Caorsinos e dos Lombardos, amiúde submetidos a uma regulamentação análoga à dos judeus e titulares de privilégios da mesma ordem, entregaram-se através da Europa a operações mais vastas e desempenharam no desenvolvimento da técnica capitalista um papel muito mais importante. Mas usurários cristãos, Caorsinos e Lombardos acabaram por se integrar na sociedade circundante e desaparecer: apenas algumas recordações toponímicas ou lingüísticas perpetuam a sua lembrança [c]. O usurário judeu, por seu turno, sobreviveu, e foi promovido à dignidade de um arquétipo, precisamente porque atrás dele se perfilava a silhueta de um outro arquétipo: a de Judas Iscariotes, o homem dos trinta dinheiros. E, em última análise, o espectro assim evocado, criando entre a sociedade cristã e os judeus

---

Examen de l'usage général des fiefs en France..., por M. BRUSSEL, conselheiro do rei, Paris, 1727, I, p. 575.

   b. Ducange cita esta definição em seu célebre *Glossaire* (artigo "Judæi"): "Judæus vero nihil proprium habere potest, quia quicquid acquirit, non sibi acquirit, sed regi: quia non vivunt sibi ipsis, sed aliis, et sic aliis acquirunt, et non sibi ipsis".

   c. Assim, a "rua dos Lombardos" em Paris e em certas cidades de província. Em russo "Lombardo" designa ainda hoje casa de penhores; o mesmo se dava na Inglaterra e na Alemanha até o início do século XIX. A palavra ainda possui este significado — o que é mais notável — em ídiche.

uma tensão irredutível, não contribuiu pouco para a singularização e para a perenidade destes últimos... E, é assim que, ainda em nossos dias, tende-se a atribuir retrospectivamente ao usurário judeu da Idade Média um quase monopólio financeiro, enquanto que algumas cifras secas que nos são conhecidas mostram até que ponto sua parte no movimento de dinheiro era reduzida. É assim que o total dos impostos percebidos em 1241 pelo tesouro imperial do Santo Império germânico se elevava a 7.127 1/2 marcos, mas a parte dos judeus na cifra era apenas de 857 marcos [5]. É assim que, conforme o *Livre de taille* ao qual estava submetida a população de Paris em 1292, sobre um total de 12.000 libras, a parcela dos 125 contribuintes judeus que lá habitavam era de 1.511 libras [6]. Isso é evidentemente um exemplo extremo (na mesma época, o tesouro real percebia sobre o conjunto dos judeus da França taxas mais importantes [7], e o papel da finança e da usura judaicas variava segundo os tempos e os lugares, mas, exceção feita à Inglaterra do século XII, não foi preponderante em nenhuma parte.

Iremos agora examinar rapidamente este papel nos três principais países sobre os quais versa precisamente o nosso estudo.

A Inglaterra constitui um caso particular. Os judeus só apareceram aí em seguida à conquista normanda e, na ausência de qualquer concorrência local, constituíram no país rapidamente uma classe compacta de manipuladores de dinheiro. Desde o começo, conseguiram associar estreitamente os reis a suas operações, cedendo-lhes para fins de recebimento os créditos de devedores faltosos, mediante a renúncia a uma parcela da soma devida. Eram os "homens do rei", vassalos de um gênero particular, visto que eram a principal fonte de rendimentos de seu suserano. Adiantando dinheiro aos barões e ao clero, cujas necessidades em numerário e também cujos apetites de luxo eram consideráveis, em um período de rápido desenvolvimento nacional, enriqueceram-se muito prontamente, no curso do século XII, e os cronistas exaltam à porfia suas soberbas casas de pedra. Não estavam sujeitos a impostos regulares, mas a contribuições extraordinárias que os reis lhes exigiam em caso de necessidade e, em particular, por ocasião das Cruzadas. No fim do século XII, seu monopólio foi regulamentado de uma maneira extremamente precisa pela criação de um ofí-

---

5. *M. G. H.*, "Constitutiones et acta publica", III, p. 1 *sq*.
6. *Paris sous Philippe le Bel d'après des documents originaux, et notamment d'après un manuscrit contenant le rôle de la taille imposée aux habitants de Paris en 1292*, por H. GÉRAUD, Paris, 1837. Salienta-se nesse estudo que um contribuinte judeu pagava em média tanto quanto um contribuinte cristão, ao passo que um lombardo pagava oito vezes mais.
7. Assim, uma soma de 215.000 libras foi percebida em 1295 dos judeus de França. (Cf. ROBERT FAWTIER, *L'Europe occidentale de 1270 à 1328*, Paris, 1938, p. 211).

cio central (*Exchequer of the Jews*) onde, diante de funcionários reais, deviam ser consignados sem exceção todos os empréstimos e as operações financeiras dos judeus.

À sua rápida ascensão no curso do século XII sucede, no decorrer do século seguinte, um declínio igualmente rápido. Este declínio é encetado pelas exações de João Sem Terra reduzido a extrema necessidade, em luta contra seus inimigos do exterior e seus barões rebeldes. Em 1210, exige dos judeus uma contribuição tão exorbitante que estes se vêem impossibilitados de pagá-la: manda prender então um grande número deles, e um dos mais ricos, Abraham de Bristol, é encarcerado em um torreão onde cada dia lhe arrancam um dente; no oitavo dia, o infortunado usurário acaba suicidando-se [8]... Desde então, as expulsões dos judeus são sucedidas por readmissões; sofrem também, doravante a concorrência dos Lombardos e, rapidamente, seu papel torna-se negligenciável. Nessas condições, as considerações de ordem religiosa passam ao primeiro plano e, em 1290, são definitivamente expulsos da Inglaterra. Ignora-se o destino exato da tribo perdida do judaísmo inglês: sem dúvida, a maioria dos sobreviventes fundiram-se com os judeus franceses e alemães. Mas a recordação de sua presença permanecerá suficientemente vivaz para alimentar, através de toda a Idade Média, muitos temas literários e para induzir um Shakespeare a encenar, três séculos mais tarde, o inesquecível tipo do usurário Shylock, de origens tão debatidas; é talvez lícito perceber, no tema trágico da "libra de carne", uma transposição, em papéis diametralmente invertidos, do episódio de Abraham de Bristol... Notemos ainda, para ilustrar a persistência das lembranças legendárias desta espécie, que o nome Fagin, o horrendo usurário de *Oliver Twist,* parece proceder de Cok Hagin, último em data dos *Arch-Presbyters* dos judeus, na véspera de sua expulsão: aqui, o intervalo é pois de uma vintena de gerações!

Ao caso aberrante dos judeus ingleses se opõe o destino dos judeus da França e da Alemanha. Nem uns nem outros jamais desfrutaram de uma posição de monopólio na manipulação do dinheiro.

Na França, sobre o pano de fundo do rápido desenvolvimento econômico da região no curso do século XII, os judeus dedicam-se às suas costumeiras operações comerciais e financeiras e enriquecem. Mas, o advento de Filipe Augusto assesta um primeiro golpe em sua prosperidade. Seus biógrafos asseguram que, desde a infância, o jovem príncipe fora nutrido com legendas antijudaicas; como quer que seja, desde sua subida ao poder, prendeu todos os

---
8. ROGER DE WENDOVER, *Flores Historiarum*, Ed. FOXE, p. 231.

judeus do reino e somente os libertou contra um resgate de quinze mil marcos de prata (1180); anulou em seguida todos os seus créditos, salvo um quinto que atribuiu a si mesmo (1181); ordenou enfim a expulsão geral dos judeus (1182) [9]. É verdade que a fragmentação feudal do território limitou o efeito dessas medidas às possessões da coroa: outrossim, quando em 1198 Filipe Augusto se decide a chamar de volta os judeus, firma um contrato com o Conde Teobaldo da Champanha, reclamando o retorno de "seus" judeus, que lhe pertencem de pleno direito [10]; mais tarde, por um ato que o erudito Petit-Dutaillis estimou ser a primeira tentativa séria feita pela realeza para afirmar seu poder legislativo sobre todas as baronias do reino [11], Luís VIII estende esta concepção ao conjunto do país (1223). Em conseqüência, a existência de comunidades judias, expulsas e chamadas de volta segundo o humor do príncipe ou o estado de sua tesouraria, torna-se a mais precária e instável possível.

Expulsões e confiscos empobrecem os judeus, sofrendo cada vez mais a concorrência dos usurários cristãos, e conduzem a uma limitação sensível de seu papel econômico: esta evolução encontra expressão na ordenança de Melun (1230) [12] que, negando aos documentos de dívidas contraídas com os judeus qualquer valor legal, os relega praticamente à baixa usura, visto que daí por diante só poderão emprestar sob penhor, isto é, aos camponeses, aos artesãos ou à plebe; os grandes negócios caberão aos Caorsinos e aos Lombardos. Contudo, por mais humildes que tenham sido, suas funções permaneciam essenciais, de sorte que um São Luís, a despeito de todos seus esforços, viu-se impossibilitado de suprimir a usura judaica; e quando no início do século XIII, Filipe e Belo procedeu à expulsão em massa dos judeus, foram suficientemente lamentados pelo povo miúdo para que um Geffroi de Paris pudesse escrever:

> Toute pauvre gent se plaint
> Car Juifs furent débonnaires
> Beaucoup plus en faisant leurs affaires
> Que ne sont maintenant les chrétiens.
> Garanties ils demandent et liens,
> Gages demandent et tout extorquent
> Que les gens plument et écorchent...
>   Mais si les Juifs demeurés
>   Fussent au royaume de France,

---

9. BOUQUET, XIII, p. 315; XVII, p. 5-8.
10. *Ordennances des rois de France*, I, 44.
11. PETIT-DUTAILLIS, *Étude sur la vie et le règne de Louis VIII*, Paris, 1894, p. 424-427.
12. *Layettes*, II, 192, n.º 2083.

Chrétiens moult grande aidance
Eussent eu, qu'ils n'ont plus [13] *.

Não é nada espantoso, nessa situação, que a ordenação de 28 de julho de 1315, relativa a um novo chamado aos judeus, se refira ao "comum clamor do povo" [14] que exige seu retorno.

Defrontamo-nos com a mesma evolução do outro lado do Reno, com a diferença de que lá ela se efetua de maneira mais lenta, sobretudo no que concerne ao Leste do país e que, em conseqüência, a situação dos judeus permanecerá aí melhor durante muito tempo. Trata-se de uma verdadeira defasagem no tempo: o que é válido para a França do século XII o é para o vale renano do XIII e o será para as fronteiras orientais do Santo Império nos séculos seguintes. É assim que existem testemunhos indiscutíveis de uma viva atividade comercial dos judeus a desenvolver-se no limiar do século XIV ao longo do Reno [15], e ordenações imperiais do século XV a atestar a presença na Áustria de mercadores judeus, fazendo comércio de tecidos, de vinho ou de porcelana, assim como artesãos [16]. É assim que a regulamentação indumentária foi no começo apenas brandamente aplicada no Santo Império, como o dissemos, e que os próprios textos destinados a fazer com que fosse respeitada nos deixam entrever a persistência de um proselitismo judeu que continuava muito ativo [17], o que é confirmado por diversas fontes judaicas [18]. A grande particularidade da situação dos judeus alemães é a proteção geral que lhes concede o imperador, e esta relação, nascida, o vimos, na época da Primeira Cruzada, obtém pouco a pouco expressão jurídica no conceito de "servos da câmara imperial",

---

13. *Geffroi de Paris, chronique rimée*, versos 3121-3127, 3162-3165; BOUQUET, XXII, 119.

* "Toda gente pobre se queixa
Pois os judeus foram muito mais bondosos
Ao fazer seus negócios
Do que o são agora os cristãos.
Pedem garantias e vínculos,
Pedem penhores e tudo estorquem
A todos despojando e esfolando...
Mas se os judeus
Permanecessem no reino de França,
Os cristãos teriam tido
Muito grande ajuda, que agora não têm mais." (N. do T.)

14. LAURIÈRE, *Ordonnances des rois de France*, I, p. 595.

15. Isto ressalta em particular numa *responsa* rabínica, que descreve com alguns detalhes os empreendimentos comerciais do judeu Alexandre d'Andernach, assassinado no curso de uma viagem de negócios a Coblença. (*Resp.* de ELIEZER BEN JOEL DE BONN, livro *Or Sarua*, I, 194; ARONIUS, *Regesten*, n.º 345.

16. Decreto do Imperador Frederico III de 6 de novembro de 1445. Este decreto tinha precisamente por objetivo proibir aos judeus a maior parte de suas atividades comerciais. (Cf. SCHERER, *Die Rechtverhältnisse der Juden in den deutsch-oesterreichischen Ländern*, Leipzig, 1901, p. 473.

17. O Concílio de Viena (1267), que no tratado na página 89, constata a "insolência" de alguns judeus que "atraem cristãos ao judaísmo e os circuncidam". (Conc. Vienn., can. 15-19, *M. G. H.*, IX, 702).

19. Os *Memorbücher* (livros das vítimas das perseguições) menciona um certo número de prosélitos (Cf. nota 1 da Terceira Parte).

que encontramos pela primeira vez, aplicado ao conjunto dos judeus, na *Bula de Ouro,* promulgada em 1236 por Frederico II, a propósito da questão dos assassinatos rituais [d]. Muito em breve, os legistas imperiais se empenharão em fazer remontar a origem desta tradição aos imperadores romanos e, mais precisamente, a Vespasiano e à destruição do Templo [e]. A eficácia dessa proteção, confirmada em freqüentes intervalos, foi evidentemente variável segundo as épocas e os lugares, mas às vezes o imperador toma seu papel suficientemente a sério para intervir em relação aos judeus de um outro país, por exemplo quando de sua expulsão da França por Filipe o Belo [19].

Acrescentemos ainda que, contrariamente ao costume francês e inglês, os imperadores cobram os impostos, que são a contrapartida de sua proteção, não dos judeus tomados individualmente, mas de suas comunidades, o que reforça a organização comunitária dos judeus alemães e aumenta seu sentido de responsabilidade coletiva — ponto importante, visto que se refere às únicas comunidades destinadas a se perpetuar e a florescer nos séculos seguintes.

Outra usança, válida para o conjunto da Europa e de que mais tarde Voltaire (em seu *Dicionário Filosófico*) [20] vai troçar à larga, nos faz tocar com o dedo a importância relativa do fator econômico e do fator religioso na condição que a sociedade cristã impunha aos judeus. A tradição talmúdica prescrevia deserdar os filhos caso abjurassem a religião judaica. Na época em que estamos, os príncipes cristãos não só autorizam seus servos judeus a observar esse ponto de sua legislação interna como são autorizados a observar todos os outros, mas o estendem por iniciativa própria aos conversos mesmos, cujos bens, em caso de batismo, tocam ao fisco real ou imperial. Disposição lógica numa época quando o usurário judeu constituía uma possessão preciosa, ao passo que sua conversão fazia com que o príncipe perdesse o poder de dispor dele livremente: tratava-se pois de fato de um tipo de direito de amortização. Disposição que representa também, num outro plano, uma espécie de homenagem prestada aos fiéis de uma religião

---

d. Cf. p. 52.
e. É a interpretação que dão dois códigos alemães do século XIII, o *Sachsenspiegel* e o *Schwabenspiegel.* Segundo o *Sachsenspiegel,* a proteção imperial foi concedida pela primeira vez por Vespasiano e Flávio Josefo que havia curado seu filho Tito da gota; mais realista, o *Schwabenspiegel* via aí a contrapartida do "imposto do Templo", que Vespasiano havia começado a receber após a destruição do Templo.
19. OTTOKAR VON HORNECK, "Reimchronik" (*M. G. H.,* "Scriptores rerum Austricarum", III, p. 782 *sq.*). Segundo este autor, o Imperador Alberto I teria reclamado "seus" judeus a Filipe o Belo, e este teria concordado em entregá-los, depois de havê-los despojado de todos os seus bens. É evidente que nosso cronista exagera, e que as coisas não se passaram desta maneira; mas alguma intervenção ocorreu, e é significativo que pudesse ser assim interpretada.
20. VOLTAIRE, *Dictionnaire Philosophique,* Ed. Paris, 1879, t. III, p. 525.

que assumiam ainda, na sociedade da época, funções úteis e às vezes eminentes. Encontraram-se rapidamente clérigos para justificar canonicamente o costume: não era mister também que os neófitos renunciassem aos bens adquiridos pela usura judaica? Era em vão que a Santa Sé se erguia contra uma prática que tornava o destino dos apóstatas, repudiados pelos judeus e espoliados pelos cristãos, miserável ao máximo e que não era evidentemente feito para encorajar as conversões. Foi preciso uma obliteração considerável do papel econômico dos judeus para que a Igreja tivesse ganho de causa neste ponto, e que o batismo de um judeu não lhe acarretasse mais a ruína. Isso só se produzirá, como veremos, muito mais tarde, numa época quando, chegado ao termo de sua evolução, a degradação dos judeus afigurar-se-á total aos olhos da sociedade cristã, conduzindo de repente à implantação de um conceito quase demonológico do judeu detestável e infame. Vê-se neste exemplo a complexidade e a multiplicidade dos fatores que regiam o destino judeu, e que já há mais de dois séculos Montesquieu soube exprimir assim lapidarmente: "Confiscavam seus bens porque queriam ser cristãos, e logo depois mandavam queimá-los, quando não quiseram sê-lo" [21].

NASCIMENTO DE UMA MENTALIDADE JUDAICA

As matanças da Primeira Cruzada deixaram nas memórias judias impressões indeléveis, como as de um verdadeiro traumatismo coletivo. Os contemporâneos não se acham em geral muito em condições de apreender o pleno alcance de um acontecimento: e os autores judeus do século XII, quando desabafavam sua tristeza e sua cólera, não alimentavam dúvidas sobre o destino que conheceriam seus relatos. Ora, certas partes de suas crônicas foram incorporadas à liturgia judaica, e são ainda em nossos dias anualmente recitadas, quando da comemoração da destruição do Templo [f]. Outros elementos, devidamente transpostos, forneceram o estofo de inumeráveis cantos religiosos, as *selikhot* e as *kinot* [g]. Nos *Memorbücher*, memoriais onde se tornou hábito consignar os nomes das vítimas das perseguições, muitas listas se apresentam precedidas pela evocação das "cidades de sangue", Espira, Worms e Mogúncia [22]. Destarte se perpetua a lembrança dos primeiros mártires, e uma

---

21. MONTESQUIEU, *De l'Esprit des Lois*, Ed. Garnier, livro XXI, cap. XX, t. II, p. 35.
f. O dia "9 da Av", que cai geralmente no mês de agosto. Trata-se evidentemente apenas da liturgia de "rito asquenazita"; a do "rito sefardita" não conhece nada semelhante.
g. Trata-se de cantos que são igualmente recitados de preferência no dia 9 de Av. As *selikhot* terminam em geral com uma nota de esperança, enquanto que as *kinot* são puras lamentações.
22. Cf. A. NEUBAUER, Le Memorbuch de Mayence, essai sur la littérature des complaintes, *R. E. J.*, t. IV, 1882.

tradição se forja e se fortifica, incitando inumeráveis gerações a seguir o exemplo de seus antepassados.

Desde então, crônicas tais como a de Salomão bar Simão, ou a de Eliezer ben Natan, adquirem para a seqüência de nosso relato uma importância de primeira ordem [23]. Fazem-nos conhecer em primeiro lugar o furor que se apoderou dos sobreviventes. Terríveis foram suas imprecações, caracterizadas por uma semântica muito particular: a palavra "igreja" é aí regularmente traduzida por "lugar de impureza", a palavra "cruz" por "mau sinal", a palavra "batizar" por "manchar", e assim por diante [24].

> O papa da Roma pecadora se levantou e convidou todos os povos de Edom a crer no Cristo, no pendido: a se unir para ir a Jerusalém e conquistar a cidade, a fim de que os extraviados possam se apresentar ao lugar de sua vergonha, ao túmulo daquele a quem escolheram por Deus...,

assim inicia Salomão bar Simão.

> Que os ossos de Emicho, o perseguidor dos judeus, possam ser triturados num moinho de ferro!,

prossegue ele. E mais adiante:

> Ó Deus da vingança! ó Senhor, Deus da vingança! apareça! É por ti que nos deixamos degolar cada dia. Devolva a nossos vizinhos o sétuplo de suas injúrias, a fim de que eles te amaldiçoem! Que sob nossos olhos ainda os povos sejam castigados pelo sangue de teus servidores que derramaram..., saberão então que é em nome de um morto, do nada, que derramaram o sangue de virgens, de crianças e de lactantes, que sua fé é insensata e que enveredaram por um funesto caminho...

Eliezer ben Natan não é menos violento:

> Devolva a nossos miseráveis vizinhos em sétuplo; castiga-os, ó Senhor!, tal como o mereceram! Causa-lhes aflições e sofrimentos, envia-lhes tua maldição, aniquila-os.

Mas este furor permaneceu impotente. Não é quase possível tirar vingança dos perseguidores; a desproporção de força é tão evidente que as calamidades que se abatem

---

23. Existem três crônicas hebraicas relatando os acontecimentos da Primeira Cruzada: a de Salomão bar Simão, a de Eliezer ben Natan e uma crônica anônima. Todas as três foram publicadas por A. NEUBAUER e M. STERN, *Hebräische Berichte über die Judenverfolgungen während der Kreuzzüge*, (Berlim, 1892), cujo texto seguimos.

24. A este respeito, M. Bresslau escreveu o que segue, em uma introdução crítica à edição pré-citada de A. Neubauer e M. Stern:

Os conhecedores da literatura neo-hebraica sabem que os judeus medievais evitavam designar os detalhes dos cultos não-judeus por seus nomes habituais. No que concerne a nossas crônicas, trata-se sobretudo das seis expressões seguintes: 1.º "Cristo", 2.º "Igreja", 3.º "Santo Sepulcro" 4.º "cristãos", 5.º "batizar", 6.º "cruz", que evitavam pronunciar e para as quais recorriam às noções contrárias, dizendo, por exemplo, para a 1.ª: "o pendido", "o filho do proscrito", "o bastardo pendido"; para a 2.ª: "casa da impureza", "horror", "casa de serviços estranhos"; para a 3.ª: "seu erro", "lugar da vergonha" para a 4.ª: "os incircucisos impuros"; para a 5.ª: "emporcalhar", "banhar em água suja"; para a 6.ª "mal sinal", etc. Estas expressões acabaram por se tornar típicas e de alguma maneira formais."

sobre Israel representam para este um desencadeamento dos elementos naturais mais que uma luta entre dois campos. E visto que todas as exortações endereçadas a Deus ficam sem efeito (ainda que nossos cronistas não deixem de perceber um castigo divino nas desgraças que atingiram a vanguarda dos cruzados), posto que é preciso constatar efetivamente que a "Roma pecadora" festeja a vitória, enquanto que o destino dos judeus somente se agrava, é forçoso concluir que se trata de uma justa retribuição, que os pecados do povo eleito não foram ainda expiados suficientemente.

Nenhum profeta, nenhum sábio e nenhum erudito pode conceber por que os pecados da comunidade foram julgados tão graves que somente a morte permite expiá-los, como se ela própria houvesse derramado sangue. Mas em verdade, Ele é um juiz justo, e a culpa incumbe a nós!

Nossos pecados permitiram o inimigo triunfar; a mão do Senhor tombou pesadamente sobre seu povo...

Assim, longe de os abalar em sua fé na justiça divina, as provações suscitam nos judeus um sentimento de culpabilidade que, se inserindo no antigo molde dos Mandamentos e da Lei, nada faz senão fortificar o apego deles ao Eterno. E continuam a abeberar-se na fonte de uma esperança invencível.

Que o sangue dos piedosos seja nosso mérito e nossa expiação para nós, nossos filhos e nossos netos, por toda eternidade, como o sacrifício de Abraão, que amarrou seu filho Isaac sobre o altar a fim de sacrificá-lo. Que estes justos, estes puros, estes perfeitos, tornem-se nossos advogados diante do Eterno, e que nos resgate logo de nosso exílio... Amém!

Reaparecem os mesmos acentos de resignação, de esperança e de uma indefectível fé por ocasião de muitas outras calamidades, como no comovente lamento que relata o martírio de Isaac Châtelain de Troyes e de sua família, vítimas em 1228 de um processo de assassinato ritual. Esta pequena obra-prima de poesia medieval é redigida em francês da época.

Prechor vinrent Içak le Cohen requerir.
Tornast vers lor créance o l'kevanroit périr.
Il dit: Que avez tant? Je vol por Gé morir.
Je suis Cohen: ofrande de mon cors voil ofrir.
"A peine eschaperas, puis que nous te tenons.
Deviens chrestiens". Et il repondit tantost: "Non!
Pur les chiens ne lerrai le Gé vil ne son nom."
An l'apeloit Haim, le mestre de Brinon.
Encore un kadosh fut amenez avant;
An li fist perit feu e l'aloit an grevant;
Huchoit Gé de bon cor e menu e sovant
Docement sofrit poine por servir Gé vivant.
Gé vanchere, emprinére, vanche nos des felons!
D'atandre ta vanchance nos semble li jors long!

> Os pecadores vieram buscar Isaac Cohen [h].
> Que abjure, ou senão precisará perecer.
> O que me perguntais? Por Deus, quero morrer.
> Padre, quero oferecer-lhe meu corpo em oferenda.
> Não podes escapar, pois nós te pegamos.
> Torna-te cristão, mas ele logo respondeu: "Não.
> Pelos cães não quero deixar Deus nem seu nome!"
> Chamavam-no Haim, o senhor de Brinon.
> Houve um kadosh [i] que foi conduzido primeiro;
> Fez-se-lhe um foguinho que se ia avivando;
> Com boa vontade, invocou Deus, baixinho e muito
> Sofrendo mansamente a pena em nome do Deus vivente.
> Deus vingador, Deus zeloso! vingai-nos dos traidores!
> De esperar tua vingança o dia nos parece longo [25].

Desde então, o martírio torna-se instituição, de algum modo. Cada nova vítima do furor cristão é um combatente tombado para santificar o Nome; concedem-lhe amiúde o título de Kadosh (santo), é uma espécie de canonização. (Se os cristãos também canonizam seus mártires, é preciso constatar que o que para eles é um acontecimento sobretudo lendário, uma reminiscência das perseguições romanas, adquire para os judeus uma realidade trágica e quase cotidiana.) O sacrifício das crianças, em particular, mortas por seus próprios pais, é comparado ao sacrifício oferecido por Abraão, e a história do patriarca e de seu filho torna-se, sob o título de Akedá (o sacrifício de Isaac), o próprio símbolo do martirológio judaico. Uma das passagens mais trágicas da crônica de Salomão bar Simão relata como Isaac o Piedoso, judeu de Worms batizado à força, conduz durante a noite seus dois filhos à sinagoga, degola-os sobre o próprio altar, retorna à sua casa e lhe ateia fogo, incendeia enfim a sinagoga, e ele próprio perece nas chamas [26].

Mas se cada vítima judia é considerada um combatente tombado no campo de honra, o combate travado pelos judeus continua sendo de um gênero muito particular. Fazendo das tripas coração, os judeus da Europa enveredam resolutamente pelos caminhos de uma resistência puramente passiva ao mal (o mal é doravante a sociedade cristã) e dão prova nesse domínio de uma tenacidade de que a história não oferece outros exemplos, — e isso tanto mais facilmente quanto sua especialização profissional os mantêm à margem dos ofícios que exigem o esforço físico e que implicam luta direta contra a natureza.

Assim, ao ódio cristão, os judeus respondiam com ódio não menos intenso, mas necessariamente contido ou recal-

---
h. Sacerdote, em hebraico.
25. Citado segundo A. DARMESTETER, L'Autodafé de Troyes, *R. E. J.*, t. II, 1881. (Trad. portuguesa segundo a transcrição em francês moderno de Arsène Darmesteter).
i. Santo, em hebraico.
26. A. NEUBAUER e M. STERN, *op. cit.*, p. 106-107.

cado. Se o potencial agressivo dos cristãos podia se saciar a seu bel-prazer e descarregar-se de maneira direta, a agressividade judia via-se obrigada a descobrir outros exutórios e transmutar-se de alguma maneira. As energias psíquicas assim acumuladas tinham muitas oportunidades de se exercerem no domínio da luta pela vida, na busca do indispensável dinheiro; mas este gênero precioso, sem o qual era impossível afirmar-se num mundo hostil e detestável, permanecia indissoluvelmente ligado àquele, era como o seu símbolo permanente; para evadir-se dele e estabelecer aí equilíbrio, o mundo interior do estudo constituía uma não menos indispensável contrapartida. Em todos os tempos, os rabinos situavam o estudo da Lei acima dos bens terrenos, acima de qualquer outra coisa; mas nunca estes preceitos haviam sido seguidos com tanto ardor. É com um verdadeiro frenesi que os judeus da Alemanha e da França do Norte mergulhavam no Talmud e o esmiuçavam dia e noite nas sinagogas, sem mesmo mudar de roupa; é bom, lembra um texto, matar-se de estudo. Assim se anuncia a famosa ambigüidade judaica que pretende que o dinheiro seja superestimado porque, sem ele, a morte ou a expulsão espreita a gente: e justamente porque superestimado, que se torne objeto de desdém, enquanto que o primeiro grau é concedido a outros valores.

Mas o estudo, nesse tempo, desenvolvia-se em circunstâncias pouquíssimo favoráveis para o seu livre desabrochar. Tudo concorria para tornar a mentalidade dos judeus temerosa e acanhada: o peso crescente das perseguições assim como o próprio espírito que impregnava os perseguidores, pois nesta época o meio judeu ainda estava surpreendentemente aberto às influências exteriores. É assim que a crença nos maus espíritos deita na Europa do Norte raízes cada vez mais profundas; o folclore judeu se enriquece de superstições cristãs, de lendas de feiticeiras, de diabos ou de duendes. Do mesmo modo, os contos e trovas, as moralidades tão populares na época, são traduzidos ao hebraico pelos rabinos para a edificação de suas ovelhas. Mas dentre os preceitos morais são sobretudo os que elogiam a modéstia e a humildade, que são colocados no primeiro plano (no que se pode igualmente perceber um reflexo da especialização profissional dos judeus; não fica bem a um usurário ser arrogante).

> Deus deu à alma humana um envoltório de animal, a fim de que o homem não se torne orgulhoso!

exclamava Rabi Moisés de Coucy [27].

---

[27]. M. GÜDEMANN, *Geschichte des Erziehungswesens und der Cultur der abendländischen Juden*, Viena, 1880, p. 89.

Somente Deus pode ser orgulhoso, o homem deve ser humilde. Seja atencioso para com teus semelhantes, mantenha a cabeça inclinada, teus olhos baixos, apenas teu coração pode ser alçado para o céu...

ensinava Rabi Moisés de Evreux [28]. Maior importância ainda é atribuída ao respeito meticuloso à Lei, e a parte mais clara da ciência judaica consiste doravante na elaboração de regras cada vez mais estritas. Terminado está, o tempo dos vôos ousados de um Raschi; os rabinos contentam-se em aferrar-se timidamente à conquista tradicional, sem nada modificar, e se queixam da insuficiência de suas próprias luzes. Interdições somam-se a interdições, o que Rabi Isaac de Viena explica assim:

...houve um tempo onde havia grandes doutores esclarecidos e sábios, nos quais os fiéis podiam depositar confiança, mas em nossos dias o conhecimento da Torá decresceu e a sabedoria desapareceu. Louvemos pois os temerosos que duvidam de sua ciência e evitam facilitar a observação da Lei: eles serão melhor recompensados por sua circunspecção do que aqueles que se gabam de seus estudos inovadores... [29].

Esta humildade, esta falta de segurança intelectual reaparecem num regulamento de escola do século XIII, e constata-se, lendo-o, que seu autor estava perfeitamente consciente das razões desta carência.

Que um mestre não ensine a mais do que dez alunos por vez. Pois, embora nossos sábios tivessem fixado o número de alunos em vinte e cinco por mestre, isso era válido somente para a Palestina, cujo clima é favorável ao florescimento dos espíritos e onde o povo judeu era independente — pois o homem livre é forte, lúcido e ousado, e aprende mais facilmente que o homem oprimido. O espírito deste último é fraco e estéril, submetido a príncipes cruéis e insolentes; afligido duramente sem cessar, ele é medroso e tímido, e seu rancor freia o entusiasmo. É a razão pela qual é preciso advertir os mestres para não aceitar mais de dez alunos por vez [30]...

A desconfiança e a hostilidade judaicas face ao mundo exterior salientam-se ainda em certas máximas do *Livro dos Devotos* (Sefer Hassidim), célebre compilação de preceitos redigidos por Rabi Judá o Hassid no fim do século XIII. "Livrai-me... da mão dos filhos do estrangeiro, cuja boca profere mentiras, e cuja destra é uma destra de falsidade", estas palavras do salmo 144 são aí abundantemente comentadas. E o *Livro dos Devotos* aconselha:

"Os sábios disseram: um judeu não deve permanecer sozinho com um não-judeu". "Não é preciso traduzir em hebraico os cantos da Igreja e cantá-los nas sinagogas." "Não é preciso adormecer as

---

28. *Id.*, p. 30.
29. *Or Zarua* de R. ISAAC BEN MOISE DE VIENA, n.° 416.
30. Manuscrito da Biblioteca de Oxford, reproduzido por M. GÜDEMANN, *Geschichte des Erziehungswesens und der Kultur der abendländischen Juden*, Viena, 1880, t. I, p. 92-106.

criancinhas ao som de melodias cristãs." "As paredes de uma casa que foram recobertas com sangue dos mártires não devem jamais ser limpas, a fim de que o sangue possa gritar ao céu."

Evidentemente, não há apenas isto no *Livro dos Devotos,* e alguns de seus adágios merecem, ainda em nossos dias, ser lidos e guardados:

"Poderás lamentar tuas palavras, mas não poderás lamentar nunca teu silêncio: antes de falar, tu és o senhor de tuas palavras, mas depois, tuas palavras se tornam teu senhor." "Se temes arrepender-se de uma promessa, diga não antes de dizer sim, pois nada é mais torpe que um sim, seguido de um não."

Outros, tratando diretamente das relações entre judeus e cristãos, não são menos instrutivos:

"A conduta dos judeus corresponde na maior parte dos lugares à dos cristãos; quando os cristãos de uma cidade são depravados, os judeus também o são". "Não é preciso lançar a excomunhão sobre uma cidade cujo Senhor perseguiu os judeus ou os obrigou ao batismo, pois a excomunhão permanecerá em vigor mesmo se a cidade mudar de senhor." "Por mais pobre que seja, um judeu deve antes mendigar do que roubar dinheiro cristão e se salvar, pois desta maneira ele profana o nome de Deus, visto que os cristãos dirão que todos os judeus são ladrões e embusteiros."

Vê-se o quanto esse ensinamento contém de sabedoria prática.

Mas o que nessa época os estudos e a cultura judaica perdiam em elevação, ganhavam em extensão. Se anteriormente os rabinos elaboravam sábios tratados, o que escrevem agora está ao alcance de cada fiel. A fim de premuni-los contra toda fraqueza, redigem, nestes tempos conturbados, simples manuais (como o *Pequeno Livro dos Mandamentos* de Rabi Isaac de Corbeil), e destarte cada judeu pode instruir-se acerca de suas obrigações e de seus direitos. Assim, este valor supremo que era o estudo estava doravante colocado ao alcance de todo mundo, e a popularização da cultura judaica será doravante um de seus traços distintivos.

Desta forma, em reação às perseguições, começa a forjar-se a mui particular mentalidade dos judeus que, ao mesmo tempo que a natureza de seu ofício, atiçará mais ainda o ódio cristão. Tratar-se-á doravante de um verdadeiro círculo vicioso, mas que, na época em que estamos, apenas começa a encetar-se. No complexo jogo de interferências entre as paixões dos homens da Idade Média e seus interesses reais, estes interesses predominam ainda; os judeus desempenham por ora um papel econômico útil e mesmo indispensável e, em conseqüência, não são nem suficientemente marginalizados nem suficientemente diminuídos para serem universalmente detestados.

CONCLUSÃO

Antes de chegar à época decisiva e conturbada no curso da qual, enquanto os judeus desaparecem, ou quase, da cena medieval, sua imagem vem obsedar cada vez mais as almas cristãs (sem dúvida encontraremos alguma correlação entre as duas séries de acontecimentos de aparência contraditória), vejamos rapidamente qual era sua situação neste século XIII que, em tantos aspectos, assinala o pináculo da civilização da Idade Média.

Repetidas vezes já pusemos em evidência até que ponto os judeus estavam integrados na sociedade circundante ou, para nos exprimir em termos de hoje, "assimilados". Vimos que, à parte da liturgia e dos textos sagrados, falavam a mesma língua que os cristãos, e que, sob a rodela, vestiam as mesmas roupas. Ademais, ressalta de diferentes disposições legislativas que dispunham ainda do direito de portar armas [31], e que, assim como os cristãos válidos e livres, estavam sujeitos aos ordálios [32]; apenas mais tarde (por um privilégio que partilharam com as crianças e os velhos) deles foram isentados. Eram pois considerados, no fundo, homens semelhantes aos outros, ainda que descrentes, ou mesmo (assim como observou sutilmente o historiador Cecil Roth) como pecadores empedernidos que, não ignorando nada da verdade do cristianismo, fingiam por pura malícia não acreditar [33]; e reciprocamente, longe de isolar-se hermeticamente do mundo à volta, continuavam a tomar parte em suas atividades. Mesmo no que concerne à vida do espírito, já o vimos, alguns pensadores judeus traziam a marca das influências cristãs: como par do misticismo alemão do século XIII, um misticismo judeu surge na Renânia, encontrando expressão nos escritos de um Judá o Hassid; seus discípulos e, em particular, Eleazar de Worms, desenvolvem o método que consiste em atribuir um sentido esotérico ao valor numérico dos textos sagrados (Cabala prática); é a época em que os judeus e cristãos se entregam com igual fervor (mas com resultados muito divergentes) às interpretações simbólicas e alegóricas do Velho Testamento. Em sentido contrário, as influências judaicas marcam vigorosamente o pensamento cristão: enquanto que os primeiros aristotélicos se nutriam de Maimônides, um Nicolau de Lira segue a escola de Raschi; ora, "se Lyranus non Lyrasset, Lutherus non saltasset", e esses contactos entre cristãos e judeus nos séculos XII e XIII foram essenciais para o

---

31. *Sachsenspiegel Landesrecht*, Ed. Homeyer, III, p. 306, 7, § 1-4. Ver a este respeito o magistral estudo de GUIDO KISCH, *Jews in medieval Germany*, Chicago, 1949.
32. *Sachsenspiegel*, ed. cit., I, p. 63, § 3.
33. CECIL ROTH, "The medieval conception of the Jew", *Essays in memory of Linda M. Miller*, Nova Iorque, 1938, p. 171-190.

movimento de idéias que, três séculos mais tarde, desembocava na Reforma. De fato, pode-se dizer que, a despeito da tensão que reina entre eles e que é crescente, judeus e cristãos fazem ainda parte de uma única e mesma sociedade, de uma única e mesma civilização.

Um tal estado de coisas é refletido por muitos escritos reveladores. É assim que o bom trovador Rutebeuf que, em suas obras maiores (como no *Miracle de Théophile*) coloca o tipo já convencional do judeu dos malefícios, cúmplice fiel do Diabo, nos entretém em suas peças menores com seu amigo Charlot o Judeu, um jogral, um boêmio como ele; certamente, ser judeu constitui aos olhos de Rutebeuf uma tara grave, pior ainda que ser sifilítico, e "Charlot não tem mais crença nem fé que um cão que devora um cadáver"[34], mas, por mais tarado que seja, este Charlot é aceito por nosso poeta como um igual; se ele difere dos cristãos por seu vício (que é precisamente ser judeu), não difere deles por sua essência. Desse Charlot, que certamente existiu, apenas sabemos o que Rutebeuf nos contou; mas na mesma época viveu em Flandres um outro trovador judeu, Mahieu de Gand (dito o Judeu), que havia abraçado a religião cristã pela mesma razão pela qual a maioria das conversões de nosso tempo ocorrem: tratava-se para ele de agradar a uma dama a quem amava apaixonadamente. Ele se explica muito honestamente em seus versos:

> De sa biauté et délis
> Et del mont est la meillor
> Or n'en aist Jesu Cris
> Dont j'ai fait novel seynor[35] *.

Suezkind von Trimberg, um trovador judeu, distinguiu-se na Alemanha, na mesma época em que Walther von Vogelweide e Hartmann von Aue, cantando na corte dos barões e príncipes. Sem dúvida era menos bem visto pelos poderosos que seus confrades cristãos, e sem dúvida sofria discriminações (um paralelo entre os séculos XIII e XIX poderia talvez ser feito aqui). Ele se lamenta da dureza dos grandes, e, como Heinrich Heine, seiscentos anos mais tarde, se propõe a "reconverter-se em judeu", a deixar crescer a barba e vestir uma longa capa e o chapéu dos judeus[36]... E, com efeito, uma iluminura da época[37] nos mostra o

---

34. "Dispute de Charlot le Juif et du Barbier de Melun", in RUTEBEUF, *Le Miracle de Théophile*, por Gustave Cohen, Centre de Documentation universitaire, Paris, 1934.
35. *Histoire littéraire de la France*, t. XXIII, p. 657.
* "Sua beleza e encanto
São do mundo as maiores
Ora, este é Jesus Cristo
De quem fiz novo Senhor." (N. do T.)
36. VON DER HAGEN, *Minnensinger*, t. II, p. 259.
37. Cf. "Philo-Lexicon", *Handbuch des jüdischen Wissens*, Berlim, 1938, lâmina 7.

poeta nesses trajes, na corte de um bispo; mas, se bem que use o chapéu cônico e use a barba, os traços de seu rosto não diferem em nada das feições das outras personagens. Em geral, a iconografia dos judeus nos séculos XII e XIII nos fornece um outro indício revelador: afora alguns documentos ingleses [38] (e a Inglaterra, já o vimos, constituía um caso especial), os judeus, se se distinguiam às vezes dos cristãos pelas vestimentas, não se distinguiam nem pela fisionomia nem pelas atitudes. Aparecem montados a cavalo; vemo-los prestando juramento em companhia dos cristãos. A maioria das cartas que lhes são outorgadas pelas cidades alemãs no século XIII lhes concedem expressamente a qualidade de cidadãos (*bürger* [j]). As belas iluminuras ornando o famoso manuscrito do *Sachsenspiegel* de Dresden confirmam o que se salienta do teor desse código: o judeu é ainda um homem livre, autorizado a portar armas, o que lhe dá o direito de se defender se é atacado, o dever também de defender sua cidade, em caso de necessidade, em conjunto com seus concidadãos cristãos.

O *Sachsenspiegel* é de 1225 aproximadamente. O *Schwabenspiegel*, redigido cerca de cincoenta anos mais tarde, revela já uma forte marca da legislação canônica com sua teoria de "servidão perpétua" dos judeus, que esse código menciona expressamente. Destarte, as concepções canônicas penetraram pouco a pouco na legislação secular; é na mesma época, de resto, que encontraram sua expressão definitiva nos *Decretales* de Gregório IX (1234) e sobretudo nos escritos de Santo Tomás de Aquino. Trata-se de uma doutrina assaz nuançada ainda, e que, embora colocando o princípio de que todos os bens dos judeus pertencem aos príncipes, manda "não os privar das coisas necessárias à vida", nem exigir deles "coisas desacostumadas". Assim se exprime Santo Tomás:

... Seria lícito, segundo o direito, manter os judeus, por causa de seu crime, em servidão perpétua, e então os príncipes poderiam considerar os bens dos judeus como pertencentes ao Estado; contudo, deveriam usar isso com certa moderação e não privar os judeus das coisas necessárias à vida... que não se exija deles à

---

38. Assim o célebre *Aaron fil diaboli* do FOREST ROLL DE ESSEX (1277). Do mesmo modo a mais antiga iluminura inglesa representando judeus, que é de 1233, mostra-os conspirando com os diabos. (Cf. J. TRACHTENBERG, *The Devil and the Jews*, Nova Iorque, 1943).

j. Eis a passagem particularmente característica de uma carta: "Um judeu será aceito como cidadão da seguinte maneira: ele irá ter inicialmente à presença do bispo dos judeus e dos Anciões judeus, e eles o aceitarão segundo seu costume; isto feito, o bispo dos judeus, acompanhado pelos Anciões e pelos outros judeus, conduzirá aquele que aceitaram diante de nosso senhor o Bispo de Worms e os almotacéis, e dirá que, de sua parte, eles o aceitaram como cidadão e o aceitarão como cidadão, e ele jurará fidelidade ao bispo, aos almotacéis e à cidade. Ele é então aceito como cidadão, e dará uma pipa de vinho ao bispo, e meia pipa a cada juiz e ao notário da cidade, e gratificações aos funcionários." Carta de Worms (data exata desconhecida). (Cf. W. ROSCHER, *Volkswirtschaft*, II, 3.ª ed., p. 336).

força nenhum serviço que não tinham costume de fazer anteriormente, pois as coisas desacostumadas provocam de ordinário mais confusão no espírito.

Contudo:

Penso que a pena deve ser maior para um judeu e para todo usurário que para um outro culpado, tanto mais quanto é notório que o dinheiro que se toma dele não lhe pertence. Pode-se também acrescentar à multa uma outra pena, por receio que não pareça suficiente a seu castigo o fato dele ser privado do dinheiro devido por ele a outrem.

O melhor será forçar os judeus a trabalhar para ganhar a vida, como se faz em algumas regiões da Itália, em lugar de deixá-los viver na ociosidade e se enriquecer somente pela usura [39]...

É em suma o problema do usurário, pesadelo da Igreja, mais que o judeu, que se vê regulamentado assim. As penalidades impostas ao judeu são simplesmente as do usurário. Mesmo para o "doutor angélico", o judeu importa mais por seu papel econômico do que por sua significação simbólica que, no momento, apenas se esboça.

---

39. SANTO TOMÁS DE AQUINO, "De regimine Judeaorum", § 2. *Opuscule Omnia*, Paris, Ed. J. Perrier, vol. I, p. 213-214. O texto é provavelmente de 1261.

**Terceira Parte:
O Século do Diabo**

Como se sabe, a segunda metade do século XIII foi na Alemanha um período de desordem política e de anarquia: enquanto os pretendentes à coroa imperial se defrontavam em lutas intermináveis e confusas, os pequenos e grandes senhores se emancipavam cada vez mais, e as cidades constituíam ligas ou se erigiam em principados. Houve numerosas guerrinhas particulares; houve insurreições urbanas e feudais; houve também o caso que aqui é mencionado e que, no limiar do século seguinte, constitui como que uma prefiguração dos graves acontecimentos que o marcaram:

Na pequena cidade de Röttingen, na Francônia, um caso de hóstia que teria sido profanada pelos judeus surgiu na primavera de 1298. Um habitante da cidade chamado Rindfleish, fidalgo segundo uns, açougueiro segundo outros (pois Rindfleish quer dizer: carne de boi), amotinou a população, exortando-a à vingança: sob seu comando, um bando armado precipitou-se sobre os judeus de Röttingen que foram mortos e queimados até o último. O fato não é novo, e vimos que um grande número de casos semelhantes já haviam ocorrido, mas o que se seguiu é mais digno de nota. O bando de Rindfleish não parou por aí: longe de se dispersar, seus *Judenschächter* (abatedores de judeus) erravam de cidade em cidade, incendiando e saqueando os bairros judeus, e massacrando os habitantes, salvo os que deixavam batizar-se. Foi assim na maioria das cidades da Francônia e da Baviera, exceção feita para Ratisbona e para Augsburg, e as campanhas de Rindfleish duraram vários meses (abril-setembro de 1298); um cronista cristão contemporâneo assegura que cerca de cem mil judeus foram exterminados nesta época; esta cifra não deve ser tão exagerada, pois existem listas nominativas de vários milhares de vítimas [1].

A novidade no caso é que, pela primeira vez, por causa de um crime imputado a um ou a alguns judeus, *todos* os judeus da região são tidos como responsáveis. Sem dúvida, é muito provável que, como de costume, se tratava sobretudo de um pretexto para grandes pilhagens. Mas anteriormente, os casos desta categoria, por mais numerosos que tivessem sido, permaneciam localizados de alguma forma: agora se alastram como uma mancha de óleo e podemos dizer, em nossa linguagem moderna, que (à parte dos excessos dos cruzados) trata-se do primeiro caso de "genocídio" de judeus na Europa cristã. Doravante, o século XIV será esmaltado por incessantes tragédias desta espécie: no fim de contas, restaram apenas alguns punhados de judeus, miseráveis e errantes, na Europa setentrional, enquanto que paralelamente se constitui, entre as populações, o anti-semitismo propriamente dito. Antes de empreender o relato desse processo, é preciso lembrar, primeiro, em seus grandes traços, o que foi aquele século atormentado e ilustrar nossa narração com alguns exemplos.

---

1. A cifra de 100.000 é dada por GOTTFRIED VON ENSMINGEN (*Gesta Rudolphi;* BOHMER, *Fontes rerum german.,* II, p. 144 sq.). Outros detalhes sobre as perseguições de Rindfleisch são fornecidos pelos *Annales Alt.* (BOHMER, p. 546, assim como pelo Chron. Florianense (*Rerum Austriac. scriptores,* I, p. 225). De outra parte, o *Memorbuch* da comunidade judaica de Nuremberg continha a lista nominal de mais de 5.000 vítimas caídas em 41 localidades da Baviera e da Francônia entre abril e outubro de 1298. (Cf. *Das Martyrologium des Nürnberger Memorbuches,* Berlim, Ed. S. Salfeld, 1898, p. 29-58).

6. O Pano de Fundo: O Século XIV

Eis-nos chegados a esta época de importância capital, onde começa a fragmentar-se lentamente o grandioso edifício monolítico da cristandade medieval, e onde já se esboçam os novos agrupamentos particulares que darão origem às nações modernas, e se especificam os caracteres nacionais; onde se enfraquecem os antigos quadros sociais e se exerce a surda impulsão do povo, artesãos das cidades ou humildes camponeses, procurando fazer valer seus direitos. Transformações tão gigantescas não se dão sem múltiplas convulsões, e é ao preço de provações e sofrimentos sem número que se anuncia o nascimento de uma sociedade nova. O século XIV foi sem dúvida o século europeu mais fértil em crises e catástrofes de todo tipo; talvez, um dia irão compará-lo ao nosso...

Lutas políticas em primeiro lugar: a Guerra dos Cem Anos consome a França e a Inglaterra, enquanto que a Alemanha permanece em estado de anarquia permanente. Lutas sociais a seguir: as *jacqueries* da França, as insurreições camponesas dos Países Baixos e da Inglaterra e, sobretudo, a sangrenta agitação urbana, estas "revoluções democráticas" que, na maior parte das cidades alemãs, na Itália, em Flandres, opõem as ambiciosas corporações de ofícios aos patrícios gastos pelo poder, e no âmbito das quais, vê-lo-emos, se inserem muitos morticínios e expulsões de judeus. Calamidades naturais, enfim, que a história do Continente, parece, jamais conhecera ainda: a grande fome de 1315-1317 e, sobretudo, a epidemia da Peste Negra de 1347-1349. Para encerrar, uma outra epidemia, não menos temível, a da caça às feiticeiras, irrompe na segunda metade deste século maldito; mas isto será tratado em outra parte desta seção.

Tal é o pano de fundo. Os inumeráveis excessos antijudaicos (mesmo se esporádicos) dos séculos precedentes já haviam preparado suficientemente o terreno para que no caso de uma crise grave, de uma desgraça coletiva, a voz pública tendesse facilmente a designar o judeu como responsável: mas para ver em pormenor como funciona este mecanismo e com que rapidez conduz ao mesmo tempo ao agravamento do destino dos judeus e a um aumento do ódio e dos temores a seu respeito, iremos examinar mais de perto um exemplo sigularmente instrutivo. O palco, desta vez, situa-se na França, e o drama, que é em dois atos, se desenrola de 1315 a 1322.

Em 1315, uma terrível fome, a pior sem dúvida de sua história, se abateu sobre a Europa. O verão de 1314 foi chuvoso e o de 1315, um verdadeiro dilúvio: a colheita foi catastrófica, e lá onde, como em Flandres, vastas regiões viram-se inundadas, foi por assim dizer nula. É em vão, nos diz Geffroi de Paris, que preces foram endereçadas ao céu:

Cônegos e colegiados... em toda parte pediam a Deus, que Deus bom tempo desse à terra — Mas longamente se esperou... Foi grande a penúria e a fome. E a carência de vinho e de pão [1].

A fome foi tal que em Paris e em Antuérpia as pessoas morriam às centenas nas ruas, e a desolação não devia ser menor nas aldeias; os casos de canibalismo eram freqüentes: na falta de farinha, as padarias coziam o pão "com a lia do vinho e dejetos de porco", e o preço do trigo subiu de doze soldos o sesteiro para sessenta soldos. As colheitas de 1316 e de 1317 foram más também, de modo que só em 1318 houve uma melhora; mas as conseqüências da calamidade, epidemias, desordens sociais, se fizeram sentir ainda por muito tempo em algumas regiões [2].

Foi então que em 1320 os camponeses do Norte da França, avassalados pela miséria, deixaram suas moradias isoladas e puseram-se em marcha, na esperança de melhorar seu destino: para onde vão eles? Eles mesmos não sabem muito bem; afinal, dirigem-se para o Sul, desde sempre

---

1. Crônica rimada atribuída a Geffroi de Paris, BOUQUET, XXII, p. 119.
2. Cf. H. S. LUCAS, "The Great European famine of 1315, 1316 e 1317", *Speculum*, Medieval Academy of America, 1930.

mais clemente, e o movimento se amplifica qual uma bola de neve; monges pregadores, tão esfaimados como os camponeses, introduzem nisso tudo acentos místicos, significação ideológica... Um jovem pastor tem visões, um pássaro milagroso pousou sobre seu ombro, e em seguida se transformou em uma jovem e o exortou a combater os infiéis; tratar-se-á pois de uma Cruzada, e é assim que nasce a Cruzada dos "Pastoureaux". Durante o caminho, o bando vive do que encontra, pilha e, por se tratar de uma Cruzada, é aos judeus que atacam de preferência. Sem que se saiba exatamente como, os "Pastoureaux" chegam até a Aquitânia, onde a história de sua empreitada se ilumina: os cronistas nos deixaram relatos circunstanciados de seus delitos nessa província. O sangue dos judeus correu em Auch, em Gimont, em Castelsarrasin, Rabastens, Gaillac, Albi, Verdun-sobre-o-Garona, Tolouse, sem que os funcionários reais procurassem intervir e, parece, com a muda aprovação do povo; em outras localidades também (existe ainda em nossos dias perto de Moissac um lugar chamado "Buraco dos Judeus" [a]). Eis a viva exposição que um cronista cristão faz dos acontecimentos:

> Os "Pastoureaux" assediavam os judeus que de todos os lugares acorriam para se refugiar em tudo o que o reino da França tinha de **praças-fortes com o temor de vê-los chegar**. Em Verdun-sobre-o-Garona, os judeus se defenderam heroicamente e de uma maneira inumana contra seus sitiantes, lançando do alto de uma torre inumeráveis pedras, barrotes e mesmo suas próprias crianças. Mas sua resistência não lhes serviu de nada, pois os "Pastoureaux" massacraram um grande número de judeus assediados pela fumaça e pelo fogo das portas incendiadas do castelo forte. Os judeus se deram conta de que não escapariam com vida e preferiram matar-se antes a serem chacinados pelos incircuncisos. Escolheram então um dos seus que lhes parecia o mais vigoroso para que os degolasse. Este matou quase quinhentos com seu consentimento. Ele então desceu da torre do castelo com algumas crianças judias que ainda ficaram com vida. Pediu aos "Pastoureaux" uma entrevista e lhes contou sua façanha, pedindo para ser batizado com as crianças que restavam. Os "Pastoureaux" lhe responderam: "Cometeste um tal crime contra tua própria raça, e é assim que queres escapar à morte que mereces?" Eles o mataram esquartejando-o. Pouparam as crianças de quem fizeram católicos e fiéis pelo batismo. Continuaram até os arredores de Carcassone agindo da mesma maneira, e multiplicaram seus crimes em seu caminho [3]...

Reconhecemos, neste relato, os acentos do tempo das Cruzadas... Segundo uma fonte judaica, cento e quarenta comunidades judaicas foram exterminadas pelos "Pastou-

---

a. Comparar com numerosos arrabaldes alemães ou alsacianos denominados "Judenloch" (Buraco dos Judeus) ou "Judenbühl" (Colina dos Judeus) que designam os lugarem onde os judeus foram massacrados no curso da epidemia de Peste Negra de 1347-1349.
3. Continuador de Guillaume de Nangis (BOUQUET, t. XX, p. 626). Ver também sobre o caso dos "Pastoureaux", as crônicas de São Denis (BOUQUET, XX, p. 704 sq.), o continuador de Giraud de Frachet (BOUQUET, XXI, 152), memoriali Iohannis à Sancta Victore (BOUQUET, XXI, p. 671 sq.), Bernardo Guidonis (BOUQUET, XXI, 731).

reaux"⁴ (tal como se sabe, as informações estatísticas fornecida pelos autores medievais devem ser acolhidas com muita suspeita: resta sempre o fato de que indicam uma ordem de grandeza e nos deixam entrever a impressão que os acontecimentos produziram nos contemporâneos). Finalmente, as autoridades decidiram-se a agir contra os "Pastoureaux", que, de resto, depois de terem cometido toda sorte de crimes contra os judeus, começaram a voltar-se contra os clérigos. De Avinhão, o Papa João XXII mandou pregar contra eles; de Paris, o Rei Filipe V mandou a tropa, que dispersou assaz facilmente aqueles bandos desorganizados. Desde o fim de 1320, não se ouve mais falar dos "Pastoureaux": diz-se apenas que alguns grupos, transpondo os Pireneus, chegaram à Espanha onde durante algum tempo se dedicaram a outras matanças.

Assim foi o primeiro ato. É preciso crer que semelhantes hecatombes não deixaram de suscitar nas populações que delas foram testemunhas, senão cúmplices, alguma perturbação, alguma inquietação supersticiosa, o temor de uma maldição: os judeus não procurarão se vingar? E estas apreensões mesmas dão origem a uma nova lenda, que justificará retrospectivamente os crimes perpetrados. A coincidência nas datas é com efeito tão surpreendente que é impossível não descobrir uma relação entre os morticínios de 1320 e a nova acusação levantada contra os judeus alguns meses mais tarde, nos próprios lugares de seu martirológio. No curso do verão de 1321, com efeito, um rumor surgiu na Aquitânia, segundo o qual uma conspiração atroz fora tramada entre os leprosos e os judeus, aqueles os agentes da execução e estes os cérebros dirigentes, a fim de levar à morte todos os cristãos, envenenando suas fontes e seus poços. Os horríveis detalhes não faltam: uma droga composta de sangue humano, de urina e de três ervas secretas, à qual, bem entendido, se adicionava o pó da hóstia consagrada, fora colocada em saquinhos e lançada nos poços da região; como se podia duvidar disso se um grande leproso, capturado nas terras do senhor de Parthenai, havia confessado tudo ᵇ, e havia precisado que o veneno lhe tinha sido remetido por um rico judeu que lhe dera dez libras pelo trabalho, e que uma soma bem maior lhe fora prometida caso conseguisse recrutar outros leprosos para a sinistra obra?... Segundo uma outra versão, o pó era feito de uma mistura de patas de sapo, cabeças de serpente e cabelos de mulher, tudo impregnado de um líquido "muito

---

4. *Schevet Iehuda*, crônica de IBN VERGA, Hanover, Ed. Wiener, 1856.
b. "Et comme leu li demandast la recepte des ces poisons, il dit quels estoient de sanc domme et de pissast et de trois manieres de herbes lesquelles il ne sut nommer ou le vot, et si y metoit on le corps de Jhesu Crist, et puis tout ce on sechoit et faisoit en poudre." (*Chronique de Saint-Denis*, Bouquet, t. XX, 704).

negro e fétido", horrível não somente ao olfato mas mesmo à vista; aí também, nenhuma dúvida era permitida sobre as virtudes mágicas do preparado, pois, posto num fogo forte, não se queimava. De resto, os judeus não eram os únicos inspiradores da trama: remontando mais acima, foi possível aos inquiridores estabelecer, graças a "cartas árabes", interceptadas e devidamente traduzidas pelo sábio "físico" Pedro de Acre, que em verdade, eram os reis de Granada e de Túnis que se achavam na sua origem; em outra versão ainda, não se tratava mais de príncipes maometanos, mas pura e simplesmente do Diabo...

É assim que pela primeira vez nos encontramos em presença de imputações concretas segundo as quais a judiaria maquina a perdição da cristandade em seu conjunto, com a ajuda de uma técnica muito refinada e muito precisa. Isto, repetimos, no dia seguinte a uma exterminação de judeus que, por sua vez, não foi lendária, mas muito real. Pode-se, como alguns autores, considerar que certas decisões conciliares do século precedente, como as de Breslau e de Viena (1267), proibindo aos cristãos de comprar víveres dos judeus, de temor que estes, "que têm os cristãos como seus inimigos, não os envenenem perfidamente", figuram na origem da eclosão deste novo mito [5], ou mesmo procurar-lhe outros precedentes [6]; mas o que não passava de uma exortação retórica, pronunciada do alto do púlpito, adquire doravante toda uma outra consistência, e o amálgama operado entre os judeus e os leprosos, esses párias por excelência, é por si mesma suficientemente significativo.

Entretanto, se a lenda dos judeus envenenadores por vocação está destinada alguns anos mais tarde a conhecer uma fortuna singular, no momento seus efeitos continuam ainda limitados. O terror e a cólera populares se exprimiram em alguns linchamentos: "O povo comum fazia esta justiça sem chamar nem preboste e nem bailio", diz uma crônica [7]; sobretudo, o poder real (sem que seja possível saber se o Rei Filipe V acreditava pessoalmente na legenda) se utilizava mui habilmente dos acontecimentos para satisfazer seu povo e enriquecer ao mesmo tempo o tesouro real. No que concerne ao primeiro ponto, instruções detalhadas foram enviadas a todos os senescais e bailios, dando-lhes a conhecer as criminosas empreitadas dos leprosos e dos judeus, "tão notórias que de nenhuma maneira poderiam ser ocultadas", e lhes ordenando inquirir sobre os judeus

---

5. É em particular a hipótese do historiador GEORG CARO. (*Sozial-und Wirtschaftgeschichte der Juden*, Frankfort, 1924, t. II, p. 188).

6. J. TRACHTENBERG (*The Devil and the Jews*, Nova Iorque, 1943, p. 101) assinala (sem indicação de fontes) um precedente no cantão de Vaud em 1308. Um outro parece ter ocorrido na Francônia em 1319. (*M. G. H.*, XII, p. 416).

7. Fragmento de uma crônica anônima. (BOUQUET, t. XXI, p. 152).

de sua jurisdição. Numerosas prisões e processos ocorreram em toda a França, tanto na Aquitânia quanto na Champanha onde quarenta judeus, asseguram-nos, se suicidaram na prisão, em Vitry-le-François, ou em Touraine, onde cento e sessenta foram queimados em Chinon. Os confiscos que se seguiram, e é o segundo ponto, constituíam, pode-se crer, o objetivo principal da operação; eles foram estendidos, com efeito, mesmo aos judeus cuja inocência foi reconhecida: os de Paris tiveram de pagar por sua parte uma multa de 5.300 libras; o total da multa foi de 150.000 libras para o país inteiro [8]. Deste ponto de vista, a questão se insere no quadro da política seguida no século XIV na França pelo poder real em relação aos judeus, verdadeiras "esponjas de finanças", expulsos, readmitidos e presos em bloco em múltiplas ocasiões, aspecto ao qual retornaremos mais adiante; mas do ponto de vista da luz crua que projeta sobre o encaminhamento das superstições populares, ultrapassa infinitamente este quadro. De início massacrar, e por medo de uma vingança acusar em seguida, atribuir às vítimas suas próprias intenções agressivas, imputar-lhes sua própria crueldade: de país em país e de século em século, sob diferentes disfarces, voltamos a encontrar este mecanismo (assim, vimos assassinos nazistas, para justificar o massacre de crianças judias, falar de "vingadores potenciais"; ou um conselho municipal da Alemanha de Bonn despedir um médico judeu, de receio que este por vingança tratasse mal os doentes alemães...).

E é a mesma cronologia dos acontecimentos que se repete na Alemanha quinze anos mais tarde, onde, tendo como plano de fundo a anarquia permanente reinante então nesse país, dois fidalgos, os Armleder, têm visões e, renovando as façanhas de Rindfleish, empreendem vingar Cristo: em 1336, matanças de judeus ocorrem na Alsácia e na Suábia [9], e só depois dessas primeiras matanças que as acusações se definem: casos de hóstias profanadas surgem em Deggendorf, na Baviera [10], em Pulka, na Áustria [11], servindo de pretexto para novos morticínios... Mesmo que o quisessem, os imperadores e os príncipes não têm a autoridade necessária para se lhes opor: de resto, em 1345, inaugurando um novo costume, o Rei João autoriza seus súditos de Liegnitz e de Breslau a demolir os cemitérios judeus, a fim de reparar as muralhas da cidade com a ajuda de pedras tumulares: "sepulchra hostium religiosa nobis non sunt", se dirá mais tarde [12]. Mas eis-nos à véspera de

---

8. Cf. *Les Juifs de France*, por ROBERT ANCHEL, Paris, 1946, p. 87 sq.
9. WIENER, *Regesten zur Geschichte der Juden in Mittelalter*, Hanover, 1862, n. 109, 123, 134.
10. ARETIN, *Geschichte der Juden in Baiern*, Landshut, 1803, p. 21.
11. "Chronic. Zwetl.", *M. G. H.*, SS, IX, 683.
12. STOBBE, *Die Juden in Deutschland während des Mittelalters*, Braunschweig, 1866, p. 169.

acontecimentos cruciais, que, para os judeus, não são menos importantes que os de 1096, e que pesarão muito sobre o destino da Europa em seu todo...

A PESTE NEGRA

Releiamos a descrição que Boccaccio nos deixou da peste:

>...nas cidades, caíam doentes aos milhares e, por falta de cuidados e de socorros, morriam quase todos. Encontrava-se de manhã seus corpos nas portas das casas onde haviam expirado durante a noite... Tinha-se chegado ao ponto de não tomar mais em conta um homem que morria, como hoje se toma do mais vil gado.
> As aldeias não eram mais poupadas. Privadas de socorros do médico, sem a ajuda de nenhum doméstico, os pobres e os infelizes lavradores pereciam com suas famílias dia e noite, em suas granjas, em suas choças isoladas, nos caminhos e até em seus campos.
> Então, desleixaram-se de seus hábitos, como os habitantes da cidade: não se preocupavam mais com seus negócios e nem consigo mesmos; todos, esperando morrer de um dia para outro, não pensavam nem em trabalhar nem em colher os frutos de seus trabalhos passados, mas se empenhavam sobretudo em consumir o que tinham diante deles. As bestas, os rebanhos, os animais de trato e de galinheiro, os próprios cães, esses fiéis companheiros do homem, erravam aqui e ali nos campos, nas terras, onde as colheitas jaziam ao abandono, sem ser colhidas e nem mesmo ceifadas... Para retornar à cidade [c], a crueldade do flagelo foi tal que, no curso de quatro ou cinco meses, mais de cem mil pessoas pereceram, número no qual não se acreditaria, antes desta doença terrível, e que deve elevar-se ao total de seus habitantes.

Assim foi a Peste Negra, catástrofe que, no espaço de três anos, de 1347 a 1350, ceifou um terço, talvez mais [d], da população da Europa e, a cujo lado, as guerras e as ameaças de "morte atômica" de nosso século parecem não passar de brinquedo de criança. Numerosos foram os autores que pretenderam ter sido exatamente nesta época que soou o dobre final da civilização medieval, ou mesmo que se tratou "do corte mais marcante na continuidade da história que jamais se conheceu" [13]. A questão pode ser diversamente apreciada conforme o ponto de vista a partir do qual é examinada, e da concepção que se tem da história: no problema ora em foco, e que é essencialmente o de uma obnubilação coletiva e de suas repercussões sociais, as conseqüências do grande pânico dos anos 1347-1350 foram

---

[c]. A cidade: Florença, onde Boccaccio morava na época da Peste Negra.
[d]. Sabe-se que todas as avaliações estatísticas relativas à Idade Média devem ser acolhidas com muita cautela. Mas, no caso, certos autores conseguiram chegar a resultados parciais muito precisos, baseando-se, por exemplo, na mortalidade dos sacerdotes em uma dada diocese ou na renovação de professores em uma universidade. As cifras assim obtidas (cf. A. CAMPBELL, *The Black Death and men of learning*, Nova Iorque, 1931) permitem concluir que houve uma mortalidade compreendida entre 1/3 e 1/ da população.
[13]. A. L. MAYCOCK, "A Note on the Black Death", na revista *Nineteenth Century*, março de 1925.

capitais. Cabe considerar ainda que a epidemia, atingindo as elites, os clérigos, tanto quanto as massas, teve por decorrência uma baixa acentuada no nível intelectual[e] e uma depravação geral dos costumes; que, desequilibrando os espíritos, suscitou a expectativa de tempos apocalípticos e difundiu a obsessão do Diabo; que foi seguida enfim, até o termo do século, por incessantes e novos surtos do terrível flagelo...

Não é de espantar, nestas condições, que, arrematando a evolução de que tratamos nas páginas precedentes, a Peste Negra tenha selado o destino dos judeus da Europa, cuja imagem, aos olhos dos cristãos, será doravante cingida de um halo de enxofre e de cinza. Em certo sentido, o ano de 1347 pode ser comparado ao ano de 1096, pois as repercussões da epidemia foram de dois tipos: efeitos imediatos, consistindo na dizimação dos judeus através da Europa, e efeitos remotos, a saber, a chegada à maturação do fenômeno específico que representa o anti-semitismo cristão.

Através da Europa, angustiadamente, os espíritos se interrogavam: por que este flagelo? Qual é a razão? As pessoas cultas, os médicos em particular redigiam sábios tratados, dos quais sobressaía, segundo as melhores regras da escolástica, que a epidemia possuía duas espécies de causas: causas primeiras, de ordem celeste (conjugação desfavorável dos astros, tremores de terra) e causas segundas ou terrestres (corrupção do ar, envenenamento das águas), sendo já mencionada a hipótese do contágio por alguns precursores ponderados. Os espíritos mais simples não se embaraçavam nessas sutilezas: para eles, tratava-se quer de um castigo divino, quer de malefícios de Satã, quer de uma e outra causa ao mesmo tempo, tendo Deus dado inteira permissão a seu antagonista para castigar a cristandade. Satã, nessas condições, operava segundo seu hábito por meio de agentes que poluíam as águas e envenenavam o ar, e onde poderia ele recrutá-los senão no seio da escória da humanidade, entre os miseráveis de toda espécie, os leprosos — e sobretudo entre os judeus, povo de Deus e povo do Diabo ao mesmo tempo? Ei-los promovidos, em grande escala, a seu papel de bodes expiatórios...

Ora precedendo a marcha do flagelo, ora a seguindo, estes rumores surgiram pela primeira vez, parece, na Savóia: uma personagem com o nome evocador de "Jacob Pascal"

---

e. É assim que, em conseqüência da penúria de professores, o inglês "popular" foi substituído pelo francês nas escolas da Inglaterra. Tal é a origem do inglês moderno.

(Jacob de Pasche ou Jacob de Pascate: percebe-se o vínculo com a legenda do assassinato ritual), vindo de Toledo f, teria distribuído em Chambéry saquitéis de drogas maléficas a seus correligionários. Ressaltemos que a técnica atribuída aos envenenadores, assim como a composição do veneno, eram em todos os aspectos idênticas àquelas que haviam sido mencionadas trinta anos antes, no caso dos "Pastoureaux". Por ordem do Duque Amadeu de Savóia, os judeus são presos em Thonon, em Chillon, em Châtelard e, devidamente torturados, confessam: um deles, Aquet de Ville-Neuve, confessa, por sua vez, ter operado através da Europa inteira, em Veneza, na Calábria e na Apúlia, em Toulouse [14]... Da Savóia, a fábula passa à Suíça, onde processos, seguidos de execuções, ocorrem em Berna, em Zurique, no circuito do Lago de Constança: os cônsules da boa cidade de Berna empenham-se mesmo em escrever às outras cidades alemãs, a Basiléia, a Estrasburgo, a Colônia, a fim de adverti-los da temível conspiração judaica. Na Alemanha, os acontecimentos tomam rapidamente um outro rumo. Em numerosas cidades, os príncipes e almotacéis tentaram defender os judeus: de resto, em setembro de 1348, o Papa Clemente VI publicara uma bula na qual, muito gravemente, explicava que os judeus morriam de peste tanto quanto os cristãos, que a epidemia castigava também as regiões onde não havia judeus, e que, portanto, não havia nenhuma razão de responsabilizá-los [15]. Mas tais esforços não surtiram o mais das vezes resultados, pois nas cidades alemãs era o populacho que tomava a iniciativa dos morticínios seguidos de pilhagens, que representavam ao mesmo tempo uma rebelião contra os poderes estabelecidos. É assim que em Estrasburgo, onde a lembrança das façanhas dos "Armleder" ainda era viva, estas lutas intestinas duraram cerca de três meses — a municipalidade procedeu a um inquérito e concluiu que os judeus não eram culpados: ela foi derrubada, e a nova municipalidade a toda pressa procedeu ao encarceramento de todos os judeus que, em número de dois mil, foram queimados no dia seguinte em seu cemitério (14 de fevereiro de 1349), enquanto que seus bens eram distribuídos aos habitantes: "Tal foi o veneno que fez perecer os judeus", criticava um cronista [16]. Tais massacres, seguidos de saques, ocorreram na grande maioria das cidades alemãs, em Colmar, onde um "Buraco dos Judeus" (*Judenloch*) perpetua ainda a lembrança disto, em Worms e em Oppenheim, onde os próprios judeus

---

f. Por que Toledo? Talvez se trate de uma confusão entre Toledo e Toldot Yeschu, uma biografia sacrílega de Jesus, redigida no Oriente nos primeiros séculos da era cristã, e que já era conhecida de Agobardo de Lyon.
14. KÖNIGSHOVEN, *Strasburger Chronik*, Ed. Schilter, notas, p. 1031-1040.
15. BARONIUS, *Ann. eccles. ad annum 1348*, n.º 33.
16. KÖNIGSHOVEN, *Strasburger Chronik*, Ed. Schilter, p. 296.

incendiaram seus bairros e pereceram nas chamas, em Francfort e em Erfort, onde foram passados a fio de espada, em Colônia e em Hanover, onde alguns foram chacinados e outros expulsos...

Outros fanáticos só massacravam por razões puramente religiosas. Graças à explosão de misticismo suscitada pelo flagelo, bandos de penitentes, os "Flagelantes", erravam de cidade em cidade, mortificando-se para aplacar e desviar a cólera divina; bastavam trinta e quatro dias de flagelação, parece, para obter de Jesus a remissão de todos os pecados: levando uma vida austera e entoando cânticos, os "Flagelantes" percorreram toda a Alemanha. Penetraram até na França e suas exibições públicas, aclamadas pela população, terminavam geralmente com uma hecatombe de judeus. O Papa mandou investigar estes grupos, e recebeu de seu legado, João de Feyt, um relatório muito desfavorável [17]. Na França, a justiça real pôs fim rapidamente às proezas dos "Flagelantes". Mas na Alemanha e em Flandres, os rastros deixados por suas idas e vindas foram muito mais profundos. Eis a viva descrição, tal como a consignou o cronista João d'Outremeuse:

> As boas cidades estavam cheias de "Flagelantes", e as ruas também; e eles se chamavam todos entre si de confrades, ao modo de aliança... e começaram a esquecer o serviço e os ofícios da Santa Igreja, e sustentavam em sua loucura e em sua presunção que seus ofícios e seus cantos eram mais belos e mais dignos que os ofícios dos padres e dos clérigos e, devido a esse fato, não se duvidava que por força de se multiplicar, esta gente, na sua heresia, terminaria por destruir a Santa Igreja e por matar padres, cônegos e clérigos, cobiçando possuir seus bens e seus benefícios. No tempo em que estes "Flagelantes" iam pelas regiões, adveio uma grande maravilha que é preciso não esquecer, pois quando se viu que esta mortalidade e que esta pestilência não cessavam após as penitências que estes batedores ("Flagelantes") faziam, um rumor geral se espalhou; e dizia-se comumente e acreditava-se certamente que esta epidemia vinha dos judeus, e que os judeus tinham jogado grandes venenos nas fontes e nos poços através do mundo, para empestear e para envenenar a cristandade; daí por que os grandes e pequenos se encolerizaram muito com os judeus, que foram apanhados em toda parte onde se podia alcançá-los, e levados à morte e queimados em todos os caminhos onde os "Flagelantes" iam e vinham, pelos senhores e pelos bailios [18]...

Na Alemanha, a exterminação de judeus, seja por lucro ou por piedade, se generalizou a tal ponto que, nas regiões onde eram raros ou ausentes (como nas regiões da Ordem Teutônica), cristãos tidos como de origem judaica foram, parece, massacrados em seu lugar [19]. Alguns acusadores,

---

17. *Les Écrits contemporains sur la peste de 1348 à 1350*, por A. COVILLE, *Histoire littéraire de la France*, Paris, 1937, t. XXXVII, p. 404.
18. Chroniques belges, Ed. Stanislas Bormans: JEAN DE PREIS D'OUTREMEUSE, *Ly Myreur des Histors*, Bruxelas, 1880, vol. VI, p. 387.
19. *Chronique de Simon von Grünau*, Ed. Perlbach, I, p. 600.

a fim de melhor estabelecer as responsabilidades dos judeus, asseguravam que eles eram refratários à peste, que não morriam dela, ou que morriam em número bem menor, e esta fábula se enraizou tão profundamente que foi retomada por alguns historiadores do século XIX, os quais quiseram explicar o fato pelas melhores condições de higiene nas moradias judaicas [g]. Contudo, já na época, o cronista Conrad von Megenberg anotava:

> Encontrou-se em muitos poços saquinhinhos cheios de veneno, e um número incalculável de judeus foi morto na Renânia, na Francônia, e em todas regiões alemãs. Em verdade, ignoro se alguns judeus o fizeram. Se assim tivesse sido, isto teria seguramente feito piorar o mal. Mas sei bem por outro lado que nenhuma cidade alemã contava tantos judeus quanto Viena, e eles sucumbiram em tão grande número ao flagelo que tivera de ampliar grandemente seu cemitério e comprar dois imóveis. Eles teriam sido pois bem tolos de envenenarem a si mesmos [20]...

Nenhuma importante comunidade judaica da Alemanha, à exceção talvez daquelas de Viena e de Ratisbona, foi poupada pelas matanças no curso do fatídico ano de 1348. Estas entraram a tal ponto nos usos que o Imperador Carlos IV tomou a precaução de ceder de antemão às municipalidades de certas cidades, mediante uma soma determinada, os bens de "seus" judeus, isto na previsão do eventual extermínio destes. "O que a Deus não agrada!" acrescentava o príncipe [21]: pura formalidade, pois o massacre não tardava: é assim, em particular, que os fatos aconteceram em Francfort, em Nuremberg e em Augsburg.

Sem que seja possível atribuir a menor precisão estatística ao número de vítimas, pode-se ter uma idéia da envergadura da dizimação diante do fato de que no curso dos anos subseqüentes à peste os judeus se tornaram durante algum tempo um gênero raro e apreciado: vemos a cidade de Espira, em 1352, convidar os judeus ao regresso, com muitas promessas de proteção e de segurança totais [22]; o arcebispo de Mogúncia fez o mesmo [23]; e um código publicado nesta época, o *Meissener Rechtsbuch*, contém estipulações excepcionalmente favoráveis aos judeus: suas sinagogas e seus cemitérios devem ser especialmente protegidos, os cristãos devem prestar-lhes ajuda em caso de ataque, e assim por diante [24]. O mesmo ocorre na França, onde expulsões e chamadas se sucedem após o início do

---

g. É em particular a opinião dos historiadores judeus como Graetz, Dubnov, etc.
20. CONRAD VON MEGENBERG, *Das Buch der Natur* (cerca de 1350), editado por Hugo Schultz, Gräfswald, 1897, p. 92.
21. SENKENBERG, *Selecta*, I, p. 634 sq.
22. L. ROTHSCHILD, *Die Judengemeinden zu Mainz, Speyer und Worms*, p. 9.
23. J. MENCZEL, *Beiträge zur Geschichte der Stadt Mainz*, p. 24.
24 GUIDO KISCH, *The Jews in Medieval Germany*, Chicago, 1949, p. 41-44.

século; eles são chamados de volta por João o Bom em 1361 em condições bem melhores que precedentemente. Lentamente, algumas comunidades judaicas se reconstituíram, acantonam-se de novo na usura, em geral a pequena usura, à qual uma outra especialidade, o comércio de roupas velhas, vem acrescentar-se. Mas logo as expulsões recomeçam, e a situação dos judeus não se assemelha mais em nada ao que ela fora no século anterior. Examinemo-la rapidamente.

A SITUAÇÃO DOS JUDEUS NA EUROPA APÓS A PESTE NEGRA

A tragédia da Peste Negra acelerou vertiginosamente o processo que prosseguia a mais de dois séculos: doravante, a história dos judeus seguirá um curso fantástico e caprichoso e ao empreender um breve esboço de sua situação social a partir da segunda metade do século XIV, parece-nos capital precisar que as "bases" econômicas não terão mais grande coisa a ver com esta história: para utilizar uma terminologia corrente em nossos dias, esta doravante se desenrolará inteiramente no quadro das "superestruturas" (e é exatamente o que constituirá, visto sob este ângulo, seu considerável interesse, pois é com as exceções que se aprende a melhor julgar a regra).

Nos termos de uma carta, de um documento legal, por conseguinte, destinada a regulamentar em 1361 o retorno dos judeus à França, eles "não têm país e nenhum lugar próprio em toda a cristandade, onde possam ficar, freqüentar ou morar"[h]... O texto diz bem o que pretende dizer: se no curso dos séculos anteriores, um estatuto jurídico determinado, garantias legais eram no tocante aos judeus a regra, e os massacres ou expulsões, a exceção, de agora em diante, a vida fora da lei torna-se, se se pode dizer, sua condição normal e regular, e se conseguem viver em algum lugar, por algum tempo, em segurança, é porque o potentado local tolera que seja assim, é porque este é seu interesse — ou sua fantasia.

Tomemos o caso da França. Vimos que nem Filipe Augusto e nem São Luís chegaram a expulsar os judeus (ainda que o primeiro haja tentado, e o segundo tenha pensado nisso amiúde), nem mesmo a introduzir mudanças substanciais em sua situação. Em 1306, Filipe o Belo obteve

---

[h]. "Ils n'ont pais ni lieu propre en toute Chrétienté, où ils puissent demeurer, frequenter ne y habiter, se ce n'est de la propre et pure licence et violenté du Signeur ou Seigneurs soubz qui ils se vouldroient asseoir pour demourer soulz eulz comme leurs subgiez, et qui à ce les vouldraient recueillir et recevoir." (Laurière, III, p. 471).

melhor êxito no caso, e os expulsa em bloco, embora retenha durante vários meses os mais ricos dentre eles, a fim de embolsar até o último vintém as somas que lhes eram devidas, pois no espírito deste príncipe eminentemente prático, tratava-se acima de tudo de realizar uma operação vantajosa para o tesouro real. Cedendo ao "clamor geral do povo", tal como o vimos, Luís X os chama de volta em 1315, porém seis anos mais tarde, após o caso dos "Pastoureaux", são expulsos de novo, e parece que durante quarenta anos não houve um só judeu na França: de qualquer maneira, nenhuma fonte ou crônica menciona sua presença. Mas eis que em 1361, a situação financeira do reino se torna tão desastrosa que a tesouraria é incapaz de reunir as quantias necessárias para o resgate de João o Bom, aprisionado pelos ingleses: entre outras medidas, o Delfim Carlos decide-se então a recorrer aos judeus. Eles são readmitidos na França em condições completamente novas: são submetidos a uma pesada capitação individual de sete florins de Florença por ano e por adulto, mais um florim por criança, mas, em compensação, são autorizados a adquirir casas e terras, e um "guardião dos judeus" especial (Luís d'Étampes, primo distante do rei) é designado para velar por seus interesses; sobretudo, são autorizados a auferir um juro exorbitante de 87%; enfim, detalhe significativo, sua comunidade é autorizada a banir um membro, sem ter que solicitar a autorização ao "guardião dos judeus", mas nesse caso deve depositar a enorme soma de cem florins no tesouro, para compensar o contribuinte que deixou assim de existir [25]... Tudo é pois acionado de modo a bombear por intermédio dos judeus tanto dinheiro quanto seja possível.

Durante vinte anos, viveram em tranqüilidade relativa, porém não são mais aqueles prestamistas serviçais e familiares cuja volta o povo outrora reclamava: tornaram-se agentes financeiros detestados e infamados. Sua organização e sua coesão interna também se ressentem deste estado de coisas — as apostasias parecem ter sido freqüentes — e, como de costume, os judeus conversos tornam-se imediatamente os principais inimigos de seus antigos correligionários: tal como nos dá a conhecer uma ordenação de 1378:

muitos de sua Lei, que recentemente se fizeram cristãos, invejosos e rancorosos, porque não tiram mais nenhum proveito [i], se esforçam e tentam dia a dia acusá-los, fazer inúmeras denúncias... e por aquelas acusações e denúncias foram e são muitas vezes presos, molestados, atormentados e prejudicados [26].

---
25. LAURIÈRE, III, p. 473 *sq.*
i. Ou seja, porque não podem mais ter os rendimentos dos negócios que faziam quando eram judeus.
26. LAURIÈRE, VI, p. 340

Nestas condições, quando por ocasião do advento de Carlos VI (1380) irrompem distúrbios e revoltas, a cólera popular se volta contra os judeus, que são assassinados e pilhados em toda a França. Acrescentemos que esta "notória e enorme comoção feita contra eles tanto na dita cidade de Paris como em vários outros lugares" [27] prosseguiu sem que se pudesse descernir em sua origem o menor pretexto de ordem religiosa; é verdade que o clero empurrou a roda, e que o próprio arcebispo de Paris tomou o partido dos insurgentes. O poder real conseguiu proteger os judeus, mas tal estado de coisas não podia durar, pois se as contribuições a eles impostas se tornam cada vez mais pesadas, os privilégios que se lhes concedem para permitir-lhes o cumprimento de suas obrigações são amiúde, proporcionalmente, mínimos (é assim que um decreto de fevereiro de 1389 dispõe que todos os litígios entre cristãos e judeus serão resolvidos pelos "guardiões dos judeus", ou seja, pelos funcionários encarregados de sua proteção, e remunerados por eles; ademais, estão autorizados a pedir a prisão de seus devedores insolventes) [28]. Tais vantagens aumentam a exasperação popular, incitando os poderes a pressionar cada vez mais pesadamente os finanancistas judeus, que, em definitivo, empobreciam rapidamente. Durante alguns anos ainda, ao lado da luta encarniçada que opunha Borguinhões e Armanhaques, ocorreram diferentes mudanças de situação: finalmente a facção antijudaica teve ganho de causa. Desde 1392, um decreto ab-roga o antigo costume segundo o qual os judeus que se batizam são privados de seus bens [29], e isso mostra que já se tornaram, enquanto fonte de renda para o tesouro, algo negligenciável do ponto de vista quantitativo; por conseguinte, seu destino está selado. Em setembro de 1394, "movido pela piedade e temendo a má influência dos judeus sobre os cristãos" [30], o rei ordena sua expulsão, pondo desta vez definitivamente fim à história milenar do judaísmo propriamente francês [j]. O edito foi promulgado em 17 de setembro, dia do Grande Perdão judeu; é uma das primeiras manifestações por nós conhecidas desta odiosa solicitude pelo calendário judaico de que reencontraremos através dos séculos muitos outros exemplos.

Mas a França, que mesmo no século XIV constituía um país regido por uma autoridade central, é bem menos

27. Laurière, VI, p. 562.
28. Laurière, VII, p. 225 sq., 589.
29. Laurière, VII, p. 557 e 792 (houve duas ordenações sucessivas, datadas respectivamente de 4 de abril de 1392 e de 25 de abril de 1393).
30. Laurière, VII, p. 675.

j. O historiador Robert Anchel formulou a hipótese segundo a qual um certo número de judeus, dissimulando sua condição, continuou a viver no reino, após a expulsão de 1394. Os argumentos nos quais se ampara, sem serem inteiramente probatórios, são às vezes muito sugestivos. Encontra-se em sua obra Les Juifs de France (Ed. Janin, Paris, 1946, p. 125).

característica para nosso assunto do que a Alemanha, tanto mais quanto são os judeus residentes no território do Santo Império germânico que formarão doravante o ramo principal do judaísmo. O processo de sua degradação será em suas grandes linhas sensivelmente o mesmo que na França, e suas expulsões não tardarão a processar-se, apenas com a diferença de que num território fragmentado ao infinito o fenômeno se fracionará em uma multiplicidade de destinos particulares. É esta fragmentação mesma que, no fim das contas, permitirá aos judeus alemães subsistir no país: na época, uma expulsão geral e simultânea era impossível na Alemanha.

Pode-se datar de 1343 a perda definitiva pelos judeus alemães de seus direitos de cidadania. Neste ano, o Imperador Luís o Bávaro, conduzindo a teoria da "servidão" dos judeus a seu desfecho lógico, instituiu a capitação, taxa de um florim que doravante todo judeu maior de doze anos de idade devia pagar ao tesouro imperial. Ora, segundo as concepções medievais, aquele que paga tributo sobre seu corpo não pode mais ser considerado cidadão.

Vimos, em outra parte, que a desorganização econômica geral consecutiva à Peste Negra incitava algumas cidades e principados alemães a procurar e chamar de volta os judeus, tratados durante um decênio ou dois como uma espécie de gênero raro. Mas as condições para a sua instalação eram muito diferentes das de outrora. A proteção que a "câmara imperial", da qual em teoria eles continuavam sendo os servos, só existia no papel, assim como o poder dos imperadores: estes últimos, movidos pela necessidade de dinheiro, cediam às cidades os "seus" judeus, ou créditos de seus judeus; aos de Nuremberg, Luís o Bávaro declarava em 1343: "Vós nos pertenceis, corpos e bens, e podemos usar e fazer convosco como quisermos e como nos aprouver" [31]. Após a Peste Negra são, em geral, as cidades ou os príncipes locais que concedem as novas cartas de residência, cujo caráter distintivo é que elas são concedidas somente a título precário, por tempo limitado. O fato de expulsar os judeus após a expiração desse prazo, não constituía portanto um mero embuste: trata-se de uma operação normal e legítima, e é mui juridicamente, de alguma maneira, que os judeus se tornam eternos errantes. Outras expulsões foram "irregulares", interrompendo a vigência da carta; por vezes, deram-se em circunstâncias tão conturbadas que não se poderia dizer se foram regulares ou não. Certas cartas previam mesmo expressamente uma expulsão dos judeus antes do termo, se ocorressem desordens ocasio-

---

31. "Ir ins und das Riche mit Leib und mit gut an gehoert, und mugen da mit schaffen, tun und handeln, was wir wollen und wie uns gut dunchet", *Monumenta Zollerana*, IV, p. 110.

nadas por sua presença: é o caso, e desde 1362, da carta concedida pela cidade de Trèves [32].

Tal como na França, os judeus conhecem inicialmente, durante uma geração ou duas, um período de paz relativa. Já em 1384, há uma grave explosão na Alemanha do Sul — em Augsburg, em Nuremberg, nas pequenas cidades da vizinhança, os judeus são encarcerados e somente libertados mediante um avultado resgate; no ano seguinte, os delegados de trinta e oito cidades, reunidos em Ulm, proclamam uma anulação geral dos créditos judaicos. Dois anos após, em 1388, a primeira expulsão geral de Estrasburgo; em 1394, as expulsões do Palatinado. Desde então, no século XV as expulsões não mais cessarão. Eis algumas das mais marcantes: em 1420, expulsão da Áustria; em 1424, expulsão de Friburgo e de Zurique, "por causa de suas usuras" [33]; em 1426, de Colônia, "em honra de Deus e da Santa Virgem" [34]; em 1342, da Saxônia; em 1439, de Augsburg; em 1453, de Würzburg; em 1454, de Breslau, e a lista, que no fim do século engrossa qual uma bola de neve, poderia ser alongada infinitamente. Algumas dessas expulsões tornavam-se definitivas, ao passo que outras eram seguidas de readmissões, o que explica como os judeus da Mogúncia puderam ser expulsos em quatro diferentes ocasiões em cinqüenta anos; em 1420, pelo arcebispo; em 1438, pelos edis; em 1462, em conseqüência de um conflito que opunha dois candidatos ao trono arquiepiscopal, e em 1471, de novo pelo arcebispo.

As razões invocadas para as expulsões eram ora de ordem temporal: proteger o povo das usuras judaicas; ora de ordem espiritual: conseguir a graça divina; às vezes eram formuladas de modo preciso e detalhado: é assim que, pedindo em 1401 autorização ao Duque Leopoldo para expulsar os judeus, os almotacéis da cidade de Friburgo invocam o fato bem conhecido que "todos os judeus são sedentos de sangue cristão que lhes permite prolongar sua existência" [35]. Mais simplesmente, as cidades da Alsácia queixam-se em 1477 dos problemas acarretados por sua presença; os confederados suíços que se dirigem à França os pilhavam regularmente, e isto causava desordem; era preciso pois expulsá-los [36]. Em realidade, as lutas que se travavam a seu propósito opunham via de regra seus possuidores — príncipes ou municipalidades, que tiravam de sua presença

---

32. E. HECHT, "Geschichte der Juden im Trier'schen", *Monatschrift für die Wissenschaft des Judentums*, t. VII, p. 182.
33. SCHREIBER, *Urkundenbuch der Stadt Freiburg*, II, p. 358 sq.; ULRICH, *Sammlung jüdischer Geschichten in der Schweiz*, p. 18, 188.
34. LACOMBLET, *Urkundenbuch für die Geschichte des Niederrheins*, vol. IV, n.º 177.
35. Cf. J. TRACHTENBERG, *Jewish Magic and Superstition*, Nova Iorque, 1939, p. 7.
36. ELIE SCHEID, *Histoire des Juifs d'Alsace*, Paris, 1887, p. 74.

um proveito certo — à massa dos cidadãos, que nada
ganhavam com eles, e que esperavam beneficiar-se com seu
afastamento. Comumente, estes conseguiam por fim impor-se às autoridades — ou recorriam à força sem pedir
autorização. É assim que os burgueses de Riquevihr, na
Alsácia, sem mesmo preocupar-se em reportar o fato a seu
senhor, decidiram num belo dia de 1420 expulsar os judeus
da cidade, encurralando-os nas ruas e matando os que a
seu arbítrio não se decidiam de maneira suficientemente
rápida [37]. Em compensação, quando a municipalidade de
Ratisbona, apoiada por seu bispo, tentou em 1476 expulsá-los, sob o pretexto clássico do assassinato ritual, fracassou
de início. A comunidade judaica dessa cidade era tida
como sendo de confiança do Imperador Frederico III: seus
emissários se apresentaram perante a corte com uma súplica
onde ressaltavam que, estabelecidos na antiga cidade desde
antes do nascimento de Jesus Cristo, os judeus de Ratisbona
não poderiam de modo algum ser tomados por responsáveis
por sua crucificação; sem dúvida usaram também argumentos
de ordem mais prática, de maneira que Frederico III, por
um julgamento digno de Salomão, resolveu o conflito in-
fligindo uma multa de 8.000 gulden à municipalidade,
outra de 10.000 gulden aos judeus, e ordenando a manutenção do *status quo*. Os burgueses, que, lembremo-lo,
haviam protegido seus judeus quando dos excessos de
Rindfleish em 1298, assim como durante a Peste Negra,
recorreram então a outras medidas: os padeiros não vendiam
mais pão aos judeus, os moleiros recusavam-se a moer-lhes
farinha, as feiras somente lhes eram abertas às quatro horas
da tarde, quando os cristãos tivessem terminado de fazer
suas compras... Finalmente, os judeus de Ratisbona foram
expulsos no ano de 1519 [38].

Vale das Lágrimas, assim se exprimirá um célebre cronista judeu do século seguinte [k]: é com a ajuda de tais
efemérides que se escreverá mais tarde a história judaica.
Tudo isso, contra um fundo de escândalos locais, de casos
de hóstias profanadas ou de assassinatos rituais ou de simples *pogroms* espontâneos, alguns de cujos exemplos já apre-
sentamos. Em suma, e para citar um historiador alemão
do último século:

> Foi assim que aconteceu que não tinham mais residência fixa
> na maior parte da Alemanha, autorizados somente a permanecer
> alguns dias, mediante pagamento de um direito de pedágio. Se

---

37. J. Dietrich, *Revue d'Alsace*, 7.º ano, p. 408.
38. Cf. Strauss, *Die Judengemeinde Regensburg im ausgehenden Mittelalter*, Heidelberg, 1932.
k. A obra que o sábio médico Joseph Ha-Cohen redigiu, sob este tí-
tulo na Itália, por volta de 1575, pode ser considerada como a primeira
tentativa de uma história judaica. O autor foi o primeiro a utilizar as
fontes cristãs e as fontes judaicas ao mesmo tempo.

desde as Cruzadas sua situação nas terras alemãs era pouco segura, é unicamente no fim da Idade Média que se tornam judeus errantes, vagabundeando de cidade em cidade, sem dispor quase em nenhum lugar de morada fixa [39].

De fato, as cidades alemãs que, no fim do século XV, lhes concediam um direito de residência estável podem ser contadas nos dedos. Num fluxo contínuo, às vezes de comunidades inteiras, os judeus alemães emigram para os céus mais hospitaleiros da Polônia e da Lituânia. Outros acampam às portas da cidade, incrustam-se em um arrabalde qualquer: os de Nuremberg em Furth, os de Augsburg em Pfersee, e assim por diante.

Quanto menos numerosos se tornam, dir-se-ia, mais os outros se ocupam deles. Pois lá onde não são expulsos, os judeus são objetos de inumeráveis troças de um novo gênero. Se os documentos jurídicos dos séculos anteriores refletiam uma situação no final de contas satisfatória, os do fim da Idade Média formigam de disposições degradantes.

Em caso de execução capital, estabelecem-se o costume desde o fim do século XIV de pendurar o judeu pelos pés e às vezes também colocar a seu lado um feroz cão-lobo [40]. Em matéria de litígio civil, comumente, o juramento de um judeu não era mais aceitável [41]; se o era ainda, a cerimônia, que desde o fim do século XIII se revestiu em alguns lugares de um caráter humilhante (segundo o *Schwabenspiegel,* o judeu devia prestar juramento de pé sobre uma pele de porco), vira doravante farsa ou sacrilégio puro e simples: segundo o direito silesiano de 1422, o judeu devia subir num tamborete de três pés, e fitar o sol ao pronunciar a fórmula tradicional; se caísse, pagava multa [42]. Em 1455, a municipalidade de Breslau publicava um edito em que o judeu devia jurar com a cabeça descoberta, soletrando em voz alta o tetragrama sagrado [43]... Por sua vez, as autoridades eclesiásticas decretavam no Concílio de Basiléia, em 1434, que os judeus não seriam admitidos nos estudos universitários, mas que importava em troca, para a sua instrução, constrangê-los a assistir aos sermões cristãos [44]. O decreto da cerimônia, tal como será praticada em Praga, em Viena e em Roma no decurso dos

---

39. OTTO STOBBE, *Die Juden in Deutschland während des Mittelalters,* Braunschweig, 1866, p. 193. O autor era um especialista renomado em direito medieval alemão.
40. Cf. GUIDO KISCH, "The Jewish Execution in Medieval Germany" *Historia Judaica,* 1943, V, p. 103-132.
41. O *Magdeburg-Breslauer systematisches Schöffenrecht,* que é do século XIV, se exprime assim (III, 2, 38): "...em relação a dinheiro, o juramento dos judeus não é válido contra os cristãos, e um judeu não pode fazer condenar cristãos em relação a dinheiro..." (Cf. GUIDO KISCH, *The Jews in Medieval Germany,* Chicago, 1949, p. 262).
42. Cf. J. SCHERER, *Die Rechtsverhältnisse der Juden in den deutschœsterreichischen Ländern,* Leipzig, 1901, p. 297.
43. ISRAEL ISSERLEIN, *Responsa,* n.º 235.
44. MANSI, *Concilia,* vol. 29, p. 98 sq.

séculos seguintes, mostra bem que se tratava mais de uma zombaria que de verdadeiro zelo missionário. Antigas censuras de ordem religiosa são reanimadas, ou são inventadas outras novas: acusa-se os judeus de vilipendiar cotidianamente Jesus em suas preces, e isto gera um *pogrom* em Praga em 1399 [45]; na Espanha é propagada no começo do século XV a calúnia segundo a qual no dia do Grande Perdão os judeus são desobrigados de todos os juramentos [46], e ela se difunde através da Europa inteira. Deste modo, autoridades seculares e autoridades eclesiásticas rivalizam em ardor sendo cada ato, cada passo de um judeu em suas relações com os cristãos, marcado por alguma medida degradante.

---

45. *Nizzachon* do RABINO LIPMANN MULHAUSEN (escrito por volta de 1410) cf. nota 56 do cap. 7.
46. Cf. GRAETZ, *Geschichte der Juden,* vol. VIII, p. 416 *sq.,* nota 3.

7. A Imagem do Judeu

Testemunhos de suas tribulações e de seu aviltamento, o que poderiam pensar dos judeus a massa dos cristãos, fossem clérigos, burgueses ou simples camponeses? Como já salientamos, a animosidade acerca dos judeus se nutria dos próprios massacres que suscitou: são mortos primeiro, e detestados depois. Este princípio (seja qual for a exata explicação psicológica) se vê assaz regularmente confirmado pela experiência. A partir da segunda metade do século XIV, os ódios antijudaicos atingem uma tal acuidade que podemos ousadamente datar desta época a cristalização do anti-semitismo em sua forma clássica, a que levará mais tarde um Erasmo a constatar: "Se cabe a um bom cristão detestar os judeus, então somos todos bons cristãos" [a].

O que importa sobretudo notar, é que, doravante, tais ódios parecem alimentar-se de si mesmos, manifestando-se independentemente do fato de existirem ou não judeus em um dado território: pois se não há mais judeu aí, inventam-no, e a população cristã, se ela se choca cada vez menos com judeus na vida cotidiana, é cada vez mais per-

[a]. "Si christianum est odisse judæos, hic abunde omnes christiani sumus."

seguida por sua imagem, que encontra nas leituras, que vê nos monumentos e que contempla nos jogos e espetáculos. Estes judeus imaginados são evidentemente sobretudo aqueles que são tidos como os que mataram Jesus, mas entre esses judeus míticos e os judeus contemporâneos, os homens do fim da Idade Média não sabem mais distinguir um do outro e os ódios antijudaicos extraem no máximo de sua presença efetiva um alimento suplementar. Serão detestados na França e na Inglaterra, assim como na Alemanha e na Itália; e a intensidade dos sentimentos que se lhes dedica, se se procura diferenciá-los segundo os países, parece depender mais do substrato sobre o qual repousa a cultura nacional e ser mais acentuada nos países germânicos do que nos países latinos. Destarte, tudo concorre para fazer da Alemanha o país de eleição do anti-semitismo; voltaremos ao caso mais adiante.

Numerosos documentos literários e artísticos testemunham semelhante estado de coisas. Pode-se dizer que o anti-semitismo cresce na medida do desenvolvimento da arte e da literatura e em função de sua difusão entre as massas populares. Não há quase gênero, trovas, sátiras, legendas ou baladas, de onde os judeus estejam ausentes ou não sejam descritos em cores ridículas ou odiosas, amiúde por meio do toque escatológico de que o século era tão ávido. Esses temas se entrecruzam e caminham de país para país. Eis uma primeira amostra, que recorre a São Luís, este modelo de todas as virtudes cristãs, a fim de instruir sobre a maneira como usá-las com os judeus.

Uma sátira francesa do século XIV, escrita em língua vulgar, põe em cena um judeu de Paris, muito renomado entre seus correligionários, que um dia cai nas latrinas públicas. Os outros judeus se reúnem para acudi-lo. "Poupai-vos, grita, de me tirar daqui, pois é o dia do *Schabat,* e esperai até amanhã, para não violar nossa lei." Eles lhe dão razão e se afastam. Cristãos que estavam presentes se apressam a anunciar o fato ao Rei Luís. O soberano então dá ordem a seus homens a fim de impedir que os judeus tirem o correligionário da fossa no dia do Senhor. "Ele, diz, observou o *Schabat;* observará também nosso domingo." Assim foi feito, e quando retornaram na segunda-feira para tirar o infeliz de sua deplorável posição, estava morto [1].

O mesmo relato existe em uma versão alemã, sob uma forma talvez mais característica ainda, pois o Papa, guia espiritual da cristandade, aparece aí substituindo São Luís. Ignoramos o texto exato desta segunda versão, mas é mencionada na crônica judaica *Vale das Lágrimas,* que fala

---

1. C. Lenient, *La Satire en France,* Paris, 1859, p. 193.

"de um livro alemão, escrito em língua latina", e assegura em conclusão que "os judeus tiveram naquela época desgosto pela vida"[2].

Não havia praticamente mais judeus nos Países Baixos após a Peste Negra[3], mas certo número de obras literárias lhes eram consagradas. Certos poemas evocavam o famoso caso das hóstias de Santa Gudula de 1370; outros apresentavam assassinatos rituais:

> Os judeus...
> Maus e cruéis como cães
> Agarraram brutalmente a criança
> A jogaram por terra e a pisotearam
> ...
> A desnudaram rapidamente
> E quando a puseram nua
> Os judeus porcos, os cães fétidos
> Lhe fizeram vários ferimentos
> Com punhais e cutelos[4]   etc.

Não havia mais nenhum judeu na Inglaterra após a expulsão de 1290; mas aí também, o tema continuava a beneficiar de extrema consideração. Uma história de crime ritual surgida por volta de 1255 dá origem no século seguinte a vinte e uma versões diferentes de uma balada intitulada *Sir Hugh or the Jews' daughter*[5], e Geoffrey Chaucer, em seu *Conto da Prioreza*, escrito por volta de 1386, nela se inspirou claramente:

> Havia na Ásia, em uma grande cidade
> Entre gente cristã, certa Judiaria
> ...
> Aconteceu que a criança passou por esse lugar
> O maldito judeu a pegou e a segurou com força
> Depois lhe cortou a garganta e a jogou num buraco
> Digo que foi jogada numa latrina
> Onde aqueles judeus se aliviavam purgando suas entranhas
> Oh maldita nação! Oh novos Herodes!
> ...
> Jovem Hugh de Lincoln, oh tu que foste também
> Morto por judeus malditos, como é notório
> Pois isto se passou faz pouquíssimo tempo
> Ora pois também por nós[6]...

Nesta época, a Itália era o único país europeu onde o tema do judeu se beneficiava na ocasião de um tratamento literário favorável: mesmo no teatro religioso, tipos de judeus honestos e bons eram às vezes apresentados[7]. No entanto,

---

2. *La Vallée des Pleurs*, editado por Julian Sée, Paris, 1881, p. 67.
3. Cf. a este respeito o notável estudo de JEAN STENGERS, *Les Juifs dans les Pays-Bas au Moyen Age*, Bruxelas, 1950.
4. J. STENGERS, *op. cit.*, p. 56.
5. F. J. CHILD, *English and Scottish Popular Ballads*, Boston (s. d.)
6. GEOFFREY CHAUCER, *Les Contes de Canterbury*, trad. Koszal, Paris, 1908, p. 174.
7. Assim, no "Miracle de l'Agnolo Ebreo", publicado por D'ANCONE, *Le Sacre Rappresentazioni*, Turim, 1872, III, p. 485 sq.

é na Itália que pouco após a Peste Negra se efetuou a característica readaptação de uma destas legendas cuja origem mergulha na noite dos tempos. Tenha sido trazido do Oriente ou tenha sido inspirado pelas cruéis leis romanas das 12 Tábuas, o tema da "libra de carne", punha até então em cena, nas suas diversas transmutações, um credor implacável que era ou um escravo rancoroso ou a franca encarnação do Diabo (Dyabolus). Eis que, por volta de 1378, o autor florentino Ser Giovanni Fiorentine, em sua novela *Il Pecorone*, lembra-se de transformar a personagem em judeu [8]. Conhecemos o singular destino desta adaptação que, através de muitas outras metamorfoses, inspirará dois séculos mais tarde Shakespeare, dando origem ao tipo imortal do *Mercador de Veneza*.

Mas é ao drama religioso, este veículo incomparável de idéias da época, que cabe incontestavelmente o primeiro lugar na cultura intensiva das emoções antijudaicas. Os temas do Novo Testamento, tratados em língua vulgar, sempre constituíram o repertório principal do teatro da Idade Média. Mas, desde que ele se emancipara da tutela da Igreja, começou a tomar com a História Sagrada licenças cada vez maiores. A fim de comprazer os pensadores do espectador, sempre edificando-o (pois a intenção moralizadora permanece a essência deste teatro), a fim de dar satisfação a seus gostos primitivos e violentos, multiplicam-se as invenções e jogos de cena, destinados a melhor ressaltar a grandeza e a santidade do Salvador e da Santa Virgem, sobre o fundo da insondável perfídia dos judeus. A inumerável gama de epítetos utilizados para descrevê-los já pode fornecer uma idéia dessa tendência: "judeus pérfidos", "ladrões pérfidos", "descrentes pérfidos", "judeus maus e traidores", "judeus perversos", "judeus desleais", "judeus renegados", "nação pérfida e perversa", "pérfida canalha", "pérfidos e malditos aleijões" [9]; e desta maneira, a própria palavra judeu é carregada deste sentido pejorativo que consta ainda em nossos dias em dicionários de diversas línguas [b]. Será necessário acrescentar que somente os judeus são os adversários de Jesus, sendo seus apóstolos e fiéis evidentemente cristãos?

Mas ainda havia mais. De um modo geral, o teatro medieval era de um dinamismo extremo, e é mister convir de fato que o apelo ao franco sadismo constituía uma de suas principais molas. Formigavam nele "jogos" de uma

---

8. Ver a este respeito o estudo exaustivo de H. MICHELSON, *The Jew in early English litterature*, Amsterdã, 1926.
9. Este meticuloso catálogo foi levantado por M. MARCEL BULARD em seu magistral estudo *Le Scorpion, symbole du peuple juif dans l'art religieux des XIVe, XVe, XVIe siècles*, (p. 42.). M. Bulard utilizou-se principalmente dos *Mystères de la Passion* de ARNOUL GRÉBAN.
b. Ver a este respeito p. 154, 176, 204.

crueza brutal, jogos de torturas, jogos de crucificação e jogos de violação: certas cenas são de tal ordem que é difícil hoje descrevê-las em termos decentes. Assim moraliza o apresentador no final de uma dessas representações:

> Vistes virgens defloradas
> E mulheres casadas violadas.

Caso em que, no gênero, ficou aquém da verdade [c]. Tais eram os costumes medievais; mas certos procedimentos teatrais tornaram-se permanentes. Em particular, lá onde o argumento não comportava cenas de violência antijudaica, havia empenho às vezes em introduzi-las artificialmente (como a ação de um "Western" popular em nossos dias é conduzida em função do grande sarrilho do fim, permitindo recompensar os bons, castigar os malvados, e deixar o espectador com a consciência tranqüila). Lembremos também que, em seu realismo ingênuo, o teatro da Idade Média, não se embaraçava com anacronismos, representando os judeus (e as outras personagens) sob os trajes, os nomes, etc., que lhes eram conhecidos na época.

É assim que certos milagres alemães consagrados à Assunção da Virgem comportavam uma cena final acrescentada, dita "Jogo da destruição de Jerusalém", sem nenhuma ligação orgânica com a ação, na qual Tito, tornado cavaleiro cristão, punha a ferro e fogo a cidade dos judeus, a fim de vingar a Mãe Divina [10]. Alhures, a ação é contemporânea: é o caso do *Mistério da Santa Hóstia* [11], apresentando um usurário judeu que suborna sua devedora cristã e consegue receber dela um pedaço de hóstia consagrada. Imediatamente ele se encarniça contra a hóstia — "Tenho ganas de a crucificar, atirar no fogo e perseguir, e esfregar contra a terra, ferver, bater e lapidar" — e no entanto, faça o que fizer, a hóstia sangra, mas continua inteira. Testemunhas desse milagre, a mulher e os filhos do judeu são tocados pela graça e o denunciam; fazem-se batizar imediatamente. Quando o preboste vem procurá-lo, o judeu também se oferece ao batismo.

> Volontiers me baptiserai
> Parce que sentence aurai
> Qui point ne me fera mourir. *

---

[c]. Com efeito, a ação da peça comportava uma intervenção muito escabrosa que Nero mandava efetuar em sua mãe "a fim de saber como havia nascido" (Cf. G. COHEN, *L'Histoire de la mise en scène*, Paris, 1926).

[10]. "Maria Himmelfahrt", em *Altdeutsche Schauspiele*, Leipzig, Ed. F. J. Mone, 1841.

[11]. *Le Mistère de la saincte hostie, nouvellement imprimé à Paris*, A. PONTIER, Aix, 1817.

* "De bom grando me batizei
Porque sentença terei
Que não me fará morrer." (N. do T.)

O preboste não se deixa enganar.

Ce n'est qu'une échappatoire *.

O judeu é condenado e será queimado. Morre, pedindo "seu livro" (o Talmud, sem dúvida) e lançando horríveis imprecações:

> O diable, il me semble que iarde
> Diables, diables brusle et ars
> Ie ars je brusle de toute pars
> Je depars en feu et en flamme
> Mon corps mon esprit et mon ame
> Bruslent et ardent trop en ardamment
> Dyables venez hastivement
> Et m'emportez à ce besoing **.

Quanto à sua cúmplice, a devedora cristã, é queimada também, mas morre santamente, arrependendo-se.

São numerosos os milagres da Santa Virgem que evocam o tema do judeu profanador: alguns, que não sabemos se foram ou não encenados, datam na verdade de uma época mais recuada e remontam a Gauthier de Coincy, como os compilados cerca de 1450 por Jehan Miélot, e nos quais se vê a Virgem conclamar o povo contra "essas danadas gentes dos judeus que insultaram agora pela segunda vez e se empenham em matar pelo tormento da Cruz meu único filho que é a luz e a salvação de todos os cristãos leais..." [12]. Trata-se evidentemente do tema da profanação das hóstias, no qual a distinção entre o tempo de Cristo e o tempo presente está inteiramente apagada. Mas o que importa em nosso caso é a época em que o assunto se vê popularizado por meio da representação teatral.

Deste ponto de vista, o primeiro papel cabe incontestavelmente aos *Mistérios da Paixão,* que, nascendo no século XIV, conhecerão no século seguinte uma voga imensa e que, de uma maneira bastante característica para a sombria atmosfera do fim da Idade Média, vão colocar o acento por excelência sobre as páginas mais patéticas e as mais atrozes da biografia de Jesus, deixando em segundo plano a história de seu nascimento, de sua vida e de sua ressurreição. Desenvolvendo-se num clima de comunhão e de fé totais, a representação de um mistério não tinha nada em comum com um espetáculo de nossos dias; para dar uma

---
* "É apenas um pretexto" (N. do T.)
** "O diabo, parece-me que ardo
Diabos, diabos queimam e ardem
Eu ardo e queimo em toda parte
Estou todo em chama e flama
Meu corpo, meu espírito e minha alma
Queimam e ardem muito intensamente
Vinde diabos rapidamente
E levem-me desta necessidade." (N. do T.)
12. *Les Miracles de Notre-Dame, compilés par Jehan Miélot, secrétaire de Philippe le Bon, duc de Bourgogne,* Paris, Ed. H. de Laborde, 1929, p. 98.

idéia do impressionante vigor das emoções que suscitava — uma comparação muito distante poderia ser feita com as competições esportivas contemporâneas, ou melhor, com as cerimônias políticas nos partidos monolíticos — a vida da cidade se interrompia, as lojas e oficinas fechavam suas portas, os conventos e os tribunais se esvaziavam; durante vários dias seguidos, toda a população, deixando suas moradias, se reunia "nos jogos", de modo que era preciso encarregar os sargentos da guarda da vigilância das ruas e das casas desertas — e às vezes também (o sabemos por Francfort, por Friburgo, por Roma), da proteção do gueto local [d]...

Tentemos pois nos transportar em imaginação à praça de uma cidade da Baviera, por exemplo, onde, face à população postada diante do tablado, um dos mais populares mistérios alemães, o *Alsfelder Passionspiel,* é representado [13]. No primeiro dia, imediatamente após um breve prólogo, os diabos são apresentados, tramando a perdição de Jesus. São em número de vinte e, com exceção de Lúcifer e Satanás, têm nomes germânicos de uma truculência bem medieval: Natyr, Hellekrugk, Bone, Spiegelglantz, Rosenkranz, Raffenzann, Binckenbangk... Os diabos decidem encarregar os judeus da execução do crime inominável: após inumeráveis peripécias, estes, em número de catorze, reúnem-se em conselho à volta deles (no fim do primeiro dia da representação), e seus nomes, com exceção de Caifás e de Ana, têm a mesma ressonância grotesca: Natey, Hölderlin, Borey, Snoppenkeile, Lendekile, Effikax, Gugulus...

Seu plano é acertado e, no dia seguinte, o espetáculo continua com a cena das indizíveis tratativas entre os judeus e Judas, discutindo sobre a moeda na qual serão pagos os trinta dinheiros, procurando enganarem-se uns aos outros, parodiando, em suma, os usurários da época... Mas passemos à fase culminante do *ludus,* isto é, a crucificação de Jesus, e sigamos o manuscrito:

CAIFÁS

Jesus, tira tuas roupas.
Elas irão para os soldados.
Deita-te sobre a cruz
E estira bem teus pés e teus braços!
(*Estendem-no sobre a cruz, e o segundo carrasco diz:*)

---

d. Em 1338, os edis de Freiburg im Breisgau proibiram a representação de cenas antijudaicas; em 1469, os de Francfort decretaram medidas especiais para a proteção do gueto, durante o decurso da representação; a partir de 1539, esta foi interrompida em Roma, pois era regularmente seguida da pilhagem do gueto. (Cf. H. PFLAUM, Les Scènes de Juifs dan la littérature dramatique, *R. E. J.,* t. 89, 1930, p. 111-134, e M. VATASSO, *Per la Storia della Dramma sacro in Italia,* Roma, 1903).

13. *Deutsche Nationalliteratur,* t. XIV: *Das Drama des Mittelalters,* Ed. R. Froning, p. 767 sq.

SEGUNDO CARRASCO

Dai-me três pregos grossos
E um martelo e tenaz!
Prendei-lhe firmemente as mãos e os pés
E esticai-o ao longo da cruz
Até o entalhe que está marcado.
Que as pernas e os pés alcancem até lá,
Que os pregos passem através.
Assim não poderá escapar.
Este prego, eu o enterro em tua mão direita.
Tu sofrerás o tormento e as dores!

PRIMEIRO CARRASCO

Companheiro, as mãos e os pés
Não chegam até os entalhos!

TERCEIRO CARRASCO

Vou dar um bom conselho:
Trazei uma corda;
Iremos lhe estirar os braços;
Iremos esticar seu corpo
De maneira a fazê-lo em pedaços!

Paremos aí. A cena da crucificação continua durante mais de setecentos versos: os carrascos, *flagellators* anônimos inventam torturas sempre novas (elas eram representadas de uma maneira que não poderia ser mais realista, um líquido de cor vermelha figurava o sangue, e a amarração era tão cuidadosamente feita que aconteceu, parece, ao ator que representava o Cristo, sucumbir no decurso da representação) enquanto que os judeus presentes jubilam e escarnecem de Jesus de todas as formas possíveis. No *Alsfelder Passionspiel,* os judeus contentam-se com o papel de provocadores; no célebre Mistério francês devido a Jehan Michel [14], eles mesmos se encarregam dos suplícios. Eles começam no palácio de Pilatos (a quem é complacentemente concedido a boa figura), e o manuscrito indica:

Aí lhe batem nas espáduas e na testa com varas.

ROULLART

Vêde o sangue jorrar
Como o focinho se lhe ensangüenta.

MALCHUS

Ó falsa pessoa e cruel
Não tenho piedade de tua dor.
Não mais que de um vil frívolo
Que nada pode e é rude.

---

14. *Mistère de la Ressurrection de Notre-Seigneur Jésus-Crist...,* Antoine Vérard, libraire, Paris (s. d.) (cote Res, y f. 15 de la Bibliothèque Nationale).

BRUYANT

Divirtamo-nos depenando sua barba
Ela é por demais saliente

DENTART

Será o mais valente
Quem tiver o maior punhado.

Aí lhe arrancam a barba.

GRIFFON

Eu a agarrei tão dura
Que a carne veio também

DILLART

Eu quero pois puxar bem
Para ter a minha parte também

DRAGON

Vêde que bocado este
Que tirei grande como crina

BRUYANT

Mas vêde como eu me adentro
E atenção, não restou nenhum pouco.

Mas uma intervenção indignada de Pilatos termina com o sangrento jogo.

PILATOS

Seu martírio tanto me desagrada
Que mal posso vê-lo
Ora vejam senhores judeus
Vejam o que este homem sofre
Olhai a dor que o aflige
Tem de todos os males a soma
Ecce homo eis o homem...

Mais adiante, a cena da crucificação é mais intensa ainda. Os judeus sorteiam entre si as partes do corpo de Cristo para submetê-las aos golpes de cada um. Gospem em cima, e um deles exclama:

Ele está todo coberto
De escarros de cima até em baixo.

Se continua difícil aceitar hoje a violência destas palavras (lembremo-nos que se trata de teatro!), imagine-se o efeito que poderiam exercer sobre a mentalidade infantil e espontânea dos homens da Idade Média! Em uma comunhão total, as multidões viviam intensamente a agonia de Cristo, transferindo toda sua cólera para seus algozes, e um morticínio real dava freqüentemente seqüência ao crime imaginado; compromisso necessário, desforra dos sofrimentos com os quais essas multidões se identificavam; camuflagem também, mascarando o indizível deleite pela ousadia de pôr na cruz seu próprio Deus e Salvador!

A interdependência entre a arte cênica e as artes plásticas no decurso da Idade Média constitui um dos problemas mais apaixonantes. Em geral considera-se que a iconografia foi a filha fiel do drama religioso, e encarnava em igual medida os principais temas; seja como for, no que concerne ao nosso assunto, é certo que evoluiu no mesmo sentido que a literatura e o teatro.

Vimos como era oferecida aos olhos dos cristãos, e isto desde a Alta Idade Média, a edificante oposição entre a Igreja, virgem resplandecente, e a Sinagoga, viúva decaída, as duas figuras, representadas nos frontões e nos vitrais das catedrais, que emolduram às vezes o Cristo sobre a cruz. Mas esta personificação simbólica, tão carregada de sentido, obedecia às regras de uma certa simetria. As duas rivais continuavam sendo parentes próximas pelo aspecto que lhes era atribuído: apresentavam a mesma postura, estavam vestidas com o mesmo traje, usavam os mesmos apetrechos. Em conseqüência, certas figuras da Sinagoga são de uma elegância, de um encanto incomparável (como a admirável cabeça de olhos vendados que orna o frontão da catedral de Estrasburgo e que data do fim do século XIII) [15] — assim como a maioria das cabeças de Profetas é de uma grande nobreza. Mas eis que, cada vez mais, os artistas recorrem a uma outra oposição simbólica, onde não mais se encontra esta simetria interna: de um lado o Salvador apresenta-se flanqueado por um centurião romano, e é Longino que, junto ao Calvário, sentiu-se deslumbrado com a verdadeira fé (às vezes, o centurião cego recobrou a visão); do outro lado, por um "porta-esponja", e é a Sinagoga; sua esponja está embebida de vinagre, ela procura envenenar as chagas do Cristo. Uma tal figuração obedecia ao mesmo tempo à tendência que, ornando o sóbrio relato dos Evangelhos, procurava cada vez mais eximir os gentios de toda parcela de responsabilidade pelo deicídio, e a jogar sobre os judeus o opróbrio inteiro (vimos, mais acima, a virtuosa indignação atribuída a Pilatos no Mistério de Jehan Michel). De uma maneira mais geral — assim como nos mistérios, bem como nos tratados e nos sermões — a re-

---

15. Entre as grandes catedrais do século XIII, encontra-se a oposição Igreja-Sinagoga na Notre-Dame de Paris, na Notre-Dame de Reims, na Saint-Seurin de Bordeaux. (Cf. P. HILDENFINGER, La Figure de la Synagogue dans l'art du Moyen Age, *R. E. J.*, 1903, XLVII, p. 187 sq.

presentação da crucificação, pintada com uma precisão atroz
e amiúde espantosa, torna-se a partir do século XIV a
principal preocupação dos artistas. Obsessão do sofrimento
humano; obsessão também de diversas seqüelas, da Morte,
do reino do Diabo, do Inferno e de seus mil suplícios (temas
que antes dessa época eram quase desconhecidos, ou eram
no mais tratados com uma discrição extrema), tais são as
notas dominantes da arte do tempo; e a fervorosa imaginação dos pintores e dos escultores se entrega a seu livre
curso. Releiam-se os belos livros de Emile Mâle a esse respeito.

Na ocorrência há também quem perceba um laço entre
estas sombrias predileções e a devastação da Peste Negra.
É assim que após 1400 surge na Europa o tema da *Dança
Macabra*: pensemos no estreito parentesco entre estes rego-
zijos infernais e o tema do *Festim no Decurso da Peste,*
loucas comezainas onde os convivas procuram afogar sua
angústia, enquanto que na rua as carroças de lixo carregam
os cadáveres para a fossa comum...

Tal é o fundo apocalíptico sobre o qual a figuração
dos judeus se enriquece com invenções sempre novas.

Na Itália, no fim do século XIV, os artistas os comparam aos escorpiões: nas pinturas e nos afrescos, este animal pérfido por excelência é doravante muitas vezes apresentado nos estandartes dos judeus, nos seus broquéis e em
suas túnicas; figuração que encontramos no século seguinte
na Sabóia, na Alemanha, e até em Flandres [16]. A esta
sutil alegoria, devida ao gênio mediterrâneo, se contrapõe
do lado alemão, uma imaginação mais rude, mais ensebada
e mais obscena: é a porca que é associada aos judeus, que
os aleita, que fornica com eles em inumeráveis monumentos
de pedra, em Magdeburg, em Freising, em Ratisbona, em
Kehlheim, em Salzburg, em Francfort, em certas igrejas dos
Países Baixos [17]... Um desses altos-relevos (dos quais a maioria desapareceu) é descrito por Martinho Lutero, em seu célebre panfleto *Vom Schem Hamephoras,* nos seguintes
termos:

> Aqui em Wittenberg, sobre nossa igreja, há uma porca talhada
> em pedra: leitões novos e judeus mamam nela; atrás da porca
> se acha um rabino, ele levanta a perna direita da porca, com a
> mão esquerda puxa-lhe o rabo, inclina-se e contempla diligentemente
> atrás do rabo o Talmud, como se quisesse aí aprender alguma coisa
> de muito sutil e de muito especial [e]...

É na Alemanha também que aparece, na segunda metade do século XV, a representação caricatural do judeu
de nariz longo e de corpo deformado, tal como ela irá

---
16. Ver a este respeito o pertinente e exaustivo trabalho pré-citado
de M. MARCEL BULARD, *Le Scorpion, symbole du peuple juif dans l'art religieux des XIVe, XVe et XVIe siècles,* Paris, 1935.
17. Ver a este respeito E. FUCHS, *Die Juden in der Karrikatur,* Munique, 1921, p. 114-121 e ilustrações 6, 7, 8, 9, 15 e 16.
e. Ver p. 188.

deliciar os anti-semitas dos séculos seguintes f. No caso o contraste entre a tez loura e rosada dos alemães e a tez mais escura, a estatura mais baixa dos judeus pôde desempenhar um papel determinante. Mas é da Alemanha ainda que parece provir um outro atributo conferido aos judeus, que também conhecerá uma sorte singular: os cornos. Em verdade, sua origem parece ter sido dupla. De um lado, e desde os tempos mais recuados, Moisés, e apenas ele, era representado com cornos, em conseqüência, parece, da interpretação errônea de uma passagem do Velho Testamento g, e sem nenhuma intenção pejorativa: até o século XIII, não se notam estes cornos na fronte de outros Patriarcas, nem mesmo na de uma Ana ou de um Caifás. De outro lado, o chapéu pontiagudo dos judeus, o *pileum cornutum,* tal como o usavam na Alemanha a partir do fim do século XIII, constituiu, ao que parece, uma fonte de inspiração suplementar. Destarte, nos documentos e nos quadros dos séculos seguintes, defrontamo-nos freqüentemente com judeus cuja cabeça aparece ornada de cornos: nos vitrais da catedral de Auch, na torre de uma velha ponte de Francfort, no *Calvário* de Veronese do Museu do Louvre...

Os cornos: o atributo por excelência do Diabo. Nas páginas precedentes, já se falou muito do Diabo, do mesmo modo que, sem tê-lo procurado, fomos levados a aproximar o obsceno e o sagrado. Será que isto nos porá no bom caminho, permitindo-nos aprender melhor a idéia que, em seu declínio, a Idade Média fazia dos judeus, e possibilitando-nos escavar os embasamentos últimos desta idéia? Mas para tanto, é preciso que nos detenhamos um instante, e que abandonando por algum tempo os judeus, nos ocupemos um pouco do Diabo. Pois estamos na época em que, para a imaginação cristã, o Príncipe das Trevas aparece na terra, nela se instala, nela se entrega a numerosas e alentadas atividades, e que se acredita percebê-lo por toda parte...

DIABOS, FEITICEIRAS E JUDEUS

O Príncipe das Trevas foi criado mau, ou é um anjo decaído, que se tornou mau por sua própria vontade? E se é um anjo decaído, de que anjo se trata: do anjo supremo, de um anjo de alta categoria ou de baixa categoria? Qual foi seu principal pecado, aquele que lhe valeu a danação eterna: o orgulho? a inveja? Os outros diabos que

---

f. A mais antiga caricatura deste gênero conhecida acha-se na *Weltchronik* de Schedel (1493); representa o assassinato do pequeno Simão de Trento.
g. *Êxodo,* 34, 29: "...a pele de seu rosto brilhava, porque ele tinha falado ao Eterno"; de que a Vulgata deu a tradução errônea: "...a pele de seu rosto tinha cornos..."

comanda e que constituem legião são todos de origem supraterrestre, ou há os que são nascidos dos homens? Têm corpo? Tais foram as questões que, desde os primeiros séculos, preocupavam os Padres da Igreja. Mas enquanto que o ensinamento relativo aos diabos se constituía em corpo de doutrina, as autoridades eclesiásticas da Alta Idade Média testemunhavam, no que concerne a suas manifestações terrenas, um notável ceticismo. É que os relatos de suas malfeitorias correspondiam em geral apenas a superstições pagãs, nesta época ainda facilmente reconhecíveis como tais. Outrossim, desde 466, o Concílio da Irlanda anatematizava aqueles que acreditavam ser feiticeiros ou fingiam sê-lo; em 563, o Concílio de Braza fala a mesma linguagem; três séculos mais tarde, o Bispo Agobardo, este grande ferrabraz dos judeus, levanta-se com muito bom senso contra as superstições de seu século, contra as crenças nos demônios invisíveis que jogam pedras e assestam golpes, nos *tempestari* que sabem provocar tempestades. Em suma o Diabo, aos olhos da Igreja, constitui nesta época um problema sobretudo de ordem moral: sua presença na terra pouco se manifesta. Certamente, incriminam-se os mágicos, não há muita dúvida acerca de seus malefícios, são até condenados às vezes à pena de morte: mas se rejeitam como fábulas ociosas as histórias de sabás, de feiticeiras, de lobisomens, de comércio sexual com o Diabo. O que era, sem nenhuma dúvida, a melhor maneira de lutar contra a propagação dessas alucinações.

O mesmo se deu nos séculos seguintes, quando a luta contra as heresias mobilizou a maior parte das energias eclesiásticas. Em 1310 ainda, o Concílio de Trèves proclama "que nenhuma mulher pretenda cavalgar durante a noite com Diana ou Herodíades, pois isto é uma ilusão do demônio". Em suma, se uma mulher que se proclama feiticeira é punida (a pena era a excomunhão, no máximo), não é por ter convivido corporalmente com o Diabo, mas por ter cometido — sob seu guante moral — o pecado de uma odiosa falsidade.

O povo, contudo, não era desta opinião. As superstições ancestrais eram tenazes, e contra os lançadores de má sorte, os bruxos e as bruxas, ele usava amiúde de uma justiça sumária e brutal, a lei de Lynch sem nenhuma forma de processo. Mas se tratava de incidentes esporádicos e isolados, como o eram os excessos antijudaicos da época.

Neste ínterim, os escolásticos erigiram seu grandioso edifício de interpretação dos mundos terrestre e celeste. O Diabo ocupava aí um lugar considerável: a partir dos axiomas dogmáticos de base, seus atributos e seus poderes eram definidos por meio de uma dialética sutil, certos procedimentos da qual tem curiosa analogia com os mais acrobáticos raciocínios do Talmud. É assim que Santo Tomás de Aquino estabelecia que os demônios podem tomar aspecto carnal, podem comer — sendo isto apenas uma aparência — mas não podem se entregar à realidade da digestão, nem, portanto, à da procriação. Não obstante, tomando sucessivamente aspecto de súcubo (mulher) e de íncubo (homem), podem, graças à sua espantosa rapidez, introduzir em uma mulher a semente de homem que acabam de receber, não sendo todavia as crianças assim procriadas da semente do Diabo, pois seu papel limitou-se a servir de simples intermediário [h]... Indo mais longe, Santo Tomás afirmava ainda que os Hunos eram na verdade oriundos do demônio; desta maneira, estava dado um grande passo à frente em direção à crença na corporeidade do Diabo.

E isso permite compreender melhor como pôde efetuar-se no século seguinte, no espaço de cinqüenta breves anos, uma reviravolta completa das concepções reinantes na matéria. Os principais autores das doutrinas escolásticas foram os Dominicanos — estes mesmos Dominicanos que, desde o início do século XIV, haviam sido encarregados de extirpar as heresias, e que haviam criado para tal efeito o temível e eficaz aparelho da inquisição, um destes organismos funcionalmente destinados a perceber o crime por toda parte. Ora, a principal heresia da época era o catarismo, doutrina que ensinava que é Satã, e não o Deus de misericórdia, que governa a terra: em conseqüência, o crime por excelência que os inquisidores tinham de perseguir era precisamente o comércio com o Diabo. Desde logo, teoria e prática conjugaram-se, para retomar por conta própria as fábulas populares, sobretudo quando as calamidades, no século XIV, se abateram sobre a cristandade semeando a confusão nos espíritos. De um lado, multiplicava-se o número de crentes que, cansados de suplicar a Deus, desesperavam de seu auxílio, e tomavam o partido de invocar o Diabo (e o número de casos patológicos ia se ampliando); de outro, a Igreja concedia seu *imprimatur* oficial aos fantasmas mesmos que havia combatido ao longo dos séculos. Cronologicamente, a virada se iniciou por volta de 1320, quando as novas doutrinas demonológicas receberam a primeira consagração oficial da Santa Sé. Atacado, parece, de mania de perseguição — via inimigo e envenenadores por toda parte — o Papa João III publica a bula *Super illius specula,* contra os falsos cristãos que

sacrificam aos demônios e os adoram, fabricam ou obtêm imagens, anéis, frascos, espelhos e outras coisas ainda onde prendem os demônios por suas artes mágicas, arrancam-lhes respostas, pedem-lhes ajuda para executar seus maus desígnios, submetendo-se à mais vergonhosa servidão para a mais vergonhosa das coisas...

h. *Summa theologica,* I, Quæst, LI, art. III, 6.

Nesta época, os Papas residiam em Avinhão, e não é impossível admitir que os rumores que circulavam na França sobre o envenenamento dos poços pelos leprosos e judeus tenham contribuído para as inquietações de João III. Seu sucessor, Benedito XII, confirma tais diretrizes: sob seu pontificado ocorreu em 1335, em Toulouse, o primeiro processo conhecido de feitiçaria e, em 1337, o inquisidor Nidder publica a primeira descrição detalhada que se possui das feiticeiras, de suas malfeitorias e dos meios de reconhecê-las. Após a grande peste, a caça aos auxiliares do Diabo se desenvolve com muita rapidez. Cada feiticeira que é queimada faz nascer uma ninhada de outras, pois cada auto-de-fé (juízo de fé!), cerimônia de aparatoso espetáculo, difunde entre a multidão a crença na feitiçaria e nos poderes sobrenaturais que ela dispõe: uns se dedicam à magia negra, os outros pressentem bruxas em toda parte; desta maneira, os inquisitores que receberam o mandato de sufocar a feitiçaria tornaram-se de fato os seus mais ativos missionários. De outro lado, a técnica do procedimento inquisitorial exigia imperiosamente a confissão da vítima: o interrogatório "continuado senão repetido [i], continuado às vezes durante semanas e meses, ora durante vários dias em seguida, ora com longas interrupções, terminava infalivelmente por arrancar as confissões, precisas e pormenorizadas, tal como as exigia o inquisidor, e fornecia uma descrição completa do Diabo, de seu físico, de seus costumes e de seu comportamento. O Diabo tornou-se assim uma realidade viva. Enquanto as cinzas das feiticeiras queimadas serviam de semente para a feitiçaria, os triunfos repetidos dos profissionais farejadores da pista do Diabo só podia reforçá-los em sua fé na importância e na salubridade de sua empreitada. Como constatava com orgulho um deles, Paramo, em 1404, o Santo Ofício já havia queimado mais de trinta mil feiticeiras — as quais, se houvessem gozado de impunidade, teriam levado à ruína completa o mundo inteiro [18].

A epidemia da caça às bruxas se alastra no século XV. Certas regiões convertem-se em sua terra de eleição; grassava nas regiões montanhosas da Sabóia e da Suíça, mas sobretudo na Alemanha, onde sem dúvida as sobrevivências pagãs eram particularmente tenazes. Em 1484, o próprio Papa Inocêncio IV constata consternado, em sua bula *Summis Desiderantes,* que todos os territórios teutônicos estão cheios de agentes do Diabo [19]. Os inquisidores alemães Sprenger

---

i. Segundo a doutrina inquisitorial, o interrogatório somente podia ser aplicado uma única vez. A prática encontrou uma escapatória muito simples: em caso de má vontade da presumida feiticeira, o interrogatório não era "repetido", mas "continuado", por quanto tempo fosse preciso, para suscitar a confissão.
18. H. Ch. LEA, *Histoire de l'Inquisition au Moyen Age*, Paris, 1902, t. III, p. 659.
19. *Id.*, p. 648

e Institoris, teóricos e homens de ação ao mesmo tempo, redigem neste mesmo ano o *Malleus maleficarum* ("Martelo das feiticeiras"), tratado que gozou de autoridade até a aurora dos tempos modernos e, com todo apoio pontifical, armam tribunal de cidade em cidade, deixando atrás de si um rego de sangue e de fogo. Outrossim, as fogueiras se multiplicam e qualquer desventura, qualquer acidente acontecido em algum lugar era imputado às feiticeiras, e os cristãos terrificados suspeitam uns dos outros de serem escravos de Satã, cuja mão era vista por toda parte. Ninguém pode dizer o número de bruxas que foram queimadas na Europa entre os séculos XIV e XVII, mas se trata seguramente de uma cifra muito elevada. Tal foi a evolução que transformou o Diabo cristão, no início essencialmente um princípio moral do Mal, em uma personagem de forte individualidade, cornudo e peludo, que infesta a terra. Notar-se-á que a transformação teve lugar na mesma época em que se cristalizou e se difundiu através da cristandade o poderoso conceito do judeu infame e malfazejo.

Todavia há mais. Quais são os principais atributos do Diabo? Tem cornos, garras, um rabo; é preto, usa uma barba de bode, seu corpo é coberto de pelos, exala um odor forte — outros tantos símbolos de uma lubricidade, de uma virilidade extremas. Tal é a descrição que dele fazem as feiticeiras, tal é o retrato que os inquisitores consignam em seus autos e difundem em seus manuais: retrato de que eram de fato os principais autores, pois nesses tipos de casos as vítimas limitam-se a curvar-se às exigências desavergonhadas da imaginação de seus perseguidores, e seus relatos constituem somente o seu reflexo fiel.

Estes homens severos, rudes e castos, não recuaram diante da evocação de nenhuma infâmia e de nenhuma luxúria. Criaram o horrível para melhor adorar o belo, e foi com fogueiras que iluminaram seus símbolos no sofrimento e na morte j.

Outrossim o Diabo, duplo e antagonista de Deus, toma em todas as coisas a contraposição daquele.

O batismo apaga a mancha original, o Diabo apaga o batismo; o homem de Deus faz o bem e a caridade, o demoníaco faz o mal e semeia o ódio. Deus espalha a graça sobre seus súditos, o Diabo lhes oferece malefícios; o grande místico conhece o êxtase, o Diabo possui os homens; o bom cristão faz aliança com Deus, o feiticeiro faz um pacto com o Diabo; a missa é o sacrifício agradável à Divindade, o Demônio exige um sacrifício idêntico e derrisório onde tudo é feito em ódio à Divindade; e quando Deus produz milagres, Lúcifer efetua prodígios [20].

j. MAURICE GARÇON e JEAN VINCHON, *Le Diable, Étude historique, critique et médicale*, Paris, 1926.
20. M. GARÇON e J. VINCHON, *Op. cit.*

O agente principal do Diabo na terra é a feiticeira (e não o feiticeiro, que é queimado só excepcionalmente), isto é, a mulher, símbolo da impureza, da fraqueza e da tentação. Certamente algumas infelizes podiam efetivamente sonhar com uma união carnal com o Príncipe do Mal; mas ainda aí a distribuição dos papéis permanece conforme ao espírito do século, no desprezo à mulher, no temor e no horror diante das tentações e blandícias do sexo, contrastando com a divinização da Virgem e com o culto da castidade.

Ora, se examinarmos as legendas que, na mesma época, circulam sobre os judeus, legendas que despontavam aqui e ali no curso dos séculos anteriores, mas que agora conhecem uma difusão universal, constata-se que eles reuniam simultaneamente em suas pessoas os novos atributos do Diabo e os da bruxa. Os judeus são cornudos, como o vimos; ademais, são representado com uma cauda, uma barba de bode (quadrúpede inquietante, que serve por excelência de instrumento de expiação de todos os pecados), e os odores mefíticos que se lhes atribui são tão violentos que persistiram ao longo dos séculos, e incitaram universitários alemães de nossa época a inquirir sobre a natureza e as origens do *fœtor judaicus* [k]. Deste ponto de vista, são hipervirilizados: são verdadeiros super-homens, mágicos secretamente temidos e venerados. Mas, ao mesmo tempo, são fracos e doentios, atingidos por mil afecções malignas, que somente o sangue cristão permite curar (cruzamos aqui de novo com o tema do assassinato ritual); nascem desfigurados, são hemorroidários e, homens tanto quanto mulheres, são afligidos por menstruações [l]: sob esse ponto de vista, são mulheres, isto é, sub-homens, que as pessoas desprezam, que detestam e põem em ridículo. Às vezes, a descrição se precisa, e os males de que sofrem os judeus são diferenciados segundo suas tribos: os descendentes de Simão sangram durante quatro dias todos os anos, os de Zebulão cospem sangue anualmente, os de Ascher apresentam o braço direito mais curto que o esquerdo, os de Benjamim

---

k. Assim, o famoso antropólogo Hans F. K. Günther acreditava na existência de um *odor judæus* hereditário, que ele se propunha estudar com a ajuda de análises químicas (HANS GÜNTER, *Rassenkunde des judischen Volkes*, Munique, 1930, p. 260-268 (cap. Geruchliche Eigenart).

l. Um exemplo característico da combinação destes diferentes temas nos é fornecido pelas acusações levantadas contra os judeus por ocasião do caso de assassinato ritual de Tyrnau (1494):

"Em primeiro lugar, as tradições de seus antepassados lhes dizem que o sangue de um cristão é um excelente meio para curar a chaga produzida pela circuncisão.

"Em segundo lugar, pretendem que este sangue permite preparar um manjar que desperta o amor mútuo.

"Em terceiro lugar, sofrendo menstruações, quer sejam homens ou mulheres, constataram que o sangue de um cristão constitui um excelente remédio.

"Em quarto lugar, são obrigados, em virtude de um mandamento antigo e secreto, a sacrificar sangue cristão anualmente..." (ANTON BONFIN, *Rerum Hungaricum decades*. Dec. V, livro 4).

têm vermes vivos na boca, e assim por diante ᵐ. Em alguns lugares, as leis contra os feiticeiros fazem parte dos estatutos que regem a condição dos judeus, tão evidente é a crença de que estes são ao mesmo tempo mágicos [21]. "Para as massas, o judeu era o mestre das ciências ocultas" [22]. De resto, não festejavam eles o *sabá,* como as feiticeiras e os diabos?

Em suma, reunindo em sua pessoa a gama inteira dos atributos do Mal, os judeus perdem para a imaginação cristã toda consistência humana e pertencem doravante unicamente ao domínio do Sagrado. Mesmo quando não revestidos de atributos propriamente diabólicos, são de qualquer maneira associados aos diabos, que muitas vezes figuram no fundo das gravuras e dos quadros que os representam (de forma que os diabos participam da essência judaica); alhures, os judeus são caracterizados com orelhas de porco no lugar dos cornos [23]. As superstições populares fundem as mesmas associações: a escola judaica é uma escola "negra", o judeu é o intermediário entre o Diabo e aqueles que querem vender a este sua alma; o pacto maldito é selado com seu sangue, e se um doente quer morrer, basta-lhe pedir a um judeu que reze por ele [24]. Em inumeráveis histórias de fantasmas, o judeu aparece seja sob forma humana, seja sob aspecto de um fogo-fátuo [25]. Muitas destas crenças, e outras todas semelhantes, se perpetuaram na imaginação popular até nossos dias.

Pode-se entender esta associação, ou para dizer melhor, esta identificação, entre o judeu e o Diabo, de uma outra

---

m. Pelo que se conhece, a primeira descrição detalhada, das "doenças judaicas" acha-se em um opúsculo publicado em 1630 pelo judeu convertido François de Plaisance. Uma vez mais, encontra-se o nome de um renegado judeu na origem. Esta descrição obteve um grande sucesso: ela foi retomada na Alemanha a partir de 1634 (*Gründliche und wahrhafte Relation von einem Juden, Namens Ahasveros, mit einem Berichte von den 12 Stammen, was ein jedweder Stamm dem Herrn Christo zur Schmach gethan, und was sie bis auf heutigen Tag dafür leyden müssen,* von Chrysostomus Dudulæus, Reval, 1634) e na Espanha no início do século XVIII (*Centinela contra Judios,* trabalho devido à ciência e à vigilância do padre franciscano Francisco de Torrejoncillo, 1728). O panfletário J. G. Schudt (*Jüdische Merckwürdigkeiten,* Francfort e Leipzig, 1714-1718) retoma o tema, não sem o temperar de ceticismo; é assim que, melhor informado que seus futuros êmulos nazistas, admite que o *fœtor judaicus* poderia de fato decorrer do uso imoderado de alho que fazem os judeus, assim como à sua falta de asseio. Assinalemos ainda que deve ter havido na origem desta crença uma espécie de associação entre a impiedade e a infidelidade judaicas e o fedor, os quais se opunham aos aromas celestes da verdadeira piedade (ainda em nossos dias se diz "odor de santidade").

21. É o caso no *Judenrecht* de Breslau (coleção Regulæ juris "Ad Decus" fim do século XIV) onde dois parágrafos sucessivos tratam dos feiticeiros e dos heréticos. (Cf. G. Kisch, *The Jews in Medieval Germany,* Chicago, 1949, p. 360).
22. Artigo "Juifs et chrétiens", por F. Vernet, no *Dictionnaire apologétique de la Foi catholique,* Paris, 1913, p. 1680.
23. Ver as numerosas gravuras, principalmente de origem alemã, reproduzidas em Georg Liebe, "Das Judentum" (*Monographien aus deutschen Kulturgeschichte,* Leipzig, 1903) e em Eduard Fuchs, *Der Jude in der Karrikatur,* Munique, 1921.
24. Ver o artigo "Jude" em *Handwörterbuch des deutschen Aberglaubens,* Berlim e Leipzig, 1931, t. IV, p. 808-818.
25. *Id.*

maneira ainda. Com efeito é notável constatar como certos ilustres teólogos e pregadores, certos santos devidamente canonizados do fim da Idade Média, que dedicavam ao Diabo um interesse imoderado e persistente, especializaram-se acessoriamente na perseguição de judeus. Debruçando-se sobre seus gestos e seus escritos, a gente acredita poder circunscrever deste ponto de vista um certo tipo reformador e profético, característico da época, e de que o Doutor Martinho Lutero, veremos mais adiante, será o modelo mais acabado.

Tal foi o caso de São Vicente Ferrier, o mais célebre dos monges pregadores, que percorria a Espanha e a França, e cuja prédica "provocou entusiasmo e trouxe mudanças tão consideráveis na vida moral dos indivíduos e dos grupos que se comparava sua ação oratória a uma nova evangelização da cristandade" (*Dictionnaire de Théologie catholique*) [26]. Este poderoso sedutor das multidões, que ainda em nossos dias os católicos veneram como autêntico fazedor de milagres, permanece na imaginação popular como "o pregador do fim do mundo" (Hiroshima total: que obra pode ser mais agradável ao Diabo?); acerca deste assunto candente, fez "pregações tão vibrantes que os numerosos ouvintes, crendo chegado o evento, na voz retumbante do santo, ora se jogavam por terra, gementes, ora se erguiam como ressuscitados. Tais acontecimentos não haviam de desaparecer da memória das pessoas" [27]... Era, vemo-lo, um santo com disposições assaz lúgubres; e, por julgar plausível a proximidade do Juízo Final, dedicou-se particularmente à conversão dos judeus. À testa de um bando de "Flagelantes", irrompia nas sinagogas e exigia dos assistentes que rejeitassem imediatamente a Torá e aceitassem a Cruz. Não é de espantar que os judeus tenham guardado dele uma detestável lembrança.

Causou aos judeus espanhóis tais sofrimentos, que os anos de 1412 e 1413 contam entre os mais dolorosos da história judaica (Graetz) [28].

O horror se apoderou dos judeus... Em Toledo, Ferrier entrou na sinagoga e expulsou os fiéis e a proclamou igreja da Virgem Imaculada (Santa Maria Blanca). Com a ajuda dos mesmos procedimentos terroristas, perseguiu os judeus de Saragoça, de Valência, de Tortosa e de outros lugares... (Dubnov) [29].

Por isso São Vicente Ferrier entrou nas crônicas judaicas como o "Flagelo dos Judeus". Não obstante, este

---

26. Artigo "Vicent Ferrier" por M. M. GEORGE no *Dictionnaire de Théologie catholique*, Paris, 1947, t. XV², p. 3.042.
27. Art. cit. de M. GEORGE no *Dictionnaire de Théologie catolique*, p. 3.038.
28. H. GRAETZ, *Geschichte der Juden*, Leipzig, 1864, t. VIII, p. 118.
29. S. DUBNOV, *História dos Judeus na Europa* (em russo), Riga, 1936, t. II, p. 264.

santo recriminava os assassinatos de judeus: "Os cristãos não devem matar os judeus com o cutelo, mas com palavras", e tinha mesmo a seu respeito palavras bastante lisonjeiras [n], mas com a condição de que se convertessem. Caso contrário, prescrevia o isolamento hermético deles: é por sua instigação que foram criados, em 1412, os primeiros guetos espanhóis, as *juderías,* e promulgou-se toda uma legislação antijudaica.

Um outro "flagelo dos judeus" foi São João de Capistrano. Este enérgico inquisitor, cujo biógrafo considera cotendo sido "aquele de nossos santos que exerceu a ação mais marcante e mais decisiva sobre os homens e as coisas de seu tempo" [30], foi também um profeta inflamado e sombrio. Exerceu seu apostolado na Itália e na Alemanha, onde cidades inteiras iam a seu encontro; também ele escolhia de preferência para temas de suas arengas e sermões a morte, o julgamento e o inferno, e seus principais escritos são consagrados ao Anticristo, ao Juízo Final e ao Apocalipse [31]. Assegura-se mesmo que um dia, pregando na cidade de Aquila, diante de cem mil pessoas, evocou uma legião de horríveis demônios que constrangeu a se prostenar, uivando e rugindo, diante de sua auriflama [32]. Raramente este ardoroso asceta perdeu a ocasião de atacar em seus discursos o judaísmo. Ameaçava com a cólera de Deus os príncipes que protegiam os judeus, e gabava-se de ter abolido os "privilégios diabólicos" de muitas comunidades judaicas. Na Silésia, em 1453-1454, encenou toda uma série de processos de assassinatos rituais, com subseqüentes autos-de-fé, e conseguiu efetivamente anular, por algum tempo, os privilégios dos judeus da Polônia [33].

É assim que nesses grandes homens de ação, de alma atormentada, a obsessão do fim do mundo ia de par com a do castigo e o ódio antijudaico. O célebre demagogo religioso Savonarola, durante alguns anos senhor incontestável de Florença, pertence à mesma categoria. Seu caso nos faz perceber melhor o aspecto revolucionário de uma agitação desta espécie, a ecoar as aspirações sociais das massas despojadas. Savonarola, também ele, tinha visões. Ouvia os diabos sussurrarem em seu ouvido: "Fratelo Gi-

---

[n]. "Vós outros tendes uma consolação quando um judeu se converte? Há muitos cristãos bastante tolos para não tê-la. Eles deveriam abraçá-los, honrá-los e amá-los; ao contrário, eles os desprezam porque foram judeus. Mas não devem sê-lo, pois Jesus Cristo foi judeu, e a Virgem Maria foi judia antes de ser cristã. É grande pecado aviltá-los. Este Deus circunciso é o nosso Deus e tu serás danado como aquele que morre judeu. Pois é preciso ensinar-lhes a doutrina para que estejam a serviço de Deus..." (S. Mitrani-Samarian, Un sermon valencien de saint Vicente Ferrier, *R. E. J.*, LIV, p. 241).

30. L. de Kerval, *Saint Jean de Capistran, son siècle, son influence*, Paris, 1887, p. 10.
31. *Id.*, p. 125.
32. *Id.*, p. 64.
33. M. Brann, *Geschichte der Juden in Schlesien*, Breslau, 1896-1910, p. 115-149.

rolamo, fratelo Girellaio, padre confessione, padre confusione"º. Longe de vê-lo com uma auréola de santidade, a Igreja o excomungou e ele pereceu na fogueira. No auge de seu poder, quando depois de haver expulso de Florença os Médicis, estabeleceu uma espécie de democracia teocrática, na qual a vida privada dos cidadãos era submetida a um controle quase totalitário, e onde as crianças eram encarregadas de espionar os pais, expulsou os judeus da cidade e fundou um montepio, ao mesmo tempo em que reformava a justiça, reorganizava os impostos e elaborava uma nova constituição.

O temperamento mais suave de outros santos célebres da mesma época não os impedia de odiar os judeus com igual virulência: dir-se-ia que despendiam nisto toda agressividade o que sua alma podia conter. Fundador do culto do Sagrado Nome de Jesus, São Bernardino de Siena considerava que os judeus conspiravam contra os cristãos de duas maneiras: os usurários judeus "extorquem aos cristãos seus bens terrenos através de usuras públicas", enquanto que os médicos judeus "procuram lhes roubar a saúde e a vida"; conhecia a confissão de um médico judeu de Avinhão que,

> na hora da morte, confessou que morria contente, porque havia tido o prazer durante sua vida de matar milhares de crisãos com os pretensos remédios que lhes administrara e que não passavam de venenos [34].

Seu sucessor e aluno, o bem-aventurado Bernardino de Feltre, parece ter sido um desses grandes místicos cujo poderoso temperamento religioso conjugava-se com notáveis dons de organizador. Por certos traços de caridade poética e delicada, este franciscano lembrava o grande fundador da ordem; por outros aspectos — as mortificações, jejuns e flagelações que praticava e pregava — foi bem um filho de seu século. Atribuiu-se-lhe o seguinte encantador apólogo, que contava aos doentes e aos enfermeiros de um hospital:

> No livro dos sofrimentos deve estar escrito: Paciência, paciência, paciência, e no das pessoas que os assistem: Caridade, caridade, caridade. Mas cada um deve contentar-se em ler seu livro e não olhar o que contém o do outro, pois no meio de mil acidentes produzidos pela fraqueza humana, se uma pergunta ao outro: "Onde está vossa caridade?", ele comprometerá sua paciência, e se o outro replica: "Onde está vossa paciência?", ele comprometerá sua caridade. Não sejamos como o escolar que, em vez de estudar a lição em seu livro, olha curiosamente para o livro do vizinho; este escolar não poderá responder à interrogação do mestre e será castigado [35].

---

o. "Frei Jerônimo, frei cata-vento, padre confessor, padre confusão."
34. ABADE DE SURREL DE SAINT-JULIEN, *Un grand bienfaiteur du peuple*, p. 156.
35. E. FLORNOY, *Le Bienhereux Bernardin de Feltre*, Paris, 1897, p. 70.

Mas toda caridade abandonava São Bernardino de Feltre desde que se tratasse de judeus. Transmutava-se então, segundo sua própria expressão, em "cão que ladra":

> Os usurários judeus arruinam os pobres e engordam com sua substância, e eu, que vivo de esmolas, que me alimento do pão dos pobres, serei como um cão mudo diante da caridade ultrajada! Os cães ladram em defesa daqueles que os alimentam, e eu, que os pobres alimentam, verei arrebatar o que lhes pertence e me calarei! Os cães ladram para seus senhores, e não deverei eu ladrar para o Cristo! [36]

Seus biógrafos louvam-no por não haver caído de modo nenhum nas obliqüidades características dos pregadores de sua época, e por não se ter dedicado às profecias apocalípticas de guerras, flagelos e outras calamidades cruéis. Abstinha-se, de fato, de profetizar, salvo no que concerne aos judeus. Assim, pregando em Trento, no Tirol, advertia os fiéis do perigo judeu, e especifica que "a festa da Páscoa não passará sem que saibais de alguma coisa" [37]. Alguns dias mais tarde explodia o célebre caso do assassinato ritual do pequeno Simão de Trento [p]. (É evidentemente impossível dizer se surgiu espontaneamente em conseqüência da pregação do bem-aventurado, ou se este esteve de algum modo mais diretamente envolvido). Ao mesmo tempo que propagava a legenda do assassinato ritual, São Bernardino de Feltre lutava com eficiência contra a usura: sob sua enérgica iniciativa, a Ordem dos Franciscanos abria no fim do século XV "montepios" * (o título é significativo) principais cidades da Itália, permitindo que os deserdados deixem de recorrer aos usurários cristãos ou judeus. Mais tarde, o exemplo foi imitado na Alemanha e na França.

Vê-se pois que a questão não é tão simples: o exorcismador do Diabo luta freqüentemente ao mesmo tempo contra males reais e se conjuga com um reformador social: do mesmo modo o judeu imaginário que ele persegue e que o atormenta se duplica às vezes com um usurário real, seja judeu ou cristão. Isto não é mais que natural, pois em um século onde a distinção entre o sagrado e o profano nunca foi muito clara, onde toda atividade social é ao mesmo tempo obra pia e agradável a Deus, as duas imagens se superpõem: atrás do mal, vê-se necessariamente a mão do Diabo, e por isso é impossível estabelecer a distinção entre o judeu-diabo (que anda pela Europa inteira) e o usurário judeu (presente nesta época somente em certas regiões). Mas, em definitivo, a ilusão apenas encobre as realidades sociais: as inflete e as domina.

---

36. E. FLORNOY, op. cit., p. 122.
37. Id., p. 129.
  p. Cf. p. 53.
  * O A. refere-se à expressão original monts-de-pieté que designa casa de penhor. (N. do T.).

Uma outra ilustração desse inquietante papel que assumiam os judeus na imaginação cristã, particularmente eloqüente porque as realidades sociais estão aí inteiramente ausentes, nos é fornecida pelo caso dos médicos judeus, que tanto preocupavam São Bernardino de Siena, e que ao longo de toda Idade Média desempenharam um papel tão considerável. O que é um médico? Foi, outrora, um feiticeiro, e é em nossos dias ainda, na relação particular que une o doente a seu doutor, um personagem que detém um poder augusto e essencial. Em suma, um médico permanece sempre mais ou menos um mágico. Outrossim a questão que se colocava na Idade Média era de saber: sua misteriosa arte de curar lhe era concedida por Deus ou pelo Diabo? Pelo Diabo, no caso dos médicos judeus, respondiam numerosos textos canônicos. Cronologicamente, o primeiro, parece, o Concílio de Béziers de 1246 proibia, sob pena de excomunhão, aos cristãos de recorrer a seus cuidados, "pois é melhor morrer que dever a vida a um judeu". Esta proibição é reiterada pelos Concílios de Albi (1254), de Viena (1267), por um parecer da Universidade de Paris (1301) e por numerosos concílios dos séculos XIV e XV. É preciso pois, mesmo em perigo de vida, se abster de recorrer à medicina judaica. De resto, segundo uma outra versão, conduzir-se assim não é somente realizar obra pia, é também fazer obra de salutar prudência, pois, longe de curar seu doente cristão, o médico judeu apenas procura agravar o caso. Deliberadamente, ele o envenena: segundo legendas muito antigas e obscuras, Carlos o Calvo, Hugo Capeto e mesmo o Imperador Carlos Magno figuravam entre suas vítimas [38]. Em seguida, a suspeição se torna mais precisa e cifras certas são fornecidas. Sem dúvida o ciúme profissional se confunde também (mas, por outro lado, é o ambito dos temas do assassinato ritual e do envenenamento em grande escala): a Faculdade de Medicina de Viena faz saber que a ética particularíssima dos médicos judeus lhes prescreve assassinar um cliente em cada dez [39]; segundo uma versão corrente na Espanha, trata-se de um cliente em cinco [40]. Em definitivo, toda esta questão é bem turva; parece que não se sabe muito bem o que quer exatamente o Diabo e como opera: procura ele perder a alma dos cristãos, quando por intermédio do médico judeu consegue a cura de seu corpo, ou, a salvação do corpo sendo inseparável da alma, procura destruir um e outro ao mesmo tempo?

---

38. "Hincmari remensis annales", *M. G. H.*, SS 504; RICHERI, *Hist. Lib.*, III; *M. G. H.*, SS II, 996.
39. I. TRACHTENBERG, *The Devil and the Jews*, Nova Iorque, 1943, p. 97 e 238.
40. A. FURST, *Christen und Juden* (Estrasburgo, 1892, p. 85) que se refere a *Reconvenciones caritativas a los Profesores de la Ley de Moyses*. de GERONIMO FEIJOO Y MONTENEGRO (cerca de 1750).

Cada versão tinha seus partidários. Apesar disso, ou talvez precisamente por causa disso, os facultativos judeus beneficiavam-se junto aos príncipes, assim como junto aos plebeus, de extrema consideração. Em particular, os chefes supremos da cristandade, de Alexandre III no século XII a Paulo III no século XVI, tratavam-se tradicionalmente com doutores judeus; estes eram bafejados com privilégios extraordinários, sendo dispensados do uso da rodela ou do chapéu judeu, e, por vezes, desempenharam nos bastidores um papel político considerável.

No caso, pode-se admitir que os soberanos pontífices, mais esclarecidos que a massa da cristandade, não partilhavam das superstições correntes e preferiam simplesmente confiar sua vida a médicos serviçais, hábeis e seguros. Pode-se dizer o mesmo da atitude inconseqüente do Conde Afonso de Poitiers, irmão de São Luís, e tão hostil aos judeus quanto este último, que, após ter sido o protetor do Concílio de Béziers de 1254, chamou da Espanha um médico judeu para tratar de sua vista?[41] ou do princípio estabelecido pelos reis de Castela no início do século XV, segundo o qual "não haverá mais médico entre os judeus, exceção feita ao médico do rei"?[42] Certamente, grande é a fraqueza humana diante da doença, não havendo dúvida que o Diabo concedeu aos judeus um poder extraordinário, mas não é permitido à arraia miúda recorrer a ele: isto é privilégio reservado aos grandes. Mesmo quando sucumbem eles próprios ao pecado, reprimem-no severamente nos seus súditos. Por aí se vê bem que se trata de um problema moral, e não de um problema médico, pois, no plano concreto, a medicina judaica ou é boa para todos ou é má para todos; somente em relação às blandícias do Tentador se justifica uma atitude tão intensamente ambivalente.

Será preciso acrescentar que todas essas interdições se mantinham sem grande eficácia e que a exemplo dos príncipes, os burgueses se entregavam de preferência aos cuidados dos médicos judeus? Na crônica medieval abundam exemplos de privilégios, favores e atenções de que estes se beneficiavam: em 1369, o doutor Isaac, que se instala em Mogúncia, é autorizado a residir no palácio do Príncipe Eleitor[43]; em 1394, Salomão Pletsch é nomeado médico municipal de Francfort, com um salário anual de 36 gulden e de 6 côvados de tecido[44]; melhor ainda remunerado era

---

41. E. BOUTARIC, *Saint Louis et Alfonse de Poitiers*, Paris, 1870, p. 87.
42. "Nos dias do Rei João, filho do Rei Henrique, novos sofrimentos se acrescentaram... E decidiu-se também que nenhum judeu seria cirurgião ou médico, exceção feita para o médico do rei..." (SCHEVET IEHUDA, *Chronique de Salomon ibn Verga*, Hanover, Ed. Wiener, 1856, fol. 88, p. 180. Cf. também F. BAER, *Die Juden in christlichen Spanien*, t. I., p. 35, nota 2).
43. I. MUNZ, *Die jüdischen Artzte im Mittelalter*, Frankfort, 1922, p. 51.
44. *Id.* p. 54.

Baruch, médico do Príncipe Eleitor da Saxônia, a saber: 30 alqueires de trigo, 1 pipa de vinho, 6 quartos de cerveja, 20 ovelhas e 1 boi todos os anos, a que vinha somar-se uma residência gratuita (1464) [45]; quando em 1519 os judeus são expulsos de Rottenburg, o médico Isaac Oeringer é convidado a permanecer (o que se recusou a fazer) [46]; sabe-se também que Jacob Loans, médico pessoal do Imperador Frederico III, foi o mestre venerado do humanista Reuchlin, e que Elias Montalto, médico de Maria de Médici, a acompanhou a Paris, tornando-se o médico pessoal de Luís XIII numa época em que o acesso à França estava rigorosamente proibido aos judeus. Da mesma forma (a crer no malicioso erudito Sauval), Francisco I só confiava em médico judeu, mas além disso, que fosse bem judeu, isto é, não adulterado pelas águas do batismo... [q] Poder-se-ia citar grande número de outros exemplos, tais como foram colecionados por pesquisadores meticulosos, e houve até doutoras judias muito reputadas, Sara de Würzburg, Zerlin de Francfort... Todos esses facultativos eram em geral isentados da capitação e, como o atestam os arquivos, amiúde remunerados pela municipalidade. Outrossim os diligentes inimigos do Diabo voltavam incansavelmente à carga. "Antes ficar doente se tal é a vontade divina, que sarar com a ajuda do Diabo, por meios proibidos. Recorrer a médicos judeus, é alimentar serpentes em nosso seio, é criar lobos em nossa casa!" exclama o clérigo de Francfort em 1652 [47]. Também, o de Hall na Suábia: "Antes morrer em Cristo, que ser curado por um doutor judeu e Satã" (1657)! [48] Nenhum dos grandes perseguidores de judeus, de Martinho Lutero e Pfefferkorn no século XVI a Eisenmenger e Schudt no século XVIII deixaram de evocar esse tema; mais ainda, o médico judeu é geminado com o usurário e ambos se dedicam a um ataque convergente contra a fortuna e a saúde dos cristãos; esta idéia, já cara a São Bernardino de Siena, foi desenvolvida por Du Cange em seu célebre *Glossaire,* e resumida como segue por um autor do século XIX: "Todo homem é fraco diante da doença e diante da miséria: os judeus se fizeram médicos e usurários" [49].

45. *Id.,* p. 55.
46. *Id.,* p. 49.
q. Segundo este antepassado da "pequena história" que foi o advogado Sauval, "Francisco mandou pedir a Carlos V na Espanha um médico judeu, para uma moléstia que os médicos da corte não tinham podido curar; mas como [Carlos V] não encontrou nenhum, lhe enviou um médico judeu recém-convertido, tão ele (Francisco) foi informado que não era antes cristão demitiu-o sem mesmo ter querido lhe apresentar o pulso, nem sequer lhe dizer algo sobre sua moléstia, e mandou vir um de Constantinopla que lhe restabeleceu a saúde com leite de jumenta..." (H. Sauval, *Histoire et Recherche des antiquités de la ville de Paris,* Paris, 1724, t. II, p. 526).
47. I. Kracauer, *Geschichte der Juden in Frankfurt am Main* (Frankfort, 1925-1927, t. II, p. 264).
48. S. Krauss, *Geschichte der jüdischen Aertzte,* Viena, 1930, p. 56.
49. E. Flornoy, *Le Bienhereux Bernardin de Feltre, op. cit.,* p. 136.

A extraordinária persistência do mito dos médicos judeus envenenadores ressalta nitidamente à luz do famoso caso que, no início de 1953, emociona o mundo, quando os dirigentes de um poderoso império deram a saber que os médicos judeus, sob a instigação de uma organização judaica, haviam atentado contra as preciosas existências dos chefes supremos deste império e de seu exército. Alguns meses após, o caso foi revisto e enterrado; mas sua significação simbólica continua inteira.

Resta saber se a ciência dos doutores judeus da Idade Média, nutridos de tradições talmúdicas, familiarizados também com as conquistas da medicina árabe, foi realmente superior à de seus confrades cristãos. Esta questão ultrapassa evidentemente o âmbito do presente trabalho. Mas nos parece útil, em todo caso assinalar que foram numerosos os ilustres médicos judeus que se preocuparam em cuidar das almas ao mesmo tempo que dos corpos, a começar por Maimônides, este grande filósofo que foi concomitantemente um grande médico, e a terminar por Freud, esse grande médico que marcou extremamente a filosofia de nossa época...

Tal como já salientamos em diferentes oportunidades, a sombra dos judeus continua a fazer tremer o coração de numerosos cristãos, mesmo muito tempo após sua expulsão definitiva. Um diligente caçador de bruxas, Pierre de Lancre, que, no início do século XVII, queimou um grande número delas no Midi da França, e que em seus dias de velhice escreveu um manual de feitiçaria, consagrou uma parte dessa obra aos judeus, "mais pérfidos e infiéis que os demônios". Em longo capítulo, expõe como eles se aconselham com o Diabo, a fim de melhor proteger seus perniciosos livros e doutrinas, enumera em pormenor "as doenças fétidas" de que são afetados, concluindo depois que

> Os judeus são dignos de toda execração e, como verdadeiros criminosos de toda majestade divina e humana, merecem ser punidos com os maiores suplícios: o braseiro, o chumbo fundido, o óleo fervente, o pez, a cera e o enxofre incorporados juntos não constituíram tormentos assaz rigorosos, sensíveis e cruéis para a punição de tão grandes e horríveis crimes que esta gente comete ordinariamente... 50

Quem caça a feiticeira caça os judeus, os quais fazem parte doravante de uma espécie de família ímpia: Diabo, judeu, feiticeira; ou melhor, o papel que lhes cabe nessa escabrosa mitologia poderia ser comparado ao dos santos,

---

50. *L'Incrédulité et mescréance du sortilège pleinement convaincues*, por P. DE L'ANCRE, conselheiro do Rei em seu Conselho de Estado, Paris, 1622. Tratado VIII, p. 446 *sq*.

intercessores junto a Deus, porém mais acessíveis, mais familiares, mais humanos que o Todo-Poderoso. Talvez, retomando o que escreveu a propósito do culto dos santos um dos mais sutis conhecedores do medievo, pode-se dizer que o ódio aos judeus, "canalizando o excedente das efusões religiosas e do temor sagrado, atuou sobre a piedade exuberante da Idade Média à maneira de um calmante salutar" [51]. Uma vez mais, se o judeu não existisse, seria preciso inventá-lo.

O EMPEDERNIMENTO DEFINITIVO DOS JUDEUS: O GUETO

Tornemos a descer à terra. Passemos aos judeus reais, expulsos da Inglaterra e da França, e que são tolerados, a partir do fim do século XIV, apenas nas terras do que havia sido o Santo Império Germânico. E foi assim, nós o vimos, por razões puramente políticas, pois somente num país submetido a uma autoridade central única era realizável sua expulsão simultânea e total.

Lá onde persistem, os judeus são descritos, na maior parte das crônicas deste tempo, como cupidos que despojam pequenos e grandes, e cuja atividade malfazeja parece imprimir sua marca em toda a vida social da época. Vimos o que pensava um Bernardino de Feltre na Itália; na Alemanha, a crer em Erasmo de Erbach, seria pior ainda:

> Os judeus pilham e escorcham o pobre. A coisa se torna verdadeiramente intolerável; que Deus tenha piedade de nós! Os judeus se instalam agora com postos fixos nas menores aldeias: quando adiantam cinco florins, tomam penhores, que representam seis vezes o valor do dinheiro emprestado; depois exigem os juros dos juros, e desses ainda os novos juros, de maneira que o pobre se vê por fim despojado de tudo o que possuía [52].

Diversos historiadores alemães do último século, e sobretudo Werner Sombart, procuraram firmar por meio de tais citações que um papel primordial foi desempenhado pelos judeus na gestação do regime capitalista, e elaboraram para tal efeito uma interpretação da história que desempenhou seu papel na gênese da *Weltanschauung* nazista. Em nossos dias, os melhores historiadores da economia [r] não acreditam muito em uma influência particular qualquer dos judeus nas grandes transformações econômicas dos séculos XV e XVI. A bem dizer, o problema não foi ainda tratado com

---

51. I. Huizinga, *Le Déclin du Moyen Age*, Paris, 1948, p. 203.
52. Citado in J. Janssen, *Die allgemeinen Zustande des deutschen Volkes beim Ausgang des Mittelalters*, Friburgo, 1887, t. I, p. 396.
r. Cf. H. Pirenne, *Histoire économique de l'Occident m d'eval*; H. Heaton, *Histoire économique de l'Europe*; H. Tawney, *La Religion et l'essor du capitalisme*, etc.

base em uma documentação completa, que seria de resto muito difícil de reunir (mas um tal trabalho valeria seguramente a pena); na falta deste, um argumento muito simples nos mostra que, no caso, o papel dos judeus não poderia ser de maneira nenhuma determinante.

É impossível pretender, com efeito, que as estruturas econômicas na França e na Inglaterra diferiam nesta época daquelas da Alemanha ou da Itália, que tenham conhecido um atraso qualquer em relação a estas últimas. A presença ou a ausência dos judeus não influiu pois em nada numa evolução de conformidade com a qual em toda a Europa, as cidades se desenvolviam, o papel do comércio crescia em importância e a fortuna começava a prevalecer sobre o nascimento. Daí é preciso convir que, nas crônicas em questão, o termo "judeus" deve ser tomado em sentido lato ou imaginário, englobando aqueles que alguns dos mesmos escritos denominavam ingenuamente de "judeus cristãos", quer se tratasse de usurários muito cristãos ou de fundadores das grandes companhias comerciais que foram as antepassadas das sociedades por ações. E, no que concerne aos judeus alemães em particular, aos asquenazitas, sua desgraça é profunda não somente do ponto de vista social, mas também do ponto de vista financeiro. Vimos que o foro anual comunitário que pagavam outrora ao imperador ou aos príncipes foi substituído no século XIV por uma "capitação" individual; esta por sua vez deu origem a um pedágio corporal que os assimila aos animais: "Sobre cada boi e porco e sobre cada judeu, um sol", é dito num texto da época [53]. De tempo em tempo, algumas individualidades emergem e, no fim do século XIV, encontramos ainda alguns judeus, um Moisés Nurnberg em Heidelberg, um Joseph Walch em Viena, que são coletores oficiais de impostos; no início do século XVI, os judeus alemães acharam um hábil e enérgico defensor na pessoa de Josel de Rosheim, nomeado por Carlos V, "chefe supremo e regente dos judeus". Mas a grande maioria, prestanistas de usura ou adeleiros, ganha a vida como pode e quando pode, vivendo em insegurança e miséria permanentes. Dada a instabilidade de seu gênero de vida, suas freqüentes mudanças de residência, as camuflagens obrigatórias, não é inverossímil que tenham tomado parte na elaboração deste meio cômodo de mobilização e dissimulação de haveres que é a letra de câmbio, tal como o afirma Sombart: mesmo aí, na falta de uma documentação suficiente, somos obrigados a ater-nos a suposições.

Tudo isto permanece secundário diante da retirada dos judeus para uma vida isolada, conduzindo ao nascimento de

---

53. Documento citado por J. LEMAN na obra *L'Entrée des Israelites dans la société chrétienne*, Paris, 1886, p. 11.

uma sociedade hermeticamente fechada, em cujo seio os usos e costumes e o conjunto dos comportamentos que examinamos nos capítulos precedentes, encontram sua expressão definitiva. E acima de tudo a atitude sacrária diante do dinheiro, fonte de toda a vida. Pouco a pouco, cada passo e cada ato da vida cotidiana de um judeu são submetidos ao pagamento de uma taxa: deve pagar para ir e vir, pagar para vender e para comprar, pagar para ter o direito de rezar em comum, pagar para casar-se, pagar pelo filho que nasce, pagar até pelo morto que é preciso levar ao cemitério. Sem dinheiro, a coletividade judaica está consagrada inevitavelmente a desaparecer. Outrossim, os rabinos comparam doravante os azares financeiros (por exemplo a anulação de dívidas decretada por um príncipe) aos morticínios e expulsões, vendo aí a intervenção divina, um castigo merecido vindo do alto [54].

Neste sentido, e neste sentido somente, pode parecer a um observador superficial que os judeus foram os agentes por excelência da "mentalidade capitalista". Mas esse dinheiro, tão cobiçado e tão precioso, é desembolsado com uma facilidade extrema, em função de uma simples injunção moral, se ela era prescrita pelo dever de solidariedade, se se tratava de resgatar prisioneiros ou intervir em favor de irmãos acusados de assassinato ritual. Neste último caso, um talmudista de renome ordena mesmo às comunidades das cidades vizinhas pagar sua quota-parte para remediar um perigo que ele compara, note-se bem, a uma inundação, a uma calamidade natural, e sua deliberação faz jurisprudência. (O texto se encontra em nota e é um excelente exemplo da sutileza jurídica de um raciocínio baseado no Talmud) [s].

---

54. Assim, por exemplo, o RABINO JOSLEIN BEN MOSES, no manuscrito *Leket Joscher*, Biblioteca de Munique, p. 88.

s. Trata-se da consulta (*responsa*) que o rabino de Pávia, Joseph Kolon (Maharik), fez às comunidades judaicas da Alemanha, quando surgiu o caso de assassinato ritual de Ratisbona (1476). Eis o texto: "Por toda parte chegou a notícia do perigo que paira sobre as cabeças de nossos irmãos encarcerados em Ratisbona — que o Senhor os proteja! — e que ameaça também as comunidades vizinhas. Os rabinos mais reputados foram reunidos pela santa comunidade de Nuremberg a fim de conferenciar sobre as vias e os meios para salvar os acusados, inocentes de qualquer crime, e que entretanto hão de ser levados à morte. Mas é de temer que correligionários, comunidades inteiras ou mesmo parentes, embalando-se na segurança e crendo-se ao abrigo de todo perigo, recusarão sua ajuda à obra de salvação, ainda que em verdade — que o Senhor nos poupe! — as turbas malfazejas possam precipitar-se sobre suas cabeças, se nossos infelizes irmãos de Ratisbona não forem salvos. Daí por que respondo de bom grado à petição de meus mestres, que me solicitam mostrar-lhes o caminho da luz, a fim de que a desgraça não se abata sobre suas cabeças.

"Antes de mais nada, é de pleno direito que devam contribuir para os gastos das comunidades vizinhas, pois é certo que elas também deverão beber do cálice da amargura se a desgraça a qual estão expostos nossos irmãos de Ratisbona não for evitada. A salvação destes últimos lhes concerne também; a catástrofe, se ela acontecer, os golpeará também. Daí e devemos impor-lhes a obrigação de participar nos encargos tornados em função daquilo que podemos considerar como garantido para o futuro, e devemos impor-lhes a obrigação de participar nos encargos tornados necessários pela obra de salvação. Encontra-se uma analogia para este

Habilidade, faculdade de adaptação e cautela, solidariedade a toda prova, até aqui apenas nos ocupamos das características que em todas as épocas foram as dos grupos minoritários de todo tipo vivendo em meio a uma sociedade malevolente ou hostil. Em geral, estes grupos acabam todos cedo ou tarde por abandonar seus valores próprios, as particularidades, usos e costumes que constituem sua herança ancestral e por se dissolver na sociedade circundante. Se os judeus foram exceção à regra, é sem dúvida também porque a atitude extraordinariamente complexa dos cristãos para com eles os colocava em uma situação verdadeiramente única no gênero.

Vimos no capítulo anterior, a que ponto foram detestados. Mas ao mesmo tempo a cristandade, longe de desconhecer ou de desdenhar sua herança, a disputava encarniçadamente. Todo um sistema de interpretação, baseado em certas passagens do Novo Testamento e válida ainda em nossos dias, foi elaborado a fim de demonstrar que a Igreja

<small>caso no *Baba mezia*. R. Iehuda diz: se uma torrente que desce dos cimos e se perde nas areias ou é desviada pelas pedras, os agricultores do vale devem contribuir para reaproveitá-la, pois eles têm necessidade dela para seus campos. Mas se a perda ou o represamento da torrente ocorre num vale, os agricultores dos cimos não têm de contribuir para seu reaproveitamento, pois esta lhes causará mais danos que vantagens: a torrente correrá mais depressa e deixará menos umidade nos campos situados nos picos. É diferente no que concerne à contribuição para a vala que serve para evacuar da cidade as águas da chuva que aí se acumularam. Neste caso, os proprietários das casas das partes superiores da cidade devem contribuir para os trabalhos de escoamento quando as partes inferiores estão inundadas. Pois mesmo se estas partes inferiores estão apenas ameaçadas no momento, a inundação das partes superiores também é inevitável, se a luta contra o perigo não é empreendida a tempo. Do mesmo modo em nosso caso o perigo é inevitável para as comunidades vizinhas, se Ratisbona não for salva, e elas devem contribuir para o salvamento, mesmo que pareçam estar em segurança no momento. Sim, o perigo é inevitável, pois nossos inimigos trabalham sem descanso para a nossa perdição — que Deus nos proteja deles! — e estas comunidades devem ter presente ao espírito os versículos: 'Feliz o homem que está constantemente no temor!' (*Provérbios*, 28, 14). E mesmo se objetam que os rumores mentirosos que tanto mal fizeram aos judeus de Ratisbona não chegaram às suas cidades e que não se pode falar de um perigo iminente, mas sim de um temor a um perigo, eu declaro que mesmo neste caso elas devem contribuir com sua quota-parte. Pois nossos sábios explicam que quando se trata da luta contra um perigo não presente ainda, há lugar para a contribuição (*Baba batra, 8a*), quando se trata de reforçar os muros da cidade, de guardar o arsenal ou de enviar cavaleiros para ver se as tropas inimigas não estão próximas. E a preocupação do perigo certamente existe em nosso caso. Assim também, todos os habitantes de uma cidade podem ser obrigados a trabalhar nas fortificações, e o proprietário de uma casa, mesmo se ele não a habita, pode ser forçado a reparar a porta e a prover de um cadeado, a fim de evitar todo perigo. Em quão maior grau as comunidades vizinhas de Ratisbona têm necessidade de proteção, não somente para seus corpos, mas também para suas almas! E em quão maior grau têm o dever de contribuir para esta proteção, mesmo se seus membros devem vender os casacos que cobrem seus corpos e os cabelos que crescem em suas cabeças! É para fins desta proteção que os piedosos rabinos se reuniram em Nurenberg, que nosso pai no céu lhes proporcione bom êxito em sua tarefa: cada membro de cada comunidade deve desincumbir-se de sua imposição, mesmo se um é taxado mais que o outro. Como não ousam, por temor dos príncipes e dos potentados, exigir das comunidades o pagamento de suas contribuições, exijo que todos os judeus da Alemanha, sob ameaça de excomunhão, não se oponham às intenções dos rabinos e lhes paguem suas quotas-partes respectivas, a fim de que sejam libertados nossos irmãos injustamente acusados e perseguidos. Quanto àquele que der prova de má vontade e não quiser obedecer, que seja excluído de sua comunidade, que seja maldito, que a água penetre em seu corpo e o óleo em seus ossos, que seu nome seja votado ao esquecimento. Quanto</small>

era o verdadeiro Israel eleito [t]; os Patriarcas eram chamados em socorro, e citados a título de testemunhas: os judeus, sublinhava-se, são de fato da raça de Abraão, mas "filhos primogênitos", são filhos da escrava Agar, daí sua "servidão perpétua"; os cristãos, por sua vez, descendiam (espiritualmente, entenda-se) de Sara em linha direta [u], ou bem (duas gerações mais adiante) os judeus são filhos de Esaú e os cristãos os de Jacó [v], ou então (ainda duas gerações mais abaixo) os judeus representam Manassés, o irmão primogênito, e os cristãos Efraim, o filho mais novo, ao qual coube contudo a bênção patriarcal [x]. Este jogo de símbolos, que haure sua origem principalmente nas epístolas de São Paulo, constitui seguramente um admirável terreno de caça para os psicanalistas, que facilmente destrinçarão a arquetípico quarteto no qual o irmão caçula, de preferência assistido por sua mãe, suplanta o irmão primogênito na afeição do pai, ou antes se apodera de sua força; eles acrescentarão que o primogênito aparece aí somente para mascarar o pai e que, na realidade, se trata de uma agressão direta e bem-sucedida contra o pai. Assim o judaísmo seria o pai desapossado, a respeito do qual o filho experimenta sentimentos extraordinariamente violentos e confusos: ódio, temor, remorso... Há sem dúvida muita verdade nisto: mas não é preciso ir tão longe para compreender não somente a extraordinária *superestimação* de que se beneficiava a herança judaica e, portanto, os judeus enquanto tais, junto aos cristãos, mas também a maneira como esta herança tão cobiçada podia ser por este fato realçada e valorizada pelos próprios judeus.

Assim, a caça a suas almas só podia fortalecer nos judeus a idéia que podiam alimentar de sua importância:

àquele que obedece, uma bênção certa o espera. Assim fala o homem incapaz de reinar e que escreve na humildade, o insignificante Joseph Kolon." (*Responsa*, n.º 4).

t. Cf. o *Dictionnaire de théologie catholique*: "O teólogo... sabe que a Igreja sucedeu à Sinagoga, que ela é a herdeira de todos os seus livros; que o povo judeu, rejeitado por sua infidelidade, foi substituído pelo povo cristão, que se tornou o povo de Deus. A Igreja não cessa de repeti-lo em suas preces: "plebs tua, populus tuus, familia tua, gens tua", estes termos, que fazem parte de mais antiga terminologia litúrgica, têm por objetivo insistir sobre o fato da substituição da raça judia pela cristã" (artigo "Liturgie", Paris, 1932, t. IX, p. 790).

u. *Epístola aos Gálatas*, IV, 22-31: "... pois está escrito que Abraão teve filhos, um de mulher escrava e outro da mulher livre... estas coisas são alegóricas... Uma, que concebe para a escravidão, é Agar... e ela corresponde à Jerusalém atual, que está na escravidão com seus filhos. Mas a Jerusalém lá de cima é livre, a qual é nossa mãe... É por que, irmãos, nós não somos filhos da escrava, mas da mulher livre."

v. *Epístola aos Romanos*, IX, 6-13: "Todos aqueles que descendem de Israel não são Israel, e por serem da posteridade de Abraão, nem todos são seus filhos... O mais velho será servo do mais moço, segundo está escrito: "Amei a Jacó, porém me aborreci com Esaú."

x. *Epístola aos Hebreus*, XI, 21: "Foi pela fé que Jacó, moribundo, abençoou cada um dos filhos de José e que adorou apoiado na exremidade do seu bordão". Este versículo se refere a *Gênesis*, XLVIII: José leva ao leito de morte de Jacó seus dois filhos Manassés e Efraim, a fim de serem abençoados: Jacó, contra a vontade de José, abençoa Efraim, o mais novo, com a mão direita, e Manassés, o primogênito, com a mão esquerda.

não dava a Santa Sé, desde 1236, a saber que se a conversão de todo pagão é obra salutar, a do judeu é particularmente preciosa? ᶻ Considerações escatológicas aí se mesclavam: se, como se lia em São Paulo e Santo Agostinho, a conversão geral dos judeus significava o fim dos tempos ᵃ', só, por conseguinte, dependia, parece, de sua boa vontade acelerar ou retardar o juízo final de Cristo e a renovação do mundo; e "a salvação de todos os povos estava, por sua malícia, diabolicamente suspensa" (Leon Bloy) [55]; que poder terrível em suas mãos! (Vimos as conseqüências que daí inferia um São Vicente Ferrier; será igualmente fácil concluir a partir disso a onipotência judia!) Nesse sentido, poderia-se dizer, a Igreja tudo fez para propagar entre os judeus a idéia de sua unicidade e de sua eleição.

Mas isto foi verdadeiro sobretudo para a época em que os judeus e cristãos tinham uma linguagem comum e participavam amplamente na mesma cultura, em que se defrontavam nas "disputas" às vezes amistosas; onde de qualquer modo reconheciam-se mutuamente qualidade humana. Pois, desde então, o fosso que os separa se torna intransponível, e se de um lado as tentativas de conversão forçada continuam, de outro, o diálogo é interrompido. A atitude dos judeus face aos ataques cristãos torna-se do gênero daquela que se adota diante dos animais ferozes ou das calamidades da natureza, e a opinião que se tem deles não lhes importa muito. Às invectivas e às injúrias, respondem com um silêncio glacial. A tradição dos escritos apologéticos, tão característica da vida na dispersão, e que remonta ao *Contra Apio* de Flávio Josefo, se interrompe com os judeus alemães [56]. Doravante, nenhum esforço não é mais empreendido para persuadir ou confundir um adversário que não é mais considerado como humano, que perdeu

---

z. "Ainda que abramos as entranhas de nossa compaixão paterna a todos aqueles que vêm à fé cristã, pois a salvação de cada um nos é preciosa, não obstante dedicamos aos conversos do judaísmo uma afeição ainda maior, confiando em que se um ramo de oliveira selvagem, enxertada em uma boa oliveira, dá frutos deliciosos, ramos tirados de uma raiz sagrada hão de fazê-lo tanto melhor, pois elas são naturalmente melhores..." (Bula de Gregório IX de 5 de maio de 1236; L. AUVRAY, *Les Registres de Gregoire IX*, Paris, 1899, n.º 3144).

a'. *Epístola aos Romanos*, XI, 25-26: "Pois não quero, irmãos, que ignoreis este mistério, para que não vos considereis a vós mesmos como sábios, é que uma parte de Israel caiu no empedernimento, até que a totalidade dos pagãos tenha entrado. E assim, todo o Israel será salvo..." Santo Agostinho é muito mais explícito: "Eis o que soubemos que deve ocorrer neste último julgamento... a vinda de Elias de Thersbita, a conversão dos judeus, a perseguição do Anticristo, o julgamento do Cristo, a ressurreição dos mortos, a separação dos bons e dos maus, o abrasamento do mundo e sua renovação. Todas estas coisas acontecerão, é preciso crer; mas de que maneira e em que ordem acontecerão?... acredito que acontecerão na ordem que acabo de assinalar..." (*A Cidade de Deus*, livro XX, cap. XXX).

55. LÉON BLOY, *Le Salut par les Juifs*, cap. XX, assim como cap. XXI e XXII.

56. O último escrito apologético de um judeu alemão é o *Nizzachon* (a Vitória) do RABINO LIPMAN MÜLHAUSEN DE PRAGA que conhecia o latim e tinha lido os Evangelhos: foi redigido por volta de 1410. Cumpre em seguida esperar perto de dois séculos para que reapareçam publicações desta espécie.

toda honra. E o desprezo sem limites que se lhes dedica permite compreender melhor como os judeus podiam, sem renunciar a uma parcela de seu orgulho interior, suportar as avanias e as humilhações que haviam se tornado a linha mestra de sua existência de todos os dias.

Com exceção de uma única: a conversão forçada. Toda sua dignidade de homens, todas as suas reações viris, eles as investiam, dir-se-ia, na fidelidade à Lei, na disponibilidade total para o martírio. Com efeito, a apostasia, a renegação de sua fé, eram ao mesmo tempo para os judeus o reconhecimento — o único possível nestas condições — de sua inferioridade e de sua impotência. Outrossim afrontavam a prova, se preciso, com uma espécie de entusiasmo, como uma verdadeira consagração. Assim, na época da Peste Negra, em 1348:

> e... iam morrer dançando e cantando, tão alegremente como se estivessem indo às bodas: e não queriam se converter, nem pai nem mãe o queriam para seus filhos... e quando avistavam o fogo ardente, mulheres e crianças nele saltavam cantando [51]...

Houve verdadeiros casos de pactos de suicídio coletivo:

> ...e sentindo que brevemente seriam levados a morrer, começavam a combinar entre si de maneira que um deles mataria todos os outros, a fim de que não fossem mortos pelas mãos dos incircuncisos. E então foi disposto e aceito pela vontade de todos, que um que era velho e de boa conduta na lei deles mataria a todos [58]...

Assim como ensinava o célebre Rabi Meir de Rottenburg:

> Aquele que tomou a firme decisão de permanecer fiel a sua fé e de morrer, se for preciso, como mártir, não sente os sofrimentos da tortura. Que o apedrejem ou que o queimem, que o enterrem vivo ou que o enforquem, fica insensível, nenhuma queixa escapa de seus lábios [59].

O culto dos mártires, a Akedá, é sustentado de todas as maneiras: constitui um dos principais temas da literatura, o primeiro e durante muito tempo o único tema do drama religioso judaico (destarte os judeus também tiveram seu Mistério da Paixão!), e reencontramo-lo nos detalhes dos costumes: segundo certos rabinos, a viúva de um mártir não devia voltar a casar-se [60]; segundo outros, o sangue que derramara não devia ser apagado das paredes da casa, e devia ser enterrado com as roupas com que tinha sido morto [61]. O culto do sofrimento, sua valorização sistemática e argumentada, sua percepção como punição divina, mas também como expressão do amor a Deus, dava ao sacrifício

---

57. JEAN DE PREIS D'OUTREMEUSE, *Ly Myreur des Histors*, op. cit., Bruxelas, 1880, t. VI, p. 387.
58. GUILLAUME DE NANGIS, Soc. de l'Histoire de France, *Les grandes chroniques de France*, t. VIII, p. 359.
59. *Responsa* de MEIR DE ROTTENBURG, edição de Praga, 1895, n.º 517.
60. *Responsa* de CHAIM OR ZARUA, edição de Jytomir, 1862, n.º 14.
61. *Responsa* de JACOB LEVI, edição de Cremona, 1556, n.º 104.

sentido profundo e permitia assim melhor sobrepujá-lo. Naturalmente, tais concepções já se acham em germe no Talmud: "Preciosos são os sofrimentos!" exclamava o Rabi Akiva; mas permaneciam como expressão de pensadores isolados, enquanto o sofrimento judaico não se tornou uma experiência intensa e coletivamente vivida. Doravante cada judeu tomado individualmente vive e participa do drama: nesse sentido, pode-se dizer que os asquenazitas do fim da Idade Média foram os primeiros judeus plenamente autênticos. Não que tivessem aceito com júbilo um destino que entretanto consideravam invejável. É com conhecimento de causa que aplicam a si mesmos a célebre máxima talmúdica: "O povo judeu não está em condição de rejubilar-se como os outros povos". Consultado por volta de 1450 sobre a questão de saber se convém impor penalidades severas a um apóstata que se reintegra no judaísmo, Israel Isserlein, o maior talmudista do século XV, respondeu o seguinte:

é preciso levar em conta que aquele que retorna ao judaísmo impõe a si mesmo uma penitência contínua, pois vira as costas às vantagens e às felicidades de que se beneficiava como cristão e assume os sofrimentos e as perseguições que os judeus têm de padecer. Ele não precisava carregar esse fardo enquanto era cristão e, na verdade, sua falta é expiada quando se dispõe por sua livre vontade, a fazer parte de novo da comunidade judaica [62].

Todos os aspectos da vida das comunidades judaicas refletem este clima de penitência e austeridade. Uma vez por ano somente, em Purim, era permitido e mesmo recomendado ao judeu entregar-se a uma franca alegria de carnaval, fantasiar-se e embriagar-se, a vingar-se enfim de seus perseguidores, queimando em praça pública o boneco de madeira de Haman, esse protótipo de todos os anti-semitas: mas até esta única distensão anual viu-se interdita em seguida pelas autoridades cristãs, de modo que a cerimônia foi limitada a um sapateado simbólico acompanhado de diversos ruídos quando da leitura do *Livro de Ester* na sinagoga. Nos outros dias, as distrações eram pouco numerosas e, sobretudo, severamente regulamentadas. O teatro profano, assimilado ao deboche, era rigorosamente proibido, assim como as danças em comum de moços e moças, mesmo por ocasião de um casamento; os jogos de cartas só eram autorizados excepcionalmente, de modo que no final das contas o xadrez e os jogos de salão como as charadas sobre temas bíblicos constituíam os únicos divertimentos que nunca suscitaram a inquieta censura dos rabinos. Toda ornamentação, todo rebuscamento de fantasia nas roupas eram proscritos: homens e mulheres envergavam trajes negros ou cinzas, numa época em que a cor e a variedade na indumentária imperavam soberanamente; aqui, como em muitas outras coi-

---

62. *Responsa* de Israel Isserlein, edição de Veneza, 1519, n.º 198.

sas, um costume judaico que se institui por si mesmo corresponde ao que o mundo ambiente, após ter imposto aos judeus o uso da Rodela, parece esperar deles. Os cristãos chegaram a crer que uma prescrição religiosa proibia aos judeus o uso de cores vivas e claras, o que não era absolutamente o caso. Este mimetismo às avessas vai tão longe que nas miniaturas que ornam certos manuscritos judeus os personagens do Velho Testamento, vestidos de trajes escuros e encapelados com o *pileum cornutum,* parecem copiados das caricaturas alemãs da época.

Não havia quase diferença, neste aspecto, entre os ricos e os pobres, todos trajados da mesma maneira, todos expostos aos mesmos perigos e às mesmas troças, distinguindo-se doravante da população cristã por seu falar [b']: a estreita comunidade de destino, a prática intensiva da beneficência, embotavam toda diferenciação de classe, e o primado atribuído ao estudo e à erudição agia no mesmo sentido. Mas a vida intelectual dos judeus alemães limitava-se à exegese dos textos sagrados, e se se esforçavam em fazer frutificar o legado de seus antepassados, seu pensamento não ousava quase enveredar por novos caminhos: nenhuma pesquisa autônoma e, quanto à filosofia e às ciências profanas, seu estudo, com exceção da medicina, era rigorosamente proibido. Parece na verdade que se fazia comumente remontar esta proibição a certas prescrições secretas que teriam sido legadas aos judeus alemães, e somente a eles, quando da destruição do Templo, e que não teriam sido comunicadas aos judeus de outros países [63]. Alguns asquenazitas se consideravam pois como os únicos detentores da verdadeira tradição judaica. Este exclusivismo altaneiro encontra sua ilustração na atitude do Rabi Ascher ben Iehiel, aluno de Meir de Rottenburg que, fugindo da Alemanha, após as matanças de Rindflush, foi à Espanha, onde se tornou o rabino da comunidade de Toledo, e tentou reconduzir à ordem suas novas ovelhas. Escarneceu da ciência talmúdica dos judeus espanhóis e agradeceu ao Senhor por tê-la "preservado do veneno da filosofia e das ciências profanas". Censor severo dos costumes, e constatando para seu terror que o comércio sexual entre judeus e mulheres cristãs ou vice-versa era ainda freqüente, exigia que se cortasse o nariz dos delinqüentes judeus. Tal é a força comunicativa do fanatismo que Ascher pôde impor por algum tempo esta férula à sua nova comunidade (sem dúvida o vento de intolerância que

---

b. Parece que desde o fim do século XIII, o falar usual dos judeus alemães começou a diferenciar-se do alemão medieval: a diferenciação foi se acentuando, de modo que desde o século XVI o "ídiche" se constituía em dialeto separado. (Cf. M. WAXMAN, *A History of Jewish Literature,* vol. II, p. 613-615. (The rise of Judæo-german literature, Nova Iorque, 1953).

63. ASCHER BEN YEHIEL, *Responsa,* XX, n.º 20.

já havia começado a soprar na Espanha cristã lhe foi de algum ajuda).

O fim da Idade Média é a época em que o antigo bairro judeu se transforma em gueto, cujas portas à noite são fechadas à chave e cujos habitantes só durante o dia têm o direito de freqüentar as ruas cristãs. Por trás destas muralhas, a comunidade judaica volta-se definitivamente para dentro de si mesma; seus membros levam uma vida frugal e devota, minuciosamente regrada nos menores detalhes, e cuja monótona ordem forma um contraste surpreendente com os golpes do destino aos quais se expunham a cada dia em seu comércio com os cristãos. Assim, a um sobressalto contínuo, se opõe todo um caminho traçado de antemão desde o berço.

Aos quatro anos, no último dia de Schavuot (aniversário da Revelação), o pequeno judeu é conduzido à escola, onde lhe ensinam os rudimentos do alfabeto: a fim de que o estudo lhe seja sempre agradável, os primeiros caracteres hebraicos, que se lhe apresentam em relevo, são revestidos de mel. As primeiras frases que se lhe dá para ler são moldadas sobre doces ou inscritas em ovos que as crianças repartem em seguida. Os rabinos ensinam sem descanso que nada é mais admirável que o estudo, que facilitar a instrução às crianças pobres é a obra mais pia que existe, superior mesmo à edificação de uma sinagoga. Todos os rapazinhos devem aprender a Torá e os Profetas, o hebraico e o aramaico, e em todos se inculca rudimentos do Talmud (Mischná); em seguida, à medida que se penetra no domínio da alta acrobacia intelectual da Guemará, uma seleção se opera, e só os alunos mais dotados são incitados a franquear a "Grande Escola" (Midrasch Gadol); esses, mesmo se não se tornam rabinos, continuarão seus estudos durante a vida toda.

Aos treze anos, é a Bar Mitzvá, a maioridade religiosa e civil. A partir deste momento, o jovem judeu é considerado maduro para o casamento e, bem entendido, o assunto é cuidadosamente expurgado de todo elemento capaz de suscitar o apelo romântico dos sexos. Moços e moças vivem separados e não têm o direito de brincar ou dançar juntos, os esponsais são concluídos por intermédio de um casamenteiro profissional, que é aliás altamente considerado (é amiúde um rabino) e o mais das vezes o noivo não trava conhecimento com sua prometida até o dia da assinatura do contrato nupcial. A moça é antes de mais nada cotada segundo seu dote e o rapaz segundo sua erudição. Estes casamentos precoces eram também casamentos muito fecundos, pois absolutamente nada podia opor-se ao jogo natural de uma reprodução máxima: o ato sexual era também um mandamento; a fidelidade conjugal, a regra; o adultério, uma exceção raríssima e, além disto, severamente reprimido. (Ver-se-á mais adiante como em conseqüência certos príncipes cristãos tentarão impor aos judeus o primeiro "controle de natalidade" da história européia.) Uma vez casado e pai de família, a existência de um judeu, seja um "Talmud Hakham", um sábio em Israel, ou um simples usurário, está inteiramente traçada: ocupar-se-á de prover às necessidades dos seus e servir o Eterno através das três preces diárias, das diversas bênçãos e dos seiscentos e treze mandamentos de todo tipo a serem observados no decurso da vida corrente, e que só o perigo de vida permite transgredir. Usura e estudo não são de resto considerados incompatíveis, mas ao contrário: um texto especifica mesmo que a usura apresenta a vantagem de deixar todos os lazeres necessários para o estudo.

A menina aprendia obrigatoriamente a ler e a escrever, mas só excepcionalmente iniciava-se no Talmud. Seus conhecimentos de hebraico eram comumente muito sumários; daí por que as primeiras obras escritas em ídiche foram livros redigidos com vistas às mulheres, dando assim origem a uma literatura em língua vulgar e que não é exclusivamente uma literatura sagrada. Assim, é sobretudo por meio das mulheres que os interesses e as distrações profanas penetram na comunidade judaica.

Sob muitos aspectos, a vida do gueto no fim da Idade Média lembra a vida conventual das ordens religiosas. Vida estreita de comunidade, à parte do mundo circundante; vida consagrada ao serviço de Deus, impregnada de piedade e sacrifícios, cheia de exercícios intelectuais e espirituais; vida de renúncia ao esforço físico, a seus prazeres assim como a suas penas; os relacionamentos de toda ordem se impõem por si mesmos, e é significativo que em muitos códigos alemães os judeus e os clérigos estejam classificados sob a mesma rubrica [64]. Dir-se-ia que a própria cristandade comparava os clérigos que escolhiam o serviço de Deus aos judeus que tinham Lúcifer por mestre... Certamente, em princípio, os clérigos abraçavam o sacerdócio e pronunciavam seus votos por livre escolha e na idade adulta, enquanto que a vocação de judeu se tornara quase que unicamente hereditária. Mas a qualquer momento uns (deixando o hábito) e outros (se convertendo) ficavam livres para abandonar sua condição: vimos, no concernente aos judeus, que o caso não ocorria com tanta freqüência.

Por isso mesmo tanto mais surpreendente é a marca que os apóstatas deixaram na história judaica. Se os judeus

---

64. Assim o *Sachsenspiegel*, o *Schwabenspiegel*, o *Deutschenspiegel* e o *Glogauer Rechtsbuch* de 1386. Cf. G. KISCH, *The Jews in Medieval Germany*, Chicago, 1949, p. 20.

desde sempre preocuparam as imaginações e desempenharam um papel histórico desproporcional a seu número, tanto mais desconcertante é esta desproporção no caso de um punhado de apóstatas judeus, esta ínfima minoria de uma minoria em que tantos representantes continuaram ilustres. Uma anedota pretende que, de São Paulo a Karl Marx, estes renegados foram os principais artesãos da história ocidental; anedota à parte, compreender-se-á facilmente que, fazendo na maior parte das vezes da conversão dos judeus e da denúncia de judeus sua ocupação principal, constituíam para as comunidades judaicas um verdadeiro flagelo. De Teobaldo de Cambridge a Nicolas Donin, já encontramos agluns nomes; de Johann Pfefferkorn a Michael o Neófito, teremos um bom número de outros. Além das calamidades suscetíveis de serem desencadeadas por esses trânsfugas, o simples fato de sua defecção, solapando a base da tradição mais sagrada, atingia os judeus, o vimos, no mais íntimo de seu ser. Não é de espantar, nestas condições, que tenham sido objeto de um ódio e de um horror inigualados, de que ainda em nossos dias se percebe algum vestígio mesmo em judeus dos mais "assimilados" e mais afastados das coisas da religião. Não é de espantar também que as conversões sinceras fossem impossíveis numa época em que praticamente tanto quanto sentimentalmente, familiarmente tanto quanto socialmente, o fosso tornara-se intransponível entre judeus e cristãos. Onde, quando e como um contato humano entre os catequisadores e os catecúmenos podia ser estabelecido? E se por ventura isto era possível, a razão do judeu — essa razão simples, chã que, nos espíritos não prevenidos desde sua primeira infância, torna tão difícil toda discussão do mistério cristão da revelação — vinha fazer as vezes de um último freio. O que é perfeitamente bem ilustrado pelo seguinte apólogo judeu:

> Um príncipe amigo das letras e das artes tinha a seu serviço um médico judeu com o qual lhe aprazia travar em discussões teológicas. Um dia, tomando-o pelo braço, conduziu-o à biblioteca e lhe disse: "Veja! Todos estes sábios volumes foram escritos para demonstrar a veracidade dos dogmas cristãos. E vós, de que dispondes para apoiar os vossos?" "— Seguramente, os treze dogmas de Maimônides poderiam estar contidos numa única folha de papel", respondeu o judeu. "Mas seja qual for o número e o valor dos volumes que me apresentais, Sire, não compreenderei nunca por que Deus, a fim de salvar a humanidade, não encontrou coisa melhor que passar pelo corpo de uma virgem, de fazer-se homem, de sofrer mil torturas e a morte — e tudo isto sem nenhum resultado apreciável!"

(Ao leitor que poderia sentir-se chocado ou ofuscado com as linhas precedentes, assinalo a recente obra do Padre P. Browe *Die Judenmission im Mittelalter und die Päpste* (Roma, 1942) no qual o autor recapitula com uma escrupulosa honestidade os diversos argumentos desta ordem ᶜ'. Que assim fazendo, ele se surpreenda com a incrível obstinação testemunhada pelos judeus no curso dos séculos, apenas sublinha a dificuldade do diálogo nestas matérias...).

---

c'. Eis a passagem mais característica da obra em questão:
"A grande maioria dos judeus havia permanecido fiel à sua antiga fé, e acreditava em um Messias pessoal. Eles o esperavam na condição de profeta e de príncipe da paz, de modo algum na condição de Deus. Desde que se tinham separado dos cristãos, negavam com veemência que Deus pudesse se fazer homem. Que Deus pudesse entrar no corpo de uma mulher e aí crescer, viver em seguida como um homem entre os homens e morrer finalmente de morte injuriosa, significava para eles o abandono de seu monoteísmo; tal como São Paulo já o tinha dito, era o obstáculo que excluía toda compreensão. 'Porque então Deus — Gislebert Crispin faz assim falar seu adversário judeu, em nome de todos os outros contraditores — que basta a si mesmo, Deus acima do qual não se pode imaginar nada maior, aceitaria a miséria da natureza humana, e participaria de seus males?' Que necessidade o incitaria a agir assim?' (...).

"Os judeus tiravam uma de suas provas preferidas de Isaías (II, 4), onde o reino do Messias é descrito como um reinado da paz, no qual 'de suas espadas forjarão enxadões, e de suas lanças, foices: uma nação não erguerá mais a espada contra uma outra, e não se aprenderá mais a guerra'. Desde Jesus até nossos dias, diz Moisés ben Nachman na disputa de Barcelona, o mundo inteiro está cheio de violências e de saque, e os cristãos vertem mais sangue que todos os outros povos tomados em conjunto. Em toda parte onde se olha, a guerra reina; há muitos ferreiros para forjar armas para os guerreiros. Todos os vizinhos se combatem, se oprimem e se matam uns aos outros, um país luta contra o outro, todos se exercitam desde a infância para fazer a guerra. Assim pois, diz o judeu no diálogo de Gislebert Crispin, vós estais em erro, vós cristãos, quando acreditais que o Messias já veio". (...)

"Desde São Paulo os cristãos sempre reprovaram aos judeus de se ater a homens de carne literalmente, e de não chegar a elevar-se ao sentido superior, espiritual, de não perceber a mina de ouro escondida sob o invólucro das palavras. Eles estariam diante das Escrituras como cegos diante de um espelho, tendo-o na mão e não sabendo reconhecer-se nele. Segundo as palavras de Santo Agostinho, 'estão mergulhados em um sono profundo e não compreendem o espírito das Escrituras'. 'Eles as lêem diz o Bispo Isidoro de Sevilha, 'e acham aí tudo o que o cristianismo aí ensina; mas não o vêem, é para eles o livro selado de que falou Isaías (XXIX, 11)'. 'Eles o lêem literalmente', diz Martin de Léon, 'mas sem penetrar no seu espírito; a face de Moisés lhe está escondia, e não podem ver a glória radiante da Lei' ".

**Quarta Parte:
A Era do Gueto**

Entramos agora no período onde, a partir da Renascença, o mundo ocidental envereda por caminhos resolutamente novos, onde, em todos os domínios, se anunciam transformações de pesadas conseqüências. Contudo, enquanto progridem ciências e técnicas e se institui o regime capitalista, as grandes massas populares quase não mudam de condição de vida, nem de equipamento mental. O anti-semitismo, tal como se cristalizou nos séculos anteriores, parece constituir uma inevitável parte integrante disto. Os judeus, também eles, vivem até as proximidades da Revolução Francesa sem alterar o que quer que seja nos usos e costumes de seus antepassados, em um estado de estagnação ou de "fossilização". E seus modos tão particulares de existência no seio de uma sociedade hostil encontram nos guetos da Polônia suas formas mais acabadas e aparentemente definitivas. Por outro lado, países como a França ou a Inglaterra continuam até o início do século XVIII a não tolerá-los em seu território. E tal circunstância determina por si o plano desta parte de nosso estudo.

Examinaremos primeiro o anti-semitismo e suas manifestações na ausência dos judeus, isto é, de algum modo, em estado puro. O caso da Alemanha nos permitirá em seguida estudar a interdependência entre o anti-semitismo e as reações suscitadas pela presença dos judeus; é o que chamaremos de anti-semitismo ativado. Enfim, as circunstâncias particulares nas quais se acha o judaísmo polonês nos interessarão de um outro ponto de vista: veremos, com efeito, pela primeira vez desde o começo da Dispersão, os judeus da Europa se constituírem verdadeiramente em uma nação.

8. O Anti-Semitismo em Estado Puro: França

Em primeiro lugar, será certo que não ficaram judeus na França após a expulsão de 1394? Alguns historiadores, e em particular Robert Anchel, formularam a hipótese segundo a qual alguns dentre eles continuaram a viver na França, seja às escondidas, seja convertidos apenas exteriormente e como "marranos"[1]. E veremos mais adiante como a opinião pública acusava ainda por volta de 1650 a digna corporação dos adeleiros de Paris de "judaizar" secretamente. Mas é certo que os ditos adeleiros, o que quer que tenham sido no século XV (não se possui nenhuma informação a este respeito), eram no século XVII bons e leais católicos. Estaríamos pois justamente em presença de uma destas fixações coletivas vagas, tão persistentes e tão características do anti-semitismo, de que por exemplo a singular história dos Chuetas das Ilhas Baleares nos fornece ainda em nossos dias um exemplo "impressionante"[a]. Mas não antecipemos.

É certo que desde a Renascença não restou mais na França nenhum traço de judeus franceses autóctones, a não

---

1. Cf. ROBERT ANCHEL, *Les Juifs de France*, Paris, 1946, p. 125.

a. Católicos fervorosos, os "Chuetas" de Maiorca são considerados descendentes dos marranos e são por esta razão submetidos a um ostracismo rigoroso pela população da ilha. Ver a este respeito o livro seguinte. (*De Maomé aos Marrocos*).

ser algumas lembranças onomásticas ou topográficas. Em compensação, colônias de judeus marranos, ditos "portugueses", surgiram no início do século XVI em alguns portos como Bayonne, Rouen, Nantes, e sobretudo Bordeaux. Mas estes praticavam exteriormente o cristianismo, o que era seguramente menos chocante para a sensibilidade da época.

Eram personagens às vezes de considerável importância, negociantes internacionais na maioria e, como tais, protegidos pelas autoridades, preocupadas antes de mais nada com as necessidades fiscais. É muito verossímil que alguns deles tenham ido viver no interior do país, em Paris ou noutra parte e, em geral, os franceses letrados não ignoravam sua existência. A expressão "Espagnol marran" (ou seja, falso) retorna sob a pena de Du Bellay [2] e a de "filse de Marrane", sob a de Clément Marot [3]. Mas o mesmo Marot exprime o seu pasmo de ver em Veneza

> Judeus, turcos, árabes e mouros
> Que se vê aqui em bandos todo dia [4].

Isto significa que o espetáculo de judeus francos e declarados devia ser muito pouco habitual para um francês do século XVI. Montaigne também, ele mesmo filho de um marrano, que os encontrou em Roma e visitou inclusive uma sinagoga, fala deles como de um espetáculo curioso e exótico [5]. E o poeta Sagon (que devia ser capaz de julgar, pois era o "filho de marrano" de que falava Marot) nos mostra que:

> A França está inteira em sua religião,
> A França não tem judeus em sua região
> O que tem várias nações vizinhas [6].

De fato, antes do reinado de Luís XIV e da anexação de Metz e da Alsácia, somente se conhece dois ou três casos de judeus praticando abertamente seu culto na França. É em primeiro lugar Simon Molcho, ao qual Francisco I oferece a cadeira de hebraico no Collège de France [7]; é em seguida e principalmente, no século seguinte, Elias Montalto, que se tornou o médico de Maria de Médici. Ao redor deste último um pequeno círculo de judeus, convertidos ou não, se formou, cabalistas, médicos, ou simplesmente charlatães, "com o mister de adivinhadores... pela cabala" em uma época em que a Cabala estava na moda

---

2. *Les Regrets*, CXVI, v. 8.
3. Frippelipes, criado de Marot, em Sagon, v. 92, ed. Guiffrey, III, 578.
4. Epístola enviada de Veneza à Madame a Duquesa de Ferrara. Ver C. -A. MAYER, *Bibliographie des Œuvres de Marot*, Genebra, Droz, 1954, t. I, p. 14 e 64.
5. *Journal de voyage de Montaigne*, Paris, Ed. Lautrey, 1906, p. 223-227, 254.
6. *Le coup d'essay de François de Sagon*, s. l., 1537, Bibl., Nat. Fundo Rothschild, n.º 2594. Não há nem paginação nem numeração.
7. BARTOLOCCIUS, t. IV, p. 385.

e em que numerosos espíritos fortes prosseguiam na busca
da pedra filosofal ou do elixir da longa vida. Mosaida o
inquietante cabalista vindo de Lisboa, cujo personagem foi
recriado pela imaginação artística de Anatole France em
La rôtisserie de la Reine Pédauque, talvez tenha sido inspirado por um dos membros deste círculo, pois essa gente
deu muito o que falar. O caso terminou mal, aliás, e vale
a pena ser contado com alguns detalhes [8].

Naquele tempo (1611-1617), o aventureiro italiano
Concino Concini e sua mulher, a Galigai, favoritos da Regente Maria de Médici, reinavam como senhores sobre
a França. A Galigai, alma danada do casal, era o que
se chama em nossos dias uma "grande neurótica": padecia
de mil dores bizarras e secretas, e recorria sem sucesso aos
mais famosos médicos e exorcistas da França e de Navarra.

Montalto, cuja reputação de médico era considerável
na Itália, vivia em Veneza; ela se dirigiu a ele, mas este
"grande hebreu e verdadeiro judeu", "não querendo se dissi-
mular e contrafazer sua profissão", impôs como condição
de sua vinda o direito de exercer livremente o judaísmo,
acrescentando "que num só ato se poderá reconhecer sua
intenção, a saber, que não receberá nenhum dinheiro no
dia do Schabat" [b]. Isso lhe foi concedido. Veio pois, e
parece que tiveram apenas de se felicitar com seus serviços,
pois cuidou igualmente da Regente, permanecendo na França
até o fim de seus dias. Após sua morte, o corpo foi embalsa-
mado e transportado para o cemitério judeu de Amsterdã.
Sem dúvida Montalto tinha judeus em seu séquito; é provável também que fez vir outros da Holanda, tal como lhe
censuraram postumamente.

Entrementes, em 1615, acontecimentos dos mais escan-
dalosos ocorreram em Paris. Um outro protegido do im-
popular Concini, o italiano Cosme Ruger, abade de Saint-
-Mahé, na Bretanha, recusou em seu leito de morte os sacramentos, preferindo morrer "como ateísta". Outrossim seu
corpo foi "jogado no campo em terra profana". "Este
ano parecia estar todo destinado à impiedade e aos costumes
corrompidos", conclui o cronista do qual tomamos tais detalhes. "Vê-se, no começo deste, um grande número de feiticeiros, judeus e mágicos fazendo impunemente seus sabás
e sinagogas, e infiltrando-se até na corte." (Segundo Sauval,
foram até surpreendidos, "preparando um Cordeiro para fazer
a Páscoa" [9]). Imediatamente foram tomadas medidas enér-
gicas para pôr fim a um tal escândalo, contra o qual

---

8. A narração que segue é essencialmente baseada na crônica de
BAPTISTE LEGRAIN, *Décennie commençant l'histoire du roi Louis XIII,* Paris,
1619, p. 182 e *sq.* e 404 e *sq.* Ver também R. ANCHEL, *op. cit.,* p. 147.
 b. B. LEGRAIN, *Décade commençant l'historie du roi Louis XIII...*
(Paris, 1619), de onde são igualmente extraídas as citações que seguem.
 9. H. SAUVAL, *op. cit.,* t. II, p. 521.

o Parlamento de Paris, em particular, se levantou com veemência [c]: o edito de expulsão de 1394 foi solenemente renovado por cartas patentes registradas em 12 de maio de 1615.

> Considerando que os reis mui cristãos dedicaram horror a todas as nações inimigas deste nome e sobretudo à dos judeus, que nunca quiseram suportar em seu reino... e na medida em que fomos advertidos que contra os editos e decretos de nossos ditos predecessores os ditos judeus após alguns anos se espalharam, disfarçados em vários lugares deste nosso reino... Dissemos, ordenamos, quisemos e declaramos:
>
> Que todos os ditos judeus que forem encontrados neste nosso reino serão intimado sob pena de morte e de confisco de todos seus bens de evacuá-lo e de se retirar daqui, incontinenti, e isto, no tempo e ao termo de um mês [10]...

Note-se bem que o edito de expulsão não foi aplicado aos marranos de Bordeaux e de Bayonne, matéria taxável muito preciosa para o fisco real e que, de resto, satisfaziam exteriormente às exigências da respeitabilidade cristã. Dizia respeito apenas aos "feiticeiros, judeus e mágicos" de Paris.

Dois anos mais tarde, os termos geminados de feitiçaria e de judaísmo foram largamente utilizados quando do espetacular processo contra a Galigai, após o assassinato de seu marido.

O amálgama feito entre a feitiçaria e a política, neste tipo de casos, não é algo novo, e se acusou os Concini, concomitantemente com os crimes de correspondência com o estrangeiro e espionagem, de "lesa-majestade divina". Não se havia "encontrado em sua casa um livro intitulado *Cheinuc*, ou seja, em língua hebraica procedimento para aprender o hebraico... e um outro livro intitulado *Machazor*, ou seja ciclo do serviço anual?" Um de seus criados não havia "deposto que a Galigai se dedicava à oblação do galo?" "Ora, consta por dois livros que foram apresentados pelo Senhor Procurador do Rei... que esta oblação de um galo é judaica". Enfim, uma outra testemunha, Philippe Dacquin, "anteriormente judeu e presentemente cristão", não assegurou que a acusada se dedicava a diversas práticas mágicas mais graves ainda? [d] Pois ela foi condenada

---

c. "Será humildemente suplicado a Sua Majestade para decretar que os editos de pacificação sejam mantidos, mas que os judeus, ateístas, anabatistas e outros que professam outras religiões não toleradas pelos editos mencionados, sejam punidos de morte de confisco de todos os bens, cuja metade será adjudicada ao denunciador..." (22a, sessão da Comissão do 1.º setembro de 1614, cf. os *Registres des Délibérations du bureau de la ville de Paris*, Paris, 1927, t. XVI, p. 67).

10. Isembert, *Recueil général des anciennes lois françaises*, Paris, 1821, t. XVI, p. 76.

d. "...segundo o que depõe Dacquin, Conchine, na presença de sua mulher, teria retirado do quarto um urinol para a impureza e levado do dito quarto a imagem do crucifixo, com receio de impedimento para o efeito que Conchine e sua mulher pretendiam tirar da leitura de

à morte e executada no mesmo dia, com intenso júbilo do povo de Paris: inumeráveis libelos, panfletos e mesmo peças de teatro celebraram este acontecimento, e o clamor público pretendia que, sendo o seu verdadeiro nome Sophar, ela mesma era judia (o que não era com certeza: e esta desventurada adepta da magia negra morreu como boa cristã). O círculo de judeus marranos que a cercavam era portanto tão poderoso e numeroso? Procurando, compulsando os documentos, descobrem-se alguns outros nomes, Alvarez, Garcia, Verona, mas após 1615 não se ouve mais falar disso (exceção feita ao "precedentemente judeu" Dacquin, antigo rabino, que deu origem a uma estirpe de médicos: seu neto, Antoine, tratou o Rei Sol) [11]. O que não impediu que, durante muito tempo ainda, certos espíritos enxergassem judeus por toda parte: em 1627, Malherbe, muito pesaroso por não poder levar a bom termo um processo que encentara contra os assassinos de seu filho, atribuiu aos judeus seus dissabores, escrevendo a um de seus amigos:

> O judaísmo se estendeu até o Sena. Seria de se desejar que permanecesse no Jordão, e que esta canalha não estivesse envolvida, como está, com as pessoas de bem. Não há remédio. Minha causa é boa: combaterei por toda parte com a ajuda de Deus, seja em Jerusalém e contra as doze estirpes de Israel [12].

(Não se acreditaria estar lendo Drumont?)

Dois séculos mais tarde, Alfred de Vigny escrevia *La Maréchale d'Ancre,* drama romântico em cinco atos, no qual o judeu Montalto desempenha um papel importante: é verdade que, conforme os clichês em vigor, acentuou-lhe fortemente os traços "judaicos", transformando seu prenome em Samuel, e sua profissão na de usurário. Anatole France, o constatamos, via as coisas de maneira mais exata.

O caso é característico, razão pela qual nos estendemos sobre o tema. Um médico judeu, que parece ter sido um homem de bem, exerce durante alguns anos sua profissão junto à corte real: faz vir a Paris sua gente, assim como alguns amigos. Foi o suficiente para que fosse renovado solenemente em 1615 um edito datando de 1394, para desencadear e orientar um grandioso processo de feitiçaria, para fazer Malherbe vituperar doze anos mais tarde e, dois séculos adiante, o caso alimenta ainda a imaginação de um Vigny e de um Anatole France. É verdade, de outra parte, que reflete o horror à descrença e ao ateísmo puro, que doravante começa a ameaçar seriamente a solidez da fé cristã.

alguns versículos do salmo 51 em hebraico, leitura a qual queriam que fosse feita por Dacquin da maneira que lhes fora feita outrora por Montalto". (Narração de LEGRAIN, *op. cit.*).
11. Cf. "L'Ascendance juive de Dacquin, médecin de Louis XIV", por M. JACOB, *L'Univers israélite*, n.º 26 de 24 de março de 1933.
12. MALHERBE, *Œuvres*, Paris, Ed. Hachette, 1862, p. XXIX do prefácio.

Vemos assim como um "problema judeu" continua a preocupar as imaginações, em uma época em que a grande maioria dos franceses jamais via um judeu no decurso de sua vida. É também a época em que se fixa definitivamente o sentido das palavras do vocabulário nacional, tal como no-lo fez conhecer, por exemplo, Littré.

> Juif, ive, s. m. et f. (......).
> 3º Fig. et familièrement. Celui qui prête à usure ou qui vend exorbitamment cher, et, en général, quiconque cherche à gagner de l'argent avec âpreté. Il y a longtemps que je n'ai vu le jeune Sanche: c'est un jeune homme affamé de gagner et bien Juif, à mon gré. GUI PATIN, Lett., t. 11, p. 186. Comment diable, quel Juif, quel Arabe est-ce là? c'est plus qu'au denier quatre. MOL.' L'Avare, 11, 1. Adieu, Juif, le plus Juif qui soit dans tout Paris. REGNARD, Le Joueur, 11, 14...*

Definição que completa utilmente sua contrapartida teológica: Judas:

> Judas, s. m. (......).
> 2º Fig. Un traître. C'est un Judas. Monsieur Judas est un drôle Qui soutient avec chaleur Qu'il n'a joué qu'un seul rôle Et n'a pris qu'une couleur. BÉRANG., M. Judas. Adj. Que voilà qui est scélérat! Que cela est Judas! MOL., Bourg. gent., 111, 10. Baiser de Judas, caresse que l'on fait à quelqu'un pour le trahir **.

Como, através dos séculos, puderam ser alimentadas e fortalecidas essas representações? Defrontar-nos-emos sempre com este problema, que se tornará mais complexo e desconcertante à medida que nos aproximarmos da época contemporânea: mas para os séculos passados, quando toda a educação era uniformemente religiosa, a resposta é evidente. De fato, é ao meio familial, onde a criança aprende a falar e se inicia nas primeiras noções morais, que devia caber um papel determinante: é à medida que o pequeno cristão crescia e aprendia a discernir entre o bem e o mal, que era informado da existência de um singular povo impenitente, culpado do maior crime de todos os tempos e detestável em conseqüência. Mais tarde, se freqüentava a escola paroquial, ou se seguia um curso de catecismo, seus mestres

---

* Judeu, ia, s. m. e f. (......).
"3.ª Fig. e familiarmente. Aquele que empresta em usura ou que vende exorbitantemente caro, e, em geral, quem quer que procure ganhar dinheiro com acrimônia. Há muito tempo que não vejo o jovem Sanche: é um moço sequioso de ganhar e bem judeu, em minha opinião. GUI PATIN, Lett. t. 11, p. 186. Com que diabo, que judeu, que árabe está aí? É mais que quatro denários. MOL., L'Avare, 11, 1. Adeus, judeu, o mais judeu que há em toda Paris. REGNARD, Le Jouer, 11, 14..."

** "Judas, s.m. (...)
"2.ª Fig. Um traidor. É um Judas. Senhor Judas é um patife Que sustenta com ardor Que jogou só uma vez E que só tirou um naipe. BERANG., M. Judas. Adj. Que celerado que é! Que Judas que é! MOL., Bourg. gent. 111, 10. Beijo de Judas, afago que se faz a alguém para traí-lo."

lhe dispensavam o mesmo ensinamento, como a gente se certifica examinando os manuais de instrução religiosa. Estes, no século XVII, assumem sua forma definitiva. O que diziam, do ponto de vista que nos preocupa, era seguramente mais importante que as reflexões de alguns eruditos ou as especulações elevadas de um Pascal.

Enganar-nos-íamos de resto supondo que tais obras davam mostra de uma insistência particular, que se entregavam a grandes discursos para efetuar a demonstração da malignidade dos judeus. Esta se apresentava de pronto como algo firmado, como um dado já suficientemente conhecido. Ela serve então como uma espécie de critério, de zero absoluto do mal, para ressaltar melhor por contraste as verdadeiras virtudes cristãs, para prevenir também o pecador ou o libertino, para fazer-lhe sentir que, se ele não se emendar, o destino dos judeus poderá um dia tornar-se o seu...

Perguntas e respostas: o método é incisivo e seguro. Raros são os catecismos, para nos atermos aos manuais propriamente ditos, que não tocam no assunto.

> Por que Deus fez todos estes prodígios na morte de seu Filho? — Foi em testemunho contra os judeus. — Não é também um testemunho contra nós? — Sim, se não aproveitarmos desta morte [13].

Esta advertência é de Bossuet.

O célebre catecismo do Abade Fleury, que em dois séculos conheceu cento e setenta e duas edições, é mais explícito:

> (Jesus) teve inimigos? — Sim, os judeus carnais. — Até onde ia o ódio dos inimigos de Jesus? — Até resultar na sua morte. — Quem foi aquele que prometeu entregá-lo? — Judas Iscariotes. (...) Por que esta cidade (Jerusalém) foi tratada assim? Por ter feito morrer Jesus. — O que aconteceu com os judeus — Foram reduzidos à servidão e dispersados através do mundo. — O que lhes aconteceu depois? — Encontram-se ainda no mesmo estado. — Há quanto tempo? — Há mil e setecentos anos [14].

Imagine-se, no espaço e no tempo, os milhões de jovens vozes que repetiam alegre e fielmente sua lição bem aprendida; que se pense também nos comentários que podia fazer o mestre ou o cura, ao bel-prazer de suas próprias concepções e de sua fantasia...

Mais lacônico, porém mais cominatório ainda, é o catecismo de Adriano Gambart, destinado, nos diz expressamente seu autor, "aos simples", àqueles que "não são capazes de grandes discursos ou de raciocínios".

---

13. "Catéchisme du diocèse de Meaux", *in* BOSSUET, *Œuvres complètes*, Bar-le-Duc, 1863, t. XI, p. 443.
14. *Catéchisme historique*, por M. FLEURY, prior de Argenteuil e confessor do Rei, Paris, 1766 (lição XIX: "Des ennemis du Christ" e XXVII: "De la ruine de Jérusalem").

É um grande pecado comungar indignamente?
— É o maior de todos os pecados, porque nos tornamos culpados do corpo e do sangue de Jesus Cristo, assim como Judas e os judeus; e recebemos a sentença de seu julgamento e de sua condenação [15].

Judas e os judeus, cobiça e traição: o paralelo continua sempre o mesmo, e vê-se também que nossos autores não fazem gasto de imaginação e que não têm nenhuma necessidade de se entregar a uma "propaganda antijudaica", em uma época em que todos os crentes nutrem a firme convicção de que Judas e os judeus passados e presentes são os inimigos jurados do Senhor pela vontade insondável da Providência. É por uma sobrenatural predestinação que se tornaram os cúmplices permanentes do Mal: no que se opõem aos heréticos e aos feiticeiros, que aderiram ao campo maléfico individualmente e em virtude de seu livre arbítrio...

A mesma tendência, enriquecida de muitos detalhes mais sugestivos ainda, nas numerosas vidas de Jesus ou dos santos, assim como nos relatos de peregrinações, que é verdade, se dirigem a um auditório relativamente mais restrito.

Eis, por exemplo, uma passagem extraída de uma vida de Jesus:

> Uns o esbofeteavam, outros, com as costas da mão batiam em sua mui nobre e doce boca, outros lhe cuspiam na face (pois era costume dos judeus cuspir no rosto daqueles que detestavam e rejeitavam), outros lhe arrancavam a barba ou lhe puxavam os cabelos, e também, como penso, pisoteavam com seus malditos pés o Senhor dos anjos (...). E cuspindo ainda em sua mui nobre face, batiam com um bastão em sua cabeça, de tal forma que as pontas dos espinhos de sua coroa cravavam-se e faziam jorrar seu sangue ao longo das faces e da fronte... Pilatos ordenou que neste estado vergonhoso e inumano o conduzissem diante de todo o povo dos judeus, que havia permanecido do lado de fora a fim de não se macular para o dia do sábado. Mas estes infelizes filhos do Diabo gritaram todos a uma só voz: Levem, levem-no, crucifiquem-no...

Outrossim, a retribuição divina não poderia tardar, e ela é anunciada por um capítulo: "Da vingança da morte de N. S. Jesus Cristo sobre Judas, sobre Pilatos sobre os judeus em geral".

> Deu-se 30 judeus por um denário. Venderam-se 92.000 judeus que foram espalhados em diversas partes do mundo e postos em servidão perpétua, onde sua raça está ainda e estará até o fim do mundo [16]...

Outras obras informam com mais detalhes sobre a maneira como a vingança divina continuou a exercer-se sobre os judeus.

---

15. *Le Bon Partage des pauvres en la doctrine chrétienne et la connaissance du salut...*, por ADRIEN GAMBART, Paris, 1652, p. 72.
16. *Vie de Jésus-Christ*, composta no século XV segundo LUDOLPHE LE CHARTREUX (texto francês moderno por A. LECOY DE LA MARCHE, Paris, 1870, p. 153, 225).

O ANTI-SEMITISMO EM ESTADO PURO: FRANÇA

> Raça outrora abençoada, hoje maldita; outrora santa, hoje profana; outrora honrada por todos os homens, agora detestada pelos homens e anjos; outrora herdeira da Terra Santa, e agora miseravelmente vagabunda pelo universo...

Assim começa o capítulo consagrado aos judeus pelo Padre Boucher, um franciscano que viu alguns deles no Oriente. (Encontraremos mais adiante, sob a pena de Bossuet, a mesma idéia, formulada em termos singularmente semelhantes: mas não é preciso supor que a Águia de Meaux tenha copiado nosso autor, pois se trata de um lugar-comum da época.)

O Padre Boucher se ocupa em seguida do Talmud, e conclui seu relato, que de 1620 a 1735 conhece várias dezenas de edições, da seguinte maneira:

> Para a conclusão deste discurso, nada mais quero dizer deles senão que são gente malquista e odiosa a todo mundo. Os turcos lhes querem tanto mal, que permitem a todos cristãos que os encontrarem na praça da Igreja do Calvário matá-los sem serem incomodados. Os cristãos levantinos os odeiam tanto, que pensariam cometer ofensa mortal se comessem alguma coisa que tivesse sido tocada e manipulada por um judeu. Sabe-se quão vergonhosamente foram expulsos da Inglaterra, no ano 1291 e da França, primeiramente no reinado de Filipe Augusto, depois no de Filipe o Belo e, por fim, no de Filipe o Longo.
> Foram banidos igualmente da Espanha no reinado de Fernando, sempre por castigo à sua impiedade e raiva que têm dos cristãos [17]...

Outros peregrinos puderam fazer observações singularmente mais surpreendentes, pois o charlatanismo se mesclava a elas, contribuindo para sustentar lendas imemoriais, E é assim que o ingênuo franciscano Dominique Auberton pôde admirar em 1623 em Jerusalém, na "casa de Pilatos", Malchus, um judeu que batera com sua mão em Jesus Cristo:

> Este homem, com idade, como parece, de 35 a 40 anos... está na terra até o umbigo, fala tão-somente aos cristãos... Ele nos perguntou quando será o dia do juízo; nós lhe dissemos que só Deus sabia. O dito Malchus bate e golpeia incessantemente o peito e não olha de modo nenhum aqueles que falam com ele... E eu, Frei Dominique Auberton, certifico que isto é verdade, sobre minha fé, sobre minha lei e sobre minha parte do paraíso [18].

Vê-se que esse judeu eterno não era ainda um judeu errante! [e]

Histórias de hóstias miraculosas ou de assassinatos rituais são freqüentemente também adaptadas ao gosto do

---

17. *Bouquet sacré composé des Roses du Calvaire, des Lys de Bethléhem, des Jacinthes d'Olivet et de plusieurs autres belles Pensées de Terre Sainte*, pelo PADRE BOUCHER, minor observantino, Paris, 1620, p. 644, 655.
18. *Récit véritable et miraculeux de ce qui a esté veu en Hiérusalem*, por DOMINIQUE AUBERTON, Paris, 1623.
e. A lenda do judeu errante, cuja difusão na Europa data dos primeiros anos do século XVII (ver p. 205) era conhecida sob diversas variantes no Oriente desde os primeiros séculos do cristianismo. Vê-se como engenhosos charlatães contribuíram para alimentá-la.

dia e reeditadas, quer se trate de legendas célebres de alcance nacional, como o caso da rua dos Billettes de 1290, ou de pequenos incidentes de importância local, como por exemplo o caso do assassinato ritual do Puy, que data de 1320, mas é relatado em diversas obras de 1620, de 1630, de 1653, de 1693...

Se as obras desta espécie não eram acessíveis senão a uma minoria de letrados e curiosos, os sermões que os padres e os religiosos pronunciavam do alto de seus púlpitos tocavam diretamente as populações em seu todo. Do que podiam dizer os humildes curas, perdeu-se o vestígio: só nos é dado conhecer os discursos dos altos dignitários e dos grandes pregadores que lhes serviam de exemplo e de modelo. Reportemo-nos pois a estes; veremos que a vilipendiação direta (dos judeus) e a evocação da ameaça que simbolizam (para os cristãos) se alternam de maneira bastante regular, tal como se verá pela rápida leitura de alguns textos que não aparecem quase habitualmente nas antologias[19].

VILIPENDIAÇÃO

Povo monstruoso, que não tem nem lar nem lugar; sem país, e de todos os países; outrora o mais feliz do mundo, agora alvo da maledicência e do ódio de todo o mundo; miserável, sem ser lamentado por quem quer que seja, tornado, em sua miséria, por uma certa maldição, a risada dos mais moderados...

(BOSSUET.) f

O maior crime dos judeus não é ter feito morrer o Salvador. Isso vos surpreende: eu bem o previa... E como isso? Porque Deus, após a morte de seu filho, os deixou ainda quarenta anos sem os punir... quando aplicou uma punição tão repentina, houve algum outro crime que ele não podia mais suportar, que lhe era mais insuportável que o assassínio de seu próprio filho. Qual é este crime tão negro, tão abominável? É o empedernimento, é a impenitência...

(BOSSUET.)

Que fazem os judeus ofendendo Estêvão? Escutai o pensamento de São Fulgêncio, que vos parecerá tão sólido quão engenhoso: "Estêvão, diz este Padre, como primeiro mártir do cristianismo, é uma das pedras viventes com que Jesus Cristo começa a construir sua Igreja, e os judeus, que têm eles próprios coração de pedra, batendo nesta pedra misteriosa, tiram dela centelhas da caridade e do amor divino..."

(BOURDALOUE.)

---

19. *Œuvres oratoires* de Bossuet, Paris, Ed. Lebarq, 1913, p. 158, 160, 161. Bourdaloue, *Œuvres complètes*, Paris, 1822-1825, t. II, p. 533: t. IX, p. 313; t. XI, p. 193. Fléchier, *Œuvres choisies*, Paris, Ed. Brémond, 1911, p. 31, 35. Massilon, *Œuvres complètes*, Paris, 1823, t. V (Sermons pour la carême), p. 321, 337.

f Compare-se com a citação anterior de R. P. Boucher.

Mas deixemos de lado estes incrédulos: como se escandalizaram com Jesus Cristo, e tornaram-se, por um justo julgamento de Deus, o escândalo de todos os povos, e o serão até que Deus, no fim dos tempos... reúna os destroços de Israel...

(FLÉCHIER.)

Até onde este povo insensato levará os excessos de sua leviandade e de sua cegueira? E quantos crimes não comete um só deles? Primeiramente, uma injustiça monstruosa (...). Em segundo lugar, um furor cego (...). Este povo furioso exige que seu sangue recaia sobre ele e sobre toda a sua posteridade: consente, deseja que este anátema permaneça eternamente sobre a cabeça de seus descendentes... e o acontecimento responde a seus desejos: ainda hoje, tornados o opróbrio do universo, errantes, fugitivos, desprezados, sem altar, sem lugar, sem sacrifícios, levam a toda parte em sua fronte o crime deste sangue derramado...

(MASSILLON.)

AMEAÇA

Mas é preciso, oh pecador, é preciso que eu entre contigo em uma discussão mais exata: é preciso que eu examine se és menos culpado que os judeus (...). Mas, direis, os judeus crucificaram o Salvador. E ignorais, oh pecadores! que pisoteais o sangue de seu testamento?...

(BOSSUET.)

A morte no pecado, a morte com o pecado, a morte mesma, como chega freqüentemente, pelo pecado, eis, meus caros ouvintes, o que me atemoriza, e o que deve atemorizar-vos como a mim: eis o que Deus tem de mais terrível nos tesouros de sua cólera; eis do que o Filho de Deus ameaça hoje os judeus, e de que nós assim como os judeus temos de nos preservar...

(BOURDALOUE.)

Preparam-lhe uma coroa de espinhos que lhe enfiam à força na cabeça. O sangue corre por todos os lados, e quantas pontas o furam fazendo tantas feridas. Eis como a Sinagoga tratou seu Rei! Eis como ela tratou o vosso e o meu Rei: eis como tratou o mestre e o Rei de toda a natureza. Indignidade que abominamos! Mas enquanto nós a abominamos nos outros, por que não a abominamos em nós mesmos? Pois não fomos nós mesmos, cristãos, que cem vezes a usamos da mesma maneira em relação a Jesus Cristo?...

(BOURDALOUE.)

Que espécie de terrível beatitude Jesus Cristo anuncia hoje aos homens, ou sobretudo que sentença pronuncia hoje contra eles?... Escutaram sem respeito os oráculos de sua boca sagrada; viram sem admiração o esplendor de suas virtudes... Assim eram outrora os judeus; assim são hoje os cristãos...

(FLÉCHIER.)

Mas eis vossa obra e a consumação de vossa iniqüidade e de vossa ingratidão se sois pecadores; eis o ato bárbaro que renovais todas as vezes que consentis no crime; eis o corpo que vós desonrais quando manchais o vosso; eis a cabeça augusta que coroais de espinhos quando as imagens da volúpia, descritas com complacência, deixam em vosso espírito impressões perigosas; ...eis o Homem, *ecce Homo*. Este espetáculo pode vos deixar insensíveis? É preciso que Ele suba de novo ao Calvário? Quereis mesclar vossas vozes às dos pérfidos judeus, e pedir de novo que se O crucifique?...

(MASSILLON.)

Penitência! Penitência! "Quereis mesclar vossas vozes às dos pérfidos judeus, e pedir de novo que se O crucifique?" Mas os ressaltos que a palavra educadora dos pregadores evocavam serviam sobretudo de indispensáveis bodes expiatórios para os fiéis. Que se reflita, com efeito, no grito pungente de Pascal, quando de sua conversão: "Jesus Cristo, Jesus Cristo! Dele me separei, e dele fugi, renunciado e crucificado!" Com Pascal foi assim, mas para almas menos sublimes e menos doridas, o recurso de transferir a seus pretensos autores a intolerável culpabilidade de um crime alucinante e imaginário constituía, ao final, a única saída psicologicamente possível.

Certamente as citações podem ser enganadoras, e não queremos suscitar no leitor a impressão que os oradores sacros que acabamos de mencionar tinham apenas os judeus em mente. Ao contrário, os mencionavam só muito raramente. Mas quando falavam deles, era sempre dessa maneira: era, poder-se-ia dizer, uma "propaganda de manutenção" (e não uma "propaganda da promoção"). As associações são sempre as mesmas: crucificação-indignidade, imperfeições cristãs-culpabilidade dos judeus. Eis um último exemplo que tomaremos do pregador popular mais poderoso da França entre a Reforma e a Revolução.

O bem-aventurado Grignon de Montfort (1673-1716) exercia seu ministério na Bretanha, na Vendéia e no Anjou, e se estas regiões são aquelas onde em nossos dias a fé católica é a mais viva, isso é devido, assegura seu biógrafo, à sua ação [20]. Entre outros dons, ele tinha o da rima notável e fácil: e compôs um grande número de cânticos, que musicou de modo profano em voga na época: isso escandalizou muito seus contemporâneos, mas ainda em nossos dias ouvem-se crianças e jovens entoar tais cânticos no campo.

Eis um, que não é, pode-se dizer, mais que a transposição de um Mistério da Paixão da Idade Média com suas imagens evocadoras e sanguinárias: se não são mais encenados, ei-los, destarte, musicados.

Destacamos algumas estrofes:

---

20. Cf. *Le Bienhereux Grignon de Montfort*, por E. Jac, professor da Faculté catholique d'Angers, Paris 1903, p. 114.

JÉSUS FLAGELLÉ.

Jésus voit la mort affreuse
Qui vient d'un air menaçant
Pour être victorieuse
Ainsi qu'il soit le Tout-Puissant.
  Refrain.
C'est moi qui suis le coupable,
Mais Jésus est innocent.
Ah! que je suis misérable!
Je le dis en gémissant.
Les bourreaux pleins de rage,
Comme des loups ravissants,
Lui meurtrissent le visage,
Arrachent ses vêtements.
  Refrain.
(...)
Il est couvert de blessures,
Son sang coule par ruisseaux.
Accablé de meurtrissures,
Sa chair tombe par lembeaux.
  Refrain.
(...)
(......)

JÉSUS COURONNÉ D'ÉPINES

On met dans ses mains sacrées
Pour sceptre, un frêle roseau.
Chacun en fait des risées
En disant: Ha! Qu'il est beau!
  Refrain.
C'est pour nous, ô pécheurs,
Qu'il endure ces douleurs.

On le couronne d'épines.
Avec des coups de bâton;
Un chacun lui fait des mines
En hurlant comme un démon.
  Refrain.
(...)
Cette couronne cruelle
Lui transperce le cerveau.
On voit couler sa cervelle
Avec du sang et de l'eau.
  Refrain.
(......)

JÉSUS CRUCIFIÉ.

Cette canaille insolente
Lui tire tout de nouveau
Sa pauvre robe sanglante
Toute collée à sa peau.
  Refrain.
C'est pour nous, ô pécheurs,
Qu'il endure ces douleurs.

Tandis que les plus barbares
Préparent tout pour sa mort
Quelques-uns des plus avares
Tirent ses habits au sorte.
  Refrain.

(...)
O cruelle barbarie!
Ses membres sont disloqués,
Sa chair est toute meurtrie,
L'on voit ses nerfs tout bandés.
    Refrain.
(......)

JÉSUS MORT ET ENSEVELI.

O pécheurs abominables,
C'en est fait, Jésus est mort.
Nous sommes tous les coupables.
Que deviendra notre sort?
C'est pour nous, ô pecheurs
Qu'il est mort dans les douleurs (262).
 (......)*

* JESUS FLAGELADO

Jesus percebe a morte espantosa
Que vem de modo ameaçador
Para ser vitoriosa
Embora seja o Todo-Poderoso

 Refrão

Eu é que sou o culpado,
Mas Jesus é inocente.
Ah! como sou miserável!
Eu o digo gemendo.
Os carrascos cheios de raiva,
Como os lobos rapaces,
Lhe mortificam a face,
Arrancam suas roupas.

 Refrão
(...)
Ele está coberto de feridas,
Seu sangue corre em riachos.
Repleto de mortificações,
Sua carne cai em pedaços.

 Refrão
(...)

JESUS COROADO DE ESPINHOS

Põe-se em suas mãos sagradas
Por cetro, um frágil caniço
Cada um se ri
Dizendo: Ha! Como está belo!

 Refrão

É por nós, ó pecadores,
Que ele suporta estas dores.
Coroam-no de espinhos.
Com golpes de bastão;
Cada um lhe faz caretas
Uivando como um demônio.

 Refrão
(...)
Esta coroa cruel
Lhe trespassa o cérebro
Vê-se correr seus miolos
Com sangue e água.

 Refrão
(...)

JESUS CRUCIFICADO

Esta canalha insolente
Lhe tira tudo de novo
Sua pobre roupa ensangüentada
Toda colada à sua pele.

Vê-se o poder evocativo destas imagens. Não é de espantar que Grignon de Montfort tenha sido um notável sedutor das multidões. Com outros grandes evangelizadores, tinha ainda em comum que, durante toda sua vida, foi tentado pelo Maligno. No leito de morte, lutava ainda contra ele: e expirou, no-lo diz seu biógrafo, exclamando:

> É em vão que me atacas; estou entre Jesus e Maria; terminei minha carreira: acabou-se, não pecarei mais [22].

Se nos perguntarmos agora: até que ponto esta propaganda era operante? Era capaz, na quase ausência dos judeus, de suscitar esses grandes movimentos de furor popular que constituem a marca instintiva e última do anti-semitismo? Nossa resposta deverá variar segundo a época. Para o século XVI, será negativa; não se assinala então nenhum escândalo, nenhum tumulto antijudaico, e isto por uma razão simples e evidente: um número demasiado de coisas, no século da Reforma, fazia os protestantes franceses assumir uma condição especificamente judaica, para que os "miraculosos ódios" tradicionais não fossem integralmente infletidos em sua direção. Minoria perseguida, culto praticado em segredo, apego ao Velho Testamento, as analogias são múltiplas, e as seguintes linhas de um historiador contemporâneo, que trazem para o leitor judeu uma imagem singularmente familiar, são características desta situação:

> Os protestantes viviam, tanto individual como coletivamente, sob um regime de insegurança permanente... O povo católico ou "ateísta" zombava desta gente que realizava assembléias secretas; acolhia

> *Refrão*
> É por nós, ó pecadores,
> Que ele suporta estas dores.
> Enquanto os mais bárbaros
> Preparam tudo para sua morte
> Alguns mais avaros
> Tiram-lhe as roupas pela sorte.
> *Refrão*
> (...)
> Ó cruel barbárie!
> Seus membros estão deslocados,
> Sua carne está toda machucada,
> Vê-se seus nervos todos retesados.
> *Refrão*
> (...)
> JESUS MORTO E SEPULTADO
>
> Ó pecadores abomináveis,
> Está feito, Jesus está morto.
> Nós todos somos os culpados.
> Qual será nosso destino?
> É por nós, ó pecadores,
> Que morreu em suas dores.
> (...)

21. As obras do bem-aventurado Monfort, com estudo e notas de R. P. Fradet (edição standard), Beauchesne, Paris, 1929. As citações acima são extraídas do poema da Paixão "dividido segundo todos os dias da semana: assiste-se a toda a Paixão, depois a agonia até o sepultamento" (p. 57 sq.)
22. *Le Bienhereux Grignon de Montfort*, por E. JAC, *op. cit.*, p. 229.

e propagava a respeito deles as histórias mais grosseiras, que circulavam precisamente nos arrabaldes onde se ocultavam os conventículos: imagine-se quão suspeitas pareciam as idas e vindas de estranhos ou de pessoas de classes altas através dos bairros afastados e nos caminhos do campo, à noite. Disto tudo resultavam gritos, pedras arremessadas, risos, tumultos e mesmo incêndios [23]...

No fim do século XIX, Eduard Drumont não tratava os protestantes franceses de "semijudeus"?

Outrossim, de uma maneira geral, o ódio antijudaico fica em fogo baixo, quando outras paixões violentas agitam o corpo social. Heréticos, turcos ou outros infiéis ou simplesmente um "inimigo hereditário" em épocas de conflito: os substitutos, no curso dos séculos, foram variados e numerosos.

Daí por que o mesmo não se deu no século XVII, depois que o Edito de Nantes pôs termo às guerras de religião. Vimos as revessas levantadas pelo caso Concini; e se, na ausência de judeus, cronistas fiéis de suas próprias desgraças, muitos outros acontecimentos podem nos permanecer desconhecidos, houve, no curso desta estranha guerra obstinadamente travada contra sombras, combates cujo relato não chegou até nós, como o que se refere ao caso Jean Gourgeois, que é de 1652.

Paris estava então em plena Fronda: o "partido da corte", Ana da Áustria e Mazarino, de um lado; a população da cidade e, à sua testa, o Parlamento do outro. Escaramuças, batalhas: armados, os burgueses haviam provisoriamente se apossado do poder de fato, e as corporações, por sua vez, garantiam a ordem na capital.

Em 15 de agosto de 1652, a Companhia dos Adeleiros da Tanoaria retornava de seu turno de guarda, e, bandeira ao vento, passava perto da Igreja de Santo Eustáquio. Nesse momento, um jovem traquinas chamado Jean Bourgeois, exclama em zombaria: "Eis os Senhores da Sinagoga!"

Furiosos, os adeleiros se atiram sobre ele, desancam-no a golpes de alabarda e de coronha de mosquetão, e forçam-no a pedir perdão publicamente. Soltam-no a seguir. Tal é o pequeno incidente que se encontra na base de todo o caso.

Com efeito, Jean Bourgeois, ele mesmo filho de um honrado mercador de alfinetes, não se deu por satisfeito e apresentou queixa contra seus agressores junto ao bailio. Um deles foi preso. Furiosos, os adeleiros juraram vingar-se. Atraíram o infortunado jovem a uma emboscada, torturaram-no longa e de numerosas maneiras, e finalmente lhe estouraram os miolos com um tiro de mosquetão.

Incidente corriqueiro em uma época conturbada? Querela entre duas corporações? Não foi assim que a opinião

---

23. *Le Royaume de Catherine de Médicis*, por LUCIEN ROMIER, Paris, 1922, p. 263.

pública interpretou o caso. E a opinião pública desse tempo era prodigiosamente sensível e ativa. Havia quatro anos, desde que a Fronda perdurava, ela se exprimia em panfletos políticos que se chamavam mazarinadas, pois eram dirigidos sobretudo contra Mazarino. Surgiam às vezes vários por dia, em prosa ou em versos, de seis ou de oito páginas; mas eis que, por algumas semanas, Mazarino é esquecido, e se parece viver sob o signo do "problema judeu".

São inicialmente as peças em prosa [24]: uma *Monitória publicada por todas as paróquias da cidade de Paris contra os judeus da Sinagoga...* [25], um *Relato singelo e verdadeiro do cruel assassinato e horrível massacre cometidos em 26 de agosto de 1652...* [26] e um *Exame da vida dos judeus, de sua religião, comércio e tráfico...* [27]. "Não há pessoa que não saiba que os judeus são o opróbrio de todas as nações desde há mais de mil e seiscentos anos", lê-se nesse último. "Seus costumes não manifestam menos sua maldição que sua escravidão. Não há pessoa que não saiba que eles têm apenas a profissão da usura, e que seus embustes e suas práticas infames semearam a corrupção por toda a terra..." E assim por diante. São também: o *Relato verdadeiro do que se passou no assassinato de um rapaz, filho de um mercador de alfinetes...* [28], a *Resposta dos principais da Sinagoga...* [29], que toma a defesa dos adeleiros, e enfim *A Assembléia dos Adeleiros... para cuidar dos meios de remediar a crueldade de seu grande crime...* [30], peça muito sutil, cujo autor coloca na boca dos "judeus" os seguintes argumentos:

> Em que somos culpados? Moisés em seu tempo sacrificava animais, e nós sacrificamos um homem? Não está nesse mesmo livro que nossos predecessores tiveram o poder de sacrificar Jesus Cristo, seu Rei e o nosso? Por que não temos nós o de matar um homem?...

---

24. Todas as peças que seguem fazem parte da coleção de "Mazarinades" da Bibliothèque de l'Arsenal em Paris. Figuram no volume 8.º H 7667 e no volume 8.º H 7728 desta coleção.
25. Título completo: *Monitoire publié par toutes les Paroisses de la ville de Paris contre les Juifs de la Synagogue, le 1er jour de septembre 1652, pour avoir cruellement martyrisé, assassiné et tué un notable bourgeois de ladite ville de Paris.*
26. *Relato singelo e verdadeiro do cruel assassinato e horrível massacre cometidos em 26 de agosto de 1652 pela Companhia dos Adeleiros da Tanoaria comandada por Claudio Amant, seu Capitão, na pessoa de Jean Bourgeois, mercador de alfinetes ordinário da Rainha, Burguês de Paris, com trinta e dois anos de idade.*
27. *Exame da vida dos judeus, de sua religião, comércio e tráfico em sua Sinagoga.*
28. *Relato verdadeiro do que se passou no assassinato de um rapaz, filho de um mercador de alfinetes da rua Saint-Denys, chamado Bourgeois.*
29. *Resposta dos principais da Sinagoga apresentada por Artigos aos Notáveis Burgueses de Paris, onde é mostrada sua Ordem, sua Regra, sua Lei e seu Processo com o querelante.*
30. *A Assembléia dos Adeleiros na casa de um oficial de sua companhia, para cuidar dos meios de remediar a crueldade de seu grande crime, segundo o Monitório, que se publica contra eles pelas Paróquias de Paris onde, não encontrando remédios garantidos, um dentre eles, chamado Jean Lalloué, se jogou em um poço por desespero: e também com a recusa da soma de dinheiro que ofereceram a Sua Alteza Real para cuidar dos meios de remediar a crueldade de seu grande crime.*

São sobretudo, conforme a moda da época, peças em verso, nas quais a imaginação dos autores tem livre curso. Não são elas as menos características. Algumas extravasam uma indignação furiosa:

> "Infâmes assassins,
> Nation détestable
> Abhorrée des humains,
> Chassée de toutes places,
> Fallait-il aujourd'hui
> Renouveler l'effort
> De vos cruautés inouïes
> Lesquelles donnèrent la mort
> Au Dieu de qui nous tirons vie? *

(Relato verdadeiro do horrível assassinato cometido pelos adeleiros da nação judaica...) [31].

> Démons échappés de l'enfer,
> Race des Juifs, gens détestables,
> Plus maudits que n'est Lucifer
> Et plus méchants que tous les Diables,
> Tigres cruels, retirez-vous,
> Indignes de vivre parmi nous.
>
> Quand vous serez de sang avides,
> Graignez donc la punition
> Dont la Sainte Inquisition
> Doit châtier vos parricides.
>
> Déliez les pieds et les mains
> D'un bourgeois mis à la torture.
> Voulez-vous qu'il soit en effet
> D'un *Ecce homo* le portrait
> Sujet à l'outrage et'injure? **

(A Sinagoga mostra-se em seu esplendor...) [32].

---

* Infames assassinos,
Nação detestável
Abominada pelos homens,
Banidos de todos os lugares.
Precisava-se hoje
Renovar o esforço
De vossas crueldades inauditas
As quais deram a morte
Ao Deus de quem nós tiramos vida?

31. *Relato verdadeiro do horrível assassinato cometido pelos adeleiros da nação judaica na pessoa de um burguês desta cidade de Paris, em 26 de agosto de 1652.*

** Demônios fugidos do inferno,
Raça de judeus, gente detestável,
Mais malditos que Lúcifer
E mais perversos que todos os Diabos,
Tigres cruéis, retirai-vos,
Indignos de viver entre nós.
Quando estiverdes de sangue ávidos,
Temei pois a punição
De que a Santa Inquisição
Deve castigar vossos parricidas.
Soltai os pés e as mãos
De um burguês submetido à tortura.
Quereis que ele seja efetivamente
De um *Ecce homo* o retrato
Sujeito ao ultraje e à injúria?

32. *A Sinagoga mostra-se em seu esplendor, com o epitáfio de Bourgeois para colocá-lo em sua sepultura.*

O ANTI-SEMITISMO EM ESTADO PURO: FRANÇA 167

Vê-se a assimilação imediata que se faz no espírito de nossos panfletários entre a crucificação, seu prolongamento no tempo sob a forma de assassinato ritual e o crime dos adeleiros.

Assim posto o problema, outras peças sugerem remédios precisos. Sem dúvida, trata-se apenas de canções — mas cabe notar: que preconizam os próprios remédios que foram experimentados na Europa no curso de um passado recente — pois afinal, neste gênero de questões, a imaginação humana é inevitavelmente limitada. Um propõe expulsar os judeus, ou fazê-los usar uma insígnia especial:

> Faites sortir de nos murs
> Des gens de si mauvaises mœurs.
> Ou bien, par l'ordre du monarque,
> Faites-leur porter une marque
> Qui les distingue des chrétiens
> Et les mette parmi les chiens... *

(*A Cólera dos judeus, dedicada aos Senhores da Sinagoga...*) [33]

Um outro propõe enforcá-los sumariamente:

> Faites que l'on voie, pieds et mains
> Liés, ceux de leur troupe
> Suivre les traces à grands pas
> De celui qu'ils ont mis à bas
> Par une mort trop cruelle.
> Faites que l'on voie sur l'échelle,
> Sans faveur, grâce ni pardon,
> La Synagogue à Montfaucon... **

(*A Crueldade da Sinagoga...*) [34]

Um outro ainda propõe castrá-los todos, "a fim de que a raça seja extinta para sempre...".

> Je crois qu'il est plus juste
> Qu'autrement le fer les ajuste.
> Et qu'on leur ôte tout à fait
> Le membre qu'ils ont imparfait.
> Afin que pour punir leur vice

---

* Fazei sair de nossos muros
Gente de tão maus costumes.
Ou bem, por ordem do monarca,
Fazei-os usar uma marca
Que os distinga dos cristãos
E os coloque entre os cães...

32. *A Cólera dos judeus, dedicado aos Senhores da Sinagoga*, por Claudio Veiras.

* Fazei com que se veja, pés e mãos
Atados, os de seu bando
Seguir os rastros com grandes passos
Daquele que puseram abaixo
Por uma morte muito cruel.
Fazei com que se veja sobre a escada da forca,
Sem indulgência, graça e nem perdão,
A Sinogoga de Montfaucon...

34. *A Crueldade da Sinagoga dos judeus da última geração, e mais o julgamento de Minos feito à alma do pobre massacrado nos Campos Elíseos, o descanso das almas felizes,* P. A. R. C. C. A. M. B. D. R. T. A. P.

Ils survivent à leur supplice
Et qu'au gré de nos justes vœux
Leur nom ici meure avec eux... *

(*O Julgamento criminal contra a Sinagoga*...) 35.

(O último autor, mais circunspecto que seus confrades, faz todavia uma reserva: "É preciso ver antes se estão todos inteiros na frente. Ou se foi feito algum corte cuja marca em sua pele permaneça". E desvia-se em seguida para a licensiosidade pura e simples: "Belas, ultrapassai todos os obstáculos. Eu vos convido a este espetáculo. Onde tereis o que quiserdes para contentar vosso desejo. Vejai o perfeito modelo da virtude natural. Vereis altos, baixos...", etc.).

Mas então, poderá perguntar-se o leitor, em presença de uma tal abundância de textos, será que os adeleiros de Paris não eram judeus clandestinos, marranos professando sua religião no maior segredo? Que significação pode-se de outro modo atribuir a semelhante campanha? Ora, eles não o eram de modo nenhum. Todos os protagonistas do conflito, sem distinção, eram bons e leais católicos. Isto ressalta indiscutivelmente das peças do processo que se desenrolou em seguida (pois houve processo) g, assim como de uma infinidade de outros elementos g. E a chave do caso se acha nesta definição que cinqüenta anos mais tarde o *Dictionnaire du Commerce* de Savary dava à palavra "judeu":

---

* Creio que é mais justo
Que de outro modo fazer o ajuste.
E que se lhes tire inteiramente
O membro que tem imperfeitamente.
A fim de que para punir seu vício
Sobrevivam a seu suplício
E que por nossos justos votos
Seu nome morra aqui com eles...

35. *O Julgamento criminal pronunciado contra a Sinagoga dos Adeleiros, determinando que aqueles de sua gente que se acharem circuncidados (que é a marca da judiaria) serão castrados, a fim de que a raça permaneça extinta para sempre em Paris.*

g. O pai de Jean Bourgeois moveu uma ação perante o Parlamento: os autos do caso se encontram nos Arquivos Nacionais (Registros criminais do Parlamento, decretos transcritos X2 223 e 234). O relator, M. de Boivin-Vaurony, foi severo com os adeleiros: "O cristianismo foi ultrajado pelas ofensas que o dito defunto recebeu, as quais... há apenas bárbaros destituídos do conhecimento de Deus que seriam capazes de inventar e usar contra algum homem de outra nação. Mas que, na primeira e principal cidade do mui cristão Rei, esta barbárie tenha sido praticada por vários particulares no lugar de um outro, *todos fazendo profissão de uma mesma religião*, é uma ocasião na qual a ofensa feita a Deus deve fazer parte das considerações... na deliberação e no julgamento do processo..."

Em seguida, cartas de perdão foram concedidas aos acusados pelo rei. "Nos recebemos a humilde súplica de... *fazendo profissão da religião católica, apostólica e romana*..."

Assim pois, nem no Parlamento e nem no Conselho real, ninguém suspeitava que os adeleiros judaizassem. E seus nomes não dão margem à dúvida: Philippe Sayde, Jean Forget, Simon Gaultier, Noel Debarque, Gilles Jousseanne, Cahourst o primogênito, Vivanier, e assim por diante.

E o que é mais: como podiam os adeleiros ser constituídos em corporação de ofício, em face das outras corporações e portar armas, se eram judeus?

A corporação de adeleiros de Paris era muito antiga: ela figura no *Livre des Métiers* de Étenne Boileau, e remonta conseqüentemente ao século XIV. Sob Luís XI, os adeleiros tinham a 14a. bandeira.

O ANTI-SEMITISMO EM ESTADO PURO: FRANÇA 169

Juif. Ce terme a diverses significations dans le commerce, mais presque toujours en mauvaise part...
....
On donne assez souvent à Paris le terme de Juifs aux marchands fripiers, soit parce que le peuple les croit aussi trompeurs que les Juifs l'étaient autrefois, lorsqu'ils se mêloient en France du commerce des vieilles hardes; soit à cause qu'on soupçonne quelques familes de ces marchands de venir des anciens Juifs; soupçons néanmoins également mal fondés; y ayant dans leur communauté d'aussi honnêtes gens et d'aussi bons catholiques que dans aucune autre de Paris (277)[36] *.

Assim, vê-se com clareza. Judeus, os adeleiros de Paris o eram no sentido de que exerciam um ofício tradicionalmente "judeu", e de que lhes era dada a denominação de "judeus", enquanto que sua corporação era conhecida sob a alcunha de "Sinagoga". Profissionalmente, e semanticamente, desempenhavam pois função de judeus para os outros. Mas não o eram por si mesmos, e repeliam a imputação com horror [h]: desde inumeráveis gerações, eram católicos de religião, e nada em seus costumes e gênero de vida os distinguia dos outros cristãos. Entretanto, continuavam sendo objeto de tenazes suspeições sociais.

Eram pois objetivamente judeus, sem sê-lo subjetivamente. É dizer que não estavam no papel do tipo a eles atribuído; e se a melindrosa sensibilidade popular podia ocasionalmente suscitar explosões passageiras tais como a de 1652, a ira sagrada, devido a um apoio inadequado, se aplacava por si mesma. Na falta de lenha, o incêndio não durava.

Porém se reavivava de tempo em tempo, como dezoito anos mais tarde, quando em 1670 um grande processo de assassinato ritual em Metz (onde, na época, havia judeus) coincidiu com desaparecimentos misteriosos de jovens em Paris (onde não havia). Logo, na capital, começaram a circular boatos: foram raptados por judeus! Que judeus? Vindos de onde? O boato não o informava. Outrossim, na falta de judeus (desta vez, os adeleiros não foram molestados) se extinguiu, uma vez mais [i].

---

36. J. SAVARY DES BOUSLONS, *Dictionnaire du Commerce*, Paris, J. Étienne, 1723, t. II, p. 923.

* *Judeu.* Este termo tem diversas significações no comércio, mas quase sempre em mau sentido...

Dá-se comumente em Paris o nome de judeu aos mercadores adeleiros, seja porque o povo os crê tão embusteiros quanto os judeus o eram outrora, quando se dedicavam na França ao comércio de roupas velhas; seja porque se suspeita que algumas famílias desses mercadores vinham de antigos judeus; suspeitas todavia igualmente infundadas; havendo também em sua comunidade pessoas tão honestas e tão bons católicos quanto em qualquer outra de Paris.

h. A este propósito, o divertido autor do *Julgamento criminal...* conclui com bom senso: "Se rechaçaram este ultraje Com tal excesso de raiva É um indício mui certo Que o nome do filho da puta Lhes teria causado menos fúria Que este título de Judiaria De onde infiro com razão Que têm de judeu apenas o falso nome."

i. *Mémoires tirées des archives de la police de Paris*, por J. Peuchet, arquivista da polícia (Paris, 1838): "...um terror, motivado por desaparecimentos extraordinários, se espalhou repentinamente [em 1670] nos principais bairros de Paris... comadres pretendiam que um princesa, cuja doença ameaçava sua vida, lutava contra o mal banhando-se cada dia em

Horror e desprezo: os sentimentos antijudaicos desta época foram portanto tão unânimes? Faltou pouco, para dizer a verdade. Resta-nos examinar rapidamente as raras vozes discordantes.

Houve em primeiro lugar alguns humanistas a manifestar neste domínio seu espírito independente e crítico. Na França, o mais conhecido foi Jean Bodin. Em seu diálogo do *Heptaplomeres,* põe sete interlocutores a discutir as virtudes comparadas das diferentes religiões, e a conclusão que se tira é que todas são igualmente boas; e é para Salomão o judeu, mais do que para Coroni o católico ou para Otávio o maometano, que parecem ir as simpatias do autor. Mas Bodin, que era um homem prudente, guardou seu *Heptaplomeres* em manuscrito, o qual só foi publicado muito tempo após a morte de seu autor. Acrescentemos ainda que, embora sendo um espírito forte, Bodin, verdadeiro filho de sua época, acreditava firmemente na feitiçaria [j]: redigiu um retrato (*La Démonomanie des sorciers*) que ainda tinha autoridade no século XVIII. Contrariamente à maior parte de seus confrades de artes mágicas, não menciona os judeus em sua "demonomania": assim, ainda aqui, se manifesta seu "filo--semitismo". (Pretendeu-se, para explicar suas concepções, que ele era meio-judeu, filho de mãe marrana; simples suposição, parece, sem a menor prova positiva em apoio.)

Mas a grande via em direção a uma virada passa pela Reforma, com tudo o que esta implicou de interesse pelo Velho Testamento, pelos estudos hebraicos e bíblicos. À força de impregnar-se de seu tema, muitos teólogos, muitos autores são tomados de simpatia pelo povo da Lei tanto mais facilmente quanto esse interesse versa doravante sobre o povo dos Patriarcas, mais que sobre o povo deicida. O contato vivo com os mestres judeus, aos quais numerosos hebraístas recorrem a fim de aperfeiçoar-se na língua sagrada, facilita o reexame. Na Alemanha, no curso de um processo célebre, Johannes Reuchlin constitui-se num campeão do Talmud, tal como veremos mais adiante; examinaremos também longamente o caso contraditório e tão característico do Doutor Martinho Lutero. Na França, se Calvino parece manter-se mudo sobre a questão, Théodore de Bèze faz ouvir inflexões que já são muito matizadas [k] (sobretudo se se tem em conta o rebaixamento efetivo dos judeus,

---

sangue humano. Outros pretendiam que os judeus crucificavam cristãos de tempo em tempo em ódio pelo Deus crucificado. Esta louca opinião felizmente não prevaleceu" (t. 1, p. 144-145).

j. A bem dizer, o ponto se presta à discussão. Guy Patin, no século seguinte, era cético a este respeito: "*La Démonomanie des sorciers* de Bodin não vale nada. Ele mesmo não acreditava. Fez este livro apenas para que se acreditasse que ele acreditava, tanto que por algumas opiniões um pouco livres foi suspeito de ateísmo, porque favoreceu os huguenotes." (*Lettres,* Ed. Reveillé-Parisse, t. 1, p. 303).

k. Em particular em seus comentários do Novo Testamento: "...estes que hoje em dia se chamam cristãos... são mui certamente punidos e o serão no futuro, porque, somente sob o impulso da maldade e da perversidade, maltrataram de todas as maneiras este povo santo

circunstância que não podia deixar de influir no julgamento teológico).

Mas, na França, a Reforma será derrotada. E exceção feita a algumas figuras pitorescas, tais como o hebraísta Gilbert Gaulmin, ou o "pré-adamita" Isaac de La Peyrère, mas que pertencem à "pequena história", apenas um século mais tarde é que ressoará uma nova voz. Não é ainda a dos Enciclopedistas: é a de um precursor admirável, que, por ter sido demasiado livre para os católicos, e demasiado católico para os espíritos livres, não foi nunca apreciado em seu justo valor. É a do oratoriano Richard Simon, o verdadeiro criador da crítica bíblica moderna.

Erudito de imenso saber e notável hebraísta, R. Simon se interessava muito pelos judeus. Chegou a conhecer dois ou três deles pessoalmente: Jonas Salvador, afoito mercador de tabaco piemontês, e um cabalista cujo nome ele cala, mas de quem zombou com uma verve que em nada fica a dever aos melhores ditos voltairianos[1]. Em 1670, redigiu

quanto a seus pais, tornando-se cada vez mais empedernidos, colocando sob seus olhos o exemplo de uma odiosa idolatria. Quanto a mim, todo dia de bom grado assim rogo pelos judeus:

"Senhor Jesus, é verdade que retribuis segundo a justiça o desprezo que te dedicam, e este povo ingrato mereceu que tu o castigues mui severamente. Mas, Senhor, lembra-te de tua aliança, e considera estes infelizes de modo favorável, por causa de teu Nome. Quanto a nós, que somos os mais miseráveis dos homens, e que todavia julgastes dignos de tua misericórdia, permita-nos fazer progressos em tua graça, para que não sejamos para eles instrumentos de tua cólera, mas que nos tornemos logo capazes, pelo conhecimento de tua palavra e pelo exemplo de uma vida santa, de reconduzi-los ao caminho certo, pela virtude de teu Santo Espírito, a fim de que todas as nações e todos os povos juntos te glorifiquem para a Eternidade. Amém".

Novo Testamento grego, com tradução latina e comentários de Théodore de Bèze, quarta edição, 1589 (à margem do texto da *Epístola aos Romanos*, 11, 18). Cf. *Foi et Vie*, maio-junho de 1951, n.º 3, 229.

1. "... Outrora mantive várias conversações com um judeu que pretendia saber tudo sobre a Arte cabalística, no que foi instruído por um rabino de Damasco. Fiz todo o possível para desiludi-lo desta arte vã e supersticiosa. Mas acreditando me assustar, disse-me que se eu não tivesse medo, faria vir seu Gênio. Respondi-lhe que não acreditava em nenhuma de todas as coisas surpreendentes que os Cabalistas se gabavam de fazer com os segredos de sua Cabala.

"Como ele se pôs em estado de invocar seu pretenso Gênio, preveni-o de que, sob pretexto de invocar um Anjo servidor de Deus, iria chamar em seu socorro um Demônio. Vós sois ainda muito simples, me diz ele, um Cabalista apurado não crê nesta queda de Anjos, que concebeis em vossa Igreja: ainda que alguns de nossos Diretores parecem tê-lo reconhecido. Ele pretendia que os Anjos eram apenas chamados malvados com respeito às funções nas quais Deus os empregava. Perguntei-lhe que opinião estes Cabalistas apurados tinham do Diabo: 'Satã, me diz ele, não é por si nem branco e nem preto; ele é quase a mesma coisa que o primeiro Capitão dos Guardas de vosso Rei, se esse Capitão fosse destinado por seu Príncipe somente a cruéis execuções. Reflita, acrescentou, sobretudo no que é relatado sobre Satã no começo do Livro de Jó, e após isto não estareis talvez distante de meu sentimento. Satã se acha sem presença de Deus com os outros Anjos, e é mau apenas em relação à sua ocupação'.

"Eu vos confesso que esta Teologia me parece nova. Mas eu desejo que tinha de ver como este judeu faria para chamar seu Gênio fez com que eu o deixasse dizer tudo o que quisesse. Instei-o pois a ir ao ponto na questão. Virou-se para o Lado do Levante e fez várias invocações em Língua hebraica. Mas vendo que eu ria, e que eu zombava de sua superstição, usou de artifícios. 'Esta terra, me diz ele, é uma terra profana e maldita: meu Anjo que é puro e santo não pode se aproximar dela. Vamos, vamos à terra que Deus deu a nossos Pais, e aí vereis descer os Anjos por força de minhas preces'. Eis, Senhor, até onde vai a loucura dos judeus cabalistas. Eu vos enviarei algumas observações sobre estes devaneios... É bom tirar do erro uma infinidade de pessoas que se aplica seriamente ao estudo desta Cabala... Eu estou, etc." (Carta a um Suíço, R. SIMON, *Lettres choisies*, Amsterdã, 1720, t. I, p. 96-98).

anonimamente um memorial em defesa dos judeus, por ocasião do caso do assassinato ritual de Metz [37]. Em seguida, sob o nome de "Sieur de Simonville", publicou em francês as *Cerimônias e costumes* dos judeus, do rabino veneziano Leão de Modena, antepondo-lhe um longo e erudito prefácio [38]. Lembra antes de tudo que "aqueles que escreveram o Novo Testamento eram judeus, e só é possível explicá-lo em relação ao judaísmo". Daí a utilidade de se estudar as tradições e os costumes judaicos. Louva em seguida a piedade dos judeus: — "Não se poderia admirar bastante a modéstia e o recolhimento interior dos judeus, quando vão pela manhã à reza" — e sobretudo sua caridade:

> Os judeus não se sobressaem apenas nas orações, mas ainda na caridade: e parece que se pode ver explodir na compaixão que têm ainda pelos pobres a imagem da caridade dos primeiros cristãos por seus irmãos: seguia-se então o que se praticava nas sinagogas, e cuja prática e uso os judeus mantiveram ao passo que nós presentemente conservamos disso apenas a lembrança...

Nosso autor também estava informado sobre a história dos judeus da França.

> Eu poderia dizer aqui uma palavra sobre nossos judeus franceses, que ultrapassavam outrora em riqueza todo o resto dos judeus, antes que fossem expulsos da França... Estes da França primavam na ciência do Talmud. Nesse tempo, Paris era a Atenas dos judeus, que vinham de todas as partes para tomar aulas...

Mas tais eram os preconceitos da época, ou tais eram os judeus com os quais se deparara, que Richard Simon dizia em seguida:

> Eu vos confesso que não conhecia bastante (os judeus), escrevia a um amigo em 1684, quando dei a público em nossa língua o pequeno Livro de Leão de Modena no tocante a suas cerimônias. Falei bem demais desta miserável nação em meu prefácio, como o reconheci em seguida pelas relações que mantive com alguns deles. Eles nos odeiam mortalmente... [39]

Richard Simon conheceu de resto muitas outras desditas. Suas concepções em matéria de crítica bíblica, muito ousadas para a época, atraíram a ira temível de Bossuet. Teve de deixar o Oratório, e foi alvo até o fim de seus dias de violentos ataques.

Afora Simon, não existiu no Grande Século um único autor de qualidade a proferir sobre os judeus um julgamento algo original. É verdade que houve Blaise Pascal, que

---

37. Fato que serve de resposta ao livro intitulado "Abrégé du procès fait aux Juifs de Metz" in *Bibliothèque critique ou Recueil de diverses prèces critiques...*, publicados por M. DE SAINJORE, Amsterdã, 1708, p. 109.
38. *Cérémonies et coutumes qui s'observent aujourd'hui chez les Juifs*. Tradução do italiano de Leão de Modena, rabi de Veneza, por DE SIMONVILLE, Paris, 1681.
39. *Lettre à Monsieur J. H.* (cartas selecionadas, *op. cit.*, p. 235).

atormentado pelo "mistério judeu", assim como pelo insondável mistério de Deus. "Quanto às religiões, é preciso ser sincero: verdadeiros pagãos, verdadeiros judeus, verdadeiros cristãos..." lê-se em seus *Pensamentos* [40]. E depois, a propósito da falsidade das outras religiões: "Elas não têm testemunhas; estes (os judeus) têm". "Só acredito em histórias cujas testemunhas se deixam degolar", continua ele (pois a frase célebre se situa neste contexto). Por conseguinte "a sinceridade dos judeus..., sinceros contra sua honra, e por isso morrendo; isso não tem exemplo no mundo, nem sua raiz na natureza". E se maravilha:

> É espantoso e digno de atenção ver esse povo judeu subsistir após tantos anos, e sempre miserável; sendo necessário, para a prova de Jesus Cristo, e que ele subsiste para prová-lo que seja miserável, posto que o crucificou; e, embora seja contrário subsistir e ser miserável, subsiste, entretanto, apesar da miséria...

Vê-se como o grande pensador sentia-se perturbados pelo papel extraordinário e capital que atribui aos judeus a escatologia cristã, e como de sua bizarra situação "contrária" se empenhava em tirar uma *prova* a mais...

Veio em seguida o Século das Luzes, e "esmaguemos o infame". Nada mais revelador para nosso tema que a confusão que se instala então no espírito dos filósofos, uns (e Montesquieu será o cabeça de linha) defendendo em nome da justiça e da razão a causa das vítimas tradicionais das superstições, outros (e Voltaire é o primeiro exemplo) obstinando-se em nome desta mesma razão contra a raça mistificadora vinda de Canaã. A discussão, jogo de salão no século XVIII, cairá no domínio público no século seguinte; e o debate está longe de ter terminado em nossos dias. Mas isto será objeto do próximo livro.

---

40. *Pensées*, Éd. Brunschvicq, 590, assim como 592, 593, 630 e 640.

9. O Anti-Semitismo em Estado Puro: Inglaterra

Vimos que os judeus foram expulsos da Inglaterra em 1290. A lembrança, entretanto, permanecia viva, e seria fácil efetuar uma pesquisa semelhante àquela que empreendemos com respeito à França, e mostrar como seu fantasma ainda continuava a assombrar as imaginações muito tempo após a partida dos judeus; isto foi feito, aliás em parte [1].

Houve antes da época moderna judeus em carne e osso que conseguiram entrar na Inglaterra? Para os convertidos, existia uma fundação real, o *domus conversorum,* criada em 1234, e que nunca deixou de atrair clientes vindos da Alemanha, da Espanha e mesmo do Marrocos [2]: pôde-se igualmente assinalar casos isolados de judeus não batizados vindos fraudulentamente a Londres nos séculos XIV e XV [3]. Este último aspecto torna-se mais sensível após a expulsão da Espanha (1492), quando os carregamentos de proscritos sulcavam os mares; outrossim, seis anos depois,

---

[1]. Cf. as duas excelentes e complementares teses de doutoramento: *The Contemporary Jew in the Elizabethan Drama,* de JACOB CARDOSO, Amsterdã, 1925, e *The Jew in early English Literature,* de HIJMAN MICHELSON, Amsterdã, 1926.

[2]. Cf. "The History of the Domus Conversorum", in *Jews of Medieval England,* de MICHAEL ADLER, Londres, 1939, p. 306-379.

[3]. Cf. *The History of the Jews in England,* de CECIL ROTH, Oxford, 1941, p. 131-132.

quando do casamento de seu primogênito com Catarina de Aragão, Henrique VII assume o compromisso solene de não admiti-los em suas possessões [4]. Este juramento foi só imperfeitamente observado por seus sucessores, e uma colônia marrana, que comportava trinta e sete lares, existia em Londres por volta de 1540; denunciada, se dispersou em 1542 [5]. Assinalemos também que por ocasião de seu histórico divórcio, que o levou a romper com Roma, Henrique VIII, por não conseguir a aprovação do Papa, tentou obtê-la dos rabinos italianos; tratava-se de uma questão de "levirato", e o Velho Testamento parecia abrir o caminho para arranjos [a]: mas a maioria dos rabinos que consultou se mostrou intratável [6]. Ao menos o episódio contribuiu para a implantação dos estudos hebraicos na Inglaterra, onde, como em outros lugares, os humanistas entusiasmavam-se nessa época com a língua sagrada. Em conseqüência, alguns judeus convertidos, vindos do Continente, serviram-lhes de professores.

Tais são os raros contatos que os ingleses do século XVI tiveram com os judeus reais; não eram muito suscetíveis de modificar um conceito solidamente arraigado. Na mesma época, constitui-se o inglês moderno, cujas palavras adquiriram seu sentido definitivo e sua face: quanto ao termo "Jew", eis o que o *Dicionário de Oxford* de Murray, o *Littré* inglês, nos informa a seu respeito:

Jew ... 1) the commonest name for contemporary or modern representatives of the race; almost always connoting their religion and other characteristics which distinguish them from the people among which they live, and thus often opposed to the Christian, and (esp. in early use) expressing a more or less opprobrious sense. (...) 2) As a name of opprobrium or reprobation; spec. applied to a grasping or extortionate money-lender or usurer, or a trader who drives hard, bargains or deals craftily... [7]

Transponhamos ainda um século. Eis chegada a época em que, de uma ilha deserdada que era para a Europa o que a Irlanda era em relação a ela, a Inglaterra se transforma em imperatriz dos mares: quais foram as razões de sua súbita preponderância? Eis algo em que se pode exercer ainda por muito tempo a sagacidade dos historiadores; mas é certo que a mutação não deixa de ter laço com o aspecto particular de que a Reforma se revestiu nesse país. Ora, direta

---

4. C. Roth, *op. cit.*, p. 136-138.
5. *Id.*
a. Henrique VIII queria divorciar-se de Catarina de Aragão, a qual tinha esposado em primeiras núpcias o Príncipe de Gales, seu irmão primogênito. Baseando-se em *Lev.*, XVIII, 16, que proibia cobiçar a mulher do irmão, Henrique VIII tentou obter a anulação de seu casamento. Mas no caso, é *Deut.*, XXV, 5, que prescreve ao contrário esposar a viúva do irmão, que tem autoridade.
6. Cf. D. Kaufmann, Une consultation de Jacob Rafaël Peglione de Modène sur le divorce de Henri VIII, *R. E. J.*, XXX, p. 309 e do mesmo autor "Jacob Mantino", *R. E. J.*, XXXVII, p. 30.
7. Murray, *A New English Dictionary*, vol. V, p. 576.

ou indiretamente, é o calvinismo que se impôs na Inglaterra, imprimindo sua marca nas inumeráveis seitas que aí proliferaram. É certo também que, contrariamente ao ensinamento do Doutor Martinho Lutero — o qual atacou os judeus, vê-lo-emos, com uma violência inigualada — a doutrina propriamente protestante caracteriza-se por uma benevolência acentuada a respeito deles. Será por que o calvinismo, rompendo definitivamente com a tradição romana, implicou uma moral de ação mais enérgica que o luteranismo, e por que tomou os heróis do Velho Testamento para seus mestres de pensar e agir? Será por que deixava o campo livre às seitas, as quais, fiéis ao sentido literal do ensinamento bíblico, se constituíam em comunidades de homens iguais, eliminando o clero intercessor? Por múltiplas e sutis que possam ser as razões (poder-se-ia também invocar esta outra: originariamente, não havia judeus nos países de propagação do calvinismo), trata-se de uma constatação quase geral e válida até nossos dias.

Por conseguinte, desde o início do século XVII, certos puritanos, indo às últimas conseqüências, judaízam e se circuncidam; outros, pela palavra e pela pena, exigem que os judeus sejam chamados de volta [8]. As seitas milenaristas sobretudo, tão numerosas e tão ativas, dedicavam à questão um interesse tanto mais evidente quanto a conversão dos judeus era a condição requerida para o retorno do Cristo, e quanto para convertê-los era preciso pois chamá-los de volta [9]. Quando ao brado de "A vossas tendas, Israel!", a burguesia puritana derruba a monarquia, e leva em 1649 Cromwell ao poder, o problema de uma reconvocação oficial se coloca de maneira mais concreta, tanto mais quanto uma pequena colônia marrana havia de novo se constituído em Londres, prestando ao governo múltiplos serviços financeiros e mesmo políticos [10]. É característico que na mesma época inquietantes rumores circulam no campo realista e se espalham entre a população: Cromwell não se prepara para vender aos judeus, por oitocentas mil libras, a catedral de São Paulo? [b] A propósito, este Messias dos judeus não seria também ele mesmo de origem judia? [c]

8. Cf. C. ROTH, op. cit., p. 149-154 ou suas citações de vários exemplos.
9. Cf. W. K. JORDAN, The Development of Religious Tolerance in England, Londres, 1938, t. III, p. 209.
10. Cf. M. ASHELEY, Oliver Cromwell, Londres, 1934, p. 268 e L. WOLF, "Cromwell's Jewish Intelligencers", in Essays in Jewish History (póstumo), Londres 1934, p. 91.
b. "They are about demolishing and selling Cathedral Churches. I hear Norwich is designed already: and that the Jews proffer 600.000 l. for Paul's and Oxford library, and may have them for 200.000 l. more..." escrevia, em abril de 1649, Sir Edward Nicholas ao Marquês de Ormonde, um dos chefes do campo realista. (Cf. A collection of original letters..., por Th. Carte, Londres, 1733, p. 276).
c. Este rumor é relatado na Histoire d'Oliver Cromwell do Abade Raguenet (Paris, 1691, p. 322) que o retoma de resto parcialmente, por sua conta, assegurando que uma "delegação das sinagogas da Ásia" viera à Inglaterra, "para se informar se Cromwell não era o Libertador que espera-

É então que sobre o fundo de um enredamento de esperanças messiânicas cristãs ou judaicas, de novas concepções de tolerância religiosa que anunciam a era moderna, e de cálculos políticos e econômicos, Manassés ben Israel, um rabino de Amsterdã instruído à européia, empreende tratativas junto a Cromwell. Preocupado em encontrar uma enseada de refúgio para seu povo, nem por isso o referido erudito negligenciou o aspecto escatológico da questão: acabava de identificar nos Peles Vermelhas da América as Dez Tribos perdidas e, para garantir o fim dos tempos, não era preciso mais que tornar total a dispersão dos judeus "de uma extremidade a outra da terra" (*Deut.*, XXVIII, 64), isto é, levá-los a colonizar o fim do mundo, *o Ângulo da Terra* [d]. Ele dirigiu-se pois a Londres em setembro de 1655. Cromwell o recebeu respeitosamente e deliberou com seu Conselho de Estado: uma comissão especial, composta de eclesiásticos e representantes da Cidade de Londres, foi encarregada de estudar o assunto. De sua parte, o Protetor estava tão propenso quanto possível, contando com a ajuda marrana para abater a Espanha e lhe arrebatar as colônias; achava-se no zênite de seu poder ditatorial, e uma decisão favorável parecia portanto assegurada.

Mas Cromwell não calculara a força das superstições tradicionais, as quais, somando-se à oposição de alguns grandes mercadores da City, vieram contrariar seus planos. Os sinistros rumores circularam com uma força redobrada. Um grão-senhor, o Earl of Monmouth, apressou-se em mandar a um de seus amigos o seguinte:

> As bocas dos judeus vão abrir-se, mas não seus olhos; sei que terão sinagogas na capital, das quais uma será São Paulo. A vontade de Deus deve ser feita, meu coração e nós devemos a ela nos submeter [11].

Quanto ao bom povo de Londres, as linhas que seguem podem dar uma idéia de sua convocação:

> ...quando passei por Lincolns-Inn, sete ou oito soldados mutilados me pediram esmola. Eu os ouvi dizer um ao outro: "Devemos agora nos tornar todos judeus, e não restará nada para os pobres!" Não longe dali um outro grupo de pobres exclamava em voz alta: "Os outros já se tornaram todos diabos, e agora, devemos nos fazer judeus!" Estas palavras e discursos providenciais deixaram uma tal impressão em meu espírito, que antes mesmo de descansar naquela noite, reli todas as passagens de nossa história inglesa sobre a

---

vam... escolheram para esta comissão o célebre Jacob ben Azahel que teve ordem de levar consigo, ao passar pela Boêmia, David Ben Eliezar, rabino da sinagoga deles em Praga, que sabia todas as línguas da Europa com perfeição...", etc.; seguem muitos outros detalhes fantásticos.

d. Manassés ben Israel expôs suas considerações em sua obra *Spes Israelis* (A Esperança de Israel) publicada em latim em Amsterdã, em 1650, e que conheceu rapidamente uma vintena de edições em seis línguas diferentes. (Cf. *A life of Menasseh ben Israel*, CECIL ROTH, Filadélfia, 1945).

11. *A Life of Menasseh ben Israel*, C. ROTH, Filadélfia, 1945, p. 249 e 346.

conduta dos judeus na Inglaterra e sobre seus crimes em outros países, a fim de refrescar minha memória [12]...

O homem que escreveu isso, William Prynee, foi também aquele que rebelou a opinião pública contra o projeto da chamada. Personagem notável este Savonarola puritano! Sua pena fértil e erudita nos legou mais de duzentos livros e panfletos: levando uma vida de austeridade monacal, perseguia o mal sob todas suas formas com uma coragem indomável. Levantou-se contra os cabelos muito curtos das mulheres, contra os cabelos muito longos dos homens, e contra o costume de brindar à mesa; em 1634, ocupou-se das danças e do teatro, essas invenções do Diabo, em termos tão violentos [e] que foi perseguido por difamação e lesa-majestade e condenado a ter as duas orelhas cortadas, e as iniciais "s. l." (*seditious libeller*) marcadas com ferro em brasa na sua face (no cadafalso compôs, parece, um epigrama dos mais cáusticos contra seus inimigos). Nimbado assim da auréola do martírio, este formidável publicista tornou-se imensamente popular. Quando soube da nova e diabólica ameaça que, em 1655, pairava sobre seu país, e que ao mesmo tempo lhe concernia vitalmente enquanto cristão e inglês, "both as a Christian and English Free-man", redigiu um novo e vitriólico panfleto, intitulado *A short Demurrer to the Jews long discontinued Remitter into England* [f] o qual foi preparado, impresso e distribuído no espaço de sete a oito dias, alcançando prodigioso sucesso.

Entretanto, as deliberações da Comissão Especial, que haviam começado em 4 de dezembro de 1655, arrastavam-se longamente. Desde o início, Cromwell chocara-se com resistências insuspeitadas. Os representantes do clero temiam a subversão devido às idéias judaicas, os mercadores de Londres receavam a sua concorrência e insinuavam que a admissão dos judeus significaria um golpe fatal para o comércio inglês: "The most did fear that if they should come, many would be seduced and cheated by them, and little good would be unto them...", relata uma testemunha imparcial [13]. Foi em vão que um pastor benevolente invocou a bela prece de Théodore de Bèze em favor dos judeus [g]. E a opinião pú-

---

12. Prefácio de William Prynne a seu panfleto *A short Demurrer to the Jews long discontinued Remitter into England*, 2.ª ed., Londres, 1656.
e. Julgue-se por estas passagens:
No que concerne à dança "dancing is idolatrous, heathenishe, carnal wordly, sensuall, and misbeseeminge Christians, and the devill himself, who danced in Herodias' daughter, was the first author of the dancing..."
No que concerne ao teatro, os espectadores (família real inclusa) são "incarnate devills, monsters of ympiety, atheisticall Judasses, perjured cutt-throates to their Religion, willful bloody murderes to their own soules..." (*Histrio-Malix, the Player's Scourge or Actor's tragedye...*, Londres, 1634).
f. "Uma breve réplica à admissão de há muito proibida dos judeus na Inglaterra."
13. *A narrative of the late proceedings at Whitehall concerning the Jews...*, Londres, 1656. (Cf. HARLEIAN MISCELLANY, Londres, 1810, vol. VI, p. 445).
g. Cf. p. 170, nota k.

blica, sublevada por Prynne, tornou-se cada vez mais hostil. Na sessão de 18 de dezembro, que foi pública e destinada a ser a última, uma multidão francamente malevolente se comprimia nas tribunas. Vendo que o caso estava parado e não lhe atribuindo além do mais uma importância extraordinária, Cromwell encerrou bruscamente os debates, depois de haver ridicularizado os adversários do projeto em um brilhante e irônico discurso [h]. Nenhuma nova reunião foi fixada e as coisas ficaram como estavam. Os judeus não foram oficialmente readmitidos.

A guerra dos panfletos, entretanto, continuou ainda durante muito tempo: Prynne reeditou seu *Demurrer*, juntando-lhe novas legendas colhidas nas crônicas dos séculos passados; seu amigo Clement Walker imprimiu *Anarchia Anglicana;* o polígrafo Alexander Ross publicou a *View on Jewish Religion* que não passava de uma transposição dos argumentos de Prynne, enquanto que, no outro campo, Manassés redigiu a célebre *Vindiciæ Judæorum,* e seus amigos cristãos recorriam a alguns de seus raciocínios que de geração em geração são enunciados como novas concepções (é assim que um certo Thomas Collier argumentava que, ao crucificar Jesus, os judeus não tinham feito mais que executar a vontade divina, e puderam de certa maneira dar origem ao cristianismo) [i].

Tudo isto era apenas fogo de palha. O importante é que a sabedoria política inglesa já se exprimia no estilo que lhe é próprio. Sem serem oficialmente admitidos, os judeus foram doravante oficiosamente tolerados, e a colônia marrana de Londres pôde construir uma sinagoga e crescer em número, criando assim uma situação de fato que continha em germe e florescimento futuro de um judaísmo anglo-saxão.

---

h. "I never heard a man speak so well in his life, as Cromwell did on that occasion", relatava Sir Paul Rycaut. Cromwell teria inicialmente lembrado aos pastores que as Escrituras anunciavam a conversão dos judeus, e que havia para este fim apenas um meio, a saber, a pregação, e que era pois preciso permitir aos judeus residir lá onde os verdadeiros Evangelhos eram pregados. Depois, voltando-se para os negociantes, concordou com eles que os judeus eram um povo muito desprezível: "the meanest and most despised of all the people".
"So be it. But in that case, what becomes of your fears? Can you really be afraid that this contemptible and despised people should be able to prevail in trade and credit over the merchants of England, the noblest and most esteemed merchants of the whole world?" (Cf. *Anecdotes,* by the Rev. J. Spence, Londres, 1858, p. 59, e *A life of Menasseh ben Israel,* por C. Roth, *op. cit.,* p. 246).

i. "...in Crucifying our Lord, the *Jews* did no more that was the Counsel and Determination of God (*Acts,* 4th, 27, 28). Tho'it was *their* Sin, yet it was God's Counsel. Yea it is by Christ Crucify'd that we have life." (Cf. *Anglia Judaïca,* by D'Blossiers Tovey, Oxford, 1738, p. 278-279, onde os argumentos de Collier são longamente discutidos).

10. O Anti-Semitismo Ativado: Alemanha

No fim do século XV, a Alemanha era próspera e ativa. Suas minas de ferro e de metais preciosos eram as mais ricas da Europa; seus negociantes e banqueiros, solidamente instalados em Antuérpia, na Inglaterra, no Báltico, tinham em mãos o comércio da Europa do Norte; após a descoberta da América, controlarão o mercado de especiarias em Lisboa e armarão as frotas das Índias. A descoberta da imprensa contribuiu, por sua vez, para esta irradiação: impressores alemães deram a conhecer a nova arte na Espanha e na Escandinávia, na Turquia e na Escócia. Os contemporâneos estavam bem cônscios da significação da descoberta de Gutemberg:

Se há algum invento ou criação de que nós outros alemães podemos nos sentir orgulhosos é a invenção da imprensa, que fez de nós os propagadores da doutrina cristã e de toda ciência divina e humana, e, desta maneira, os benfeitores da humanidade,

escrevia o humanista Jacob Wimpheling[1]. Mas nos outros domínios, também, os alemães já proclamavam bem alto (na época crucial em que se determinavam as nacionalidades) o

---

1. JACOB WIMPHELING, *De arte impressoria*, fol. 2 do manuscrito (citado in J. JANSSEN, *Die allgemeinen Zustände des deutschen Volkes beim Ausgang des Mittelalters*, Freiburg, 1887, t. I, p. 9.

sentimento de supremacia que nutriam. Assim Félix Fabri, burguês da cidade de Ulm afirmava:

> Se alguém quer executar uma obra-prima em bronze, em pedra ou em madeira, ele a confia a um alemão. Eu vi entre sarracenos, ourives, joalheiros, talhadores de pedra e segeiros alemães fazendo coisas maravilhosas. Sobrepassam os gregos e os italianos...

(E o autor cita outros exemplos: o sultão do Egito recorreu a um engenheiro alemão, os venezianos mandam cozer seus biscoitos com padeiros alemães, etc.) [2].

A habilidade dos artesãos e a atividade dos comerciantes alemães aumentam as riquezas e propagam o gosto pelo luxo entre todas as camadas da sociedade, multiplicando por sua vez as necessidades de dinheiro, como sempre ocorre em casos semelhantes. A descoberta da América e da rota das Índias abriu ao comércio e à especulação possibilidades suplementares. Foi a época das grandes companhias, dos Fugger e dos Welser, dos Imhof e dos Hochstätter, monopolizando os produtos de primeira necessidade e aventurando-se em "golpes" ousados, ora acumulando milhões, decidindo eleições imperiais, ora caindo em falências retumbantes. Daí a carestia dos preços das mercadorias e as fomes artificiais; outrossm a população detestava cordialmente estes magnatas, freqüentemente designados sob a denominação pouco lisonjeira de "Christen-Juden". Pois de uma maneira mais indiferenciada ainda do que em outros lugares, a palavra "Jude" terminara por significar ao mesmo tempo na Alemanha "judeu" e "usurário", sendo a palavra "Judenpiess" um homônimo de "Wucher" (usura). E o ressentimento dos pequenos contra os grandes, voltando-se doravante contra os detentores do dinheiro, engloba no mesmo ódio os "Christen-Juden" e os "Juden", vasto conjunto de contornos indefinidos, mas do qual os judeus propriamente ditos representam para os cristãos no plano sentimental o irredutível núcleo, ainda que, no plano real das estruturas econômicas, não desempenhem nesta época apenas um papel muito apagado. Basta que estejam presentes, e logo se ativam os ódios tradicionais, transcritas aliás muitas vezes num registro suplementar, pois (= homicida) e usurária é ao mesmo tempo um povo estrangeiro... Disso dão fé numerosos textos que emanam de clérigos e de leigos, de teólogos e de humanistas, mostrando-nos como os homens desse tempo já amalgamam os três motivos religioso, econômico e nacional.

Eis como, em 1477, um burguês, Peter Schwartz, explica as perseguições aos judeus:

---

2. Citado *in* H. A. MASCHER, *Das deutsche Gewerbewesen von der frühesten Zeit bis auf die Gegenwart*, Postdam, 1866.

Os judeus são duramente castigados de tempos em tempos. Mas não sofrem inocentemente, sofrem por causa de sua maldade: pois enganam as pessoas e arruinam os campos com sua usura e com seus assassínios secretos, como todo mundo sabe, e é por isso que são tão perseguidos, e não inocentemente. Não há povo mais perverso, mais finório, mais avaro, mais imprudente, mais malicioso, mais venenoso, mais colérico, mais enganador e mais ignominioso³.

Um erudito, Johannes Reuchlin, ao qual retornaremos ainda, vê as coisas sob um ângulo mais tradicional, e imputa a punição dos judeus mais ao seu empedernimento que a seus crimes.

Todos os dias, ultrajam, desonram e blasfemam contra Deus, na pessoa de seu Filho, o verdadeiro Messias Jesus Cristo. Chamam-no de pecador, feiticeiro e pendido, tratam por Haria, e megera, a Santa Virgem Maria. Chamam de heréticos os apóstolos e os discípulos. E a nós cristãos, consideram-nos estúpidos pagãos⁴.

Menos prolixos, outros humanistas exuma em Tácito o argumento: "inimigos do gênero humano".

Nenhum povo nunca odiou tanto os outros como o povo judeu, nenhum por sua vez os repugnou tanto, e nenhum atraiu com justa razão ódios tão implacáveis... ⁵ (BEATUS RHENANUS.)

Relegados a um exílio perpétuo, e dispersados através de todo o universo (os judeus) violam e perturbam a sociedade do gênero humano (CONRAD CELTES.) ⁶

Teólogos, que se levantam contra a usura judaica, gostariam de pôr os judeus a trabalhar; seus argumentos são de ordem social e patriótica:

Compreende-se que os pequenos e grandes, os sábios e os simples, os príncipes e camponeses estão todos repletos de animosidade contra os judeus usurários, e eu aprovo todas as medidas legais tomadas para proteger o povo contra esta exploração. Um povo estrangeiro que se instalou entre nós, deve ele pois dominar entre nós, e dominar não graças a uma coragem e uma virtude mais elevadas, mas unicamente graças ao miserável dinheiro acumulado de todos os lados e por todos os meios, e cuja possessão parece ser para este povo o bem supremo? Deve este povo engordar impunemente, graças ao labor do camponês e do artesão? (JACOB TRITHEMIUS) ⁷.

São pois os judeus melhores que os cristãos, para não querer trabalhar com suas próprias mãos? Não estão eles sob a palavra de Deus: "Tu ganharás teu pão com o suor de teu rosto?" Entregar-se à usura não é trabalhar, mas esfolar os outros, ao mesmo tempo que se refastelam na ociosidade... (GEILER VON KAISERBERG) ⁸.

Raros eram os autores que se davam conta de que os "cristãos-judeus" eram bem mais nocivos que os judeus

---

3. Citado *in* J. JANSSEN, *op. cit.*, p. 399.
4. *Doctor Johannes Reuchlin tütsch Missive, warumb die Juden so lang in Ellend sind*, 1505. (Cf. L. GEIGER, *Johannes Reuchlin*, Leipzig, 1870.
5. Esta citação assim como as que seguem são extraídas da obra já citada de JANSSEN, p. 400-406.
6. *Id.*
7. *Ibid.*
8. *Ibid.*

propriamente ditos para o corpo social — é o caso de Jacob Wimpheling, exclamando:

> Medonha é a usura, tal como a praticam os judeus e numerosos cristãos, bem piores que os judeus!

— ou Sebastian Brant, ironizado em seu célebre *Narrenschiff*:

> Por certo o flagelo dos judeus era terrível — mas eles não podem permanecer entre nós — pois os cristãos-judeus os expulsaram — e se dedicam às judiarias — conheço muitos mas que não mencionarei — dedicam-se a negócios desleais e incivilizados. E a lei e o direito se calam ª.

E é um observador estrangeiro, o francês Pierre de Froissart, que resumiu melhor a opinião geral, ao afirmar:

> O ódio aos judeus é tão comum na Alemanha, que os homens mais pacíficos ficam inquietos quando se trata de judeus e de sua usura. Não me surpreenderei de ver repentinamente irromperem sangrentas perseguições contra eles e em todas as regiões ao mesmo tempo; já foram expulsos à força de numerosas cidades [9]...

Se Froissart foi um mau profeta, pois as perseguições simultâneas com que contava não irromperam, a "questão judaica" passou inteiramente ao primeiro plano da atualidade alemã e mesmo européia, quando da célebre querela dos livros judaicos, caso que, bem no início do século XVI, contém em germe a Reforma inteira. Ela opôs os inovadores, os humanistas, aos monges piedosos, guardiães da fé tradicional; e se as hostes em confronto tinham ambos como ponto de honra o fato de se declararem antijudaicas, é, contrariamente à opinião corrente, aos inovadores que no caso coube a palma.

A altercação surgiu quando em 1516 um judeu convertido, Joseph Pfefferkorn (encontramo-lo sempre neste tipo de questão, mas este parece ter sido um homem moderado e sincero), exigiu, em um panfleto intitulado *Der Judenspiegel* (O espelho dos judeus), a supressão do Talmud, enquanto principal fonte do empedernimento judaico. Ffefferkorn beneficiava-se do apoio dos dominicanos de Colônia, cujo papel essencial na perseguição às feitiçarias e à demonomania já vimos, mas no que concerne ao povo sagrado dos judeus, o programa deste missionário e de seus protetores se limitava a três pontos, proibição da usura, obrigação de assistir aos sermões cristãos, supressão dos livros judaicos, e é em termos categóricos que o *Judenspiegel* se opunha à acusação de assassinato ritual e protestava contra as sangrentas perseguições de que os judeus

---

a. "Gar lidlich war der Juden Gsuch
aber sie mögen mit nie bleiben
die Kristen-Juden sie vertreiben
mit Judenpiess dieselben rennen
ich kenn vil die ich mit wil nennen
die triben doch wild Kaufmanschatz
und schwig dazu all recht und gsetz"

9. PIERRE DE FROISSART, *Lettres* (L. 21), Lyon, 1527.

eram vítimas. Ao mesmo tempo, Pfefferkorn conseguiu ser recebido pelo Imperador Maximiliano, e obteve dele o mandato de proceder em todos os lugares ao sequestro e à destruição dos exemplares do Talmud. Começou logo sua visitação pela cidade de Francfort, cujos judeus apelaram para seu suserano direito, arcebispo de Mogúncia, obtendo dele a autorização de mandar reexaminar o pretendido caráter blasfematório do Talmud por uma comissão de eruditos. Um deles, o célebre Johannes Reuchlin, primeiro e durante algum tempo único hebraísta da Alemanha, tomou energicamente a defesa dos veneráveis e misteriosos escritos, assegurando que se se observasse bem podia-se encontrar no Talmud e sobretudo na Cabala uma brilhante confirmação do cristianismo. Seguiu-se uma troca de violentos libelos entre os dois campos (*Espelho de mão, Espelho de fogo* e *Toque de Sino* de Pfefferkorn; *Espelho dos olhos* de Reuchlin e *Cartas dos homens obscuros*). O caso terminou por ser levado ao Papa, que hesitou longamente antes de dar sua sentença, e a que ele deu por fim não se inclinava nem por um nem por outro lado; entrementes, todos os homens letrados da Europa haviam tomado partido a favor ou contra Reuchlin, aprovado por Erasmo e todos os humanistas, condenado por numerosas universidades, estando a de Paris em primeiro lugar.

Foi assim que nasceu um grande debate geral sobre o direito da livre discussão e da livre pesquisa; prosseguiu durante dez anos, anunciando, no plano religioso, as diferentes reformas e, além, no plano leigo, o espírito científico moderno: desse ponto de vista seu papel foi capital, tanto mais quanto Reuchlin teve praticamente ganho de causa. Mas haviam ao menos uma questão sobre a qual os dois campos em confronto estavam de acordo: ambos eram francamente hostis aos judeus, todavia com a nuança que os humanistas, se estavam promovidos à condição de paladinos dos livros judaicos, investiam tanto mais violentamente contra o judeu Pfefferkorn e todos seus congêneres, batizados ou não, enquanto que os inquisidores dominicanos e seus aliados, embora condenando os livros à fogueira, testemunhavam melhor caridade cristã em relação aos zeladores destes livros. Reuchlin atacou em primeiro lugar o "judeu batizado Pfefferkorn, que se entregou com alegria no coração a uma vingança pérfida, conforme à natureza espiritual de seus antepassados, os judeus[10]. De resto vimos mais acima como ele polemizava contra os judeus. Um de seus melhores adeptos, Ulrich von Hutten, o principal autor das *Cartas dos homens obscuros,* se mostrava mais violento ainda e se rejubilava em particular com o fato de Pfefferkorn não ser alemão.

10. *Augenspiegel* (Espelho dos olhos), fol. XXXII b.

A Alemanha não teria podido engendrar um tal monstro: seus pais são judeus, e ele continua a sê-lo, mesmo se mergulhou o corpo indigno no batismo de Cristo [11].

Quanto ao venerável Erasmo, mal era menos "racista" (para empregar nossa terminologia contemporânea):

> Pfefferkorn revela ser um verdadeiro judeu, escrevia a seus amigos; ele se mostra bem digno de sua raça. Seus antepassados enfureceram-se com o único Cristo, e ele se enfureceu contra tantos homens dignos e eminentes. Ele não poderia prestar melhores serviços a seus correligionários que trair a cristandade, pretender hipocritamente ter se tornardo cristão... (...) Este semijudeu prejudicou mais a cristandade que todo o bando dos judeus [12].

Os dominicanos e seus partidários, os que eram englobados sob o termo de "obscurantistas", nos parecem em comparação mais clementes, em sua fé em uma redenção total pelo batismo...

Eram bem raros nessa época os autores que tomavam francamente a causa dos judeus. Lutero, em sua juventude, foi um deles, mas a conseqüência foi que acabou por lhes dedicar na velhice um ódio bem mais furioso. Outrossim convém nos determos na figura do grande Reformador, a fim de melhor colocar em relevo o primeiro e essencial painel do tríptico infernal: religião, dinheiro e raça.

LUTERO

Em 1542, Martinho Lutero publicava seu célebre panfleto: *Contra os judeus e seus embustes* [13]. Aí aconselhava inicialmente nunca entrar em discussão com um judeu. No máximo, se for impossível agir de outro modo, cumpro utilizar contra eles este único e exclusivo argumento:

> Escuta, judeu, não sabes pois que Jerusalém e vosso reino, o Templo e vosso sacerdócio foram destruídos há mais de 1460 anos?... Dai aos judeus esta noz para quebrar, deixai que a mordam e discutam-na quanto queiram. Pois uma cólera divina tão cruel mostra demasiado claramente que se enganam com toda certeza e estão no mau caminho: uma criança compreendê-lo-ia...

Em seguida, ao longo de cerca de duzentas páginas [b], o Reformador se encarniça contra os judeus nesta linguagem musculosa e poderosa cujo segredo possuía, com uma extravasão torrencial de paixão que faz parecer bem insípidas as diatribes de seus predecessores, e que ninguém mais talvez igualou até hoje. Censuras e sarcasmos a respeito dos judeus alternam-se com arroubos de amor e fé

---

11. Cf. L. GEIGER, *op. cit.*, p. 374.
12. Carta de Erasmo a Pirkheimer, 2 de novembro de 1517; carta a Reuchlin, 15 de novembro de 1517. Cf. GEIGER, p. 342.
13. *Gegen die Juden und ihre Lügen*. Ver sobre esta questão R. LEWIN, *Luthers Stellung zu den Juden*, Berlim, 1911.
b. Páginas 100 a 274 da edição completa de Erlangen (t. XXXII), onde estão traduzidas as citações que seguem. As relações de Lutero com os judeus foram minuciosamente estudadas por Reinhold Lewin em sua monografia *Luthers Stellung zu den Juden*, Berlim, 1911.

O ANTI-SEMITISMO ATIVADO: ALEMANHA

no Cristo: e em surdina pode-se perceber uma espécie de admiração angustiada. Ora Lutero volta contra os usurários e parasitas vindos do estrangeiro, e vê-se como, em forjando a língua alemã, implantou ao mesmo tempo um certo estilo de argumentos e de pensamento:

> Em verdade, os judeus, sendo estrangeiros, não deveriam nada possuir, e aquilo, que possuem deveria ser nosso. Pois não trabalham e nós não lhes damos presentes. Eles detêm no entanto nosso dinheiro e nossos bens, tornaram-se nossos amos em nosso próprio país e em sua dispersão. Quando um ladrão rouba dez gulden, enforcam-no; mas quando um judeu rouba dez barris de ouro graças à sua usura, fica mais altivo que o próprio Senhor! Gabam-se do fato, e fortificam sua fé e seu ódio contra nós, e dizem entre si: — "Vêde como o Senhor não abandona seu povo na dispersão. Nós não trabalhamos, e preguiçamos e nos repimpamos agradavelmente; os malditos goim devem trabalhar por nós, e temos seu dinheiro: destarte, somos seus senhores e eles, nossos criados!"

> Até este dia não sabemos ainda que diabo os conduziu a nosso país; não somos nós que fomos procurá-los em Jerusalém!
> Ninguém os quer; o campo e as estradas lhes estão abertos; podem ir a seu país quando aprouver; nós lhes daremos de bom grado presentes para nos livrarmos deles, pois são para nós um pesado fardo, um flagelo, uma pestilência e uma desgraça para nosso país. A prova é que foram freqüentemente expulsos à força: da França (que chamam de Tsarpath), onde possuíam um ninho fofo; recentemente da Espanha (que chamam de Sepharad) seu ninho preferido; e neste ano ainda da Boêmia onde, em Praga, tinham um outro ninho de predileção. Enfim, em meu tempo, de Ratisbona, de Magdeburgo, e de muitos outros lugares...

Às vezes, ele se serve de uma destas comparações imaginosas de que tinha o segredo:

> Eles não viviam tão bem em seus campos sob Davi e Salomão quanto vivem em nossos campos, onde roubam e pilham todos os dias. Sim, nós os temos cativos — assim como tenho cativos meu cálculo, minhas úlceras, ou qualquer outra doença que adquiri e que devo sofrer: eu bem que gostaria de ver (estes míseros) em Jerusalém, com os judeus e seu séquito!

> Sendo certo que não os temos cativos, como atraímos tais inimizades da parte de tão nobres e santos personagens? Não chamamos suas mulheres de prostitutas, como eles o fazem com Maria, a mãe de Jesus, não os chamamos de filhos da prostituta, tal como o fazem com Nosso Senhor Jesus Cristo.

> Não os amaldiçoamos, nós lhes desejamos todo o bem deste mundo, em carne e espírito. Nós os albergamos, os deixamos comer e beber conosco, não raptamos e não matamos seus filhos, não envenenamos suas fontes, não estamos corrompidos por seu sangue. Merecemos pois uma cólera tão feroz, a inveja e o ódio destes grandes e santos filhos de Deus?

Passa então ao plano religioso: defesa e ilustração do Cristo, a única coisa que conta verdadeiramente para ele:

> Saiba, ó Cristo adorado, e não te enganes, que à parte do Diabo não tens inimigo mais venenoso, mais encarniçado, mais amargo, que um verdadeiro judeu, que procura verdadeiramente ser judeu (als einen rechten Juden, der mit Ernst ein Jude sein will).

Agora, aquele que tem desejo de acolher estas serpentes venenosas e estes inimigos encarniçados do Senhor e de honrá-los, de se deixar roubar, pilhar, manchar e se maldizer por eles, aquele deve tomar o judeu a seu cargo. Se isto não lhe basta, não precisa mais que ir além, arrastar-se em seu c... e adorar este santuário, glorificar-se em seguida de ter sido misericordioso, de ter fortificado o Diabo e seus filhos, a fim de blasfemar Nosso Senhor adorado e o sangue precioso que nos resgatou. Ele será então um cristão perfeito, pleno de obras de misericórdia, a quem Cristo recompensará no dia do Juízo Final pelo fogo do Inferno (onde será assado junto) com os judeus...

Em conclusão prática, Lutero propõe uma série de medidas contra os judeus: que se queime suas sinagogas, que se confisque seus livros, que se lhes proíba invocar a Deus à sua maneira, e que se os faça trabalhar com suas mãos, ou, melhor ainda, que os príncipes os expulsem de suas terras, e que as autoridades, a *Obrigkeit,* assim como os pastores cumpram por toda parte seu dever nesse sentido. Quanto a ele, Lutero, tendo feito o seu, está "escusado". (Ich habe das meine gethan: ich bin entschuldigth!)

Alguns meses depois publicava um outro panfleto intitulado *Schem Hamephoras,* no qual as imprecações de Lutero se elevavam a um diapasão ainda mais frenético. Aí a questão não é mais da usura e das rapinas dos judeus, mas unicamente de seus argumentos capciosos e de suas feitiçarias: é portanto uma obra de polêmica religiosa, mas conduzida em que tom! Desde o prefácio, Lutero adverte que não escreve para converter os judeus, mas unicamente para edificar os alemães,

...a fim de que nós alemães saibamos o que é um judeu... Pois é tão fácil converter um judeu quanto converter o Diabo. Pois um judeu, um coração judeu são duros como um bordão, como a pedra, como o ferro, como o próprio Diabo. Em suma, são filhos do Diabo, condenados às labaredas do Inferno...

Opõe em seguida os evangelhos apócrifos dos judeus, especiosos e falsos, aos quatro Evangelhos canônicos cuja veracidade é evidente, e entrecorta sua exegese com comentários do seguinte gênero:

Talvez alguma santa alma misericordiosa dentre nós cristãos será de opinião que sou muito grosseiro com estes pobres e miseráveis judeus, escarnecendo e zombando deles. Ó Senhor, sou muito pequeno para zombar de semelhantes diabos: eu gostaria muito de fazê-lo, mas eles são bem mais fortes que eu em caçoada, e têm um Deus que é mestre na arte da caçoada, ele se chama Diabo e mau espírito...

Em outras passagens se dedica a chocarrices obcenas:

...O gói maldito que sou não pode compreender como fazem para ser tão hábeis, a não ser pensando que quando Judas Iscariotes foi enforcado seus intestinos rebentaram, se esvaziaram e os judeus enviaram talvez seus servos, com pratos de prata e cântaros de ouro, para recolher a urina de Judas com os outros tesouros, e em seguida comeram e beberam esta merda, e assim adquiriram olhos tão penetrantes que enxergam nas Escrituras glosas que não foram encontradas nem por Mateus e nem pelo próprio Isaías, sem falar de nós, goim malditos...

Em outra parte, parece ouvir-se um grito vindo do mais profundo de sua alma atormentada:

> Não posso compreender senão (admitindo) que eles transformaram Deus em Diabo, ou antes em servo do Diabo, executando todo o mal que deseja o Diabo, corrompendo as almas infelizes e enfurecendo-se contra ele mesmo! Em suma, os judeus (em seu conjunto) são piores que os diabos (em seu conjunto). Ah! Deus, meu bem-amado pai e criador, tenha misericórdia de mim que, em defesa própria, devo falar tão vergonhosamente de tua Majestade divina e eterna contra teus malditos inimigos, os diabos e os judeus. Sabes bem que o faço pelo ardor de minha fé, e em honra de Tua Majestade; pois se trata para mim de todo meu coração e de toda minha vida...

Tais são os abismos nos quais Lutero se deixava resvalar, onde uma escatologia que indignava até a seus mais fiéis[c] se avizinhava de uma autêntica angústia religiosa. Ele concluía esta obra proclamando:

> Aqui paro, e não quero mais nada ter a fazer com os judeus; não escrever nem sobre e nem contra eles. Já tiveram o bastante. Se há alguns que querem se converter, que Deus os tenha em sua misericórdia...

Juramento de bêbado! Muitas cartas testemunham seus esforços para expulsá-los, ou para lhes retirar seus privilégios (ele efetivamente conseguiu o seu intento no que concerne à Saxônia, ao Brandenburgo e à Silésia. "Em verdade, ele tornou nossa situação muito perigosa!", assinalava nesta época Josel de Rosheim em suas *Memórias*[14]). E seu último sermão em Eisleben, sua cidade natal, quatro dias antes da morte (18 de fevereiro de 1546), foi inteiramente consagrado aos judeus empedernidos, que cuja expulsão de todas as terras alemãs urgia...

Seria fácil comentar estes excessos à luz do que se sabe sobre Lutero na velhice, de seu amargor e de suas lutas íntimas, de suas alucinações que o faziam ver o Diabo por toda parte, e de sua incessante obsessão a respeito do fim

---

[c]. Isto se salienta particularmente em uma correspondência entre Bullinger e Martin Butzer: "Se o célebre herói Capnion (Reuchlin) viesse a ressuscitar, diria que o espírito dos (inquisidores) Tungern, Hochstraten e Pfefferkorn se encarnou em Lutero", escrevia o primeiro dos acima mencionados. Mesmo o fiel Melanchton, em uma carta ao pregador Osiander, deixava transparecer sua desaprovação. Quanto aos reformistas suíços, declaravam cruamente que "mesmo escrito por um pastor de porcos, e não por um célebre pastor de almas, o *Schem Hamephoras* seria dificilmente desculpável" (*Confession véridique des serviteurs des églises à Zürich*). Cf. R. Lewin, *op. cit.*

14. "Les Mémoires de Josselman de Rosheim", tradução francesa de S. Schwarzfuchs, *F. S. J. U.*, revista trimestral, Paris, outubro de 1954, p. 23.

do mundo. Estas aproximações às quais já nos entregamos muitas vezes a propósito de outros profetas não estariam em parte alguma melhor justificadas que em seu caso, e poder-se-ia também, a respeito de suas incontinências verbais, fazer intervir considerações psicopatológicas que, de resto, não ficariam inteiramente deslocadas. O Reformador foi também um homem que proferiu em abundância ou expressões blasfematórias, de quem escapou esta frase "que em certos momentos, e quando de certas tentações, ele não sabia mais quem era Deus, e quem era o Diabo, e que chegava a perguntar-se se o Diabo não era Deus!"; um homem também que, certo dia, chamou Deus de infinitamente tolo (*stultissimus*), e a religião cristã, de a mais extravagante de todas; que, um outro dia, demonstrava que o Cristo fora necessariamente adúltero e, um outro ainda, proclamava a supressão dos Dez Mandamentos. Poder-se-ia qualificá-lo de desequilibrado de gênio, e pesquisar nele surpreendentes antecipações freudianas; sabe-se também que se exprimiu acerca de São Pedro, seu inimigo de eleição, de uma maneira que ultrapassava ainda, em veemência e em obscenidade, tudo o que pôde dizer a respeito dos judeus. Tudo isso é verdade, e tais insultos, tais tentações e tais erupções de agressividade, nos parecem de fato, já o dissemos, ir naturalmente a par do ódio para com o povo eleito; mas a personagem é realmente demasiado rica e demasiado complexa, e demasiado profunda a marca que deixou na história de seu país e de toda nossa civilização, para que possamos nos contentar no caso com uma interpretação simplista a uma única dimensão, restrita apenas ao plano da psicologia individual.

E acima de tudo, já o dissemos, Lutero não foi sempre inimigo dos judeus. No limite de sua ação, na época heróico em que o monge rebelde, levado e justificado por sua fé, afrontava o Papa e o Imperador, e atingia por alguns momentos os cimos vertiginosos da liberdade total, nutria pelos judeus, como o dissemos, sentimentos de outra ordem. Parece que esperou durante algum tempo filiar à sua causa e converter o povo da Bíblia. E essa esperança o incitou a publicar em 1523 um panfleto de título significativo: *Jesus Cristo nasceu judeu* ("Das Jesus Christus ein geborener Jude sei"). Trata-se de um escrito missionário, destinado a mostrar aos judeus que o Cristo foi o verdadeiro Messias, com a ajuda da exegese de diversos versículos extraídos do Gênesis e de Daniel; comentários sobre o sentido da dispersão e da servidão dos judeus são também utilizados como apoio. O autor lamenta os judeus, e ridiculariza seus inimigos:

> Nossos imbecis, os papistas e os bispos, os sofistas e os monges, comportaram-se com os judeus de tal maneira que um bom cristão

teria procurado tornar-se judeu. Se eu fosse judeu, teria preferido me tornar porco que cristão, vendo como estes basbaques e estes burros chapados governam e ensinam a fé cristã. Trataram os judeus como se fossem cães e não homens; nada mais fizeram senão persegui-los. Os judeus são os pais de sangue, o primos e os irmãos de Nosso Senhor: se a gente pode louvar-se de seu sangue e de sua carne, eles pertencem a Jesus Cristo bem mais que nós. Rogo pois meus caros papistas que me chamem de judeu, quando estiverem cansados de me chamar de herético...

Daí por que aconselho que sejamos simpáticos com eles: enquanto fizermos uso de violência e de mentiras e os acusarmos de utilizar o sangue cristão para tirarem de si o mau cheiro, e não sei que outras futilidades, e os impedirmos de viver e de trabalhar entre nós em nossa comunidade, e os forçarmos a praticar a usura — como poderão vir a nós? Se quisermos ajudá-los, é a lei do amor cristão que devemos aplicar-lhes, e não a lei papista. Devemos acolhê-los amigavelmente, deixá-los viver e trabalhar conosco, e eles estarão conosco de coração...

Se se procura compreender a virada total de Lutero entre 1523 e 1543, constata-se em primeiro lugar que sua propaganda junto aos judeus não foi quase coroada de êxito: se houve um certo número de debates com eles [d], raros foram aqueles que "vieram a ele" e se deixaram converter, e desses, a maior parte parece ter abjurado em seguida.

Se encontro um judeu para batizar, conduzi-lo-ei à ponte do Elba, pendurar-lhe-ei uma pedra no pescoço, e o empurrá-lo-ei à água batizando-o em nome de Abraão! Chacoteava um dia em 1532; estes canalhas zombam de nós e de nossa religião!

E quando cinco anos mais tarde, o infatigável Josel de Rosheim quis intervir junto a Lutero, a propósito da expulsão dos judeus de Saxônia, recusou-se a recebê-lo, e comunicou-lhe por escrito sua decepção: seu coração, informava-o em essência, continuava sempre cheio de bons sentimentos para com os judeus, mas a brandura devia servir para convertê-los, não para endurecê-los em seus erros. Pouco após, notícias perturbadoras lhe chegam da Boêmia. Por instigação dos judeus, reformados passam aí a judaizar, festejando o *schabat,* e alguns chegaram até a se circuncidar. Estas notícias parecem tê-lo comovido muito; desde então, em suas conversações, retorna mais amiúde aos judeus:

Espero que jamais serei tão estúpido a ponto de me circuncidar!, exclama um dia. Prefiro cortar o seio esquerdo de minha Catarina e de todas as mulheres!

E redige uma missiva, "A carta do Dr. Martinho Lutero contra os Sabatianos", onde polemiza contra a lei

---

d. Em particular, quando das cruciais jornadas da Dieta de Worms, dois judeus vieram visitá-lo em sua pousada; parece que as esperanças que esta visita fez nascer incitaram Lutero a escrever o panfleto *Jesus nasceu judeu.* (Cf. R. LEWIN, *op. cit.*).

judaica. Em 31 de dezembro de 1539, anuncia a seus amigos:

> Não posso converter os judeus; Nosso Senhor o Cristo não o conseguiu: mas posso lhes fechar o bico, de maneira que não lhes restará outra alternativa senão ficar disperso pela terra.

Três anos mais tarde, já o vimos, punha seus projetos em execução.

Tais foram as etapas sucessivas de sua virada. Por certos, os judeus o tinham decepcionado intensamente. Mas havia também outra coisa: no curso dos anos, ele mesmo mudara muito.

Entre 1521 e 1543 houve toda a variação que separa o sonho da realidade. Houve a guerra dos cavaleiros, houve as sangrentas revoltas dos camponeses, houve as inumeráveis seitas e heresias, reprimidas a ferro e fogo, e isso com aprovação expressa de Lutero. Seu próprio êxito lhe permitiu efetuar a medida da imperfeição humana, e a de suas próprias responsabilidades políticas: obrigado a escolher, tomou partido dos poderosos desse mundo, os príncipes, pois é deles que depende o futuro da Reforma. Eis empanada a bela pureza de sua doutrina: todo esse sangue derramado em seu nome, todos esses crimes perpetrados, ele precisou acomodar-se a isso, custasse o que custasse. ("Não reconheces os camponeses, mas eles te reconhecem!", lhe escreve Erasmo.) Certos aspectos de seu pensamento mudam em conseqüência: à liberdade interior, opõe a imutável ordem das coisas instaurada no mundo por Deus; o dever de obediência passa ao primeiro plano, o cristão deve permanecer um súdito submisso e devotado. Assim, por uma inversão dialética inelutável, a doutrina da liberdade total leva à sujeição total. E o arcanjo da revolta se transforma em burguês exasperado e despótico, excomungado e banido do Império, confinado no pequeno território onde seu príncipe o protege...

Nestas condições, pode-se pensar que o malogro junto aos judeus atormentava Lutero tanto mais intensamente quanto sua rejeição pelo povo de Deus era como que o símbolo dos numerosos fracassos e desditas que lhe ensombreceram os últimos anos de vida, e que ele atribuía precisamente à intervenção do Diabo — e dos judeus. Não lhes atribuiu a responsabilidade (ainda que gracejando) do resfriado que, em 1546, devia tirar-lhe a vida em três semanas? O Diabo só o atormentava em sonhos: os judeus eram os bodes expiatórios vivos e bem a seu alcance [e].

---

[e]. Este papel simbólico dos judeus, esta importância excepcional concedida ao seu testemunho, tornamos a encontrá-la em outros fundadores de religião: um Paulo de Tarso, um Maomé lhes falarão a mesma linguagem e passarão pela mesma mudança, sucedendo-se o rancor às solicita-

Acrescentemos que as conseqüências da tomada de posição de Lutero, no que concerne à "questão judaica", foram incalculáveis. Menos pelo efeito direto de seus sanhudos escritos — que, em vida do autor, não conheceram mais que uma difusão limitada, e que, depois, até o advento do hitlerismo ficaram praticamente relegados ao esquecimento ᶠ — que em conseqüência de uma certa lógica interna do luteranismo alemão. Nesta espécie de paixão polifônica que é o anti-semitismo, o motivo religioso, a justificação pela fé, acarretava a rejeição das obras, de essência indiscutivelmente judaica (*jüdischer Glauben*, escrevia Lutero; e vimos que para ele é "inimigo do Cristo" o "judeu que procura verdadeiramente ser judeu"); por sua vez, o motivo social de obediência incondicional às autoridades, combinando-se com um profetismo nacional — pois o Reformador havia especificado repetidas vezes que ele se dirigia somente aos alemães — preparava o terreno que tornou possível, quatro séculos mais tarde, a heresia hitlerista. Em tudo isto, a alma ardente de Lutero havia percebido as surdas aspirações de seu povo, havia desencadeado uma cristalização progressiva e uma tomada de consciência. Permanece como fato essencial que "o problema judeu é para Lutero o inverso do problema de Cristo", tal como lembrou recentemente um de seus comentadores alemães [15]. Temível contraste, e que, para cérebros não adestrados nas sutis distinções dialéticas, habituados a dividir as questões morais em branco e preto, juntando inevitavelmente as oposições do "Bem" e do "Mal", de "Deus" e do "Diabo", com as conseqüências que já desenvolvemos longamente ᵍ. "Se ser bom cristão é detestar os judeus, então somos todos bons cristãos", assim já o dissera Erasmo. É possível que o verdadeiro cristão, que adora seu Deus da maneira como Lutero sabia fazer,

ções zelozas — mas infrutíferas — do início. Curioso paralelismo! E que se poderia estender às reações coletivas das nações, acolhendo com favor os judeus no início de sua instalação, favor ao qual se segue inevitavelmente o montante fatal do anti-semitismo. Espelho e catalisador ao mesmo tempo, a alma dos grandes condutores de multidão não reproduziria a evolução do corpo, assim como a ontogenia reproduz a filogênese? Que sedutoras especulações, para aqueles que se atrevem a pesquisar mais profundamente estes apaixonantes problemas!

f. *Contra os judeus e seus embustes* conheceu, durante a vida de Lutero, duas edições; o *Schem Hamephoras*, três, de que uma parte iria em seguida ser destruída. Por outro lado, *Jesus Cristo nasceu judeu* foi reeditado nove vezes somente no ano de sua publicação. (Cf. R. LEWIN, *op. cit.*). No curso dos séculos seguintes, as reedições destes panfletos foram raras. (Cf. a *Bibliotheca Hebraica* de J. C. Wolf). Nos séculos XIX e XX, eram encontrados apenas nas edições das *Obras Completas*, até a aparição, sob o hitlerismo, de numerosas edições populares, largamente difundidas entre a população.

15. HEINRICH BORNKAMM, *Luthers geistige Welt*, Lüneburg, 1947, p. 35.

g. Esta oposição não se limita evidentemente aos teólogos do luteranismo: mesmo aos teólogos católicos de nossa geração, parece essencial para a elucidação do que consideram como o "mistério de Israel". É assim que o brilhante dialético que é o Padre G. Fessard fala da "missão negativa" ou "poder negativo" ou "unidade negativa" de Israel, chegando a escrever: "O Judaísmo, na mesma medida em que rejeita o Cristo, não pode ser o inimigo de tudo o que é especificamente, cristão de tudo o que é humano." (*Pax Nostra*, Paris, 1936, p. 219). O que, se há de convir,

acabasse inevitavelmente por detestar os judeus com toda sua alma, e por combatê-los com todas as suas forças?

É preciso ainda aí levar em conta a época, usos e costumes, o papel de fato dos judeus e as idéias recebidas a seu respeito. Vimos como era antes de Lutero: vejamos agora como a questão evoluirá depois dele.

A ALEMANHA APÓS LUTERO

Não há muito a dizer sobre os judeus alemães do século XVI: encurralados e miseráveis, levavam uma vida obscura, na mesma época em que seus correligionários espanhóis e portugueses, provisoriamente revestidos da máscara cristã, se implantavam vigorosamente nos mercados financeiros dos Países Baixos e da Itália, e tornavam-se os pioneiros do comércio transatlântico e levantino (a ruptura do gueto parece sempre coincidir com uma fase de preponderância financeira dos judeus: ainda retornaremos ao assunto). Outrossim, uma barreira intransponível separava então os judeus alemães destes prestigiosos marranos, aos quais negavam pura e simplesmente a condição judaica. "É um país onde não há judeus", assinala laconicamente o célebre Josel de Rosheim quando de sua passagem por Antuérpia em 1531 [16], ainda que uma rica colônia marrana se encontrasse aí estabelecida desde o início do século.

É característico que esse Josel de Rosheim, de quem já falamos, seja o único judeu alemão de algum relevo cujo nome nos tenha sido legado. Ora, ele não era nem um sábio nem um rabino e nem um financista hábil, mas um andarilho infatigável, um *chtadlan* [h] lutando para salvaguardar os magros direitos de seus correligionários e inaugurando uma nova tática de relações com os poderes públicos. Começou muito jovem sua carreira: apenas com a idade de vinte e cinco anos, já era o porta-voz das comunidades judias da Alsácia e, a partir de 1520, o vemos intervir junto às autoridades em nome do conjunto das comunidades alemãs. Logo após, Carlos V o autoriza a revestir-se do título de "comandante e regente de todas as judiarias do Reich" [i].

---

aproxima-se singularmente da dialética luterana. Jacques Maritain, de sua parte, percebe na "relação supra-humana de Israel com o mundo", "um tipo de analogia invertida com a Igreja", para tirar, de resto, conclusões muito diferentes: "Israel, acreditamos, está destinado, na ordem da história temporal e de suas finalidades próprias, a uma obra de *ativação terrestre* da massa do mundo... ele não deixa o mundo em repouso, ele o impede de dormir, lhe ensina a ser descontente e inquieto enquanto não tem Deus, ele estimula o movimento da história." (*Les Juifs parmi les nations*, Paris, 1938, p. 21). Vê-se que o julgamento moral implícito é aqui de ordem bem diferente.
De Dostoievski e Berdiaev, passando por Soloviev e Rozanov, escontrar-se-á nos pensadores do cristianismo ortodoxo as mesmas variações.
16. "Les Mémoires de Josselman de Rosheim", *loc. cit.*
h. Palavra hebraica que significa intercessor, mediador.
i. "Befehlshaber und Regierer der gemeinen Jüdischkeit im Reich."
Em seguimento a um corioso processo, que ocorreu em 1535, Carlos V mandou proibir que Josel de Rsheim usasse o nome de "Regierer", ficando

Sabia manejar maravilhosamente os dois principais aos quais, depois, outros semelhantes a ele sempre recorreram: a demanda de ordem moral e teológica e a propina distribuída com conhecimento de causa. Este último procedimento lhe permite evitar o pior, no curso da guerra dos camponeses, quando, numerosas vezes, rebeldes ou tropas regulares se preparavam para chacinar os judeus; quanto ao primeiro, serviu-se dele sobretudo durante a Dieta de Augsburg, polemizando contra o êmulo de Pfefferkorn, o renegado Anton Margaritha, fazendo gorar o projeto de expulsão dos judeus da Hungria e da Boêmia e reunindo uma assembléia de rabinos que adotou um estatuto de dez pontos sobre a moralidade comercial dos judeus [j]. Sua argumentação não carecia aliás de bom senso nem de firmeza:

> Farei respeitar este regulamento, dizia, em resumo, se as autoridades fizerem o necessário para nos deixar viver em paz, para colocar um termo às expulsões, para permitir que nos desloquemos e para acabar com acusações cruéis, pois também somos seres humanos, criados por Deus todo-poderoso, a fim de viver na terra a vosso lado.

Josel de Rosheim prosseguiu em sua atividade durante cerca de meio século, intervindo junto a protestantes assim como junto a católicos; mas se até a sua morte, Carlos V lhe testemunhou muita benevolência, vimos que no tocante a Lutero sofreu um completo malogro. Este homem notável foi um precursor, e sua técnica de intervenção junto às autoridades será retomada nos séculos seguintes; aliás, está longe ser abandonada em nossos dias.

Mas, de outra parte, até o fim do século XVIII, as comunidades judaicas permanecem estratificadas em seus modos de vida tradicionais, enquanto que o mundo circundante é palco de transformações cada vez mais rápidas. Estes modos de vida, estes costumes singulares, já os descrevemos em um capítulo anterior. Não retornaremos pois ao fato, senão para sublinhar o aspecto singularmente anacrônico destas comunidades, destes conventículos que, melhor que os estabelecimentos eclesiásticos, melhor que as corporações a lutar por seus privilégios u'trapassados, conservavam intactos em meio à mudança geral que se anuncia

---

este título reservado a ele, imperador; e nosso homem continuou simplesmente "Befehlshaber", isto é, "comandante". (Cf. DUBNOV, *História dos Judeus na Europa* (em russo), t. III, § 32).

j. Os judeus deviam obrigar-se: a não exigir juros muito elevados; a não camuflar juros aumentando artificialmente o preço das mercadorias; a não perceber juros compostos; a não aceitar a penhora de objetos roubados; a não comprar artigos caseiros de crianças ou de domésticos sem o conhecimento dos pais ou patrões; a só demandar os herdeiros de um devedor cristão falecido após a verificação da dívida por representantes da comunidade judaica; a excomungar os devedores judeus, devedores de cristãos, que tentam evitar pagamento mudando de residência; a examinar com escrupulosa honestidade as ações movidas pelos cristãos contra os judeus; a não procurar encobrir as ações desonestas dos judeus contra seus devedores. (Cf. DUBNOV, *op. cit.*).

os costumes e usos da civilização medieval ᵏ. Hábitos antigos são mantidos tanto mais facilmente quanto, doravante, a nova ordem das coisas introduziu um mínimo de estabilidade: as expulsões, as transformações bruscas se fazem mais raras; continuam na medida suficiente para lembrar de tempo em tempo aos judeus sua condição muito particular de reféns da cristandade.

Entretanto, o tempo realizava lentamente sua obra. Pouco a pouco, o enorme capital de habilidade e de tenacidade acumulado pelos judeus no curso dos séculos precedentes começa a trazer frutos para alguns dentre eles. As novas possibilidades explicam-se por muitos fatores: deles fazem parte o desaparecimento de dinastias patrícias do grande comércio, sobretudo após as devastações consecutivas à Guerra dos Trinta Anos; uma nova diferenciação social, acarretando por contragolpe uma diferenciação social no seio das comunidades judaicas e sobretudo uma nova mentalidade, a da era do absolutismo, em que o príncipe, o chefe de Estado, doravante desembaraçado das estruturas e dos quadros tradicionais, entra em luta aberta contra estes. Ávidos de poder e dinheiro, os inumeráveis potentados alemães dão-se rapidamente conta de que os judeus são para eles os auxiliares sonhados: são serviçais e humildes, têm numerosas conexões internacionais, estão livres de todo laço com a sociedade cristã e não partilham de seus preconceitos. Por conseguinte, um novo personagem entra em cena e deixa sua marca em toda a história alemã desta época: o *judeu da corte* (Hofjude).

Cada corte real ou principesca teve o seu: o judeu, novo Midas, tem a reputação de transformar em ouro tudo o que toca, em uma época em que o ouro se torna soberano, pois proporciona o poder franco e inibido... Certos contrastes são extremamente significativos. Em 1670, o Imperador Leopoldo expulsara desapiedadamente os judeus de Viena; as corporações reclamavam desde há muito tal expulsão, e um aborto da imperatriz, de que se precisou torná-los responsáveis, foi o pretexto. A este sinal dos velhos tempos, se opõe, três anos mais tarde, um sinal dos novos tempos; em 1673, o mesmo imperador chama um judeu de Heidelberg, Samuel Oppenheimer, e o encarrega de reabastecer seus exércitos; durante trinta anos, ele se desencumbirá da tarefa com singular felicidade, em particular quando do ataque dos turcos a Viena, em 1683, assim como no decurso das intermináveis guerras contra a França; Max de Baden escreveu que, sem ele, o exército austríaco

---

k. É o que levou certos historiadores, por exemplo Arnold Toynbee, a falar da civilização judaica como uma "civilização oriental fossilizada". De fato, trata-se de uma civilização na qual os elementos orientais se acham mesclados com elementos medievais, com predominância destes últimos.

teria sido aniquilado, e o Príncipe Eugênio recusava-se a dispensar seus serviços; para julgar a envergadura de sua atividade, basta reproduzir este trecho de uma carta que Oppenheimer, em sua velhice, escreveu a um dignitário da corte:

> Enquanto vivi em Viena, aprovisionei quase cada ano os dois exércitos que lutavam contra os franceses e os turcos, abastecendo-os com farinha, aveia, cavalos e dinheiro para os recrutamentos, assim como munições, pólvora, chumbo, canhões, artilharia, carros de provisões, cavalos e bois, e nunca houve perdas... [17]

Por trás do tinido das armas, ou do jogo sutil das intrigas diplomáticas, por toda parte, nesta época, encontra-se o judeu da corte; assim, é o judeu da corte Leffman Beherens que vai buscar e transporta em barricas de álcool os subsídios que Luís XIV dá ao Duque de Hanover; é o judeu da corte Bernd Lehmann que consegue eleger rei da Polônia seu príncipe, Augusto da Saxônia, graças a judiciosas distribuições de propinas; é o judeu da corte Süss Oppenheimer dito "Jud Süss", o mais célebre de todos, que, favorito do Duque Carlos Alexandre, reorganiza a administração e as finanças do Ducado de Württemberg e torna-se o homem mais poderoso da região, antes de acabar no patíbulo... Pouco importa que a corte seja protestante ou católica, que o príncipe seja tartufo ou libertino; encontramos "agentes", "corretores" ou "comissários" judeus junto às cortes dirigidas pelos jesuítas, como os encontramos junto a bispos e cardeais. Suas atribuições são vastas e diversificadas ao máximo; administram as finanças, são encarregados de abastecer os exércitos, de cunhar dinheiro, de fornecer à corte tecidos e pedras preciosas, de introduzir novas indústrias, de fabricar artigos têxteis ou de couro, de arrendar o monopólio do tabaco ou do sal, e assim por diante. Às vezes, mantêm verdadeiras relações de amizade com seus comitentes e senhores, que se estabelecem tanto mais facilmente quanto, se o judeu vive à margem da sociedade, o príncipe, planando a uma altura inacessível, lhe permanece por sua vez estranho; eles se compreendem tanto mais facilmente quanto ambos levam uma existência à margem. Grão-senhores, célebres capitães, e até altezas reais comem à mesa dos judeus, dormem em suas casas quando em viagem, recebem-nos em seus palácios, assistem a seus casamentos. Eis a viva descrição de um casamento de judeus da corte extraída das *Memórias* de Glückel von Hameln, um documento de valor inestimável sobre a vida dos judeus alemães no fim do século XVII:

---

17. Cf. S. STERN, *The Court Jew*, Filedélfia, 1950. A propósito dos judeus da corte, ver igualmente *Der Hofjude* por PETER ALLDAG, Berlim, 1938 (obra de inspiração nazista), assim como as principais obras de história judaica.

Éramos mais de vinte a ir a Clèves, e aí fomos recebidos com honras. Chegamos a uma casa que na verdade parecia um palácio real, e que estava admiravelmente mobiliada. Grandes preparativos haviam sido feitos para este casamento. Nesta época o príncipe (o futuro Rei Frederico I da Prússia) se encontrava em Clèves... O Príncipe Maurício (de Nassau) e outros senhores e personalidades importantes lá estavam igualmente. Todos deram a saber que queriam estar presentes ao casamento. Outrossim Elias Cleve, o pai do noivo, fez o necessário para receber tão elevados visitantes. No dia do casamento, logo após a bênção nupcial, uma excelente consoada de confeitos e de vinhos estrangeiros escolhidos foi servida. Pode-se imaginar o bulício que se estabeleceu e como Elias Cleve e sua gente envidavam o melhor de seus esforços para tratar e atender estes nobres hóspedes. É por isto que não tiveram sequer o tempo de trazer e de contar o dote, tal como é o costume.

Quando o casal se encontrava sob o pálio, verificou-se que na confusão haviam esquecido de redigir a Ketubá (contrato de casamento). O que se poderia fazer? Todos os nobres e o jovem príncipe já estavam presentes e queriam ver a cerimônia. O rabino disse então que o noivo devia fornecer um garante e obrigar-se a escrever a Ketubá logo após o enlace. E leu em voz alta a Ketubá segundo um livro. Após a bênção nupcial, os nobres foram conduzidos à sala de gala de Elias Cleve, guarnecida de couros dourados. Havia uma grande mesa, recoberta das mais finas iguarias. Assim, os nobres foram tratados segundo a sua dignidade. Meu filho Mordechai tinha na época cinco anos; não havia no mundo criança mais bela, e nós o vestimos cuidadosa e apropriadamente. Os nobres quase o comiam com os olhos, e o príncipe sobretudo o segurava todo o tempo pela mão. Depois que os nobres comeram os doces e as frutas e beberam os vinhos, a mesa foi retirada. Pessoas mascaradas entraram então, apresentaram-se gentilmente e fizeram todo tipo de farsas, a fim de divertir os assistentes. Em seguida os mascarados executaram uma dança macabra, o que era algo muito extraordinário...

Sem dúvida a amizade somente dura enquanto o judeu permanece útil e rico. Ora, ele está sempre à mercê de um golpe de sorte ou de um capricho, e seu bom fado é algo precário: nenhum desses judeus da corte fundou dinastia; ao contrário, numerosos foram aqueles que terminaram seus dias na miséria. Os filhos de Bernd Lehmann foram expulsos da Saxônia: os netos de Leffmann Behrens passaram longos anos na prisão por dívidas; e o processo do "Jud Süss", a alegria que suscitou a sua queda através da Alemanha inteira, seu retorno de última hora ao judaísmo e seu fim trágico são como que o símbolo do destino de um judeu da corte. Talvez a seguinte estória, que se atribui a Frederico Guilherme, o rei soldado, pinta bem sua situação e o interesse que se lhes dedica. De passagem por uma cidade da Prússia, foi solicitado a conceder audiência a uma delegação de judeus. "Nunca receberei estes canalhas que crucificaram Nosso Senhor!", exclama ele. Um camareiro lhe murmura ao ouvido que estes judeus tinham lhe trazido um presente de valor. "De fato, deixai-os entrar, reconsidera ele. Afinal de contas, eles não estavam lá quando o crucificaram..." Verdadeira ou falsa, a anedota

reflete com muita justeza os sentimentos nuançados que suscitavam os judeus no século do barroco...
 Exteriormente, os judeus da corte já se vestiam segundo a moda da época, usavam roupas curtas de cores vivas e perucas empoadas. Construíam casas faustosas e às vezes, pequenos castelos. Wolf Wertheimer, banqueiro da corte de Munique, oferecia em sua casa caçadas nas quais grandes senhores, o embaixador da Grã-Bretanha e o Príncipe Eugênio não desdenhavam de participar, e Süss Oppenheimer tinha mesmo uma amásia titulada. Não obstante isso, não são ainda judeus "emancipados" e, em geral continuam rigidamente ligados à ortodoxia judaica. Paladinos de seus correligionários menos afortunados, empenham-se, na medida de seus meios, em obter a suspensão das proibições de residência e em frustrar os projetos de expulsão. A exemplo de Josel de Rosheim, são todos *chtadlanim*. Enquanto tais, desempenham um papel primordial no seio das comunidades judaicas, dirigem-nas tiranicamente, mandam pôr na cadeia os adversários e os opositores mais ousados.
 Destarte, as comunidades judaicas perdem seu caráter igualitário e democrático. Uma acentuada diferenciação social se institui em seu âmbito.
 Se, no alto da escala, os judeus da corte formam uma casta à parte, embaixo, a ralé judaica se organiza à sua maneira, imprimindo sua marca em toda a escória da sociedade alemã.
 A aparição, nesta época, de numerosos bandidos judeus merece também ser assinalada. Os judeus da corte e os bandidos judeus têm, com efeito, isto em comum que procuram, cada um a seu modo, superar sua condição de párias e afrontam a sociedade que os oprime: uns, com a ajuda das faculdades combinatórios de seus cérebros; outros, de uma maneira mais rude e mais direta. Curioso fenômeno, e quão característico, é o deste banditismo judeu cujos primeiros traços são discernidos desde o início do século XVI, e cujo paralelo não se encontra em nenhuma outra parte da história milenar da Dispersão! Seu começo é obscuro: sabe-se apenas que no tempo de Lutero a gíria dos malandros alemães já estava recheada de hebraísmos [1]. Nos séculos seguintes, consigna-se a existência de bandos organizados, uns puramente judeus, outros mistos, judeu--cristãos, a respeito dos quais os agentes da polícia fazem

---

 1. A mais antiga obra alemã conhecida que trata do banditismo e da mendicância, o *Liber vagatorum*..., publicado em 1499, já contém um pequeno léxico do *Rothwelsch*. Muitas palavras são de origem hebraica. Em seu prefácio a uma reedição do livro publicado em Francfort em 1520, Martinho Lutero escrevia: "Considero útil que este pequeno livro seja bem difundido, para que se veja e se compreenda como o diabo reina no mundo, para que saibamos e que nos guardemos dele. É verdadeiro que esta *Rothwelsche Sprache* vem dos judeus, pois encerra muitas palavras hebraicas, como o notarão aqueles que conhecem o hebraico..."

notáveis constatações. Os bandidos judeus, informam-nos, são bons maridos e pais de família, levando comumente uma vida familiar regrada; e que no mais, são de uma piedade exemplar e não roubam nunca nos dias de festas e aos sábados [m]... Se, dentro do conjunto da escória da sociedade alemã, não constituem mais que uma pequena minoria, eles lhe dão o tom. Inculcam-lhe sua linguagem particular, a *Gaunersprache* ou o *Rothwelsch,* bizarra adaptação do hebraico (de resto, tal como ocorre amiúde com as gírias, muitas dessas palavras acabaram penetrando na língua corrente, fazendo parte atualmente do patrimônio lingüístico alemão). E os costumes e a religião judaicos parecem exercer vivo atrativo sobre muitos maus elementos alemães. Os detentos cristãos de uma prisão de Berlim reclamam o direito de assistir ao culto judaico; no cadafalso, Domian Hessel, o mais célebre chefe de bando do século XVIII (um antigo seminarista), reclama a assistência de um rabino. Fato que, quando se reflete a seu respeito, não deve quase espantar. Colocando-se fora da lei, o bandido cristão desafiava a sociedade, os valores morais e a religião cristã; o judaísmo, por sua vez, desafiava esta sociedade pelo simples fato de sua existência...

Mas assim como os judeus da corte, os bandidos judeus foram um fenômeno excepcional; até a época da Emancipação, a grande maioria dos judeus alemães continuava a viver de conformidade com os antigos procedimentos habituais, perpetuando ainda no século XVIII costumes constituídos na Idade Média. De geração em geração, a esperança milenar permitia-lhes suportar todas as avanias e todas as catástrofes; de ano para ano, esperavam a vinda do Messias, a tal ponto que na segunda metade do século XVII, quando um falso Messias, Shabatai, Tzvi, apareceu na Turquia, não só foi aclamado pelos rabinos mas um bom número de fiéis, artesãos, mascates ou usurários, cessando de dedicar-se a seus negócios, puseram-se

---

m. Os termos nos quais um comissário de polícia alemão exprime sua indignação virtuosa a este respeito não deixam de ter seu sabor:
"Se há algo de benfazejo e de reconfortante em achar nos caracteres mais perversos o menor traço, ainda que seja uma pequena centelha, disso que se gostaria de chamar de virtude é, no caso do bandido judeu, a afeição que ele dedica à sua mulher e seus filhos, o respeito que testemunha por seus pais... Inquiridores hábeis saberão de resto utilizar em benefício da inquirição este traço de caráter..."
E mais adiante:
"Durante seis dias, [os bandidos judeus] não temem pecar contra as leis divinas e humanas, pondo a mão nos bens de outrem, e não teriam conhecido escrúpulos no sétimo dia se os dogmas rabínicos não os proibissem de fazer qualquer negócio no sábado. Ora, seu negócio é o roubo, de que vivem, e é apenas porque se trata de um negócio, não porque se trata de um crime, que se abstém de roubar no sábado, a fim de não ferir à divindade e à santidade do Schabat. Antes mesmo que as estrelas apareçam no horizonte, o ladrão judeu interrompe sua viagem e se apressa a ganhar um albergue onde poderá celebrar o Schabat, pois lhe é proibido viajar nesse dia..."
Estas linhas foram extraídas do *Die jüdischen Gauner in Deutschland,* por A. F. Thiele (Berlim, 1842), último de uma longa série de tratados consagrados no século XVIII e início do século XIX aos bandidos judeus por policiais alemães de alto e baixo escalão.

a vender seus bens a toda a pressa, a fim de poder embarcar para Constantinopla... As *Memórias* já mencionadas de Glückel de Hameln nos deixaram um retrato vivo deste episódio: e o relato ingênuo e colorido de uma mulher sensível, introduzindo-nos na intimidade dos lares judeus, permite compreender (melhor do que poderia permiti-lo o recurso ao conceito de "sublimação", ou a outros termos e argumentos abstratos) como, através de suas tribulações, os judeus podiam conservar uma fé e uma ética extraordinariamente fortes, sofrer os golpes do destino e as humilhações sem perder jamais a confiança no Senhor — nem nos homens, ainda que fossem cristãos [n].

n. As *Memórias* de Glückel de Hameln, descobertas em arquivos familiais no fim do século XIX, foram traduzidas para o francês em 1971 (Ed. de Minuit).

Eis o início da obra:

"No ano 5451 da Criação (1690-1691 da era cristã), começo a redigir este livro em minhas grandes preocupações e desgostos. Queira Deus nos dar a alegria e nos enviar logo nosso libertador! ...Meus caros filhos, eu me pus a escrever isto após a morte de vosso piedoso pai para tranqüilizar um pouco minha alma quando me vinham idéias negras, quantas graves inquietações me oprimiam, porque perdemos nosso fiel pastor. Passei então muitas noites em claro e me levantava freqüentemente para abreviar minhas horas de insônia. Meus caros filhos, não procuro escrever para vós um livro instrutivo, não sou tampouco capaz e nossos sábios fizeram muitas obras para a instrução, e temos nossa santa Torá onde podemos ver e compreender tudo o que nos é útil e nos conduz deste mundo ao mundo futuro.

"Tenho a intenção de vos legar a história de minha vida em sete pequenos livros, se Deus me conceder vida. O que convém melhor, sem dúvida, é começar por meu nascimento. Foi, creio, no ano de 5047 (1646-1647) que minha piedosa mãe me deu à luz na comunidade de Hamburgo.

"Eu não tinha ainda três anos quando os judeus foram expulsos de Hamburgo e forçados a partir para Altona, que pertence ao rei da Dinamarca, cujos judeus possuem bons salvos-condutos. Esta Altona não está a mais de um quarto de hora de Hamburgo. Vinte e cinco famílias judias já se achavam aí; tínhamos nossa sinagoga e nosso cemitério. Vivemos assim um certo tempo em Altona e depois conseguimos com dificuldade que Hamburgo fornecesse passaportes aos judeus de Altona, de maneira que pudessem ir à cidade cuidar de seus negócios. Cada passaporte valia por quatro semanas — era recebido do presidente-governador do conselho (burgomestre), custava um ducado, e quando expirava o seu prazo era preciso conseguir um novo. Mas as quatro semanas convertiam-se freqüentemente em oito quando se conhecia o burgomestre ou funcionários. Ah! as pessoas tinham comumente a vida dura! Pois deviam ir buscar na cidade tudo o que era de seu ofício, ora, freqüentemente, muitos pobres e necessitados tentavam se introduzir sub-repticiamente, sem passaporte. Mas quando funcionários os agarravam, eram postos na prisão. Tudo isto custava muito dinheiro e nos era difícil conseguir que os soltassem. De manhãzinha, tão logo saíam do templo, partiam para a cidade e, à tarde, no momento em que se preparavam para fechar a porta, voltavam a Altona. Muitas vezes, quando se punham a caminho, os pobres diabos temiam por suas vidas por causa do ódio que os barqueiros, soldados e outra gente miúda tinham dos judeus, de maneira que cada esposa agradecia a Deus quando seu marido se achava felizmente junto a ela. Nesse tempo, quarenta casais ou mais tinham vindo de Hamburgo a Altona. Então não se contavam entre eles pessoas particularmente abastadas; cada um ganhava seu pão com toda honestidade. Os mais ricos na época eram: Chaim Furst, com 10.000 táleres de fortuna; meu defunto pai, com 8.000; outros, com 6.000, e alguns também com 2.000. Mas viviam em boa amizade e grande apego, e levavam em suma uma vida melhor que os mais ricos de nosso tempo. Mesmo aquele que não possuía mais de 500 táleres levava a vida folgada, e cada um tinha mais satisfação com seu quinhão de riçaços de agora, que não há meio de saciar, e dos quais se diz: "Não morre nenhum que tenha realizado apenas metade de seus desejos". De meu pai, lembro-me que era um homem cheio de confiança em Deus, um homem como não havia igual, e se a gota não o houvesse importunado, teria feito seu caminho melhor ainda. Todavia, mesmo assim, provou muito bem e honradamente a seus filhos.

"Eu tinha uns dez anos quando os Suecos guerrearam contra o rei da Dinamarca. Que Deus lhe conceda grande fama! Não posso dizer muita coisa de novo a este respeito porque aconteceu em minha infância quando

O que este belo livro deixa em branco, sem dúvida porque sua autora achava estas coisas muito naturais, é o cortejo de novas vexações e troças mesquinhas que se inventavam para os judeus no tempo em que viveu. Se as matanças e os *pogroms* se tornam mais raros, em uma época em que se desenvolvem as instituições administrativas e policiais, estas se mostram tanto mais engenhosas em perseguir os judeus sem efusão de sangue. Como é o caso da municipalidade de Francfort que, renovando as antigas prescrições sobre o uso de uma insígnia distintiva, a proibição de ter domésticos cristãos, etc., acrescentava outras, de pasmosa minúcia; não andar pelas ruas sem objetivo definido, não passear a dois, não freqüentar certas ruas, não sair por ocasião das festas cristãs nem quando um príncipe visita a cidade, comprar no mercado somente após os cristãos e, sobretudo, uma ordenação muito detalhada sobre a atitude dos judeus e sobre a maneira como deviam vestir-se; é o que se chamava a *Kleiderordnung*. De resto, era expressamente especificado que os judeus não são

---

eu devia ainda ir ao *herder**. Nesta época andávamos em viva inquietação em Altona, pois o inverno estava muito frio, como já não havia igual há cinconeta anos. Foi chamado o inverno sueco. Gelava tanto que o inimigo podia ir por toda parte. Repentinamente, no dia do Schabat, retiniram gritos de dor: "Eis os Suecos!" Isto se passou ao amanhecer; saltamos da cama e despidos corremos à cidade (Hamburgo), e foi preciso abrigar-se seja na casa dos Portugueses, seja na casa dos Hamburgueses. Fizemos assim uma breve estada (sem autorização), até o momento em que enfim meu pai conseguiu (isto é, obteve o direito de domicílio) se reinstalar em Hamburgo. Depois, obteve-se que pouco a pouco mais judeus ainda viessem à cidade. E quase todos os pais de família judeus se estabeleceram em Hamburgo, salvo aqueles que moravam em Altona antes da expulsão.

"Nesta época, pagava-se poucos impostos ao governo; cada um se punha de acordo por si mesmo com os encarregados. Mas não tínhamos sinagoga em Hamburgo, assim como o direito de residência; permanecíamos lá apenas por favor do conselho. Todavia, os judeus se reuniam e faziam suas reuniões de oração em cômodos, os melhores que tivessem. Se conselho sabia algo do assunto, fechava um olho de bom grado. Mas quando os padres se apercebiam, não o toleravam e nos desalojavam. Então, como tímidos carneiros, éramos obrigados a ir ao templo de Altona. Isto durou muito tempo, após o que retornávamos a nossos "Schülchen". Portanto, ora nos deixavam tranqüilos, ora nos perseguiam, como se dá até o dia de hoje, e temo que isto não dure para sempre, enquanto Hamburgo for governada por sua burguesia. Queira o Deus misericordioso apiedar-se logo de nós e nos enviar seu Messias a fim de que o sirvamos com devoção e que possamos de novo efetuar nossas orações em nosso santuário de Jerusalém, *amém!*

"Permanecíamos pois em Hamburgo, e meu pai negociava com pedras preciosas e outras coisas, como judeu que esquadrinham um pouco de tudo. A guerra entre a Suécia e a Dinamarca tornava-se cada vez mais encarniçada, e o rei da Suécia tinha muita sorte, de modo que tomou tudo do rei da Dinamarca, marchou sobre a capital e lhe pôs assédio; por pouco dela se apoderava não tivesse o rei da Dinamarca tão bons conselheiros e súditos que o secundaram com seus bens e seu sangue, de maneira que ele conservou tudo. Realmente isto só aconteceu graças à ajuda particular de Deus, pois era um rei justo e piedoso, com o qual nós judeu éramos felizes. Embora morando em Hamburgo, cada um de nós tinha de pagar somente seis táleres de impostos à Dinamarca, e nada mais. Em seguida o rei foi auxiliado pelos Holandeses que atravessaram o Sund em seus navios e conseguiram uma vitória na guerra. Contudo, a Suécia e a Dinamarca juntas nunca mais se deram bem; mesmo como amigos ou parentes por aliança, não param de se dar estocadas.

"Meu pai não era tão rico, mas, como o disse, tinha grande confiança em Deus, nunca ficou devendo nada a ninguém e levou uma vida dura para alimentar honestamente a si e sua família. Já tendo sofrido muitas provações, apressou-se em casar seus filhos. Quando desposou minha mãe,

* *Heder*: lit. quarto, câmara. Denomina a escola tradicional de primeiras letras hebraicas. (N. do T.).

"burgueses", mas simplesmente "protegidos" da cidade de Francfort ou "súditos"; distinção que depois os nazistas tornarão sua, após o advento de Hitler ao poder [18]. Uma *Kleiderordnung* mais meticulosa ainda existiu entre os judeus de Hamburgo, esta elaborada pelos próprios chefes da comunidade: ia a ponto de fixar o número máximo de convivas num repasto de núpcias, assim como o gênero de presentes autorizados para a ocasião e proibia certos pratos, como capões, bolos ou confeitos, ritualmente irrepreensíveis, mas considerados luxuosos em demasia [19]. Sem dúvida, os judeus não tinham demasiadas ocasiões para se divertirem, e aquelas que se apresentavam eram severamente regulamentadas. No início do século XVIII, o governo austríaco inventou uma regulamentação inteiramente nova: a dos casamentos em geral. A fim de impedir uma proliferação excessivamente rápida dos judeus, a corte de Viena decretou em 1726 que só o primogênito de cada família judia tinha o direito de casar-se; os outros filhos deveriam permanecer celibatários. Este tributo à fecundidade dos judeus e à rigidez de seus costumes chamava-se "redução": enquanto controle de natalidade, o método, convir-se-á, era radical e simples. Aplicado inicialmente na Boêmia e na Morávia, foi retomado em seguida na Prússia, no Palatinado, assim como na Alsácia, acarretando em conseqüência a emigração de numerosos jovens que iam para a Polônia ou para a Hungria, o que provocava, pois, uma redução do número de judeus.

Certamente, em sua maioria, os judeus alemães levavam uma existência leboriosa e humilde. Mas os destinos excepcionais que enumeramos, pondo a fermentar o corpo social e acelerando as transformações econômicas em curso,

era viúvo, após dezesseis anos de vida conjugal com uma mulher de nome Reitze, cheia de coragem e distinção, e que dirigiu, diz-se, uma grande e boa casa. Meu pai não teve filhos dela. Mas de seu primeiro casamento, tinha uma filha única de beleza e de virtude sem iguais. Ela sabia corretamente o francês, de que meu pai um dia tirou grande proveito. Com efeito, ele havia recebido, contra um empréstimo de cincoenta táleres, um penhor de um homem de condição. Algum tempo depois, o senhor veio ter a ele com dois confrades, desejando resgatar seu depósito. Meu falecido pai, sem desconfiança, subiu para procurar o objeto. Sua enteada conserva-se junto ao clavicórdio e se põe a tocar para que os distintos senhores não achassem o tempo demasiado longo. Eles, em pé ao lado dela, combinam: 'Quando o judeu retornar com o penhor, nós o retomaremos sem dinheiro (sem pagar) e nos iremos'. Falavam francês sem imaginar que a jovem os compreendia. Quando meu falecido pai reapareceu com o penhor, ela se pôs a cantar com toda a força da voz, em hebraico: 'Pelo amor do Céu, nada de penhor. Hoje aqui, amanhã vai partir!' Em sua pressa a pobrezinha não encontrou nada melhor para dizer. Então o meu falecido pai disse a seu distinto visitante: 'Senhor, onde está o dinheiro? Ali embaixo', responde o outro: 'Entregue-me meu penhor!' Meu defunto pai replica: 'Sem dinheiro, não há penhor!' Então um dos distintos senhores diz aos outros: 'Irmãos, fomos traídos! A donzela deve saber francês'. No dia seguinte, o devedor volta sozinho, paga a meu pai, em troca de seu empenho, o capital e os juros, e declara: 'Foi grande benefício e boa aplicação de dinheiro para vós ter mandado ensinar francês à vossa filha.' Isto dizendo, pôs-se a caminho."

18. A *Judenstättigkeit* dos judeus de Frankfort e seu *Kleiderordnung* foram reproduzidos em J. G. SCHUDT, *Jüdische Merckwürdigkeiten*, Frankfort e Leipzig, 1714-1718, t. III, p. 119 sq.

não podiam deixar de marcar profundamente os contemporâneos. Neste sentido, o "problema judeu" se apresentava na Alemanha sob o aspecto de um problema real, contrastando com o anti-semitismo vazio dos outros países ocidentais, fornecendo um alimento propício ao ódio anti-judaico e o decuplicando. São suas manifestações que iremos agora examinar.

Em primeiro lugar, o conceito em si mesmo. Citamos mais acima as definições francesa e inglesa do termo "judeu": eis, espelho fiel e imparcial, a definição etimológica alemã, de uma carga afetiva bem mais forte ainda, mais concreta e mais sugestiva. Tomamo-la do célebre *Dicionário alemão* dos irmãos Grimm (os mesmos cujos contos encantaram tantas crianças):

> *Jude* (...)
>
> 3) Entre suas deploráveis propriedades, sublinha-se em particular a falta de asseio assim como a sede de lucro e a usura. *Imundo como um judeu velho; fede como um judeu;* de onde se tira: *ter um gosto de judeu;* e, a fortiori, *ter um gosto de judeu morto: é preciso azeitar antes a garganta, senão esta comida tem um gosto de judeu morto,* FISCHART, *Garg.,* 216 b; *uma verdura sem sal tem um gosto de judeu morto,* LEHMANN, 149; fazer usura, enganar, pedir emprestado, emprestar como um judeu: *isso não vale nada, nem judeu nem cura não emprestarão nada sobre isto,* FISCHART, 92 b; ... Judeu, uma barba espinhosa; assim na Turíngia; *tenho um verdadeiro judeu em minha face, devo me barbear;* na Frísia oriental, chama-se judeu uma refeição sem prato de carne, FROMM., 4, 132, 82. Na Renânia chama-se judeu uma parte da coluna dorsal do porco; no Tirol, a coluna dorsal em geral, KEHR, 212... [20]

Os irmãos Grimm nos informam também que da raiz *Jude* derivou-se um verbo, *jüdeln,* cujos diversos significados eram: falar como um judeu; mercadejar como um judeu; enfim, sentir como um judeu, ter o odor de um judeu...

Incontáveis foram as variações e as exegeses desenvolvidas a partir do conceito central e que a invenção da imprensa permitiu popularizar. Cada ano, surgiam numerosos panfletos, assim como pesados tratados; J. C. Wolf, um diligente bibliógrafo alemão do início do século XVIII, enumera em sua *Bibliotheca Hebraeæ* mais de um milhar de obras diferentes de *Scriptores Anti-Judaici,* e esta enumeração é bem incompleta. Podemos apreciar assim o vigor com o qual a "questão judaica" não cessava de trabalhar os espíritos. Não se trata mais de declarações abstratas, como foi o caso na França ou na Inglaterra; elas se apresentam geminadas a preocupações sociais que parecem

---

20. JACOB e WILHELM GRIMM, "Deutsches Wörterbuch", *Viertes Bandes zweite Abteilung,* Leipzig, 1877, p. 2353.

urgentes. Todos os gêneros, todos os estilos estão representados: escritos de propaganda missionária destinados à conversão dos judeus, grandes obras de erudição sobre os costumes judaicos, do gênero "gabinete de curiosidades", e também sábios tratados consagrados à inquietante questão jurídico-teológica: é lícito tolerar os judeus no seio da sociedade? A boa consciência cristã não exige sua expulsão imediata? [o]

Mas o primeiro lugar cabe a estes panfletos incendiários de que Lutero forneceu o protótipo, tanto no que concerne à forma como ao conteúdo. Ostentam em geral um título sonoro, tal como *O inimigo dos judeus, O flagelo dos judeus, Práticas judaicas, Relatório sobre sua vida ímpia, Delícias judaicas, Pequeno repertório das terríveis blasfêmias judaicas, Saco de serpentes judias* [p], ou mesmo *Veneno inflamado dos dragões e bíle furiosa das cobras* [q], ou ainda *Os banhos judeus, onde são publicamente demonstradas as práticas secretas e patifarias judaicas, como eles bebem o sangue dos cristãos, assim como seu suor amargo* [r]... (este último título salienta bem a estreita conexão existente entre a imputação de assassinato ritual e a de usura). Às vezes, temas da atualidade suscitam frutos particularmente numerosos: assim, a queda e a execução do "judeu Süss" foram celebrados em dezenas de panfletos, de títulos demasiado circunstanciados ou demasiado barrocos para que seja possível traduzi-los aqui [s].

O grande sucesso destas publicações e a imaginação especialíssima de que dão prova parecem de fato já corresponder à titilação quase erótica, à imperiosa necessidade psicológica que caracterizam o anti-semita moderno. Os temas em geral, é necessário dizê-lo, permanecem os dos grandes mitos demonológicos da Idade Média, aqueles nos

o. Assim por exemplo: *Geistliches Bedencken ob die Juden und ihr Wucher im dem Römischen Reich zu dulden? ob nicht ihrer Gottesläslerungen wegen sie sich aller Privilegien entsetzt?*, Darmstadt, 1612; *Etlicher Theologen Bedencken, wie christliche Obrigkeit Juden unter den Christen zu wohnen gestatten könne*, Giessen, 1614; *Discurs über die Frage: ob wahre Christen mit gutem Gewissen die Juden als Juden im ausserlichen weltlichen und bürgerlichen Stande erdulden?* s. l., 1695.

p. *Judenfein*, Giessen, 1570; *Judengeissel*, s. l., 1604; *Kurzer Auszug von den erschrecklichen jüdischen Lästerungen*, Giessen, 1604; *Juden-Practick oder Bericht von ihrem gottlosen Leben*, Augsburg, 1610; *Deliciæ Jadaicæ...*, Darmstadt, 1613; *Jüdischer Schlangenbalg*, s. l., 1702.

q. J. Schmid, *Feuriger Drachen-Gift und wütiger Ottern-Gall*, Rotzenburgo, 1634.

r. Adrain Warner, *Der Juden Bad-Stub, darinnen eigentlich der Juden heimliche Practick und Schelmestück öffemlich bewiesen werden, wie sie den Christen das Blut und den sauren Schweiss, etx. aussaugen...*, s. l., 1611.

s. Eis três exemplos: *Das lamentierende Jud süssische Frauenzimmer unter dem grossen eisernen Galgen vor Stuttgardt draussen*, s. 7., 1738; *Des justifizierten Juden Joseph Suess Oppenheimer Geist in den elysæischen Feldern...*, Frankfurt, 1738; *Guthe Arbeit giebt herrlichen Lohn, in einer Predigt Über das Evengelium Math., XX, 1-16, in einer eingeflossenen Anweisung, wie die an dem verurtheilten Juden Joseph Suess Oppenheimer geschehene Execution anzusehen und zu gebrauchen sei, samt einiger Nachricht von dessen kläglichen und schmachlichen Ende, gezeit von M. Rieger, Pfarrhern in Stuttgart*, Esslingen, 1738.

quais o terror sagrado dá origem espontaneamente a libidinoso trasbordamento imaginativo. Trata-se sempre dos vícios e dos crimes secretos dos judeus, de suas vergonhosas doenças, de seus bizarros atributos sexuais e, vindo coroar o conjunto, de sua relação particular com o Diabo. Mas, doravante, estes temas são com freqüência tratados de uma maneira livresca e pedante, às vezes mesmo com aquelas pretensiosas referências à história natural que conduzirão depois ao anti-semitismo dito "racial". Adquirem assim, em uma época de costumes mais refreados e na qual se acentuam as proibições e os recalcamentos de toda espécie, um estilo vicioso, um sabor deteriorado, que eram sem dúvida totalmente estranhos à alma simples e espontânea do homem da Idade Média...

Mais nuançados e mais poéticos são os acentos que impregnam uma obscura e antiga legenda, repentinamente promovida no início do século XVII a um prodigioso êxito. O *Breve Relato e Descrição de um Judeu de Nome Ahasverus* vem pela primeira vez a lume em 1602, parece, e conhece no curso deste mesmo ano oito edições alemãs [t]. Rapidamente, é traduzido em todas as línguas européias. Assim se propaga o mito do judeu errante, testemunha da crucificação e condenado por Jesus a vagar sem descanso até sua segunda vinda (isto é, até o Juízo Final); mito tão conforme às concepções tradicionais da Igreja [u], mas também ao destino instável e vagamundo que sob o domínio destas concepções a cristandade condenava nos judeus. Conhece-se a fortuna literária deste tema grandioso, retomado em todos os registros e sob todas as luzes por tantos autores ilustres, por um Goethe e por um Schlegel, por um Shelley e por um Andersen, por Edgar Quinet e por Eugène Sue, e que contribui tão intensamente para difundir em todos os países e em todos os meios a noção do destino misterioso e da missão providencial dos judeus.

Sobre este fundo tão variegado sobressaem-se algumas obras mais especializadas, mas cuja ação foi todavia marcante. Teólogos mergulham no oceano do Talmud, instruem-se com rabinos ou consultam apóstatas e apressam-se a comunicar à opinião pública suas descobertas. E sua atitude a respeito dos judeus é, em regra geral, muito menos favorável que a dos hebraístas franceses. Uns, como J. Wulfer (*Theriaca Judaïca*) ou J. Wagenseil (*Tela ignea*

---

t. A primeira edição conhecida foi publicada por Christoff Crutzer em Leyde em 1602.
u. Lembremos aqui a Bula de Inocência III de 17 de janeiro de 1208: "Deus fez de Caim um errante e um fugitivo sobre a terra, mas o marcou, fazendo estremecer sua cabeça, a fim de que não seja morto. Assim, os judeus, contra os quais grita o sangue de Jesus Cristo, conquanto não devam ser mortos, a fim de que o povo cristão não esqueça a lei divina, devem permanecer errantes sobre a terra, até que sua face esteja coberta de vergonha, e que procurem o nome de Jesus, o Senhor..." Migne, P. L., 215, 1291, n.º 190.

Santanœ) [21], se empenham sobretudo em investigar as blasfêmias anticristãs e esmiuçam ao máximo as preces judaicas; ao mesmo tempo, refutam apaixonadamente as grandes acusações demonológicas de assassinato ritual ou de envenenamento. Outros retomam estas acusações por sua conta, como o orientalista I. A. Eisenmenger, autor de *Judaísmo desmascarado, relato circunstanciado e verídico*... [v]. A história desta última obra é interessante, pois, pela primeira vez, a seu propósito, vemos um judeu da corte intervir neste tipo de polêmica. O poderoso fornecedor dos exércitos da Áustria, Samuel Oppenheimer, conseguiu, por meio de dinheiro, proibi-la; os dois mil exemplares foram confiscados logo após a impressão, e o autor morreu, parece, de desgosto. Pouco após sua morte, contudo, os herdeiros o reeditaram em Kœnigsberg, com o apoio do Rei Frederico I da Prússia, servindo depois de fonte de inspiração e de repertório de argumentos a gerações de anti-semitas alemães.

A atuação dos judeus da corte se dá ainda de outra maneira. Se as expulsões de judeus se tornaram mais raras elas ainda ocorrem às vezes; naturalmente, os judeus da corte esforçam-se então por frustrá-las, movimentando todas as relações internacionais de que dispõem. Um exemplo típico é a expulsão dos judeus da Boêmia, decretada em 1744 pela mui católica Imperatriz Maria Teresa, sendo o pretexto desta vez sua espionagem em favor dos prussianos, no curso da guerra de sucessão da Áustria. Imediatamente, esboça-se uma reação concentrada, cujo principal animador é esse Wolf Wertheimer que contava com tão excelentes relações com os cristãos. As comunidades de Francfort, Amsterdã, Londres, Veneza foram alertadas; a de Roma é solicitada a intervir junto ao Papa; as de Bordeaux e de Bayonne são convidadas a fazer coletas em favor dos expulsos; e efetivamente, o rei da Inglaterra, os Estados Gerais dos Países Baixos fazem representações junto a Maria Teresa, numerosos cortesãos se intrometem por sua vez — de modo que, qualquer que tenha sido sua obstinação, a imperatriz acaba por ceder e por autorizar os judeus a retornar a seus lares — mediante o pagamento da enorme quantia de duzentos e quarenta mil florins, é verdade.

Assim termina a última grande expulsão dos judeus alemães, e este desfecho é ao mesmo tempo um excelente exemplo de sua nascente influência internacional. Quanto

---

21. Estas obras foram ambas publicadas em 1681, a primeira em Nuremberg e a segunda em Altdorf.

v. O título completo da obra, impressa em Frankfort em 1700, é: *Entdecktes Judentum oder gründlicher und wahrhafter Bericht, welchergestalt die verstockten Juden die heilige Dreieinigkeit erschrecklicherweise verlästern und verunehren, die heilige Mutter Christi verschmähen, das neue Testament, die Evangelisten und Apostel spöttisch durchziehen und das ganze Christentum auf das äusserste verachten und verfluchen. Dabei noch vieles andere. Alles aus ihren einigen Büchern erwiesen. Allen Christen zur treuherzigen Nachricht verfertigt*

às expulsões levadas a cabo espontaneamente pelas populações, a última delas teve lugar em Francfort em agosto de 1616, inserindo-se ao mesmo tempo no âmbito da última grande rebelião contra as autoridades constituídas. Sob o comando de um salsicheiro, Vicence Fettmilch, os artesãos da cidade submeteram o gueto a um assalto organizado; após uma defesa improvisada que durou várias horas, as portas cederam ao cair da noite, e o populacho precipitou-se no interior, pilhando e incendiando, procurando queimar os comprovantes de dívidas assim como os rolos da Torá. Os judeus, entretanto, indenes afora algumas pancadas, foram autorizados a deixar a cidade, arruinados, mas sãos e salvos, e espalharam-se pelas cercanias. Alguns meses mais tarde, a cidade de Worms seguia o exemplo de Francfort, e expulsava por sua vez a comunidade judaica. Contra uma tal desordem, as autoridades provinciais, e depois as imperiais, procuraram interpor-se, mas durante muito tempo sem êxito; os fautores dos distúrbios gozavam de muitas simpatias, a tal ponto que as faculdades de Direito alemãs, solicitadas a dar seu parecer, decidiram que o ataque, feito quer de dia quer à luz de tochas, não entrava em nenhuma das categorias jurídicas conhecidas e, em conseqüência, não era punível. Somente vinte meses mais tarde, sob a proteção do exército imperial, puderam os judeus reintegrar a cidade, e seu retorno, ao som de pífanos e trombetas, formados em grupo de seis, precedidos de duas carroças, uma das quais destinada a um venerável rabino de barba branca, e a outra, aos brasões imperiais, constituía uma cerimônia espetacular e simbólica, que, segundo se sabe, não teve contrapartida em nenhum lugar nos anos consecutivos aos morticínios hitleristas na Europa.

Após o caso de Francfort, qualquer que tenha sido a animosidade popular, não houve mais na Alemanha excessos antijudaicos abertos, desta espécie. As autoridades se lhe opunham, e o povo alemão já dava prova de suas qualidades tradicionais de disciplina e obediência: qualidades que assegurarão a gerações de judeus alemães uma existência tranqüila, enquanto ela for do agrado da "Obrigkeit", da autoridade, e que facilitarão muito sua exterminação planificada, quando no século XX, uma nova autoridade assim o tiver decidido.

11. O Centro Autônomo
   da Polônia

Vimos que é sobretudo a Leste, nas terras hospitaleiras da Polônia e da Lituânia, que os judeus alemães procuravam refúgio, à medida que se agravava sua situação. Daí não é preciso concluir que os judeus poloneses são unicamente de origem ocidental: ao contrário, é muito provável que os primeiros judeus a penetrar no curso do primeiro milênio de nossa era nos territórios compreendidos entre o Oder e o Dnieper tenham vindo do Sudeste, do reino judeu dos Cazares, ou ainda do Sul, de Bizâncio. Não se possui nenhuma certeza sobre a proporção relativa de uns e outros: o importante é que a cultura superior permite aos judeus alemães impor rapidamente sua língua e seus costumes, assim como sua consciência histórica extraordinariamente sensível.

Em uma região de economia rudimentar, cuja população apenas compreendia nobres e servos, os judeus assumiram rapidamente um papel preponderante em todas as atividades ligadas à circulação de mercadorias e dinheiro. É certo que viveram no início em excelente harmonia com os cristãos. Isto é uma constatação que já fizemos em muitas ocasiões, e cabe discernir uma relação constante entre o estado moral de uma população rude, apenas trabalhada pelos ensinamentos do cristianismo, que não aprendeu ainda a nutrir prevenções particulares contra a raça dita deicida, e seu estado de desenvolvimento sumário, que permite aos judeus impor-se em um domínio onde ainda não conhecem concorrentes; não nos estenderemos pois sobre o assunto, a não ser para indicar que a primeira parte de nossa proposição é refletida por uma tradição popular segundo a qual um judeu subiu passageiramente ao trono da Polônia [a] e que a segunda é ilustrada pelo fato de inúmeras antigas moedas polonesas estarem cunhadas em hebraico [b]... De resto, os primeiros dados sobre a história dos judeus da Polônia são incertos e raros, tirados de obscuras crônicas e relatos de viajantes, e é somente a partir do século XIII que possuímos informações precisas a seu respeito. Em 1264, o Rei Boleslau de Kalisz outorga aos judeus uma carta copiada em suas grandes linhas daquelas que os príncipes alemães lhes concediam nos séculos precedentes; ela serviu de modelo para as cartas posteriores, algumas das quais lhes eram ainda mais favoráveis; assim, a de Casimiro o Grande (1364) comparava os judeus aos nobres, em caso de ferimento ou de assassinato, e impunha aos culpados os mesmos castigos. Tal como no Império Carolíngio quatro ou cinco séculos antes, um tratamento tão preferencial suscitava, provavelmente não sem motivo, a cólera e os protestos veementes do clero. As disposições severas do Concílio de Breslau de 1267 visavam particularmente à Polônia, tal como o ressalta o artigo 12:

> Sendo a Polônia uma plantação nova do corpo cristão, é de temer que a população cristã será tanto mais facilmente influenciada pelas superstições e os maus costumes dos judeus, quanto a religião cristã está há pouco tempo enraizada no coração dos crentes desta região [1].

E, a partir da segunda metade do século XIII, as autoridades eclesiásticas polonesas legislarão contra os judeus tão ativamente quanto as da Europa Ocidental. Desde 1279, tentarão, sem sucesso é verdade, impor-lhes o uso de uma insígnia distintiva. No fim do século seguinte, surgem na Polônia os primeiros casos de profanação de hóstia e assassinato ritual; em 1454, cedendo, parece, às insistências do onipresente João de Capistrano, o Rei Casimiro Jagelão revoga parte dos privilégios judaicos; trinta anos mais tarde

---

a. Segundo esta legenda, os nobres poloneses, incapazes de se entenderem sobre a escolha de um rei, decidiram elevar ao trono o primeiro estrangeiro que visitasse a Polônia. Este foi um judeu, chamado Saul Wahl segundo uma versão, Abraão Porochovnik segundo outra. Teria reinado durante um dia e abdicado em seguida.

b. Algumas destas moedas trazem, em hebraico, o nome do rei ("Mechko o Grande"; "Mechko o justo"), outras, os nomes dos fundidores judeus ("Abraão Duchs", "Rabi Abraham, filho de rabi Zevi", ou ainda "Regozijai-vos, Abraão, Isaac e Jacó"). Datam dos séculos XI e XII.

1. ARONIUS, *Regesten*, n.º 724.

ocorre a expulsão dos judeus de Varsóvia, seguida da de Cracóvia, e de uma tentativa de expulsão global da Lituânia.

Se, destarte, com uma defasagem de alguns séculos, e que corresponde à defasagem no desenvolvimento intelectual e econômico entre Leste e o Oeste da Europa, a história parece repetir-se, ela tomará não obstante um rumo muito diferente para o futuro dos judeus poloneses. Não que os sentimentos hostis das populações polonesas ou eslavas, em geral, tenham tardado longamente a nascer e a ter livre curso; ao contrário, tornaram-se ainda mais violentos que em outros países; retornaremos à questão mais adiante. Mas as posições econômicas e mesmo administrativas, nas quais os judeus puderam assaz rapidamente entrincheirar-se, eram tão sólidas, tão enraizadas no mais profundo das fundações sociais do país, que foi impossível desapossá-los até os tempos modernos. Contrariamente ao que vai suceder no Oeste, onde a fraqueza numérica dos judeus facilitará por fim sua integração econômica e sua assimilação cultural, a existência, a Leste, de uma classe social judia culminará no aparecimento de uma verdadeira nação *sui generis*.

Se se procura descobrir as razões desta singular diferença, parece que é efetivamente preciso percebê-las antes de tudo no incessante afluxo de proscritos vindos do Oeste europeu, que permite aos judeus implantar-se em grande número e solidamente nas atividades comerciais e financeiras, em uma época em que não se chocavam ainda com nenhuma concorrência (senão a dos colonos alemães, imigrados como eles). Este afluxo aumentou mais ainda após as chacinas da Peste Negra; é significativo que, com exceção dos territórios limítrofes da Alemanha, os judeus poloneses nada tenham padecido. Na medida em que se pode dispor de elementos estatísticos sobre esta época, parece de fato que desde o século XV seu número já se aproxima dos cem mil, cifra certamente sujeita a cautela [c], mas o primeiro recenseamento sistemático, empreendido por volta de 1765, mostra que eles constituem 10% da população do país.

Apoiados em tão sólida base demográfica, exercem todos os ofícios, monopolizam alguns e organizam-se à maneira de um Estado dentro do Estado. Esta organização adquire formas definitivas no século XVI, e é a partir desta época que a Polônia se torna para os séculos vindouros o principal centro mundial do judaísmo. Sem nos determos nas tribulações, aliás pouco notáveis, de sua história anterior,

---

c. É a cifra à qual se prendeu I. Schipper, o melhor especialista da história econômica dos judeus da Polônia. Mas até a metade do século XVIII, faltam elementos seguros para as estimativas; o método habitual, o dos registros de impostos, não é de nenhuma valia no caso, pois os judeus poloneses eram taxados globalmente.

pois não oferecem muito interesse para nosso relato, iremos examinar agora os modos de vida e de organização dos judeus poloneses a partir da época de seu florescimento.

> Nestas regiões, encontram-se multidões de judeus que não são desprezados como em outra parte. Não vivem no aviltamento e não estão restringidos aos ofícios vis. Possuem terras, ocupam-se do comércio, estudam a medicina e a astronomia. Possuem grandes riquezas e não somente são contados entre a gente de bem, como às vezes até os dominam. Não usam nenhuma insígnia distintiva, e se lhes permite portar armas. Em suma, dispõem de todos os direitos de cidadãos.

É nestes termos que descrevia, por volta de 1565, o legado papal, Commendoni, a situação dos judeus da Polônia [2]. Com efeito, não havia nenhuma comparação possível entre a condição dos judeus poloneses e a de seus correligionários menos afortunados dos outros países europeus.

Não moravam em gueto: quando muito em um bairro ou em uma rua de sua escolha. O leque de suas ocupações era extremamente amplo, pois compreendia não apenas todas as atividades comerciais e artesanais, mas também funções administrativas essenciais (arrendamento dos impostos e das aduanas), industriais (exploração de minas de sal e de florestas) e mesmo agrícolas, que administravam ou exploravam por conta própria. Isto significa que uma certa proporção de judeus — proporção que, indicamo-la, irá aumentando — moravam no campo. Muitos judeus ricos, banqueiros da nobreza, haviam se tornado proprietários de importantes domínios, quando não de aldeias inteiras. Outros eram intendentes, fornecedores, agentes comerciais dos senhores poloneses, da *chliakhta;* "a cada senhor, seu judeu", dizia um velho ditado polonês, e eram, se se quer, "judeus da corte", de pequeníssimas cortes, seguramente, dada a fragmentação anárquica do poder na Polônia de então. Outros ainda eram grandes negociantes, importadores e sobretudo exportadores de madeira ou de trigo, de peles ou de couros; mas a maioria era constituída de pequenos comerciantes, de artesãos, que tinha de lutar contra a concorrência da nascente burguesia polonesa, ou ainda, no campo, de estalajadeiros, de retalhistas e, às vezes mesmo, simples agricultores. Em suma, é pois exato dizer que formavam na Polônia toda uma classe social — esta classe média das cidades que, nesse país, tardou longamente a constituir-se. Último traço distintivo: contrariamente à grande plasticidade de que haviam anteriormente dado prova seus ante-

---

2. Citado em Dubnov, *História dos Judeus da Europa* (em russo), t. III, p. 290.

passados, adotando rapidamente o falar corrente dos diferentes países europeus onde se instalavam, os judeus poloneses conservaram o uso do alemão, que se torna o ídiche, sem que seja possível dizer se esta singularidade se deveu à sua maciça proporção numérica, à superioridade cultural de seus países de origem, ou ainda a esta consciência aumentada de si mesmos, a esta ligação desmedida com seu passado, que os judeus alemães, já tinham adquirido, em conseqüência de suas espantosas tribulações. Sem dúvida se trata de uma combinação dos três fatores: seja como for, esta particularidade erguia uma tela suplementar entre eles e seus vizinhos cristãos [d].

Não é de surpreender, dado o que precede, que os judeus da Polônia se beneficiassem de um grau elevadíssimo de autonomia interna, e isso, não somente no plano local, mas também no plano nacional. Administravam-se praticamente a si próprios, conforme uma constituição que se poderia qualificar de consuetudinária e federativa. Na base, havia a comunidade ou *kahal* que correspondia a uma circunscrição territorial, e englobava tanto os judeus de uma cidade de alguma importância, como aqueles que moravam nos arredores. O governo do *kahal* era oligárquico: eleitores jurados, cujos nomes eram sorteados entre os membros mais ricos e mais influentes da comunidade, eram encarregados de designar anualmente os administradores. Esses eram dotados de poderes muito amplos. Faziam parte de suas atribuições: a percepção das taxas e impostos, o policiamento interior e a vigilância da ordem pública, os assuntos sinagogais (ou seja, a organização do culto e a instrução pública, indissoluvelmente ligadas), assim como o controle do mercado de trabalho, regulamentado muito severamente; pode-se assinalar, sobre esse último aspecto, que só os artesãos pais de família estavam autorizados a abrir novas oficinas, e que, salvo casos excepcionais, tal iniciativa estava proibida aos que pertenciam a um *kahal* estranho. (O espírito particularista do *kahal* se manifestava também nos intermináveis litígios "fronteiriços" relativos a alguma aldeia ou vila cuja dependência administrativa era contestada: tal é o caso de Zabludovo, que de 1621 a 1668 opôs o *kahal* de Grodno ao de Tykoszin) [3]... O *kahal* nomeia também o rabino, personagem de primeiro plano, pois sua autoridade moral se vê reforçada por seus poderes em matéria judiciária: ele é por direito o presidente da Co-

---

[d]. Tal como o sabemos, observa-se o mesmo fenômeno entre os judeus sefarditas que guardaram o uso do "ladino" mais de quatro séculos após sua expulsão da Espanha. Nos dois casos, parece que o traumatismo coletivo devido às perseguições contribuiu para uma tomada de consciência coletiva, que encontrou sua expressão na fidelidade à língua de adoção, língua a qual é precisamente aquela dos países onde os judeus conheceram as piores perseguições!

3. Cf. DUBNOV, *op. cit.*, t. III, p. 323.

missão judiciária ou tribunal do *kahal*. Outras comissões eleitas, espécies de confrarias semifilantrópicas, semi-religiosas, equilibram as tendências "protecionistas" do *kahal*, e consagram-se às numerosas tarefas da caridade e da universal solidariedade judaicas: resgate de prisioneiros, de "cativos", cuidados com os velhos e doentes, assistência aos indigentes e aos refugiados, ajuda aos estudantes pobres e, sobretudo — pois é neste mundo o dever mais importante — honras aos mortos, culto de sua lembrança. As santas confrarias (Hevrot Kedichot) ocupam-se em lhes assegurar sepultura digna e tomar a cargo suas famílias.

Uma organização tão minuciosa e tão ajustada era favorecida pelas autoridades polonesas, às quais era cômodo perceber os impostos de uma maneira global e por comunidade, e ter em conseqüência de tratar com um poder comunitário forte. Em seguida, estas autoridades se deram conta de que era ainda mais cômodo impor um único pagamento anual global a todos os judeus, e encarregar os próprios judeus de dividi-lo entre as comunidades. Destarte, as consultas e reuniões dos representantes dos *kahalim*, inicialmente esporádicas e irregulares, passaram a gozar de singular importância. A partir da segunda metade do século XVI, estes representantes reuniam-se em conferências semestrais, por ocasião da feira de Lublin, na primavera, e da de Yaroslav, na Galícia, no outono, e decidiam a repartição dos impostos, resolviam os conflitos entre os *kahalim*, publicavam leis e novas disposições (*takanot*) e debatiam todas as outras grandes questões de interesse do judaísmo polonês. A câmara federal assim improvisada, verdadeiro Parlamento judeu, com mais de trinta membros, recebeu o nome de "Conselho dos Quatro Países" [e], e não é sem razão que os contemporâneos o comparavam ao Sanedrim de Jerusalém. Nunca, com efeito, os judeus haviam se beneficiado na Europa de uma tal autonomia. Em todas estas matérias, a respeito das quais se concebe facilmente as situações sem precedente, mas também as oposições de interesses e conflitos que implicavam, o papel dos rabinos, ao mesmo tempo autoridades morais, mediadores profissionais e interpretadores das sutis e por vezes antiquadas leis talmúdicas, era forçosamente primordial. O saber rabínico se vê com isso tanto mais valorizado.

É nestas condições que a ciência talmúdica, o conhecimento das inumeráveis regras, sentenças e raciocínios que datavam da Babilônia parta ou da Europa das Cruzadas, mas também a habilidade de aplicá-las às novas condições

---

e. Em hebraico: "Vaad arbá artzot". Os "quatro países" eram a Grande Polônia (Posnânia), a Pequena Polônia (Cracóvia), a Rússia Vermelha ou Rutênia (Lvov) e a Lituânia. Em seguida, viria acrescentar-se a estes a Volínia, enquanto que em 1623 os judeus da Lituânia faziam uma cisão e criavam seu próprio Conselho.

dadas, atingiu na Polônia do século XVI um desenvolvimento incomparável. *Pilpul* (literalmente pimenta), assim se chamava a dialética condimentada capaz de encontrar dois textos talmúdicos que, em lógica formal, se contradissessem e, após ter estabelecido claramente sua incompatibilidade, vir a conciliá-los por meio de algum sofisma sutil, mesmo que fosse preciso para tanto efetuar os mais incríveis passes de casuística. Os torneios de *pilpul,* por ocasião das feiras, vendas e reuniões políticas, tornaram-se o divertimento nacional dos judeus poloneses. (Como esta ginástica mental, à primeira vista estéril, torna flexível o espírito, como decuplica o poder de trabalho intelectual, ela é apenas acessível àqueles que nela se exercitarem, pois aos cérebros não treinados o raciocínio talmúdico reserva em geral dificuldades intransponíveis) [f]. Será preciso dizer que nestas circunstâncias a erudição, mesmo se permanecia uniformemente talmúdica, era ainda mais cotada, se tanto era possível, pelos judeus da Polônia, do que por seus antepassados da Alemanha? Além do mais, este primado concedido aos valores intelectuais servia de corretivo para as grandes desigualdades sociais no seio da cidade judia, na qual, como o vimos, os ricos eram os detentores por excelência do poder interno. É verdade que de seu lado, a tradicional filantropia judaica remediava aí muita coisa. É a justo título que, em toda a Diáspora, o destino dos judeus poloneses era nesta época considerado, como privilegiado, a tal ponto que, conforme um destes jogos alfabéticos a que eram afeitos, Polônia devia ler-se Po-lan-ia (Deus mora aqui).

Compreender-se-á que em uma tal situação o problema do anti-semitismo polonês se tenha colocado de uma maneira bem diferente do que em qualquer outro lugar da Europa. Até aqui, tivemos de lidar com o anti-semitismo mitológico, este misto de ódio e fervor religioso, cujos efeitos eram tão estranhamente desproporcionados em relação à sua causa aparente, e que permanecia atuante, já o vimos,

---

f. Outrossim é muito difícil fornecer uma amostra. Raros são os autores que tentaram tornar acessível o raciocínio talmúdico ao público cultivado europeu. Remetemos àqueles que a questão interessa ao antigo, mas até hoje inigualado, estudo do filólogo Arsène Darmesteter ("Le Talmud", in *Reliques scientifiques*, Paris, 1890, reimpresso *in* "Aspects du génie d'Israël", *Cahiers du Sud*, Paris, 1950). *Ad usum populi*, o seguinte apólogo pode servir para ilustrar a idéia de que o raciocínio talmúdico é, em última análise, um exercício de bom senso:

Um *goi* insistia junto a um talmudista para que este lhe explicasse o que é o Talmud. O sábio acabou por consentir e coloca ao curioso a seguinte questão:

"Dois homens descem por uma chaminé. Quando saem dela, um tem o rosto coberto de fuligem; o outro está imaculado. Qual dos dois irá se lavar?

— Aquele que está sujo, responde o *goi*.

— Não, pois aquele que está sujo vê o rosto limpo do outro, e acredita que o seu também está...

— Compreendi!, exclama o *goi*. Começo a compreender o que é o Talmud...

— Não, não compreendeste absolutamente nada, interrompe o rabino. Pois como queres que dois homens que desceram pela mesma chaminé, um esteja limpo e o outro sujo?"

mesmo na ausência de judeus. No presente caso, e mesmo que os primeiros sentimentos hostis tenham nascido sensivelmente da mesma maneira, o grupo judeu acabou por tornar-se tão numeroso, e sua função tão indispensável, que o conflito muda de natureza. Na Polônia, o judeu é um elemento permanente da existência quotidiana de seu vizinho: ele faz parte integrante do corpo social. O polonês cristão, seja nobre ou aldeão, camponês ou citadino, dirige-se ao judeu para vender ou para comprar, para pedir emprestado ou para pagar o imposto, para viajar ou para ir à taberna. Este judeu, humilde ou orgulhoso, rico ou pobre, serviçal ou ríspido, é uma onipresente realidade humana, atrás da qual a satânica máscara sagrada acaba por esfumar-se parcialmente. Destarte, o aspecto original e fundamental do anti-semitismo é como que escamoteado. Mas, de outro lado, este judeu, se faz parte doravante da paisagem familiar do cristão, é eletivamente associado a certos atos e operações da vida corrente todos eles partícipes da luta pela existência, quer dizer que estamos agora em presença, no tocante à animosidade judio-cristã, de uma tensão que não se reveste mais de um caráter excepcional, que não é mais perturbadora e insólita, que não ofende a inteligência, pois não difere no essencial das outras tensões e conflitos que opuseram os grupos sociais, nacionais ou religiosos uns aos outros ao longo da história de nossa civilização. No máximo, estes caracteres específicos judaicos que trouxemos à luz repetidas vezes e, em particular, o desprezo absoluto pelos exercícios e proezas físicas ("Isso te serve, como um sabre serve para o judeu", diz um provérbio polonês), imprimem-lhes aí um cunho particular, conjugando-se com sua desdenhosa rejeição do Cristo, tais fatores designam tanto mais facilmente os judeus para o papel tradicional de bode expiatório. Quanto à questão de saber se nessas condições o anti-semitismo ganha ou ao contrário perde em violência, é tanto mais difícil de respondê-las quanto se trata de grandezas incomensuráveis, pois a mesma palavra recobre no caso dois fenômenos assaz diferentes. No máximo, podemos tentar enxergar a questão com mais clareza, examinando, cada qual por sua vez, a atitude das diferentes classes sociais face ao judeu.

Principais beneficiários das atividades judias, os nobres poloneses, donos do poder, eram os seus protetores naturais. Nenhum conflito de interesse podia nascer aí, exceção feita a certos pequenos proprietários necessitados, que rivalizavam com os "judeus da corte" pelo favor de um magnata. Seguramente, a nobreza tratava os judeus com um desprezo ainda mais soberano, se tanto era possível, do que aquele que reservava às outras classes da sociedade. Mas não punha nisso muita malícia. É característica que na era da palavra impressa, quando se difunde na Polônia, como aliás em toda parte, o costume de difamar os judeus, de descrever seus vícios e suas abjeções, por meio de livros e de panfletos, nenhum escrito desta categoria se deva à pena de um nobre.

Em sua maioria, tais obras eram redigidas por burgueses cristãos. Os habitantes das grandes cidades, em particular, se achavam em estado de guerra permanente com os judeus, quer se tratasse de excluí-los do comércio, quer de impedir que se dedicassem ao artesanato. É sob encomenda expressa dos almotacéis eleitos de Cracóvia que Sebastien Miczynski escreveu em 1618 seu *Espelho da Coroa Polonesa* [g] onde as riquezas dos judeus, assim como as particularidades de suas técnicas comerciais, se viam expostas pela primeira vez por extenso. As acusações de caráter religioso não figuram nesta obra senão a título subsidiário. O mesmo se dá no que concerne aos numerosos escritos do médico Sleszkowski que, na mesma época, se entregara à tarefa de divulgar as práticas fraudulentas que atribuía a seus colegas e concorrentes judeus [h].

O clero, por sua vez, se atinha às imputações religiosas. No fim do século XVI, seu guia era o célebre jesuíta Pedro Skarza, o mais ilustre pregador polonês de todos os tempos, autor de *Vidas dos Santos* ("Zywoty Swietych", 1579), que durante séculos foi o livro de cabeceira do povo polonês: a biografia miraculosa de Simão de Trento aí figurava com relevo e, Skarza atuou depois pessoalmente na qualidade de acusador em um processo de profanação de hóstia. Conheceu numerosos êmulos que, de geração em geração, forneciam seus contingentes de casos desta espécie. Os escolares e estudantes, alunos dos jesuítas, eram os principais artesãos de escândalos e tumultos que degeneravam em *pogroms,* de forma que se instituiu entre os judeus o costume de pagar-lhes um foro anual (*Kozubalec*) que os punha ao abrigo de molestações sistemáticas.

Quanto à plebe, aos camponeses oprimidos e iletrados, não tinham nem voz na matéria, nem meios para nos transmitir suas opiniões, a menos que se considere como tais os incontáveis ditados e provérbios que servem de repertório tradicional à sabedoria popular. Alguns destes parecem soar de forma muito ambígua. Por exemplo: "Nós camponeses, estamos sempre na desgraça: devemos alimentar o senhor, o padre e o judeu" [4]. Ou: "O que o camponês

---

g. *Zwierciadlo Korony Polskiej.*
h. *Odkrycie zdrad zydowskich,* 1621; *Jasne dowody o doktorach zydowskich,* 1623.
4. "Zawsze dla nas chlopkov bieda: musim karmic pana, ksiedza, zyda." (S. ADALBERG, *Ksiega przyslow...*, Varsóvia, 1894, n.º 58).

ganha, o senhor gasta e o judeu lucra"⁵. Ou ainda: "O judeu, o alemão e o diabo, todos três, são filhos da mesma mãe"⁶. A julgar por tais adágios, o povo colocava todos seus exploradores no mesmo saco.

O DILÚVIO

Em 1648 irrompem os distúrbios e os conflitos que entraram na história polonesa sob o nome de *Dilúvio,* e que anunciam a decadência da Polônia; encerrarão a idade de ouro dos judeus poloneses, gerando graves conseqüências para todo o judaísmo.

O Dilúvio se inicia com a insurreição dos camponeses ucranianos, servos instalados nos vastos latifúndios no além-Dnieper, pertencentes aos magnatas poloneses: de religião grega-ortodoxa, estes camponeses confundiam no mesmo ódio seus senhores católicos, e os intendentes e contratadores judeus. Assim o observou um cronista judeu contemporâneo:

> O povo grego (os cossacos)... era desprezado e aviltado pelo povo polonês e pelos judeus... mesmo os humildes filhos de Israel, eles mesmos habitualmente avassalados, exerciam seu poder sobre eles⁷.

É característico que nosso autor chame os rebeldes de "gregos" (e não de "russos" ou de "ucranianos"); social e nacional, o conflito era também religioso. A bandeira da revolta foi levantada pelo famoso Bogdan Chmielnicki, que soube soldar provisoriamente em um bloco as anárquicas companhias cossacas, e estabeleceu aliança com os tártaros da Criméia.

> Lembrai-vos das injúrias dos poloneses e dos judeus, seus intendentes e contratadores preferidos!, exclama Chmielnicki em seus "apelos" à população ucraniana. Lembrai-vos de sua opressão, de suas maldades e exações!

O ressentimento dos servos devia ser atroz: não afirma uma crônica ucraniana que certos *pans* arrendavam aos contratadores judeus sob cisas até as igrejas situadas em suas terras, de modo que era necessária sua autorização prévia para os batismos, casamentos e enterros?⁸

Os bandos de Chmielnicki precipitaram-se sobre toda a Polônia do Sudeste, e chegaram até às portas de Lvov, chacinando indistintamente à sua passagem poloneses e judeus, dando quartel às vezes àqueles que aceitavam a conversão. Tratava-se de uma irresistível sublevação popular,

---
5. "Chlop zarobil, pan wydal, a zyd skorzystal" (*id.,* n.º 56).
6. "Zyd, Niemiece, diabel trzeci, jednej matki dzieci", F. KORAB-BRZOZOWSKI, *Przyslowia polskie,* Cracóvia, 1896, n.º 191).
7. NATAN HANOVER, na introdução à sua crônica de perseguições *Yeven Metzulah,* Veneza, 1653.
8. N. KOSTOMAROV, *História russa,* São Petersburgo, 1880 (em russo) vol. II, p. 230.

e também de exterminações maciças como nos dão conta numerosos relatos de sobreviventes redigidos no estilo hierático e tradicional de que já fornecemos muitos exemplos (um deles compara a catástrofe a "a terceira destruição do Templo"); mas seu cónteúdo é realista e pormenorizado [i]. No curso dos anos seguintes, distúrbios e matanças interrompiam-se e ressurgiam repetidas vezes, até que Chmielnicki tomou a decisão de colocar-se sob protetorado moscovita. Seguiu-se uma guerra polaco-russa, agravada por uma intervenção sueca, e o conflito degenerou em guerra de todos contra todos, com a desgraçada Polônia como palco permanente. As tropas do czar invadiram a Rússia Branca e a Lituânia, comportando-se com os judeus da mesma maneira que seus aliados cossacos mais ao Sul. O exército sueco invadiu a Polônia propriamente dita, ocupando Varsóvia e Cracóvia; tratava-se de um exército mais civilizado, e seus chefes seguiam outros usos: a matar os judeus, preferiam abastecer-se em suas casas — em conseqüência do que, os poloneses, tão logo voltaram, os acusaram de traição em bloco, submetendo-os em muitos lugares a uma justiça sumária. Assim, entre 1648 e 1658, quase não houve comunidades que permanecessem inteiramente indenes. Não restou mais um só judeu na margem esquerda do Dnieper (os que haviam sido poupados foram vendidos como escravos aos turcos) e uns poucos punhados de sobreviventes na margem direita; no interior do país as perdas haviam sido menos graves; não obstante, o número total de vítimas se elevava a várias dezenas de milhares, talvez a cem mil [j]. Não há dúvida, o Dilúvio abateu-se sobre a população do país no seu todo, e a Polônia desde então

---

[i]. Ao lado das descrições de cenas de horror ("...degolava-se lactentes nos braços de suas mães, despedaçando-os como peixes. Abria-se os ventres das mulheres grávidas e se extraía o filho com o qual se batia no rosto da mãe; a outras, enfiava-se no ventre um gato vivo, costurava-se o ventre e cortava-se os braços para que não pudessem tirar o gato...", etc.) certas passagens destas crônicas têm um carater incontestável de coisas vistas e exatamente assinaladas. Assim, por exemplo:

"...Os chefes das comunidades de Ostrog declararam que nenhum judeu devia permanecer nesta cidade, nem em Mejeritch, pois o inimigo encontrava-se a apenas duas milhas, e não estávamos certos de não ser atacados pelos habitantes ortodoxos locais. E a fuga recomeçou. Aquele que tinha cavalo e charrete partia a cavalo; aquele que não tinha partia a pé com mulher e filhos, abandonando casa e bens. Naquele sábado, as carroças atreladas avançam em três filas ao longo do caminho de Ostrog a Dubno, alongando-se por sete milhas... Durante o percurso reuniram-se a nós três cavaleiros, o judeu Mosche Tzoref de Ostrog e dois *pans* poloneses que nos disseram: 'Por que vos arrastais tão devagar? Os inimigos nos alcançarão, acham-se agora em Mejeritch, só à custo poderemos nos salvar.' Um pânico inaudito começou então entre nossos irmãos: cada um procurava aliviar sua carroça, e jogava por terra objetos de prata e ouro, roupas, livros, colchões e almofadas, a fim de avançar mais rápido e salvar a vida; muitas mulheres e homens, procurando refugiar-se nas florestas e nas cavernas, perderam os filhos na confusão." (Extraído da crônica *Yeven Metzula* de Natã Hannover, Veneza, 1653).

[j]. De 100.000 a 500.000, segundo os testemunhos dos cronistas judeus da época; estas cifras são certamente exageradas. Mais digna de fé é a afirmação segundo a qual cerca de 700 comunidades foram parcial ou totalmente destruídas. Em todo caso, assim como observa justamente S. Dubnov, "o número de vítimas ultrapassava todos os resultados das catástrofes das Cruzadas e da 'Peste Negra' na Europa Ocidental".

deixou de ser uma grande potência: mas o golpe desfechado nos judeus foi ainda mais fatal, porque foram as primeiras vítimas dos massacres e das pilhagens e, ao mesmo tempo, porque as bases econômicas de sua existência eram mais frágeis que as das outras classes sociais. Na realidade, nunca chegarão a se recompor do fato.

Desde a segunda metade do século XVII, não são mais os principais banqueiros do país: sua função passa às mãos de capitalistas cristãos, sobretudo das comunidades religiosas, igrejas e conventos, cujas riquezas, que consistem principalmente em terras, permaneceram intactas. Os judeus, comunidades e particulares, endividam-se com eles: o endividamento crônico dos *kahalim,* no curso de seus esforços desesperados para desencalhar a economia judaica, torna-se um grande problema social da Polônia, e vai se agravando até o fim do século XVIII[k]. Em 1765, a Dieta polonesa suprime com uma penada o "Conselho dos Quatro Países", a organização federativa judaica, por julgar mais vantajoso impor aos judeus, em vez do antigo imposto global, uma capitação individual de dois zlotis por cabeça. Assim chega ao fim a autonomia semi-estatal judaica.

O empobrecimento repercute pouco a pouco. A "classe social" judaica entra em decadência, ocorrendo sua liquidação ao termo do processo (em linhas muitos gerais, pode-se admitir aqui uma interpretação do tipo marxista). Em busca de um ganha-pão, numerosos judeus expatriam-se, enquanto outros procuram estabelecer-se no campo, como estalajadeiros e taberneiros, como artesãos, como mascates; a maioria atolou em uma miséria extrema.

Novas correntes espirituais e religiosas caminham *pari passu* com essas transformações sociais. Elas imprimem à mentalidade dos judeus poloneses marcas características e, mais, terão vastas repercussões entre todos os judeus da Dispersão. É um notável processo de interferências, tendo a Europa inteira como sede, e no qual as infiltrações de conceitos cristãos (que, desta vez, não se restringirão aos detalhes de vida e de costumes, mas deixam seu selo em novos movimentos messiânicos), hão de desempenhar sua parte. E é assim que toma definitivamente forma, solidamente implantada à margem do Vístula e nas florestas dos Cárpatos, a nação judaica.

Desde 1650, o "Conselho dos Quatro Países" proclama luto nacional em memória das primeiras vítimas: os judeus poloneses são proibidos de usar roupas de seda ou de veludo durante três anos. Um jejum anual é instituído em 20 de

---

[k]. Em 1719, o *kahal* de Cracóvia tinha mais de 500.000 zlotis de dívidas. As do *kahal* da Posnânia se elevavam, em 1760, a 400.000 zlotis. A dívida "flutuante" do conselho dos Quatro Países era da ordem de 3 milhões. Tratava-se da mesma ordem de grandeza que o orçamento anual do Estado polonês (Cf. Dubnov, *op. cit.,* t. IV, p. 131).

Sivan, aniversário de uma das primeiras chacinas, perpetradas pelos cossacos em Nemirov; será fielmente observado até nossos dias. Novas elegias, *selihot* e *kinot,* são compostas pelos rabinos e são recitadas nas sinagogas, em seguimento àquelas que, tradicionalmente, comemoram os massacres das Cruzadas. Tradicionalmente também, os judeus fazem penitência, vendo em suas desgraças a justa retribuição de seus pecados, procurando expiá-los através de uma piedade e uma austeridade maiores. "Pecamos gravemente diante de nosso Senhor...", proclama em 1676 um chamamento do "Conselho dos Quatro Países".

As desordens aumentam a cada dia, a vida torna-se mais difícil, nosso povo não tem nenhuma importância entre os outros povos. É espantoso mesmo que, apesar de todos os desastres, continuemos a existir. A única coisa que nos resta a fazer é unir-nos em uma única aliança e obedecer estritamente aos Mandamentos do Eterno e aos preceitos de nossos piedosos mestres e chefes [9].

Fugitivos, entretanto, dispersam-se pelos quatro cantos da Europa e difundem as tristes novas; por toda parte, as comunidades judaicas rivalizam em ardor para lhes vir em ajuda. Rabinos renomados expatriam-se, e sua ciência faz com que sejam acolhidos de braços abertos; alguns são sábios itinerantes, como o talmudista Zevi Hirsch Aschkenazi, ele próprio filho de um célebre rabino de Vilna, e que viveu e ensinou sucessivamente em Ofen, em Serajevo, em Viena, em Veneza, me Praga, em Altona, em Amsterdã e em Londres, para na velhice retornar a Lvov. Outros preferem uma vida mais estável e, durante algum tempo, não estão longe de monopolizar os postos rabínicos, na Alemanha, em particular. Segundo a expressão do historiador Grætz, todo o judaísmo europeu "se poloniza" [1]. A gente simples emigra aos milhares para a Hungria e Romênia, submergindo rapidamente sob seu número as pequenas colônias judaicas locais. Em toda parte são feitas coletas para prover os proscritos mas sobretudo para resgatar os judeus vendidos como escravos, concentrados em grande número em Constantinopla; esmoleiros percorrem a Europa e até a dádiva tradicional para os judeus de Jerusalém é descurada durante algum tempo [10]. Jamais até então, desde o começo da Dispersão, a solidariedade judaica tivera o ensejo de exercer-se em tão vasta escala; todos os espíritos ficaram

---

9. Citado *in* S. Dubnov, *History of the Jews in Russia and Poland,* Filadélfia, 1946, p. 188.
1. "Das Judentum ...wurd sozusage polonisiert." (Graetz, *Geschichte der Juden,* vol. X, p. 76).
10. "Multitudes in Poland, Lithuania and Prussia by the late wars by the Swedes, Cosacks and others being driven away from them. Hence their yarly Alms to the poor Jews of the German synagogue at Jerusalem hath ceased, and of 700 widows and poor Jews there, about 400 have been famished, as a letter from Jerusalem to their friends relates". *Harleian Miscellany,* vol. VII, p. 579. Ver também D. Kaufmann, Le Rachat de Juifs prisonniers durant la persécution de Chmielnicki, *R. E. J.,* XXV, p. 202.

impressionados com o desastre sofrido em 1648 pela principal cidadela européia do judaísmo.

1648; por uma curiosa coincidência, este número já possuía para muitos judeus uma significação particular. De fato, os cabalistas asseguravam desde há muito que este ano assistiria ao advento do Messias, de conformidade com o livro do Zohar [m]. E na tragédia da Polônia, não deixaram de ver a incontestável confirmação da profecia; estando próxima a redenção, clamavam, só se pode tratar das dores insuportáveis do partejamento... (Vê-se que a célebre imagem de Karl Marx sobre as "dores do parto da história" teve precursores.) De resto, num acróstico muito simples, que o nome de Chmielnicki transcrito em caracteres hebraicos tornava possível, lia-se: "Os sofrimentos do partejamento do Messias virão ao mundo", e confirmava assim que se tratava realmente da hora suprema, tão ardentemente esperada, que se aproximava...

Ora, os pretendentes ao título de Messias foram freqüentes na história judaica, mas todos eles colheram, em regra geral, mais pancadas que aclamações. Desde há quase um milênio, não conseguiam nunca ir além de seu rincão, nem desencadear um movimento durável no judaísmo; para que um deles fosse bem sucedido, foi preciso este notável concurso de circunstâncias e, sobretudo, de desespero. O fato de uma outra predição célebre, esta de origem puramente cristã, haver fixado o ano apocalíptico em 1666 [n], apenas facilitou a Sabatai Tzvi sua empresa.

Trataremos em outro livro desse extraordinário personagem, bígamo, ainda que consorte da Torá, muçulmano, ainda que rei dos judeus; toda sua carreira se desenrolou,

m. Redigido provavelmente no século XIII, mas "antedatado" para o primeiro século, o *Zohar,* em numerosas passagens, predizia o advento do Messias para o início do século XIV. Não tendo o Messias aparecido nesta data, os cabalistas se reportaram a outra passagem do *Zohar* (139 b) que prefaciava a ressurreição dos mortos (mas não o advento do Messias) para o ano 5408 do calendário judaico, que corresponde ao ano de 1648 da era cristã. Para aqueles que poderiam ter curiosidade sobre os argumentos e os cálculos cabalísticos, precisemos que na passagem 139 b do *Zohar* se lê: "No sexto milênio, após a expiração de 408 anos, os mortos ressuscitarão sobre a terra, pois está dito: 'Neste ano, cada um de vós retornará à sua propriedade.' " "Está dito" se refere ao versículo XXV, 13, do *Levítico* relativo ao ano do jubileu: "Neste ano de jubileu, cada um de vós retornará à sua propriedade." *Neste* ano: em correta leitura cabalística, cada palavra e cada vírgula têm seu significado e, sobretudo, um significado numérico; conforme o alfabeto numérico hebraico, a palavra *este* (hazoth) pode representar 5408.

n. 1666: conforme o *Apocalipse de São João* (XIII, 18), 666 era o número da Besta Apocalíptica (a cifra era obtida somando-se o valor numérico das letras que compõem o nome do imperador Nero, transcrito em hebraico). Em seguida, a 666 se acrescenta 1000 (o ano Mil), e 1666 torna-se o ano messiânico. Ou ainda, se recorria à interpretação figurativa: "...o triunfo da Igreja, que deve seguir-se à perseguição do Anticristo, começara na quadragésima oitava hora após a Ascensão de Jesus Cristo, tomando-se 24 horas por 1000 anos..." e, conseqüentemente, 40 horas equivaliam figurativamente a 1666 anos. (Cf. *Les Remarques sur les principales erreurs...* de M. Arnaud, 2a. ed., Paris 1735, p. 68).

Estes cálculos continuaram por muito tempo a ocupar as imaginações. Testemunha a passagem de *Guerra e Paz* de L. Tolstói, onde é ressaltado que 666 podia se aplicar tanto ao *Imperador Napoleão* quanto ao *Russo Besuhof* (pois o *Russo Besuhof* dava 671), em conseqüência de que Pierre Besukhoff projeta matar Napoleão...

na verdade, no âmbito do judaísmo sefardita. Lembremos somente que o mais ilustre dos falsos messias revelou-se às multidões judias de Esmirna, sua cidade natal, em 1648, desposou com grande pompa uma jovem judia polonesa evadida de um convento cristão (esposa predestinada do Messias, segundo uns, mulher de vida dissoluta, segundo outros) e, após muitas aventuras, foi em 1666 reivindicar ao Sultão seu trono, para acabar seus dias na qualidade de Mehmet Efendi, guardião da Porta Sulblime... Já tivemos a ocasião de mencionar a agitação e as esperanças que suas promessas e sua nova teologia suscitaram entre os judeus de Hamburgo e de Amsterdã; elas não foram menores em Avinhão, em Veneza, no Cairo ou em Salônica, e foram, se é possível, mais intensas ainda na tão torturada Polônia. Quanto maior a desgraça, tanto mais imperiosa se torna e a necessidade de iminente salvação. Uma testemunha cristã nos assegura que na Polônia de 1666

os judeus se rejubilaram e puseram-se a aguardar que o Messias os instalasse sobre uma nuvem, para assim transportá-los a Jerusalém. Neste tempo, jejuavam vários dias por semana, privando de alimento até os filhos de pouca idade, quebravam o gelo para abluírem-se em água fria e recitavam não sei que prece de há pouco excogitada. Quando em um burgo qualquer o céu cobria-se de nuvens, os judeus jactavam-se diante dos cristãos e diziam-lhes que o Messias os arrebataria para estabelecê-los no país de Israel e em Jerusalém [11]...

Em conseqüência disso, houve distúrbios e tumultos, de modo que o Rei João Casimiro precisou publicar uma ordenação especial, proibindo aos judeus de fazer manifestações e propaganda muito salientes, e aos cristãos de se entregar a represálias sob esse pretexto [12]...

Mas, de outro lado, ocorre que este ano de 1666 é igualmente memorável na história religiosa cristã; foi o ano em que explodiu um cisma na Igreja Ortodoxa russa, conduzindo à proliferação de seitas de "velhos crentes", algumas das quais (os *chlysty* em particular) apresentam tão numerosos pontos em comum com o sabataísmo, que é impossível deixar de pensar em influências recíprocas e de contatos pessoais [13]. Destarte, esta heresia encontrava novas contribuições para nutri-la. Contrariamente ao que se passou no Ocidente, onde o malogro dos falsos messias pôs rapidamente termo à exaltação das massas judaicas, na Polônia, o movimento sabataísta lançou raízes profundas; de ano em ano, esperava-se a ressurreição de Sabatai. Ainda em 1700, um grupo de seus adeptos, com mais de mil homens, saiu à caminho da Terra Prometida e conseguiu

---

11. O sacerdote ucraniano GOLIATOVSKI, em seu livro *O Verdadeiro Messias* escrito em 1667 e impresso em 1672.
12. G. G. SCHOLEM, Le Mouvement sabbataïste en Pologne, *Revue de l'Histoire des Religions*, janeiro de 1953, CXLIII, p. 48.
13. G. C. SCHOLEM, art. cit. *Revue de l'Histoire des Religions*, abril de 1953, CXLIII, p. 216.

chegar a Jerusalém. Desafiando a ameaça de anátema, do *herem,* outros agitadores tentavam difundir a boa nova seja na Polônia, seja mesmo na Europa Ocidental. Uma proclamação dos rabinos de Amsterdã, datada de 1726, lamentava: "Outrora a Torá vinha da Polônia, agora este país é um foco de infecção para os outros países" [14]. Nesta época, os charlatães cabalísticos e os reformadores religiosos, os pseudomessias e os pseudos-Tzvis pululavam na Polônia e, sobretudo, na tão atormentada Ucrânia. O mais ilustre dentre eles foi Jacob Frank, grão-sacerdote de um novo culto, onde se amalgamavam curiosamente as tradições judaicas e a fé na Santa Trindade, transição cômoda para a abjuração completa. Mas foi o poderoso movimento hassídico que forneceu a melhor resposta às aspirações populares e que se impôs irresistivelmente. Sob a pressão das necessidades sociais, o severo ensinamento rabínico, produto de um milênio de vida urbana e de uma cultura intelectual intensiva, cede na maior parte da Polônia lugar a uma religião suavizada e simplificada, toda impregnada de misticismo e embebida de imperceptíveis contribuições cristãs, melhor adaptada às necessidades de massas miseráveis e amiúde incultas, vivendo espalhadas pelas aldeias e pelos campos.

Sobre o criador do hassidismo, o legendário Baal Chem Tov (Bescht), não se sabe grande coisa, e o que se sabe sobre este autêntico fundador de religião é tão impreciso e tão obscuro que se pôde comparar sua figura à de Jesus Cristo... Como no caso do Nazareno, a primeira hagiografia do Bescht apareceu duas gerações após sua morte [15], depois de haver longamente circulado de boca em boca, ornando-se de pormenores e de milagres sempre novos. Como o Cristo dos Evangelhos, a pregação do Bescht é precedida de um longo retiro, "no deserto", durante o qual vive como eremita em meio às selvagens florestas dos Cárpatos; como ele, recorreu a um ensinamento simples e acessível a todos, ilustrando-a com parábolas: como ele, apoiava-se nessas provas irrefutáveis e diretas que são as curas milagrosas e os exorcismos. Pregava a fé, a esperança e a busca de Deus, onipresente na natureza, sob a forma de uma "centelha sagrada" que é a única realidade verdadeira, e à qual basta alcançar para o fiel convencer-se de que o mundo pretensamente tangível daqui, com suas misérias e suas penas, não passa de uma tessitura de fantasmas ilusórios.

Multidões ávidas de entender um ensinamento tão consolador logo se comprimiram à volta do Bescht. De

---

14. Citado *in* DUBNOV, *História dos Judeus da Europa* (em russo) vol. IV, p. 144.
15. *Chibkhe-ha-Becht* (Elogio do Becht ou Legenda do Becht) publicado em Kopyss na Rússia Branca em 1815.

Miedzyboz, na Podólia, onde morava, discípulos iam levar cada vez mais longe a boa palavra. Sua doutrina propagou-se tanto mais rapidamente quanto correspondia também à oposição popular à oligarquia dos ricos e dos rabinos, e acabou, no fim de contas, sob esse ponto de vista, por instituir um poder ainda mais despótico. Em todas as cidades e aldeias da Polônia, comunidades de *hassidim* surgiam, com um "Tzadik", um "Justo", à sua testa. Pois, precisemo-lo desde logo, a grande particularidade do hassidismo é a existência do "Justo", de um homem que tem acesso diretamente ao Poder Supremo, e até exercendo sobre este alguma influência, o que evidentemente não pode pretender o comum dos mortais, profundamente atolado em sua ganga terrestre. Uma bela e grave concepção fundamental do judaísmo, segundo a qual todo homem deve ele próprio enfrentar seu Criador, só e face a face, via-se assim abastardada. As novas concepções procediam indubitavelmente do sabataísmo, ou seja, da fé em um Messias descido à terra (a Podólia, onde o hassidismo nasceu, fora um terreno de eleição do sabataísmo e, de 1679 a 1699, havia pertencido à Turquia). Como observa um especialista da questão,

não somente a doutrina dos novos pietistas, mas também muitos elementos de seu comportamento, a adesão amorosa a Deus, o entusiasmo a, vitória sobre a tristeza, seus cantos, suas palmas, tudo isso viera dos costumes da seita sabataísta... O Justo não é mais que a reencarnação do profeta sabataísta em sua qualidade de centro vivo da comunidade [16].

Em suma, o Justo não é senão um Messias cunhado em múltiplos exemplares. Mas não vou tentar expor em algumas linhas uma rica e original doutrina, com raízes sabataístas e, de um modo mais geral, cabalísticas, talvez mesmo cristãs (observe-se que, assim como o padre católico, o Justo é um intercessor junto à Divindade, uma função que até então o judaísmo se recusara a admitir); o que importa nesse relato, são as incidências sociais do novo movimento.

Uma das primeiras foi a de suscitar um verdadeiro cisma no seio do judaísmo, como este não conhecera desde há um milênio, desde o cisma caraíta. Os rabinos tradicionais esforçaram-se por sufocar no nascedouro uma seita que, para eles, era manifestamente herética. Durante mais de trinta anos, de 1772 a 1804, travou-se uma luta encarniçada, conduzida a golpes de circulares rabínicas, de anátemas solenes e até de denúncias junto às autoridades. Os *hassidim* eram inteiramente assimilados, não sem razão, aos sabataístas e, também, de uma maneira inteiramente injustificada, aos frankistas: se lhes reprovava o desdém pelos

---

[16]. G. G. Scholem, *loc. cit.*, p. 231.

ritos e costumes sagrados, a ignorância e as maneiras bizarras, sendo suspeitos até de crimes secretos. Citemos uma dessas "pastorais" rabínicas, tendo o célebre sábio de Vilna, o Gaon Elias, por autor:

> Vós já ouvistes, nossos irmãos em Israel, esta nova com que nossos pais jamais sonharam, a saber, que uma seita suspeita surgiu a dos *hassidim*... São eles que ao rezar emitem medonhos gritos estrangeiros em (ídiche), conduzindo-se como loucos e o explicam dizendo que seus espíritos erram por mundos longínquos. Utilizam-se de livros de preces alterados e uivam a ponto de fazer tremer as paredes; a cabeça para baixo, os pés para o alto, fazem roda ao rezar... Negligenciam inteiramente o estudo da Santa Torá, e não têm vergonha de afirmar que é inútil se ocupar com o estudo e que não é preciso deplorar muito os pecados cometidos... Daí por que mandamos o que segue a nossos irmãos em Israel... para que eles dêem prova de ardor a fim de exterminá-los, destruí-los, bani-los e anatematizá-los... a fim de que não restem sequer dois heréticos, pois sua supressão será um benefício para o mundo [17].

Às vezes as imputações eram mais graves ainda e certo jogo de palavras com a raiz *hessed,* que quer dizer ao mesmo tempo: graça, amor e crime, opróbrio, permitia acusar os *hassidim* de incesto e outros estupros.

> Horror de mim!, exclamava um de seus adversários, de mim que sou obrigado a ouvir que mistérios eles inventaram! Não introduzem desta maneira pensamentos impuros e pecadores no Santo dos Santos! Sua prece torna-se uma espécie de sonho, pois é somente em sonho que o homem conhece seus desejos ocultos (*Tratado Berakhot,* 54). E a fim de recalcar tais pensamentos, os *hassidim* soltam gritos ensurdecedores e clamam durante a prece palavras que dela não fazem parte [18]...

Não entraremos nos detalhes de lutas obscuras e encarniçadas no curso das quais o recurso aos poderes públicos, poloneses ou russos, isto é, à delação, desempenhava o papel de argumento supremo, levando o governo russo em 1804 a regulamentar severamente o uso do anátema entre os judeus. Basta dizer que todos os esforços dos rabinos tradicionais foram em vão. O hassidismo progredia invencivelmente e acabou conquistando a maior parte dos judeus poloneses e ucranianos. Os "Justos", no mais das vezes personagens de uma vitalidade extraordinária, constituíam-se em verdadeiras dinastias e exerciam sobre o espírito dos fiéis uma influência total. Seus conselhos e intercessões eram requisitados para tudo: casos de consciência, saúde, negócios e, na maioria das vezes, seus bons ofícios eram gordamente retribuídos. O pagamento de uma remuneração ao clero intercessor revestia-se no caso de formas hieráticas e institucionais; falamos mais acima da significação sacral que, no curso dos séculos, o dinheiro adqui-

---

17. Citado segundo S. Dubnov, *Geschichte des Chassidismus,* Berlim, 1931, t. I, p. 191.
18. *Id.,* t. II, p. 300.

rira para os judeus. Em boa doutrina, "o Justo que serve a Deus com toda sinceridade é comparável ao corretor honesto que intermedia entre o vendedor e o comprador" [19], de onde o direito absoluto do Justo de perceber sua corretagem. Segundo uma outra parábola hassídica, atribuída ao próprio neto do Bescht,

> guardiães da porta de Deus, os Justos são comparáveis aos porteiros de um palácio real. Se alguém quer ser recebido pelo rei, é inicialmente detido por um guardião de classe inferior e só pode ultrapassar a primeira porta após ter lhe passado uma moeda; quanto mais se aproxima do aposento real, mais elevado em graduação é o porteiro e maior é a soma que lhe cabe. Quando a gente se apresenta diante do porteiro supremo, que está postado ao umbral do aposento real, somos obrigado a ser pródigos com nosso dinheiro, a fim de podermos chegar junto ao rei [20].

O sentido desta parábola é claro. E um outro Justo célebre, o rabi milagroso de Lublin, expunha gravemente que não podia intervir junto a Deus a não ser mediante retribuição:

> Quando um Justo empreende invocar o Nome Bendito para um outro homem, isso pode ser considerado (pelo Céu) como uma presunção, e pode-se perguntar-lhe por que o próprio interessado não faz sua invocação. Se o Justo se faz retribuir antes, pode responder à objeção do acusador celeste, afirmando: "Eu peço por ele porque fui pago por ele e apenas executo meus deveres contratuais" [21].

Em certo sentido, um psicanalista de nossos dias que conhece seu ofício não procede diferentemente.

Com efeito, assim como os bons psiquiatras, os Justos mitigavam muitas misérias. Suportavam sobre seus largos ombros as penas e as inquietações, os sofrimentos e os temores de suas ovelhas: ensinam-lhes a desviar-se das duras realidades, que não passam de aparência, e a buscar as harmonias ocultas do universo, a iniciar-se nos mecanismos secretos que regem os mundos visível e invisível, deixando-lhes assim uma impressão de consolo (pois o homem é feito de tal modo que quando crê compreender seu destino crê também poder dominá-lo). Sobretudo, inculcavam essa sublime e otimista fé em Deus à qual atribuíam o papel fundamental no êxito de suas intervenções: se crês em Deus (e em mim), saberei fazer com que tua prece seja acolhida por Deus, mas se duvidas da misericórdia e onipotência divinas (e de minhas capacidades), terás que censurar a ti mesmo por teu malogro. E a indispensável fé era estimulada por estes procedimentos mecânicos, estes gritos e estas contor-

---

19. Segundo R. ELIMELECH DE LISSENSK, em seu tratado *Noam Elimelech*, publicado em LVOV (Lemberg) em 1788.
20. Segundo R. Baruch de Miedzyboz, neto do Bescht. Citado em *Les Hassidim et le hassidisme*, por S. A. HORODEZKY, Berlim, 1923 (em hebraico), t. III, p. 15.
21. Segundo R. Jacob Isaac de Lublin. Citado em S. DUBNOV, *Geschichte des Hassidismus*, Berlim, 1931, t. II, p. 236.

ções, com que se indignavam, vimos mais acima, os adversários do hassidismo. A prece do *hassid* se tornava extática: o êxtase místico e a união amorosa com Deus talhavam aí um lugar próprio, desvirilizando o judaísmo tradicional.

Da mesma maneira, o papel do estudo e da especulação intelectual viam-se relegados a segundo plano, enquanto que a simplicidade, a humildade e a serenidade eram preconizadas como as virtudes cardeais pela maioria dos Justos. Alguns davam mesmo o exemplo. Assim, conta-se que o Tzadik Wolf de Zbarasz, presidindo um banquete de circuncisão, lembrou-se de repente que fazia muito frio e que tinha deixado seu cocheiro do lado de fora. Saiu ao pátio e persuadiu o cocheiro a entrar para aquecer-se, enquanto ele mesmo ficaria guardando os cavalos. Quando ao cabo de uma hora sua ausência foi percebida, encontraram-no quase congelado no assento do cocheiro. Conta-se também que o Tzadik Mosché Leib de Brody se punha a lavar ele mesmo a cabeça das crianças sarnentas, e dizia:

> Aquele que não tem coragem de tratar dos abcessos das crianças judias, e de limpar com suas próprias mãos o pus, não tem por Israel a metade do amor que é preciso [22].

É uma maneira que faz recordar São Francisco de Assis: singelas e tocantes, inúmeras estórias do gênero se incorporaram assim ao folclore judaico.

Os contos, os apólogos figurados, que encenam uma verdade moral, e ilustram bem melhor do que um longo discurso poderia fazê-lo, são muito característicos do hassidismo. Alguns deles, repletos de sentidos, permitem várias leituras, como este que poderia aplicar-se a qualquer religião revelada:

> Quando o Bescht tinha uma tarefa difícil diante de si, ia a um certo lugar na floresta, acendia um fogo e fazia uma prece, e o que ele tivesse decidido executar estaria feito. Quando, uma geração mais tarde, seu aluno favorito e sucessor, o "Mensageiro" Dov Baer de Meseritch, se encontrava diante de uma tarefa semelhante, ia ao mesmo lugar na floresta, e dizia: "Não sei mais acender o fogo, mas conheço a prece secreta", e o que ele desejava fazer tornava-se realidade. Uma geração mais tarde ainda, o Tzadik Mosché Leib de Sassov achou-se em uma situação semelhante. Também foi à floresta, dizendo: "Não posso mais acender o fogo, e não conheço mais as meditações misteriosas da prece, mas conheço o lugar que meus antepassados haviam escolhido, isto deve ser suficiente". Mas quando veio uma nova geração, e o Justo Israel de Rischin se viu diante da mesma tarefa, sentou-se em uma poltrona dourada em sua mansão, e disse: "Não posso acender o fogo, não conheço a prece, e ignoro o lugar na floresta, mas posso contar a história de como isto se passou outrora".
> E isto também foi suficiente [23].

---

22. Citado segundo S. DUBNOV, *op. cit.*, t. II, p. 238-239.
23. Citado segundo G. G. SCHOLEM, *Les Grands Courants de la mystique juive*, Paris, 1950, p. 368. [Trad. bras.: *Mística Judaica*, São Paulo, Perspectiva, 1972. Estudos 12.]

Demorando-me assim nos costumes dos *hassidim* e nos relatos de seus Justos, terei talvez me afastado demais do assunto propriamente dito de meu trabalho? Na medida em que os costumes e a conduta dos judeus servem tradicionalmente de estimulantes às obsessões anti-semitas de seus adversários, a digressão não me parece inútil. Pois se trata das formas de que se revestiu o judaísmo na última etapa de sua evolução, nas plaínices e nas montanhas da Polônia, abrandando certos traços característicos dos judeus, acentuando outros, e levando-os ao máximo de seu dinamismo e de seu otimismo, no seio de um ambiente tradicionalmente hostil.

Nesta mesma época, o anti-semitismo polonês encontrava suas expressões mais características nas freqüentes matanças perpetrados nos confins conturbados do Leste, foco permanente de discórdias étnicas e religiosas, assim como de inumeráveis casos de assassinato ritual, que surgiram no próprio coração da Polônia católica.

A Leste, nos territórios eternamente disputados da Ucrânia e da Rússia Branca, continuavam a surgir êmulos do Bogdan Chmielnicki, chefes de bandos ousados e chacinadores implacáveis. Um deles, denominado Basil Vochtchilo, expunha em seu manifesto à população um programa político muito coerente, de onde decorria que era preciso obedecer às autoridades constituídas, e não se sublevar contra elas a menos quando tivessem sido subornadas pelos judeus. Ele mesmo se proclamava "Ataman Vochtchilo, neto de Chmielnicki, grande *hetman* das tropas, encarregado do extermínio da judiaria e da defesa da cristandade". Seu manifesto continuava como segue:

> Em suas petições, os judeus pretendem que eu fomente desordens e que me levante de espada na mão contra o governo. É uma mentira ignóbil. Nunca tive uma tal intenção. Eu sou um cristão. Nesta região, os judeus infiéis não somente privaram os cristãos de seus meios de existência, mas se entregam a agressões, assassinatos, pilhagens, e arrendam os santos sacramentos (as igrejas); sem seu consentimento e autorização por escrito ao cura, nenhum recém-nascido pode ser batizado; enfeitiçam os "pans", os senhores da nobreza, e assim se fazem ouvir por eles; violam as cristãs e fazem muitas outras coisas que é até difícil de enumerar. Levado por meu fervor pela santa fé cristã, decidi, em companhia de outros homens de bem, exterminar o maldito povo judeu, com a ajuda de Deus já castiguei os judeus nos distritos de Krichtchev e de Popoisk. Ainda que os judeus tenham armado contra mim as tropas governamentais, a justiça de Deus me protegeu em todos os casos [24]...

Os morticínios se intensificam, contra o pano de fundo da guerra civil, à véspera da primeira partilha da Polônia.

---

24. S. DUBNOV, *Os Pogroms de Vochtchilo* (em russo), revista *Voskhod*, 1889, t. I.

Sob a cobertura de um pretenso rescrito imperial, a "Carta de Ouro", falsamente atribuída a Catarina a Grande, os insurretos procediam ao extermínio sistemático dos judeus e dos senhores poloneses, em nome da fé pravoslava. As tropas russas e polonesas se interpuseram, restabelecendo a ordem, e os autores de impostura foram exilados para a Sibéria º: mas uma sangrenta tradição perpetuou-se, apresentando continuidade nos *pogroms* do fim do século XIX, nos massacres de 1918-1920 e também na ajuda prestada aos nazistas uma geração mais tarde.

No tocante aos casos de assassinato ritual (e de profanação de hóstias), seu número vai aumentando a partir do início do século XVII. Quanto mais a crença se difundia, mais alimento encontrava. Novas provas e demonstrações surgiam em seu apoio. Existe mesmo nesta época uma testemunha, Miguel Neófito, seguramente pronto a deixar-se degolar, pois afirmava ter sido ele mesmo um degolador! Este meio louco, judeu converso que pretendia ter sido antigo grão-rabino da Lituânia, jurava de fato sobre o crucifixo não só que o assassinato ritual é um mandamento imperativo do judaísmo, mas que ele próprio o havia perpetrado outrora em crianças cristãs. Pululando em detalhes sádicos, estas elucubrações, intituladas *Revelações dos ritos judaicos diante de Deus e diante do mundo* [25] foram durante dois séculos o catecismo favorito dos maníacos do anti-semitismo, e antes que os nazistas tenham introduzido nova argumentação e terminologia, altos prelados, graves professores de universidade hauriam aí o essencial de suas informações e de suas convicções [26]. Desde o início, as confissões de Neófito e a agitação de seus protetores conseguiram até a aprovação real: "O sangue das crianças cristãs, derramado pelos infiéis e pérfidos judeus, grita ao céu!", exclama Augusto II, comumente tão cético [27]. Quanto aos dignitários da Igreja polonesa, permaneciam fiéis a seu papel tradicional de instigadores e propagandistas.

Sob tais auspícios, não é de espantar que a grande maioria dos casos de assassinato ritual que surgiam anualmente no ensejo da semana pascal terminasse em condenações

---

o. O principal autor da impostura parece ter sido o Padre Melchisedech, prior de um mosteiro ortodoxo. Eis o texto do protenso rescrito;
"Constatando o desprezo e a imprudência com os quais os poloneses e os judeus se conduzem em relação à nossa fé pravoslava, damos ordem pela presente a Maxim Jelesniak, coronel e comandante de nossas terras no Baixo Zaporojié, de entrar na Polônia, a fim de passar no fio da espada e exterminar, com a ajuda de Deus, todos os poloneses e judeus, blasfemadores de nossa santa fé." (Citado *in* S. Dubnov, *História dos Judeus na Europa* (em russo), t. IV, p. 319).

25. Redigido em 1716, o trabalho de Neófito circulou inicialmente em manuscrito. Ele foi reproduzido *in extenso* na obra do Cônego Pikulski, *A Maldade Judaica* (Zlosc zydowska, Lvov, 1760), que se tornou o verdadeiro breviário do anti-semitismo polonês.

26. Quando do processo Beilis em Kiev (1912), o último grande processo de assassinato ritual, os peritos da acusação baseavam principalmente seus memoriais e relatórios na narrativa de Neófito.

27. Citado *in* S. Dubnov, *op. cit.*, p.93.

à morte e em execuções. Tratava-se de uma verdadeira inquisição ritual que, agora, se interessava unicamente pelos judeus. O desaparecimento, acidental ou encenado, de uma criança cristã toca vitalmente a comunidade judaica mais próxima. Deve ser redimido pelo sangue judeu ou, quando menos, pelo dinheiro judeu que, às vezes, permite sufocar a questão no nascedouro; um fundo secreto constituído pelo Conselho dos Quatro Países, o *alilot seker* (fundos de calúnias cruéis) serve principalmente para esse fim. Contra a inquisição ritual do clero polonês, este Conselho decide finalmente recorrer à Santa Sé: um emissário parte em 1758 para Roma e, após longas diligências, obtém do Cardeal Ganganelli (o futuro Papa Clemente XIII) uma sábia peritagem que representa um modelo de crítica concisa das fontes e dos textos. Em seu memorial, Ganganelli examina os casos historicamente conhecidos de assassinato ritual e estabelece para cada caso a inanidade da acusação, exceção feita a dois casos com os quais ele se mostra mais reservado: é verdade que tinha a obrigação de guardar alguma prudência, pois a Igreja já havia pronunciado a beatificação dos dois garotinhos envolvidos no incidente [p].

Mas no que diz respeito ao fundo da questão, este notável documento não exerceu grande efeito. Rumores e prisões, torturas e execuções continuaram ainda com mais intensidade. O que seguramente não é de surpreender.

Há um número bastante grande de razões independentes, cada uma das quais provando de maneira evidente e simples que não existe nem pode existir nenhum rito do judaísmo a prescrever o consumo de sangue humano; ao contrário, nenhuma religião inculca a tal ponto a seus fiéis o horror ao sangue em geral [q]. Algumas destas considerações baseiam-se em fatos facilmente observáveis, e por isso mesmo, quando encarados com malevolência, tais fatos só contribuíram para enraizar mais a terrível superstição.

---

p. Tratava-se dos bem-aventurados André de Rinn († 1462) e Simão de Trento († 1475, cf. p. 53). Em um notável estudo (*La Question du meurtre rituel chez les Juifs, Études de critique et d'histoire religieuse*, Paris, 1913) o Abade Vacandard mostrou recentemente a incidência das decisões do Vaticano no trabalho histórico de Ganganelli. Este dispunha ainda de uma certa margem de apreciação, tendo os dois meninos sido somente beatificados (e não canonizados).

q. O essencial se acha no *Levítico*, XVII, 11-13: "...Pois a alma da carne está no sangue. Eu vô-la tenho dado sobre o altar, a fim de que sirva de expiação para vossas almas, pois é pela alma que o sangue faz expiação. Daí por que tenho dito aos filhos de Israel: 'Ninguém dentre vós comerá sangue, e o estrangeiro que peregrina entre vós não comerá sangue. Se qualquer dos filhos de Israel, ou dos estrangeiros que estão entre vós, apanha na caça animal ou ave que se come, derramará o sangue e cobrirá de terra.' "

Sabe-se como as interpretações restritivas dos talmudistas agravaram e complicaram extremamente essas proibições.

12. O Caso da Rússia

Não deixamos de insistir ao longo de todo o capítulo anterior sobre a maneira como a história dos judeus poloneses foi constantemente determinada pela amplitude de suas funções econômicas. Não é de surpreender que muitos autores, comprazendo-se em uma destas simplificações tão satisfatórias para o espírito humano, procurassem reduzir aquela história a estas funções e, extrapolando, quisessem encerrar toda a história dos judeus em um esquema de interpretação econômico-social, em geral de inspiração marxista. Mas como quer que seja no referente à história da sociedade ocidental em conjunto, a história judaica é irredutivelmente rebelde a tentativas desta espécie.

O caso da Rússia nos fornece a respeito um exemplo notável. De fato, do ponto de vista falsamente simplificador acima citado, o estado de desenvolvimento retardatário do imenso país e sua situação geográfica, a leste da Polônia, eram as condições necessárias e suficientes para a formação, com uma defasagem correspondente, da "classe social" dos judeus. Ora, coisa instrutiva, a ação combinada de superstições temerosas e do gesto do príncipe bastou para impedir eletivamente aos judeus a própria entrada no território. Dito de outro modo, e para examinar o problema

É assim que em primeiro lugar a prática de um abate ritual dos animais, destinado precisamente a impedir o consumo do sangue, a existência para este fim de facas especiais e de "sacrificadores" profissionais, administrando ao gado e às aves um tipo de morte misteriosamente "ritual", contribuiu para agravar as suspeitas. Outros ritos ou usos talvez exercessem o mesmo efeito [a]. Em um plano mais psicológico, a atitude temerosa e respeitosa dos judeus diante do sangue (e mais geralmente diante da vida humana) podia concorrer por sua vez para tanto: se dão tamanha importância ao sangue, se lhe atribuem tanto valor, é porque o cobiçam, assim como cobiçam o dinheiro [b]...

Ademais, como virtudes mágicas foram sempre atribuídas pelo elemento popular ao sangue humano, quem pois poderia melhor tirar partido dele que os judeus, estes espertalhões, estes feiticeiros? Bem no fundo das almas, enfim, atuava este temível mecanismo que consistia em atribuir eletivamente ao detestado povo de Deus as próprias volições blasfematórias e estupros ignorados...

Compreende-se assim por que, corroborada de múltiplas maneiras, evidente porque salutar, e salutar porque evidente, a crença na materialidade dos crimes rituais cometidos pelos judeus apresentava-se tão fortemente ancorada nos corações cristãos [c].

    a. Assim era o costume de beber vinho *tinto* no início da Páscoa judaica. É porque, desde a segunda metade do século XVII, o talmudista David ben Samuel Halevy, autor do apreciado comentário *Turé Zahab*, exigia que este uso fosse abandonado na Polônia. Assim ainda, o costume de utilizar a resina de palma líquida de cor *rubra* para deter a hemorragia, após a circuncisão. Percebe-se facilmente a relação.
    b. É curioso que o plural da palavra hebraica *dam*, que significa sangue, seja o homônimo da palavra que designa o dinheiro (*damim*). Certos autores (como o teólogo protestante Strack) procuraram ver nisto uma fonte suplementar da lenda do assassinato ritual: cristãos com alguns rudimentos do hebreu teriam "confundido a busca do dinheiro pelos judeus com a sede de sangue. Isto me parece um raciocínio bem frágil. Mas a homonímia permanece evidente.
    c. É preciso acrescentar que a crença não desapareceu inteiramente, propagada às vezes por autores que têm profissão de historiadores? Eis dois exemplos:
    Em uma *História da Magia e da Demonologia* publicada em Londres em 1926, o autor, M. Summers, escrevia que "Os judeus eram perseguidos não tanto pela observância das cerimônias hebraicas, tal como freqüentemente se sugeriu e se supôs, mas pela prática de sombrias e horrendas tradições da magia hebraica. Os assassinatos rituais estavam estreitamente ligados com esta prática. Em numerosos casos, as provas são evidentes de que o corpo, sobretudo o sangue da vítima, eram utilizados para fins 'mágicos' ". (MONTAGNE SUMMERS, *The history of Witchcraft and Demonology*, Londres, 1926, p. 195).
    Da mesma maneira, em sua *Histoire de la Magie* (Paris, 1949), Louis Chochod assegura que "de 1071 a 1670, na França, na Inglaterra e na Alemanha, foram constatados e imputados a judeus trinta e seis assassinatos rituais. Negá-los, declarou um prelado católico, Mgr. Konrad, bispo de Padeborn, seria riscar da história trinta e quarenta fatos bem estabelecidos e descritos de forma detalhada" (p. 247, nota). Acrescenta mais adiante: "Não está provado que a comunidade judaica inteira esteja associada a semelhantes práticas. E citamos anteriormente passagens do *Levítico* muito claras para demonstrar que elas são contrárias tanto ao espírito quanto a letra da lei mosaica. Convém todavia notar que segundo o Talmud é justo dar a morte aos heréticos, e que Maimônides julga que o mandamento proibindo o homicídio apenas se refere aos judeus. Não seria pois aplicável àqueles que não são judeus" (p. 250).

do ponto de vista que nos preocupa, se era instrutivo, tal como o fizemos no caso da França e da Inglaterra, estudar a persistência do anti-semitismo muito tempo após a partida dos judeus, sê-lo-á mais ainda, no caso do império moscovita, estudar sua ação e seus efeitos, mesmo antes da chegada dos judeus. Mais exatamente, será suficiente que numa época decisiva da história russa, alguns judeus isolados tenham se aventurado no Kremlin e pregado idéias novas, para que se instale nas almas ortodoxas um grande medo aos judeus, levando a relegá-los em sua secular quarentena.

O reinado de Ivã III (1462-1505) foi a época crucial em que o grão-ducado moscovita desvencilhou-se definitivamente do jugo mongol da Horda de Ouro, e em que este prudente e hábil potentado se apoderou de Novgorod, quadruplicou seu território e concentrou fortemente o poder autocrático em suas mãos, enquanto que seus conselheiros já faziam brilhar a seus olhos a sucessão da Bizâncio decadente e elaboravam a concepção de Moscou como terceira Roma... É também sob este reinado que os primeiros judeus se aventuram pela Moscóvia.

Um deles, Messer Leon, é um médico [d]; outro, Hoza Kokos, é um diplomata [e]; um terceiro, Skharia (Zacarias?), torna-se um ativo missionário do judaísmo, em circunstâncias que são mal conhecidas, mas com os resultados que iremos ver.

Na verdade, não se sabe se houve apenas um Skharia, ou se houve dois Skharia diferentes, e as circunstâncias nas quais surgiu "a heresia dos judaizantes" são assaz obscuras. As crônicas russas falam ora de Skarguina, ora de Skharia, ora de Zacarias, e o fazem vir ora da Lituânia, por volta de 1470, ora da Criméia, por volta de 1485, de modo que a gente chega a perguntar-se se se trata do nome real de uma personagem histórica, ou de legendas tecidas em torno de alguns obscuros viajantes. No caso, a dúvida é tanto mais justificada quanto um outro apóstolo lendário do judaísmo na mesma parte do globo, o sábio Isaac que, seis séculos antes, teria instruído na lei de Moisés o rei dos Cazares, é cognominado ora Sangari, ora Zambria, ora Samvria; chega-se pois a perguntar se estas duas personagens mitológicas não refletem a mesma tradição, e se não

---

d. Messer Leon era um judeu de Veneza. Sua carreira médica em Moscou terminou deploravelmente. Dado que o filho de Ivã III caiu doente, e ele garantiu curá-lo, oferecendo a cabeça como penhor; o jovem príncipe morreu pouco depois e o médico teve de sofrer as conseqüência de sua presunção, sendo publicamente decapitado em 1490. Tal foi o fim do primeiro médico que é mencionado nas crônicas russas.

e. Hoza Kokos era um judeu da Criméia, que servia de intermediário entre Ivã III e Megli-Guirey, Cã da Criméia. Em uma curiosa mensagem cuja cópia foi conservada em Moscou, Ivã III pedia-lhe para não mais escrever em caracteres hebraicos, mas utilizar os caracteres russos ou os caracteres "bassurmanos" (turcos?).

se trata de um nome de algum modo arquetípico? Como quer que seja, eis tudo o que as fontes russas nos informam sobre este homem:

A personagem designada sob o nome de Skharia chega por volta de 1470 à cidade livre de Novgorod. A cidade, que logo será anexada por Moscou, está dilacerada entre o campo lituano e o campo moscovita, e submetida à heresia dos *strigolniki,* inimigos da hierarquia eclesiástica. Homem erudito, Skharia se liga a membros do clero e consegue convencer alguns deles da superioridade da fé judaica. O Pope Denis, o Pope Alexis, assim como alguns outros, põem-se a judaizar às escondidas. Outros judeus, Joseph Chmoilo Skariavy (*sic!*) e Moisés Khapuche, vêm juntar-se a Skharia. O sucesso da propaganda se revela, e ela logo se efetua em plena luz do dia; mas a partir do momento em que isto se dá, não se houve mais falar de Skharia e de seus diversos cúmplices, cujo rastro se perde: é como se jamais tivessem existido [1].

Os "judaizantes" não reconhecem a divindade do Cristo, negam a Trindade e quebram os santos ícones; alguns até se circuncidam. Não se trata de judaísmo propriamente dito, pois os judaizantes glorificam Jesus: mas "como pode Deus descer à terra e nascer de uma virgem sob a forma de ser humano? Isto não pode ser assim... Ele é igual a Moisés, não é igual a Deus o Pai" [2]. Trata-se, transmitido por vias misteriosas, do ensinamento dos marcelianos e dos fotinianos do século IV bizantino; são também as idéias que, como vimos, parecem implantar-se naturalmente entre os povos recém-batizados; e é, enfim, uma heresia judaica...

De Novgorod, a heresia ganha Moscou, e conquista aí rapidamente posições extraordinariamente fortes. Penetra nos círculos imediatos de Ivã III: seu favorito Fédor Kuritzin, sua nora Helena aderem à seita e, mesmo, o Metropolitano moscovita Zossima empenha-se, no dizer do cronista, em "seduzir os simples, em embebê-los de veneno judaico" [3].

> Desde o tempo em que o sol pravoslavo brilhava em nossa terra, nunca houve semelhante heresia: em casa, nas ruas, nas feiras, clérigos e leigos discutem a Fé e não se baseiam mais no ensinamento dos Profetas, dos Apóstolos e dos Padres da Igreja, mas nas palavras dos heréticos, renegados do cristianismo, travando amizade com eles e fazendo se instruir no judaísmo...,

---

1. É precisamente por que alguns historiadores procuraram identificar este Skharia que surgiu, vindo da Lituânia, por volta de 1470, com o Zacharie ou Skharia da Criméia, que estará em foco uns quize anos mais tarde. Tal era em particular o parecer de E. PANOV, autor do melhor estudo até hoje sobre a heresia dos judaizantes (*Revista do Ministério de Instrução pública,* n.ºs 189-191, São Petersburgo, 1877). Mas S. DUBNOV, por exemplo, era de opinião oposta.
2. Estudo precitado de E. PANOV, n.º 191, p. 16.
3. JOSEPH DE VOLOTZK em seu *Prossvietitel, in* E. PANOV, n.º 189, p. 38.

anota o mesmo cronista [4]. A querela religiosa era também uma querela dinástica, pois a Princesa Helena queria assegurar o trono para seu filho Dimitri, enquanto que o Príncipe Basílio, filho de um segundo casamento de Ivã III, o pretendia por sua vez; durante muito tempo, a preferência de Ivã parecia pender para o partido de Helena e Dimitri: por que caminhos iria pois enveredar o destino da santa Rússia?

Finalmente, os pravoslavos acabaram por predominar. De fato Ivã III intervém implacavelmente quando percebe que a heresia, que é também a expressão das forças centrífugas no seio do nascente império, está firmemente implantada em Novgorod a rebelde, e torna-se assunto de Estado. Seguiu-se uma longa e confusa luta, que termina com o triunfo total da autocracia. Em 1504, após um concílio realizado em Moscou, os principais chefes da seita são queimados; aprisionada, a Princesa Helena morre no cárcere neste mesmo ano. A heresia não está extirpada no entanto: ela desaparece sob a terra, para ressurgir no curso dos séculos seguintes, para influenciar os diversos movimentos religiosos e seitas que sempre proliferaram sobre o solo da santa Rússia, ou para confundir-se com eles, para estender também o braço às heresias sabataístas como o vimos acima, para manifestar-se enfim no século XIX sob a forma dos *molokanes* ou dos *dukhobors*.

É nestas condições, e a fim de proteger-se doravante do contágio judaico, que as autoridades moscovitas decidem colocar os judeus em quarentena — uma decisão que aplicarão com extraordinária constância. Como se sabe, o regime czarista em seus primórdios desconfiava tradicionalmente de todos os estrangeiros, dos *inoviertzy* (aqueles que crêem diferentemente), considerados em bloco como descrentes, e até as reformas de Pedro o Grande, os alienígenas viveram em Moscou ou em Arkhangelsk em um bairro particular e isolado, uma *sloboda* assaz comparável a um gueto; quanto aos judeus, temidos e considerados como quintessência do mal e da depravação, a desconfiança a seu respeito sobreviveu a todas as reformas.

> Os judeus nos repugnam acima de tudo, e a simples menção de seu nome nos horroriza; não os deixamos entrar em nossas casas, pois são gente vil e nociva; não ensinaram eles recentemente aos turcos como fundir canhões em bronze?,

declarava em 1526 Dimitri Guerassimov, o enviado russo à Santa Sé [5]. Em 1550, Ivã o Terrível, pressionado por seu aliado polonês, o Rei Sigismundo Augusto, a admitir em

---

4. JOSEPH DE VOLOTZK em sua carta a Nifonte, bispo de Suzdal, citado por S. SOLOVIEV, *História da Rússia*, Moscou, 1855, t. V, p. 257.
5. PAULUS IOVIUS NOVOCOMENSIS, *Livre sur l'État russe*, São Petersburgo, Ed. Souvorine, 1908, p. 268.

Moscou alguns mercadores judeus, exprimiu-se de uma maneira ainda mais característica:

> A propósito do que nos escreve para que permitamos a teus judeus a entrada em nossas terras, já te escrevemos várias vezes, falando-te das torpes ações dos judeus, que afastando nossa gente do Cristo, introduziram em nosso Estado drogas envenenadas e causaram muito mal à nossa gente. Deverias ter vergonha, nosso irmão, de nos escrever a respeito deles, conhecendo como conheces seus crimes. Nos outros Estados também fizeram muito mal, e por isso foram expulsos ou mortos. Não podemos permitir que os judeus venham ao nosso Estado, pois não queremos ver aí o mal; queremos que Deus permita à gente de nosso país viver tranqüilamente, sem nenhum transtorno. E tu, nosso irmão, não deverias mais no futuro nos escrever a respeito dos judeus [6].

Os sucessores de Ivã o Terrível ativeram-se escrupulosamente aos mesmos princípios. Somente o período conhecido sob o nome de "Anos Conturbados", entre 1605 e 1613, faz exceção. Certo número de judeus poloneses parece ter vindo então a Moscou na comitiva dos falsos Dimitri (pois houve dois). O manifesto publicado, quando da eleição ao trono de Mikhail Fedorovitch, o primeiro dos Romanov, indignava-se com o aparecimento em Moscou, no curso dos Anos Conturbados, de "malvados heréticos, calvinistas, luteranos, armênicos, papistas romanos e judeus deicidas, profanadores de nossas igrejas"; quanto ao falso Dimitri II, era chamado diretamente de "bandido de origem judaica" (*vor, rodom jidovin*) [7].

Em seguida, no curso do século XVII, um punhado de judeus convertidos (alguns dos quais judaízam às escondidas) puderam instalar-se em Moscou. Mas quando o rei da Polônia pede ao Czar Mikhail que permita a ida à capital russa de Aarão Markovitch, "contratador" de sua corte, o czar responde-lhe: "Os judeus nunca vieram a Moscou, e os cristãos não têm o que se comunicar com eles" [8]. Da mesma maneira, o tratado assinado em 1678 entre o Czar Fiodor e Jan Sobieski estipula expressamente que os mercadores poloneses católicos poderão instalar-se em Moscou, mas que os mercadores judeus não poderão fazê-lo. Em 1698, Pedro o Grande foi instado, quando de sua estada em Amsterdã, pelo burgomestre da cidade, Witsen, a deixar entrar alguns mercadores ou especialistas judeus. Nos dizeres de um memorialista, respondeu ele com o seguinte diagnóstico:

> Conheceis, meu amigo, o caráter e os costumes dos judeus, conheceis também os russos. Conheço igualmente uns e outros e creia-me: não chegou ainda a ocasião de reunir estes dois povos.

---

6. Citado *in* I. HESSEN, *História do povo judeu na Rússia*, Petrogrado, 1923.
7. Cf. Sh. ETTINGER, O Estado moscovita e sua atitude a respeito dos Judeus, (em hebraico), revista *Zion*, n. 3-4, Jerusalém, 1954, p. 139.
8. Sh. ETTINGER, *op. cit.*, p. 141.

Dizei aos judeus que eu lhes agradeço suas ofertas, e compreendo as vantagens que poderia tirar delas, mas eu os lamentaria se vivessem entre os russos [9].

Se Pedro o Grande, que foi incontestavelmente um espírito forte — "Que alguém seja batizado ou que seja circuncidado, para mim é a mesma coisa, contanto que seja um homem de bem e que conheça seu ofício", escreveu ele em outra ocasião [10] — preferia não admitir em seu império os judeus ocidentais, ao menos não se importava com aqueles que viviam há gerações nos territórios recentemente anexados ou conquistados, na Ucrânia e nos países bálticos. O mesmo não se deu com seus sucessores. Dois anos após sua morte, a viúva, a Imperatriz Catarina I, publicou o seguinte edito:

> Os judeus do sexo masculino e os do sexo feminino que se encontrem na Ucrânia, e em outras cidades russas, serão todos expulsos imediatamente para fora das fronteiras da Rússia. Não serão admitidos doravante na Rússia sob nenhum pretexto, e cuidar-se-á disto severamente em todos os lugares [11].

Tratava-se daqueles comerciantes e daqueles artesãos judeus cujo arraigamento na vida econômica local descrevi mais acima. Nestas condições, desde que se começou a expulsá-los, surgiram sérias complicações, e as autoridades civis ou militares foram obrigadas a conceder numerosos sursis, a fim de evitar uma desorganização mais grave. No decurso dos anos seguintes, numerosos conflitos opuseram os funcionários e órgãos preocupados com a prosperidade nacional aos que velavam sobretudo pela salvação das almas. Em 1743, o Senado governamental submete a Elisabete Petrovna, filha de Pedro o Grande, um relatório circunstanciado, exaltando as vantagens que a tesouraria imperial poderia obter com a admissão dos mercadores judeus da Polônia nas feiras de Kiev e de Riga. A resposta da imperatriz foi breve e peremptória: "Dos inimigos de Cristo, não quero tirar nem lucro e nem vantagem", escreveu de seu próprio punho à margem do relatório [12].

Tais são, rapidamente esboçadas, as origens da famosa "zona de residência" e da legislação que, até a Revolução de Fevereiro de 1917, confinava à periferia ocidental do império czarista todos os súditos judeus, que estavam proibidos de morada hereditária em outras partes do país; seu número cresceu desmesuradamente após as partilhas da Polônia.

---

9. A. NARTOV, *Narração sobre Pedro o Grande,* São Petersburgo, Ed. Academia imperial de Ciências, 1891.
10. Extraído dos arquivos imperiais russos, cf. *Escritos e ditos sobre Pedro o Grande,* São Petersburgo, 1898, p. 92.
11 Citado por KOSTOMAROV, *História Russa,* t. II, op. cit.
12. Cf. S. DUBNOV, *História dos Judeus na Europa,* op cit., t. IV. p. 130.

Na história do anti-semitismo, uma certa beatice especificamente feminina desempenhou seu papel. Assim como a mulher e a filha de Pedro o Grande, Isabel de Castela, Margarida Teresa da Áustria, Maria Teresa da Áustria [c], ilustraram-se fazendo pender em um dado momento um fiel em balança bastante frágil e poder-se-ia observar a este respeito que decisões absurdas e de pesadas conseqüências foram características da princesa. Nesse caso em essencial, tais conseqüências tiveram um alcance particularmente grande. Pois uma outra política, que permitisse às imensidões do império russo absorver o excedente dos judeus poloneses, teria possibilitado remediar à indescritível concentração destes judeus em um território exíguo, no quadrilátero demarcado por Varsóvia, Odessa, Viena e Berlim, e onde, a partir do fim do século XIX, as paixões borbulhavam como numa caldeira, com as conseqüências que se sabe.

---

c. Expulsões da Espanha (1492), de Viena (1670) e da Boêmia (1745).

Anexos

A. A Origem dos Judeus Vista à Luz da Serologia Grupal

Sabe-se comumente, sobretudo depois da transfusão de sangue ter entrado na prática corrente, que existem quatro grupos sanguíneos diferentes, designados pelas letras O, A, B e AB, que se transmitem de pais para filhos, conforme as regras clássicas da genética mendeliana. Estes quatro grupos aparecem entre todas as populações do globo, mas em proporção diferente. É assim por exemplo que se encontra:

	Sangue O	Sangue A	Sangue B	Sangue AB
Em 1000 Franceses	440	453	74	33
Em 1000 Japoneses	305	382	219	94
Em 1000 Negros do Senegal	432	224	292	50

Numerosos estudos realizados nas últimas décadas mostraram que a importância das diferenças entre estas cifras corresponde aproximadamente às classificações raciais tradicionais, isto é, que tais diferenças são muito mais consideráveis entre os brancos e os mongóis, por exemplo, ou entre os brancos e os negros, que entre franceses e ingleses ou chineses e japoneses. Isto ressalta de maneira sugestiva no quadro da p. 248-249 (quadro de R. Kherumian) no qual foram dispostas na ordenada porcentagens de sangue O e na abscissa a diferença A — (B + AB).

Vê-se que os judeus de Tel Aviv, que são como se sabe de procedência muito variada, mas na maior parte europeus, pertencem segundo o referido quadro ao grupo europeu. No que concerne aos judeus da Dispersão, as cifras, país por país, aproximam-se singularmente das dos povos entre os quais vivem, e a diferença entre judeus dos diferentes países é aproximadamente a mesma que entre a população não-judaica dos mesmos países. Isto é demonstrado pela tabela seguinte [a]:

	O	A	B	AB
Judeus alemães	42,1	41,1	11,5	4,9
Alemães	39,1	43,5	12,5	4,9
Judeus poloneses	33,1	41,5	17,4	8
Poloneses	33,7	38,4	19,4	8,5
Judeus russos	28	42,3	23,5	6,2
Russos	32,9	35,6	23,2	8,1
Judeus do Iêmen	56,0	26,1	16,1	1,8
Árabes do Iêmen	55,7	32,3	10,7	1,3
Judeus da Tunísia	41	31	15,5	12,5
Berberes da Tunísia	46,4	32,4	15,8	5,4

Estes dados são tanto mais notáveis quanto as freqüências em questão escapam às múltiplas causas de indeterminação ou de equívoco inerentes aos outros critérios da classificação dos homens. Com efeito, tal como escreve R. Kherumian [b], "1º) são caracteres objetivos, um teste dos grupos sanguíneos que não admite interpretação equívoca; 2º) são de uma constância individual absoluta e de uma independência do meio não contestável; 3º) não há nenhuma razão para crer que sejam adaptativos: não conferem nem vantagens e nem inconvenientes, e suas freqüências não podem sofrer, devido à significação seletiva, bruscas e importantes modificações no curso da evolução; 4º) são determinados por um mecanismo genético simples, o que permite a previsão de resultados de casamentos nas famílias e nos grupos étnicos; 5º) seu índice de mutação é praticamente negligenciável".

Assinalemos, ademais, que no caso de populações que habitam desde séculos o mesmo território, mas não se mesclam entre si, as freqüências em questão apresentam divergências sensíveis. Assim (sempre segundo R. Kherumian) no caso dos ciganos húngaros e dos colonos alemães da Hungria, entre os quais "a distribuição das freqüências está bem mais próxima das proporções características de seu país de origem que da população húngara, a despeito da duração de sua estada na Hungria (860 anos para os ciganos e 200 para os alemães)".

	O	A	B	AB
Ciganos	34,2	21,1	38,4	8,5
Hindus	31,3	19	41,2	8,5
Alemães da Hungria	40,8	43,5	12,6	3,1
Alemães	39,1	43,5	12,5	4,9
Húngaros	31	38	18,8	12,2

Para retornar ao caso dos judeus, existe uma concordância notável entre os dados da serologia e aqueles que é possível obter de sua história. No que concerne aos judeus da Europa Ocidental, vimos que suas freqüências correspondem às freqüências européias médias, e isto está de acordo com o que supusemos a respeito de uma "panmixia" quase total que se teria efetuado no curso do primeiro milênio de nossa era. No que tange aos judeus da Europa do Leste (poloneses, russos, etc.), sempre houve a suposição de que descendiam de uma mistura entre judeus de cepa cazar vindos do Sul da Rússia e judeus alemães (tendo estes imposto sua cultura superior). A serologia grupal confirma a suposição, pois nesse caso

---

a. Segundo R. KHERUMIAN, *Génétique et Anthropologie des groupes sanguins*, Paris, Ed. Vigot, 1951, p. 71.
b. *Op. cit.*, p. 62-63.

particular as freqüências se aproximam das da população indígena, ela mesma oriunda de uma miscigenação entre colônias eslavas e mongólicas; no presente caso é natural que as diferenças entre judeus e não-judeus sejam mais acentuadas. Com exceção de alguns pequenos "isolados" judaicos, como o que existe, por exemplo, em certos oásis do Marrocos do Sul, pode-se chegar a constatação no tocante aos judeus da África do Norte, aos do Oriente Médio, etc. (Para mais detalhes, remetemos o leitor ao livro de R. Kherumian, assim como ao estudo de J. Brutzkus, "Os Grupos sangüíneos entre as populações judaicas", na revista *Races et Racisme*, n° 5, 1937, e à obra de W. Boyd, *Génétique et Races humaines*, Paris, 1952).

Indiquemos agora as reservas que se pode oferecer quanto ao que precede. São elas em número de duas:

1ª) Os estudos realizados até hoje sobre os diferentes grupos judeus são em número insuficiente. Assim, faltam ainda dados sobre os judeus húngaros, italianos, sobre grupos sefarditas da França e dos Países-Baixos, etc. Um suplemento de informação poderia, parece, precisar mais certas particularidades.

2ª) No curso dos últimos anos, descobriu-se no sangue humano outros fatores de diferenciação (antígenos "M", "N" e "P", Rhesus, etc.) que se transmitem segundo as mesmas leis que os antígenos O, A e B, mas inteiramente independentes deles. Os dados coletados a seu respeito são ainda muito mais escassos para que se possam tirar conclusões de ordem geral. Todavia, uma pesquisa realizada entre os diferentes grupos da população canadense [c] apresentou resultados algo desconcertantes, no sentido de que parecem estar em contradição com os dados fornecidos pelo sistema ABO. Com efeito, do ponto de vista do fator Rh, os judeus do Canadá diferenciam-se sensivelmente do resto da população (enquanto que, segundo o sistema ABO, assemelham-se com os grupos poloneses e ucranianos, da mesma procedência geográfica).

Sem dúvida é preciso esperar outros estudos para se conseguir superar esta aparente contradição, e para se chegar a resultados mais gerais e mais precisos neste apaixonante domínio.

---

c. R. KHERUMIAN, *op. cit.*, p. 91.

Nota à Edição de 1972

As pesquisas serológicas desenvolvidas desde 1956, quando foi redigido o anexo acima, não trouxeram conclusões definitivas sobre a questão da "origem genética" dos judeus. O desacordo entre as conclusões sugeridas, de um lado, pelo sistema ABO e, de outro, pelo fator Rh, constatado no caso dos judeus do Canadá, foi confirmado por investigações realizadas em Israel. Os especialistas não apresentaram explicação satisfatória para esta aparente contradição. O professor A. Mourant (Londres), uma autoridade internacional na matéria, declarava em 1961 que "o estudo dos grupos sangüíneos e das outras características dos judeus resolveu relativamente poucos problemas até agora" [a].

A síntese das pesquisas desenvolvidas no curso destes vinte últimos anos será brevemente publicada pelo Professor Mourant, que teve a bondade de nos comunicar os capítulos de sua obra relativa aos judeus [b]. Os resultados podem ser resumidos (talvez com alguma ousadia) da seguinte maneira:

Em média, os judeus europeus de toda origem apresentam mais caracteres mediterrânicos que os não-judeus. Ademais, é permissível presumir-se neste caso a existência de uma pequena proporção de ancestrais africanos. Enfim, as suposições históricas relativas às ori-

---

[a]. Cf. *Blood Groups of Jewish Communities*, "Proceedings of a Conference on Human Population Genetics held at the Hebrew University, Jerusalém", Nova Iorque, 1963, p. 256 e seg.

[b]. *The distribution of the human blood groups*, a ser publicado em 1972 ou 1973.

gens parcialmente — Cazares dos judeus da Europa do Leste (cf. supracitado, p. 209 se vêem reforçadas [c].

No que concerne a algumas outras pesquisas ou publicações, pode parecer ao observador não especialista que, levando em conta a margem de incerteza subsistente, seus autores manifestam a tendência de interpretar os resultados em função de suas convicções ou de suas preferências ideológicas, tendência esta facilmente ampliada pelos vulgarizadores. É assim que, apoiando-se em dados fornecidos pelo Professor Joseph Ruffié, diretor do Centro de Hemotipologia do Centro Nacional da Pesquisa Científica, o jornal *Le Monde* sustentava, em 1967, uma tese de ordem universalista, negando categoricamente toda individualidade biológica aos judeus: "O conjunto dos judeus espalhados no mundo representa uma comunidade cultural. Falar de "raça judia" constitui um contra-senso biológico" [d]. Em compensação, em setembro de 1971, o Professor Jerôme Lejeune, diretor do Instituto de Progênese da Universidade de Paris, anunciava através do hebdomadário *L'Express* a descoberta de um "cromossoma de Abraão", caracterizando geneticamente a "raça semita" [e]. Pela maneira como ela foi descrita, esta descoberta parecia validar as concepções sustentadas em seu tempo pelos adeptos da "teoria ariana"; tratava-se pois, pelas evidências, de uma orientação particularizante. Contudo, cientificamente falando, a pretendida descoberta, que se baseava em estudos americanos mal compreendidos ou mal interpretados, não projetou nenhuma luz nova sobre a questão que nos preocupa.

Mais interessantes são os estudos efetuados pelo Professor L. C. Dunn, da Columbia University, que se dedicou em 1957 a uma investigação serológica sobre os judeus de Roma. Tratava-se de uma população-testemunha notável, pois o gueto de Roma viveu em isolamento assaz hermético, do fim do século XVI ao fim do XIX [f]. O Professor Dunn constatou que a distribuição dos grupos sangüíneos entre os judeus romanos diferia não apenas da população romana, mas também da dos outros judeus italianos: assim, uma dezena de gerações de uma segregação que no entanto, nunca foi absoluta bastou para uma "individualização genética" dos judeus romanos [g]. Este resultado sugere que a individualidade biológica dos judeus, na medida em que seja detectada, não remonta necessariamente a uma antiga cepa hebraica; pode também datar de um passado europeu relativamente recente, e caracterizar, dando-se o caso, um grupo humano oriundo de uma miscigenação integral, que se teria operado no curso do primeiro milênio de nossa era (hipótese da "panmixia", cf. supracitado, p. 37).

---

c. "Three surveys, of Jews from Maramura, Romania, from Kharkov, Ukranie and from White Russia show B gene frequencies above 19 par cent. These suggest an origin or a sejourn even further east than Asia Minor, as do the still higher B frequencies found in the culturally distinct Karaite and Krimchak communities of the Soviet Union."

d. Cf. *Le Monde* de 30 de setembro de 1967 ("Qu'est-ce donc que la race chez les humains?").

e. Cf. *L'Express* de 13 de setembro de 1971 ("Le chromosome d'Abraham": "Les hommes d'origine sémitique peuvent se reconnaître à leurs chromosomes, affirme l'Institut de progenêse de l'Université de Paris...", etc.).

f. Sobre o gueto de Roma, ver nossa obra *Les banquiers juifs et le Saint-Siège*, Paris, 1965.

g. Cf. L. C. e S. P. DUNN, The Roman Jewish Community, *Scientific American*, março, 1957; The Roman Jewish Community. A Study in Historical Causation, *Jewish Journal of Sociology*, 1959, vol. 2; Are Jews a Race?, *Issues*, 1961, vol. 15.

B. A Formação e a Transmissão dos Traços "Diferenciais" Judaicos do Ponto de Vista da Biologia Contemporânea

Considerações tiradas da história dos judeus da Europa durante o primeiro milênio após Jesus Cristo, confirmadas pelas constatações da serologia grupal, levam, como vimos, a concluir que sua ascendência remota é no essencial européia; neste sentido a fórmula quase lendária dos manuais da escola primária: "Nossos antepassados os Gauleses", é muito menos absurda, aplicada aos jovens judeus franceses, do que no concernente, por exemplo, aos jovens escolares da África negra. Mas durante várias dezenas de gerações, os judeus da Europa viveram na segregação quase total do gueto, as misturas ou "cruzamentos" com os cristãos foram bastante excepcionais antes do século XIX. Ao mesmo tempo se constituíam, atrás dos limites dos guetos, estes usos e costumes, esta mentalidade e estas atitudes muito particulares que evocamos várias vezes no curso desta obra. Será preciso acrescentar que se as particularidades de usos e costumes no conjunto desapareceram com a "assimilação", ainda está longe de acontecer o mesmo no tocante às atitudes e à mentalidade judaicas? (Este último ponto será objeto de um próximo volume). Nestas condições, temos que nos perguntar: de que maneira, de geração em geração, este conjunto de características foi transmitido? Trata-se unicamente de transmissão pelo meio ambiente e pela educação e constituiriam os judeus um fato puramente social, ou será que a hereditariedade não acaba por intervir de alguma maneira, permitindo falar de um começo de diferenciação, no compartimento fechado do gueto, de uma nova "raça", de características biológicas definidas e particulares apenas a ela?

No momento atual, os geneticistas são absolutamente formais: "os caracteres adquiridos", quer sejam físicos quer sejam mentais, são intransmissíveis hereditariamente. Na medida em que foram adquiridos graças ao treinamento ou ao exercício, nem os músculos robustos do atleta ou do trabalhador braçal, nem o cérebro ágil do intelectual ou do comerciante, não influenciarão em nada a constituição de seus filhos, assim como, para tomar um exemplo extremo, um maneta (sendo a amputação dos braços considerada como um "caráter adquirindo") terá filhos normalmente constituídos. Os caracteres e predisposições humanas, se são determinados pelo conjunto do imemorial patrimônio hereditário, não dependem de maneira alguma dos comportamentos da "biografia individual" dos procriadores diretos. Tal é o veredicto dos especialistas ocidentais da questão: sabe-se também que o imenso trabalho realizado durante longos anos pelos cientistas oficiais da URSS da escola de T. Lissenko para demonstrar o contrário, para estabelecer que seres vivos (seja qual for o reino a que pertençam), colocados em melhores condições de existência, transmitem biologicamente de geração em geração os ganhos e melhorias adquiridos, que este trabalho, que havia acarretado tantas polêmicas e tantas expectativas, não trouxe resultados probantes e na própria URSS Lissenko foi objeto de severos ataques.

Isto poderia encerrar a questão. Mas a "especificidade" judaica é tão marcante, tão reconhecível na maior parte dos judeus da Dispersão, mesmo após várias gerações de "assimilação", e as luzes da ciência, sabemo-lo muito bem, são ainda de tal modo falíveis, tão constantemente reajustadas e revistas, que o problema merece uma discussão mais aprofundada. Isto tanto mais quanto tantas paixões se lhe mesclam — será necessário explicar por quê? Há poucas questões às quais o homem seja mais sensível do que àquelas que tocam a seus pais e, além disso à sua filiação, à sua ascendência, em uma palavra ao que se convencionou chamar de sua "raça", e viu-se recentemente como este conceito tão impreciso e tão discutido pôde tornar-se a divindade tribal de uma grande nação européia, com os resultados catastróficos que se conhece. Em conseqüência, a luta contra o racismo passou por algum tempo ao primeiro plano das preocupações da sociedade ocidental, fornecendo por contragolpe uma razão a mais para duvidar da autoridade do especialista: não teria ele tendência a infletir, a acomodar suas teses segundo suas preferências políticas, secretas ou confessadas?

Lembremos portanto o que já está firmemente conquistado — a saber, que o patrimônio hereditário, ao menos no que tange aos caracteres físicos, se transmite de geração em geração por intermédio de suportes materiais bem definidos, grandes moléculas complexas chamadas *genes,* agrupadas em cadeia, ou partículas chamadas *cromossomas* e contidas no núcleo das células reprodutoras, óvulo e espermatozóide, sendo cada caráter particular (por exemplo, a cor dos olhos ou a forma do crânio ou tara hereditária) transmitido por um gene ou um grupo de genes particular. Deste ponto de vista, não existe nenhuma diferença entre os caracteres dependentes da "hereditariedade individual" (caracteres variáveis na população dada, como por exemplo a forma do crânio, sardas) e os dependentes da "hereditariedade racial" (caracteres comuns, ou assim supostos, à população dada e servindo para defini-la enquanto raça, como por exemplo a cor da pele, branca ou negra). Observemos, a este respeito, que os caracteres e os critérios da "hereditariedade racial" são excessivamente pouco numerosos, correspondendo no máximo a algumas dezenas de genes, enquanto que o número total de genes é, concebemo-lo facilmente, de algumas dezenas de milhares: "O que une os homens é muito mais importante que o que os separa". Observemos ainda que, contrariamente ao que se acredita, tais caracteres nunca estão uniformemente presentes no conjunto da população dada. De modo que, como escreve Jean Rostand:

"Não há quase problemas tão árduos quanto o da diferenciação *racial* da espécie humana, pois não conhecemos nenhum grupo que possamos considerar como formando uma raça *pura*, isto é, composto *exclusivamente* de indivíduos dotados destes ou daqueles genes diferenciais em relação aos de um outro grupo. Por isso tudo o que o antropólogo auxiliado pelo geneticista pode fazer é estabelecer que certos grupos humanos diferem pelas proporções relativas em que se encontram certos genes" [a].

Tal é a situação do problema, no que concerne aos caracteres físicos, cujo modo de transmissão não deixa margem à dúvida. Quanto aos caracteres mentais ou psíquicos, isto é, propriamente humanos, somos obrigados a manter uma circunspecção muito maior. As verificações experimentais são "evidentemente impossíveis, as cobaias ou as moscas do vinagre não podem ser aqui de nenhuma valia; quanto à simples observação, ela não permite geralmente por si só estabelecer a justa parte dos fatores germinais ou hereditários e o dos fatores circunstanciais ou educativos. Um Bach dá origem a uma estirpe de compositores? Ele era filho de um músico da corte, e ensinou seu ofício a seus filhos: o exemplo dos pais, o meio e a tradição familiar *não* bastam por si sós para dar conta da contribuição musical de uma família na qual, de 57 membros, salientam-se 14 músicos excepcionais; durante seis gerações encontram-se apenas 2 ou 3 Bach que não eram dotados em algum grau de talento musical" [b]. Para esclarecer estes problemas, já se estudou muito o caso dos "verdadeiros" gêmeos (nos quais, sendo o patrimônio hereditário necessariamente o mesmo, toda diferença observável se origina teoricamente apenas do meio), sem que isto tenha permitido lançar luzes inteiramente satisfatórias [c]. Em suma, o problema continua muito controvertido.

Assim escreve um dos melhores especialistas da questão, o americano W. C. Boyd, resumindo as pesquisas mais recentes:

"Klineberg, Dobzhansky e Montagu estabeleceram que não há certeza de que as características mentais humanas sejam transmitidas herediatariamente e que tenham uma correlação qualquer com as características físicas. Este último ponto é facilmente admissível. Para o primeiro, é evidente, com efeito, que certas categorias de doenças mentais se transmitem hereditariamente, e somos levado a crer que o gênio e, sem dúvida, alguns "dons" notáveis são às vezes herdados, ainda que esta questão se complique devido à ignorância em que nos encontramos sobre a amplitude do papel desempenhado

---

[a]. J. ROSTAND, *L'Hérédité humaine*, Paris, 1952, p. 101. E o autor continua assim: "Como diz W. C. Boyd, podemos definir uma raça humana como uma população que difere de forma significativa de outras populações humanas quanto à freqüência de um ou de vários genes. Definição muito vaga e forçosamente muito arbitrária, pois se tratará, em cada caso, de decidir se a diferença de freqüência é suficientemente marcada, e o número de genes diferenciais suficientemente elevado, para justificar uma distinção racial. Mas não há outra definição de raças humanas."

[b]. ANDRÉE TÉTRY, "Hérédité ou milieu dans le psychique", *Synthèses*, maio 1950, p. 315.

[c]. André Tétry, em seu estudo já citado, define como segue "o princípio do método dos gêmeos". "As dissemelhanças de dois gêmeos verdadeiros, tendo o mesmo patrimônio hereditário, dependem forçosamente apenas da ação do meio: pois os caracteres concordantes dos gêmeos verdadeiros resultam da ação de fatores hereditários e os caracteres discordantes provêm da ação do meio. As diferenças observadas entre dois verdadeiros gêmeos criados isoladamente e em meios diferentes serão imputáveis ao meio, enquanto que as semelhanças resultarão verdadeiramente da hereditariedade."

Após ter feito o balanço das pesquisas realizadas neste domínio, este autor conclui assim: "...a hereditariedade exerce pois uma influência essencial na vida psíquica; todavia esta influência é provavelmente um pouco menor que aquela que domina a vida física... certos traços... são hereditários; mas notadamente as atitudes sociais são em grande parte função do meio; não é sempre fácil fazer a separação entre a tendência caracterial hereditária e a parte que cabe ao meio ou à educação."

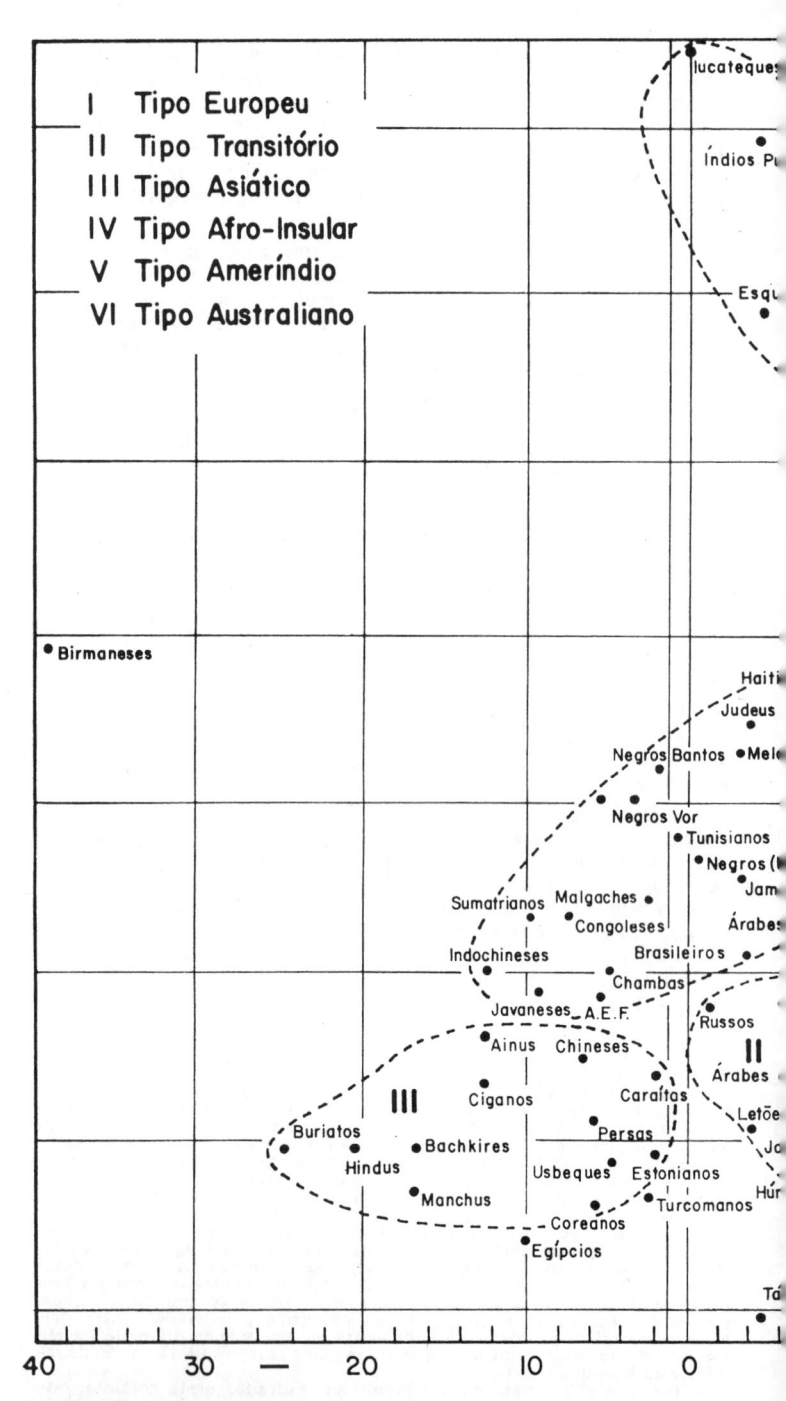

I   Tipo Europeu
II   Tipo Transitório
III Tipo Asiático
IV   Tipo Afro-Insular
V   Tipo Ameríndio
VI   Tipo Australiano

Diagrama de R. Kherumian da repartição étnica das freqüências do sistema ABO. Em ordenadas, a freqüência, em porcentagem, do grupo O; em abscissas, a diferença entre a freqüência de A e a soma das freqüências B e AB, ou seja a diferença A — (B + AB), colocada à direita da origem quando é positiva e à esquerda quando é negativa.

ANEXO B

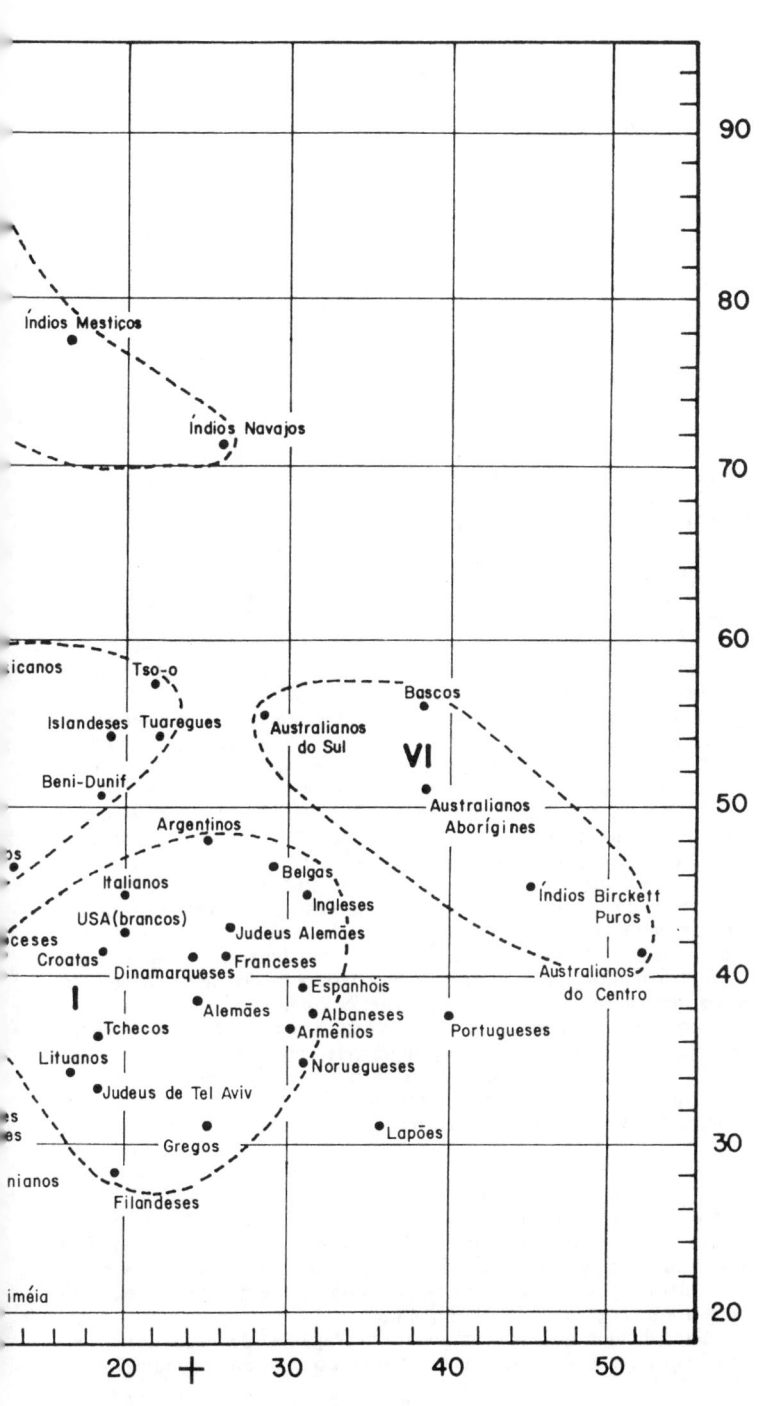

Cada população está representada por um ponto, formando o conjunto das populações nuvens de pontos que correspondem aos seis tipos étnicos (ou raciais) indicados no alto do quadro.

pelo meio neste domínio. Como quer que seja, não há dúvida que existe entre os diferentes indivíduos grandes diferenças na capacidade intelectual; embora uma escala de medida adequada não tenha sido ainda estabelecida, não parece impossível que essas diferenças sejam, ao menos em parte, determinadas por fatores hereditários. E não podemos negar o papel da hereditariedade enquanto não possuirmos dados cujo valor seja superior àquele que dispomos atualmente. E atualmente não sabemos grande coisa..." d.

Na maioria das vezes, concorda-se em admitir — ou, mais exatamente, em postular — que certas potencialidades, certas predisposições são hereditárias, às quais a educação e o meio permitirão que se realizem ou não desta ou daquela maneira. Isto, no plano da hereditariedade individual, e se pouco sabemos a seu respeito, como afirma Boyd, seguramente ainda sabemos menos quando examinamos a questão do ponto de vista da hereditariedade racial, pois a questão, já complicada em si, da existência de traços caracteriais, atitudes etc., hereditários, duplica-se com o problema de saber como estes se repartem entre os diferentes grupos humanos. Alguns autores, veremos, negam categoriacamente que possam estar distribuídos com freqüências desiguais, e seus testes os levam a concluir pela absoluta igualdade das "raças", sob este ponto de vista.

Resta enfim extensa margem dos caracteres intermediários, meio mentais, meio físicos, e da qual faz parte em particular a predisposição para as afecções qualificadas como "psicossomáticas", que podem ser, parece, determinadas (assim como curadas) por fatores físicos assim como por fatores mentais. A este respeito também, nossa ignorância ainda é grande; a observação mostra que as achamos entre os judeus com particular freqüência.

Dito isto, e para retornar ao caso dos judeus: no que concerne aos caracteres físicos propriamente ditos, é absolutamente impossível identificar a pista de um qualquer que se possa encontrar neles com uma freqüência específica, permitindo assim caracterizá-los. A legenda relativa ao "tipo" ou "aspecto" judeu é seguramente muito tenaz e, à sua maneira, reflete uma realidade objetiva; mas essa realidade corresponde a certas atitudes psicológicas, social ou profissionalmente determinadas, a certos comportamentos, a certas mímicas, se o quisermos, cujo caráter "adquirido" é incontestável; quanto aos caracteres propriamente hereditários, a anárquica variedade dos tipos judeus, morenos ou louros, altos ou baixos, "braquicéfalos" ou "dolicocéfalos", já se constituía no desespero dos antropólogos da escola antiga, em busca de um critério impossível de descobrir, e por isso mesmo o que foi dito no Anexo A a propósito do problema dos grupos sangüíneos permite compreender por quê.

Passando agora aos caracteres mentais dos judeus, é impossível negar que oferecem matéria à reflexão. Suas aptidões intelectuais e críticas, expressas, por exemplo, nas percentagens de beneficiários do Prêmio Nobel e e simbolizadas por estes três nomes-fanais de nossa época: Marx, Freud e Einstein (todos os três judeus alemães!), no dinamismo comercial ou político e na extremada sensibilidade judaicos; a freqüência de certas doenças; tantos fatos que saltam à vista e que, num primeiro momento, parece difícil justificar recorrendo a determinações unicamente sociais. Para tornar as coisas mais claras, poder-se-ia formular o problema em termos concretos que seriam, por exemplo, os seguintes:

Suponhemos que um príncipe extravagante, desejoso de efetuar uma experiência *in vivo*, tenha procedido a uma permutação em

---

d. WILLIAM C. BOYD, *Génétique et Races humaines*, Paris, 1952, p. 21.

e. Mais de 10% dos prêmios (de 1895 a 1939, 21 beneficiários judeus num total de 207), e, no que concerne à Alemanha, mais de 30% (dos beneficiários judos num total de 40 alemães), sendo menos de 1% a porcentagem dos judeus nos principais países europeus.

vasta escala, trocando um número suficientemente grande (1 000 a 10 000) recém-nascidos judeus, tirados de um gueto, por um número igual de recém-nascidos cristãos, escolhidos entre todas as camadas da população, ficando bem entendido que os interessados seriam criados como "cristãos" e "judeus" respectivamente, na absoluta ignorância de suas verdadeiras origens. Após trinta anos, estudando os respectivos grupos-testemunhos, poder-se-ia descernir quaisquer particularidades? As crianças de origem cristã, criadas como judias, forneceriam seu contingente de sábios rabinos e comerciantes astuciosos? Os de origem judaica, salvo exceções "estatisticamente normais", permaneceriam ligados à sua gleba ou a seus ofícios?

A resposta dos melhores especialistas contemporâneos no assunto é que não haveria nenhuma diferença perceptível...

Assim escreve, por exemplo, O. Klineberg, após ter dito que era preciso levar em conta a hereditariedade, no que concerne às capacidades *individuais*:

"... Em contrapartida, não é verdade que as *raças* ou os *grupos* étnicos apresentem diferenças psicológicas hereditárias. Uma tal afirmação não tem fundamento em nada. Muito ao contrário, existe em cada grupo racial indivíduos superiormente dotados, indivíduos inferiores e indivíduos médios. Na medida em que podemos julgar, a gama das capacidades assim como a freqüência com que os diferentes graus de aptidão se transmitem por hereditariedade são aproximadamente os mesmos em todos os grupos raciais. A ciência não encontra nenhuma relação entre raça e psicologia..." f

Não são estas observações demasiado esquemáticas? Como prudente homem de laboratório, O. Klineberg escreve: "A ciência não *discerne* nenhuma relação entre raça e psicologia". Não existiria entretanto alguma relação imperceptível que a ciência, em seu estádio atual, ainda seria incapaz de distinguir? Tal parece ser a opinião, por exemplo, de Jean Rostand, que escreve:

"...Não excluo de modo nenhum a idéia de que possa existir entre os grupos raciais diferenças psíquicas hereditárias, mas demasiado sutis para serem postas em evidência pelos testes ordinários. Todavia, isso é apenas uma impressão, e concordo que não temos o direito de fazer caso de uma tal diferenciação enquanto não for demonstrada por métodos objetivos" g.

E Rostand acrescenta que as particularidades da "mentalidade judaica", se fosse possível demonstrar que são hereditárias, só poderiam fazer sua aparição graças a uma *mutação* (isto é modificação acidental e espontânea) de genes, espalhando-se em seguida na população judia por efeito da seleção natural. Admitindo a possibilidade destas mutações nos genes que determinam as predisposições mentais, é certo que as circunstâncias da história judaica foram particularmente propícias para permitir tal seleção nos guetos. A sedução permanente do batismo, atuando sobretudo nos fracos e hesitantes, e incitando-os a eliminarem-se a si mesmos, de geração em geração, constitui um excelente exemplo do fato. A prática da "redução", esta eugenia *avant la lettre* inventada no século XVIII pelo governo austríaco, permitindo apenas àqueles de temperamento voluntariosos e forte fundar família, constitui outro exemplo, não menos característico.

Tal é pois a única hipótese explicativa de uma eventual transmissão biológica da "mentalidade judaica" que a genética moderna permite admitir. No que concerne a esta outra explicação que aparece naturalmente na mente do profano: transmissão hereditária dos

f. O. KLINEBERG, *Race et Psycologie*, Paris, Unesco, 1951, p. 41-42.
g. J. Rostand, comunicação pessoal ao autor, de 4 de setembro de 1952.

caracteres adquiridos sob a influência de fatores externos, vimos o que pensam a seu respeito os geneticistas. E eles invocam em apoio tanto argumentos muito persuasivos de ordem teórica h, quanto os resultados de inumeráveis experiências pacientemente realizadas com insetos e animais.

Isto não impede que os psicólogos tenham chegado a conclusões de outro gênero, a partir de suas observações com o ser humano, cujo objeto foi o ser humano, e só ele. Passemos a palavra a alguns dos mais ilustres dentre eles:

"Traços mnésicos" é como denomina Sigmund Freud às lembranças "arcaicas", hereditariamente transmitidas; e, resolutamente, passa além do "fato da biologia, que, no momento atual, nega absolutamente a hereditariedade das qualidades adquiridas".

"Admitindo que semelhantes traços mnésicos subsistem em nossa hereditariedade arcaica, transpomos o abismo que separa a psicologia individual da psicologia coletiva e podemos tratar os povos da mesma maneira que o indivíduo nevrosado. Admitindo que temos somente como provas desses traços mnésicos em nossa hereditariedade arcaica as manifestações coletadas no curso das análises, manifestações que devem ser reduzidas à filogênese, estas provas nos parecem no entanto suficientemente convincentes para permitir a postulação de semelhante estado de coisas. Se não for assim, renunciemos avançar um só passo no caminho que seguimos, tanto no domínio da psicanálise quanto no da psicologia coletiva. A audácia é aqui indispensável"... i

C. G. Jung, o psquiatra de Zurique que combateu as concepções freudianas enquanto domínios, fala, por sua vez, de "imagens originais" ou de "arquétipos"; mas se o termo é diferente, a idéia é certamente a mesma, e ele esclarece: "Parece-me que é impossível explicar sua formação sem admitir que elas constituem como que a precipitação das experiências humanas perpetuamente renovadas" j. Segundo este autor, "... o inconsciente se divide de alguma forma em duas camadas, a camada pessoal e a camada coletiva. A camada pessoal se detém nas reminiscencias infantis mais precoces; a camada infantil coletiva engloba a época pré-infantil, ou seja, os restos da existência ancestral" k...

Haveria pois, entre as concepções mais "materialistas" dos biólogos e estas, mais "espiritualistas", dos psicólogos, incompatibilidade absoluta? Sabe-se também o quanto os primeiros reprovam a estes últimos suas perspectivas demasiado intuitivas e o rigor insuficiente de seus métodos.

h. Não se concebe como uma modificação da pele, do músculo, ou do cérebro poderia *inscrever-se*, registrar-se, na célula germinal que, não somente não contém pele, nem músculo e nem cérebro, mas não contém sequer um bosquejo, ou algum rudimento destas partes. Por certo se poderia admitir que, pelo jogo sutil da solidariedade orgânica, uma modificação da pele, por exemplo, acarreta uma modificação geral do corpo, inclusive o meio sanguíneo, e que, por seu intermédio, as próprias células germinais se vêem ligeiramente modificadas. Mas como, por que esta modificação seria precisamente a mesma que, na geração seguinte, reproduziria a modificação do pai?
Em suma, se não parece impossível que uma modificação mesmo local, mesmo potencial, do corpo, repercuta, por solidariedade orgânica, até a célula germinal, em compensação parece impossível que esta "fotografe" a modificação do corpo, segundo a expressão outrora empregada por Darwin. J. Rostand, *op. cit.*, p. 110-111).
i. S. Freud, *Moïse et le monothéisme*, Paris, 1948, p. 153.
j. C. G. Jung, *Psychologie de l'inconscient*, Paris, p. 137.
k. C. G. Jung, *op. cit.*, p. 151. Assinalemos que este autor não limita a existência de "arquétipos" somente à espécie humana: "Nada impede admitir que certos arquétipos já existem nos animais e que os arquétipos, por conseguinte, têm sua existência baseada nas próprias particularidades dos sistemas vivos; que sejam pura e simplesmente uma expressão da vida, manifestação cuja existência e forma escapam a todas as tentativas de explicação... comportam-se... como centros energéticos, como forças ou tendências..." (p. 138). Acrescentemos, para sermos equitativos, que Jung havia formulado sua hipótese anteriormente a Freud.

Talvez novas descobertas da genética permitam conciliá-los. Isso poderia ocorrer, por exemplo, levando-se em conta o papel privilegiado que parece caber à mãe na transmissão da hereditariedade. De uma parte, pôde-se estabelecer em certos seres primitivos (protozoários, drosófilas, etc.) e mesmo, parece, em pequenos mamíferos (ratos) um modo suplementar de transmissão de caracteres, a saber, a transmissão *citoplásmica*, na qual os genes não intervêm, sendo o patrimônio hereditário transmitido apenas pela mãe, graças a partículas situadas na parte do óvulo que cerca o núcleo (citoplasma) [1]. Mesmo se nenhuma observação precisa desta natureza pôde ser feita no que concerne à espécie humana, parece legítimo postulá-la igualmente para esta. Tal modo de transmissão parece atuar, sobretudo no tocante à hereditariedade específica, que vem curiosamente confirmar, notemo-lo de passagem, uma concepção tradicional do Talmud [m].

De outra parte, importante papel deve caber às influências que, no curso da gravidez se exercem sobre o feto, transmitidas pela placenta — influências que não se pode qualificar de hereditárias, no sentido em que a palavra é geralmente concebida, mas cujo mecanismo é ainda mal conhecido. Sabe-se, por exemplo, que é possível transmitir tanto uma doença como a sífilis ("contaminação precoce") quanto uma imunidade adquirida pela mãe (a qual, de resto, não tarda a desaparecer pouco após o nascimento da criança).

É possível admitir que é deste lado que será projetada um dia alguma luz sobre a questão tão discutida e tão complexa dos modos de transmissão dos caracteres mentais. Afirmamos também que é sem dúvida erradamente que se tende a estabelecer uma distinção bipartite tão categórica entre "transmissão hereditária" e "transmissão pelo meio": refletindo-se bem a respeito, entre a ação propriamente genética e a influência dos fatores externos, educativos e outros, parece situar-se toda uma gama de outras influências possíveis, não hereditárias na acepção estrita da palavra, mas exercendo-se de uma maneira pouco perscrutada, e somando-se no curso das gerações, quer sejam pré-natais ou imediatamente pós-natais; deste ponto de vista, a descontinuidade suscitada pelo nascimento é mais aparente do que real. De uma tal perspectiva, um traumatismo ou choque psicológico causado pelo rito da circuncisão (que, como sabemos, os judeus são os únicos a praticá-la alguns dias após o nascimento) poderia contribuir, por sua vez para a formação de uma "mentalidade judaica", assim como a existência acuada de muitas futuras mães judias, servindo assim de prelúdio aos inumeráveis alertas e choques conscientes que se gravam nas memórias judias no curso de séculos de perseguições. Daí procederia em particular este "em guarda" perpétuo, esta consciência sempre lúcida, sempre atenta...

Deste estado de constante alerta e disponibilidade, a notável resistência psicofisiológica dos judeus aos efeitos do álcool parece constituir a ilustração mais surpreendente. Tal resistência se manifesta tanto entre os judeus ortodoxos tradicionais, que conceberam o provérbio "o bêbado é um *goi*", quanto, por exemplo, entre os judeus americanos transplantados em um território inteiramente novo e em sua maior parte profundamente "assimilados" já há várias gerações. Uns como outros não têm nenhuma prevenção de princípio, ritual ou não, contra a divina garrafa e, às vezes, se embebedam, mas,

---

1. Sobre a hereditariedade citoplasmática, ver M. CAULLERY, *Génétique et Hérédité*, Paris, 1951, cap. XI, e E. GUYÉNOT, *L'Hérédité*, Paris, 1943, cap. XXII.

m. Conforme o Talmud, em caso de união mista, o filho é judeu somente se a mãe for judia e não se apenas o pai é judeu: "...teu filho de uma israelita se chama teu filho; teu filho de uma não-judia não se chama teu filho, mas filho dela. Rabina disse: "É preciso concluir daí que o filho de tua filha de um não judeu se chama *teu* filho..." (*Tratado Qidduchin*, III, XII, fol. 68 b).

contrariamente ao Patriarca Noé, "não descobrem sua nudez", isto é, não perdem em geral sua lucidez e o controle de si mesmos, e sofrem as diversas conseqüências clássicas do alcoolismo apenas em uma proporção estatisticamente mínima, em comparação com os não-judeus. Hereditariedade ou meio? Eis o que no caso parece muito difícil respondeu (embora se observando que a sensibilidade nervosa dos judeus poderia ser o preço desse privilégio); sem dúvida estas duas propriedades apresentam-se estreitamente ligadas. Como já notamos, "a atitude de um povo para com o álcool corresponde a algo que lhe concerne de maneira muito profunda, tão profundamente que não é fácil dar uma explicação que seja satisfatória..." n

Assinalemos enfim, para concluir, que, além da hereditariedade e do meio, um biólogo tão ortodoxo como o inglês J. B. Haldane admitiu a existência de um possível "fator X", vindo concorrer por sua vez, na formação da personalidade, dando assim abrigo, com todas as conseqüências filosóficas que isso implica, ao livre arbítrio humano.

"Se existe algo como o livre arbítrio, no sentido mais profundo, isso entra na rubrica X. Considero como não-científico excluir X, senão por outro motivo ao menos pela seguinte razão: se não há X, se todas as diferenças entre os seres humanos são estritamente determinadas, será possível em alguns séculos provar que, digamos 99,9% ao menos de diferenças em certos domínios, são determinadas pelas diferenças de natureza ou de regime. A meu ver, uma prova de que 99,9% são determinadas seria muito mais eficiente que a afirmação *a priori* de que 100% são assim determinadas. Se portanto conservarmos X em nosso quadro, podemos dizer que, em certos casos, o da cor da pele, por exemplo, X é certamente fraco e, quando se trata de diferenças de comportamento, nos é dado esperar, segundo nossas idéias filosóficas, que X seja bem negligenciável ou bem considerável..." o

A conclusão que se impõe, ao termo desta longa discussão, é que o papel eventual da hereditariedade, na formação dos carteres mentais judaicos, é seguramente subsidiário, guardando a ação do meio um papel preponderante. Mais exatamente, o papel da hereditariedade parece exercer-se quando muito à maneira de um catalisador, operando somente em determinadas condições, que no caso são as da Dispersão. Melhor do que poderia ser estabelecido pelas experiências de laboratório ou por testes psicológicos, isto se salienta à luz da imensa experiência social do sionismo: já sob nossos olhos, a nova geração de Israel, formada por um novo meio, não mais possui muita coisa em comum, sob o ângulo tipológico, com seus ancestrais. Mas, em muitos aspectos, a situação do jovem país continua ainda excepcional: outrossim, unicamente as gerações futuras, mais isoladas ainda e mais afastadas da Dispersão, confirmarão ou infirmarão peremptoriamente as diferentes teses discutidas mais acima.

n. N. GLAZER, "Why Jews stay sober", *Comentary*, fevereiro de 1952. No que concerne ao alcoolismo e suas conseqüências entre os judeus, este autor cita os seguintes exemplos eloqüentes:
"... sejam quais forem as conseqüências — alcoolismo puro, psicoses devidas ao álcool, prisões por embriaguez pública, casamentos desfeitos ou infelizes — poucos judeus as padecem.
Por exemplo: em 1929-1931, B. Maltzberg, estudando os casos de psicoses alcoólicas tratadas nos hospitais de Nova Iorque, chegou às seguintes taxas para os diferentes grupos (por 100.000): irlandeses, 25,6; escandinavos, 7,8; italianos, 4,8; ingleses, 4,3; alemães, 3,8; judeus, 0,5.
Em 1951, R. Strauss publicou um estudo sobre a religião das pessoas que se tratavam de alcoolismo nas clínicas de oito cidades diferentes: 1,6% eram judeus, embora os judeus constituíssem 7,5% da população destas cidades.
Em 1941, um estudo foi empreendido sobre as prisões por embriaguez pública em São Francisco: a taxa de delinquentes de origem irlandesa era de 7.876 para 100.000; a taxa dos de origem judaica, de 27 para 100.000. Tais cifras poderiam ser fornecidas *ad infinitum*".
o. J. B. HALDANE, *Hérédité et Politique*, Paris, 1950.

HISTÓRIA NA PERSPECTIVA

Nova História e Novo Mundo
  Frédéric Mauro (D013)
História e Ideologia
  Francisco Iglésias (D028)
A Religião e o Surgimento do Capitalismo
  R. H. Tawney (D038)
1822: Dimensões
  Carlos Guilherme Mota (D067)
Economia Colonial
  J. R. Amaral Lapa (D080)
Do Brasil à América
  Frédéric Mauro (D108)
História, Corpo do Tempo
  José Honório Rodrigues (D121)
Magistrados e Feiticeiros na França do Século XVII
  Robert Mandrou (D126)
Escritos sobre a História
  Fernand Braudel (D131)
Escravidão, Reforma e Imperialismo
  Richard Graham (D146)
Testando o Leviathan
  Antonia Fernanda Pacca de Almeida Wright (D157)
Nzinga
  Roy Glasgow (D178)
A Industrialização do Algodão em São Paulo
  Maria Regina C. Mello (D180)
Hierarquia e Riqueza na Sociedade Burguesa
  Adeline Daumard (D182)
O Socialismo Religioso dos Essênios
  W. J. Tyloch (D194)
Vida e História
  José Honório Rodrigues (D197)
Walter Benjamin: A História de uma Amizade
  Gershom Scholem (D220)
De Berlim a Jerusalém
  Gershom Scholem (D242)
O Estado Persa
  David Asheri (D304)
Nordeste 1817
  Carlos Guilherme Mota (E008)
Cristãos Novos na Bahia
  Anita Novinsky (E009)
Vida e Valores do Povo Judeu
  Unesco (E013)

História e Historiografia do Povo Judeu
    Salo W. Baron (E023)
O Mito Ariano
    Léon Poliakov (E034)
O Regionalismo Gaúcho
    Joseph L. Love (E037)
Burocracia e Sociedade no Brasil Colonial
    Stuart B. Schwartz (E050)
De Cristo aos Judeus da Corte
    Léon Poliakov (E063)
De Maomé aos Marranos
    Léon Poliakov (E064)
De Voltaire a Wagner
    Léon Poliakov (E065)
A Europa Suicida
    Léon Poliakov (E066)
Jesus e Israel
    Jules Isaac (E087)
A Causalidade Diabólica I
    Léon Poliakov (E124)
A Causalidade Diabólica II
    Léon Poliakov (E125)
A República de Hemingway
    Giselle Beiguelman (E137)
Sabatai Tzvi: O Messias Místico I, II, III
    Gershom Scholem (E141)
Os Espirituais Franciscanos
    Nachman Falbel (E146)
Mito e Tragédia na Grécia Antiga
    Jean-Pierre Vernant e Pierre Vidal-Naquet (E163)
A Cultura Grega e a Origem do Pensamento Europeu
    Bruno Snell (E168)
O Anti-Semitismo na Era Vargas
    Maria Luiza Tucci Carneiro (E171)
Jesus
    David Flussser (E176)
Em Guarda Contra o "Perigo Vermelho"
    Rodrigo Sá Motta (E180)
O Preconceito Racial em Portugal e Brasil Colônia
    Maria Luiza Tucci Carneiro (E197)
A Síntese Histórica e a Escola dos Anais
    Aaron Guriêvitch (E201)
Nazi-tatuagens: Inscrições ou Injúrias no Corpo Humano?
    Célia Maria Antonacci Ramos (E221)

Mistificações Literárias: "Os Protocolos dos Sábios de Sião"
    Anatol Rosenfeld (EL003)
O Pequeno Exército Paulista
    Dalmo de Abreu Dallari (EL011)
Galut
    Itzhack Baer (EL015)
Diário do Gueto
    Janusz Korczak (EL044)
Xadrez na Idade Média
    Luiz Jean Lauand (EL047)
O Mercantilismo
    Pierre Deyon (K001)
Florença na Época dos Médici
    Alberto Tenenti (K002)
O Anti-Semitismo Alemão
    Pierre Sorlin (K003)
Os Mecanismos da Conquista Colonial
    Ruggiero Romano (K004)
A Revolução Russa de 1917
    Marc Ferro (K005)
A Partilha da África Negra
    Henri Brunschwig (K006)
As Origens do Fascismo
    Robert Paris (K007)
A Revolução Francesa
    Alice Gérard (K008)
Heresias Medievais
    Nachman Falbel (K009)
Armamentos Nucleares e Guerra Fria
    Claude Delmas (K010)
A Descoberta da América
    Marianne Mahn-Lot (K011)
As Revoluções do México
    Américo Nunes (K012)
O Comércio Ultramarino Espanhol no Prata
    Emanuel Soares da Veiga Garcia (K013)
Rosa Luxemburgo e a Espontaneidade Revolucionária
    Daniel Guérin (K014)
Teatro e Sociedade: Shakespeare
    Guy Boquet (K015)
O Trotskismo
    Jean-Jacques Marie (K016)
A Revolução Espanhola 1931-1939
    Pierre Broué (K017)

Weimar
   Claude Klein (K018)
O Pingo de Azeite: A Instauração da Ditadura
   Paula Beiguelman (K019)
As Invasões Normandas: Uma Catástrofe?
   Albert D'Haenens (K020)
O Veneno da Serpente
   Maria Luiza Tucci Carneiro (K021)
O Brasil Filosófico
   Ricardo Timm de Souza (K022)

Schoá: Sepultos nas Nuvens
   Gérard Rabinovitch (K023)
Dom Sebastião no Brasil
   Marcio Honorio de Godoy (K025)
Manasche: Sua Vida e Seu Tempo
   Nachman Falbel (LSC)
Em Nome da Fé: Estudos In Memoriam de Elias Lipiner
   Nachman Falbel, Avraham Milgram e Alberto Dines (orgs.) (LSC)

Impresso nas oficinas
da Linergraph em outubro de 2007